国家社科基金
GUOJIA SHEKE JIJIN HOUQI ZIZHU XIANGMU
后期资助项目

欧美 《易经》 诠释史论纲

An Introduction to the Interpretative History of the Yijing in the Anglophone World

吴礼敬 ◎著

华东师范大学出版社

·上海·

图书在版编目（CIP）数据

欧美《易经》诠释史论纲/吴礼敬著. —上海：
华东师范大学出版社，2023
ISBN 978 - 7 - 5760 - 3393 - 9

Ⅰ.①欧…　Ⅱ.①吴…　Ⅲ.①《周易》-研究　Ⅳ.
①B221.5

中国国家版本馆 CIP 数据核字（2023）第 184837 号

欧美《易经》诠释史论纲

著　　者　吴礼敬
责任编辑　曾　睿
特约审读　李　鑫
责任校对　陈　易
封面设计　吴一安
装帧设计　卢晓红

出版发行　华东师范大学出版社
社　　址　上海市中山北路 3663 号　邮编 200062
网　　址　www.ecnupress.com.cn
电　　话　021 - 60821666　行政传真 021 - 62572105
客服电话　021 - 62865537　门市（邮购）电话 021 - 62869887
地　　址　上海市中山北路 3663 号华东师范大学校内先锋路口
网　　店　http://hdsdcbs.tmall.com

印 刷 者　上海新华印刷有限公司
开　　本　787 毫米×1092 毫米　1/16
印　　张　22.75
字　　数　382 千字
版　　次　2024 年 9 月第 1 版
印　　次　2024 年 9 月第 1 次
书　　号　ISBN 978 - 7 - 5760 - 3393 - 9
定　　价　78.80 元

出 版 人　王　焰

（如发现本版图书有印订质量问题，请寄回本社客服中心调换或电话 021 - 62865537 联系）

国家社科基金后期资助项目
出版说明

后期资助项目是国家社科基金设立的一类重要项目，旨在鼓励广大社科研究者潜心治学，支持基础研究多出优秀成果。它是经过严格评审，从接近完成的科研成果中遴选立项的。为扩大后期资助的影响，更好地推动学术发展，促进成果转化，全国哲学社会科学工作办公室按照"统一设计、统一标识、统一版式、形成系列"的总体要求，组织出版国家社科基金后期资助项目成果。

全国哲学社会科学工作办公室

目　录

第六章

结论 / 291

附录:欧美《易经》重要译本及大事编年 / 299

索引 / 312

参考文献 / 318

后记 / 332

一

　　"经典"(Canon)一般被认为是作为尺度而存在的。《易经》的神圣性不仅仅在儒家,同样存在于道家之中,是在不同的传统中具有中心地位的文献。在中国历史上,具有原创思想的学者大都借助于诠释经典来展开自己的思想,在这一点上,作为"群经之首"的《易经》一直扮演着重要的角色。佛教进入中国后,中国人最初以道家或外教的义理来解释佛教,这被称作"格义"。至3—4世纪的魏晋时代,中国的士大夫则以老庄思想来说明般若性空之理。当时的佛教学者在讲述、注释佛典的时候,常常会引用老庄或《易经》的用语。因此,《易经》对于中国早期佛教,特别是般若学说的传入来讲,同样是很重要的经典。

　　由著名的比较宗教学之父马克斯·穆勒(Max Müller,1823—1900)主持翻译的50册《东方圣书》(*The Sacred Books of the East*),由牛津大学出版社于1879—1910年间出版,汇集了印度教、佛教、儒教、道教、琐罗亚斯德教(拜火教)、耆那教及回教的典藏。《东方圣书》实际上是20世纪70年代以来提出的"拓宽经典"(the opening-up of the canon)的先声。也正因为如此,包括《易经》在内的"中国经典"才成为了"世界经典"。吴礼敬在博士论文基础上改写而成的《欧美〈易经〉诠释史论纲》(以下简称《诠释史论纲》)所要解决的问题是"《易经》如何走进欧美社会,如何被那里的人接受和理解"①。

　　需要指出的是,礼敬笔下的欧美是以英语国家为主的社会。即使"英语世界"也是一个泛指:19世纪末到20世纪中叶主要指基本上代表欧洲的英国,而20世纪下半叶之后主要是

---

　*　此文曾发表于《中国文化》2022年春季号第55期,第126—132页,略有改动。

　①　见本书,第2页。

指美国,其中当然也有交叉的现象。① 因此,礼敬的这部《诠释史论纲》所研究的实际上是《易经》翻译成英文之后传入英国和美国,逐渐在英美生根,参与到所在地区思想的形成以及重大的时代思潮的过程。

<h1 style="text-align:center">二</h1>

按照纪昀(1724—1805)的说法:"《易》道广大,无所不包,见智见仁,理原一贯。"②《易经》年代久远,篇幅简短,且辞义晦涩,易于后人发挥。其实从中国历史上来看,不同时代对《易经》的认识充分体现了时代精神:两汉时期《易经》被谶纬化,魏晋时它被玄学化,宋明时又被理学化,近代学者常常用自然科学解读《易经》。此外,尽管《易经》被儒家尊为经典,收入"五经"之中,但它跟其他儒家经典不同,它并非为儒家所独有,而是被多种思想和宗教所吸纳,这不仅仅是在中国,在整个东亚都是如此。

礼敬认为,翻译从本质上来讲是一种诠释,这是他在本书中的中心论点。北宋僧人赞宁(919—1001)在谈到"翻译"时写道:"译之言易也,谓以所有易所无也。譬诸枳橘焉,由易土而殖,橘化为枳。枳橘之呼虽殊,而辛芳干叶无异。"③在赞宁看来,翻译其实就是"改变"(易)——这也是《易经》所阐述的最根本的原则。郑玄(127—200)认为:"易一名而含三义:易简一也,变易二也,不易三也。"④《易经》中有"在天成象,在地成形"⑤,所显示的是天地自然发展变化的规律;"穷则变,变则通,通则久"⑥所体现的是人世间错综复杂的变化关系;"需卦"代表着待时而动,要趋时而变。礼敬在他的书中写道:"卫礼贤解释了贯穿《易经》的一些哲学基本概念。他认为《易经》最基本的思想是'易',这和孔子在《论语》中说的'逝者如斯夫,不舍昼夜'相关。了解变化之义的人就不再将注意力放在转瞬即逝的单个事情上,而是放在一切变化背后那不可改变的、永恒的法则上。这个法则就是老子所

---

① 此外还有一些其他英语国家,因为影响不是很大,所以在《诠释史论纲》中并没有专门论述。
② 纪昀著,汪贤度校点《阅微草堂笔记》"滦阳消夏录六",上海:上海古籍出版社,1980 年,第 107 页。
③ 《宋高僧传》卷一,见《大正藏》T50—711a。
④ 郑玄《易赞》,转引自:阮元校刻《十三经注疏·周易正义》,北京:中华书局,1980 年,第 7 页。
⑤ 阮元校刻《十三经注疏·周易正义》,北京:中华书局,1980 年,第 76 页。
⑥ 同上书,第 86 页。

谓的'道'。"①

在赞宁看来,"橘枳之变"可能最能代表翻译上的"易"了。日本僧人慧晃(1656—1737)曾收集出现于诸经律论中之梵文音译词并编撰了一本梵汉对照的佛教词典《枳橘易土集》(共二十六卷)。② 书名的象征性含义同样是江南之"橘"移往江北而变种为"枳",以此来表示这些词在梵汉翻译过程中的变化。

礼敬围绕着"翻译即诠释"这一中心论点,根据时代的发展,提出了英语世界的《易经》翻译和诠释经历了四个阶段:异教神话→儒教典籍→智慧之书→历史文献。这是他在本书第三章到第五章所阐述的内容。他在一个特定的时代背景下处理这些内容,从而为这部书展开了一个宏观的历史时空。他所选择的具体案例,包括麦格基(Thomas McClatchie,1812—1885)、理雅各(James Legge,1815—1897)、卫-贝译本(Wilhelm-Baynes-translation)以及夏含夷(Edward Shaughnessy)、孔理蔼(Richard A. Kunst)诸译本,代表着从异教神话到历史文献的不同面向和转变。充分体现这些译本的时代性意义与价值,是这部书的核心所在。这些不同的向度,体现出不同时代《易经》翻译和诠释的多元性与歧义性。所论的内容都切中肯綮,可谓功不唐捐。在本书的最后一章(第六章)中,礼敬得出了一个诠释学的结论,同时将《易经》看作是一部全球化时代的经典,他认为在一个开放的系统中,"《易经》一定还会继续成为东西方思想家的灵感源泉"③。像《易经》这样的译本,不仅能够让英语世界的人了解其他文化,同时也会加深其对自身的理解。礼敬在这些精心安排的章节中,对《易经》的诠释做了系统化的阐述,这样的一部著作以对文献的深入考察而见长,同时也注重思想性。

礼敬的这部《诠释史论纲》,已经从针对个别译者的翻译研究,转到了针对时代性的研究。这其实是一部有关欧美《易经》诠释史的专著,尽管其中也涉及《易经》的一些义理,但主要是"辨章学术,考镜源流"的学术史。学术史除了要懂得知识论的内容——研究对象外,更重要的是要对研究者本身——研究主体进行系统、深入的研究。因此,欧美的《易经》诠释史对于我们来讲,重要的并不在于某一

---

① 见本书,第 181 页。
② 这部词典以日语五十音图(五十韵引)顺序排列,原收于《梵学津梁》,1905 年,此书改名为《梵语字典》,作为"哲学馆讲义录·佛教部第一辑"由哲学馆大学重新出版。
③ 见本书,第 298 页。

时期的知识论本身,而是学者与时代精神之间的关系。学术史所要揭示的不仅仅是这些异域的诠释者的理论框架,更重要的是其学术源流、历史文化的背景,以及他们在特定历史时期的情境和心态。因此,这样的一个研究,早已超越了个人精神的基本内容,成为一个时代精神的重要组成部分。诚如礼敬在《诠释史论纲》中所指出的那样,卫-贝译本在美国畅销的 20 世纪五六十年代正是当地反文化潮流兴起之时,当时的美国社会充斥着追求神秘主义、魔力以及异国情调宗教意识的冲动,克奇(John Cage,1912—1992)的《易之乐》(*Music of Changes*,1951)、迪伦(Bob Dylan,1941—)的《愚之风》(*Idiot Wind*,1970s)、金斯堡(Allen Ginsberg,1925—1997)的《查〈易经〉,抽大麻,听浊气乐队唱布莱克》(*Consulting I Ching Smoking Pot Listening to the Fugs Sing Blake*,1966)等都是在英语《易经》畅销的背景下创作出来的作品,影响了整整一代美国人。[①] 透过同异域时代思潮的碰撞与融合,《易经》之诠释积累了跨文化的丰富创造性和潜力,这些也为西方世界应对现代性的挑战提供了经验。

三

《易经》研究在中国有着悠久的历史,一般来讲有两种不同的方法:经学史的传统和哲学式的解经。经学史所展示的是《易经》的演变及传授史,包括传授的世系,不同时代和学派解经的倾向,经典注释的概况和成就,典籍的辨伪和文字的训诂考证等。而哲学式解经则是哲学家们对义理的解释和对自己哲学体系的阐发,这涉及宇宙、人生的根本问题,包括哲学基本问题和事物发展的一般规律。朱伯崑(1923—2007)在解释"哲学史式"的《易经》研究时写道:

> 《易》学哲学有自己的特点,其哲学是依据《易》学自身的术语、范畴和命题而展开的。而这些范畴和命题又出于对《周易》占筮体例、卦爻象的变化以及卦爻辞的解释,从而形成了一套独特的理论思维形式;其对哲学问题的回答是通过其理论思维形式来表达的。[②]

[①] 请参考本书,第四章第一节之"五、美国反文化潮流的兴起与《易经》卫-贝译本地位的最终确立"部分,第 152—163 页。

[②] 朱伯崑《关于开展易学哲学史研究的几点意见》,转引自:唐明邦、张武、罗炽、萧汉明编《周易纵横录》,武汉:湖北人民出版社,1986 年,第 267—279 页,此处见第 268 页。

瑞士心理学家荣格(Carl Gustav Jung，1875—1961)在他为卫-贝译本所写的序中指出：“他(指卫礼贤——引者注)对占筮文本鲜活的含义的把握让他的《易经》译本拥有了深刻的角度，这是只拥有中国哲学专门知识的人难以提供的。”①在解释其中的原因时，礼敬认为，卫礼贤的译本上承朱熹，强调易之用，因此得到了荣格的赞赏。②

　　礼敬的书中，既有对《易经》翻译的研究，如代表性的注释、诠释等，同时也以哲学的方式，运用《易经》的内容建构出自己的一套思想体系，以“做哲学”(philosophieren)③来进行论述。特别是第二次世界大战之后，英语世界对《易经》的诠释，其开端便是卫礼贤-贝恩斯译本。这个译本接续了卫礼贤译本的传统，对经、传予以了同样的重视，从而使《易经》脱离了原有的历史语境，并融合了中西智慧，以便于英语世界的读者理解。例如在解释九四爻“匪其彭，无咎”时，卫-贝译本便引用了《圣经》中教导人们如何对待财产的教诲：“凡想要保全生命的，必丧掉生命；凡丧掉生命的，必救活生命。”(《圣经·新约·路加福音》17：33)④另外的一个特点是，重视卜筮功能，强调《易经》的实用色彩。礼敬引用了荣格的观点，认为六十四卦可以用来确定六十四个各不相同但又非常典型的与因果相当的处境。中国的卜筮认为，人们可以向《易经》提出问题，然后可以得到明智的解答。荣格也按照中国人的观念做过一个实验，他将《易经》当成一位智者，与其展开对话，询问它对当下的判断，也就是他想要将《易经》推广到西方世界的情形。他采用的是铜钱卦的占卜方式，得到的是第五十卦“鼎”：其中装满事物的礼器，当然这里应当将事物理解为精神食粮。⑤　我们可以看到，这是在译介和诠释的过程中，将《易经》本土化和实用化的方式，即重视自己的传统，回应西方社会的关切。实际上，尽管

---

① 见本书，第127—128页。
② 见本书，第127页注1。在这则注中，礼敬还提到了胡适在回答卫礼贤关于如何看待《易经》这一问题时说的话：“呃，那只不过是一部古老的符咒集而已，没什么意义。”
③ 这是德国哲学家雅斯贝尔斯(Karl Jaspers，1883—1969)借用康德(Immanuel Kant，1724—1804)的说法，雅斯贝尔斯认为“做哲学”有三种形式：一种是我们每天内在行为之中的实际研究，也就是“哲学”在古希腊时期的原意，即“爱智慧”；其次是借助于各种科学、范畴、方法和体系，在内涵中去体验的实质研究，这是海德格尔特别重视的一种形式；其三是通过使哲学的传统化为己有的历史研究，也就是习得的过程，属于教育学概念。请参考：雅斯贝尔斯著、梁靓译，《论悲剧》(《雅斯贝尔斯著作集》)，上海：华东师范大学出版社，2021年，第75—76页。
④ 见本书，第185页。
⑤ 见本书，第194页。

《易经》是一部中国的典籍,但它在英语世界的译介和诠释,是在西方思想自身发展的脉络中展开的。

四

礼敬在《诠释史论纲》的第六章"结论"部分,特别引用了历史学家黄俊杰(1946——)提出的"去脉络化"与"再脉络化"的观点,认为这是从保罗·利科(Paul Ricoeur,1913—2005)的两个概念 de-contextualization 和 re-contextualization 而来的。黄俊杰认为,在东亚文化交流活动中,某地域的人将原生于异国之文本、概念或人物加以"去脉络化"——脱离了原来的文化、历史背景后,转而置于本国的思想背景或文化脉络之中,使外来思想或文化融入本国文化或思想情境,并对本国发生作用。[①]《易经》在英语世界的诠释实际上已经脱离了原有的中国文化传统的"脉络",完全置于一个新的陌生的环境之中。换句话来讲,有关《易经》的解说已经突破了一种地域限制,是在一个崭新的"脉络"之中进行对话。这也是荣格能够对《易经》和佛教进行创造性发挥的根本原因,此类具有高度主题性的自觉工作,显然跨越了来自中国乃至整个东亚的限制,是一种跨文化的再创造。从这一角度来看,很难说这仅仅是通过对《易经》的诠释而产生的。

这种"再脉络化"的现象不仅出现在《易经》的英译之中,在近代中国也有很具代表性的例子。民国以来新儒家的著名代表人物熊十力(1882—1968)曾撰写《新唯识论》(1932),他批评般若性空的理论,对唯识论之分析宇宙事理也颇不以为然,于是以《易经》中"生生不息"之义援入佛理中,自谓致力"融佛之空以入易之神"[②]。他晚年的著作《体用论》(1959)对早年的很多学说都作了修正,唯独肯定《易经》之思想价值。

尽管《易经》作为可以阐释的文本具有多样性的特征,但它在中国历史上,乃至今天在全世界之所以受到学者的重视,依然是由于其文本蕴藏着一种内在的,让人们能够感受到"'易'与天地准,故能弥纶天地之道"[③]的力量。我想这也是《易

---

① 请参考本书,第292—293页。
② 请参考:熊十力《新唯识论·答问难》,转引自:熊十力著《熊十力全集》(第8卷),武汉:湖北教育出版社,2001年,第174页。
③ 阮元校刻《十三经注疏·周易正义》,北京:中华书局,1980年,第77页。

经》在大量的英译中国典籍中能够独占鳌头的首要原因。

五

由于礼敬具有语言学、翻译学的研究背景,因此他在本书中不断对译文进行分析,这也构成了本书的一大特色。我本人经常参加人文学科的博士答辩,感觉到很多博士论文把译文等同于原文,其研究结论往往是在译文的基础之上直接得出的,而没有对译文做任何的分析。礼敬在《诠释史论纲》中有时也涉及汉语—德语—英语三种语言之间的转换,即便是德—英之间,也不是我们想象的"直译"就可以了。他举了"乾"卦卦辞中"元亨利贞"的例子,贝恩斯夫人将之译作:The CREATIVE works sublime success, Furthering through perseverance. 卫礼贤在德文译本中将"利"译作 fördernd,因此贝恩斯夫人很自然地将之译作了 furthering。但由于这是一个非常重要的占筮辞,在《易经》中不断出现,"为了避免带来阅读上的违和感,贝恩斯夫人偶尔也会用 is favorable 这个词组来替代 furthering,以让文气显得更加通顺"①。之后,礼敬引用了"坤"卦卦辞的"利西南得朋"的英文翻译:It is favorable to find friends in the west and south. 等等一系列与"利"的英译相关的实例。② 即便在有关思想史的部分,礼敬也会通过翻译分析,不断提醒读者注意,对英语世界思想家产生影响的《易经》是英文译本。

英语世界对《易经》的诠释可以看作是一系列的对话:它既是研究者/译者与文本之间的对话,也是西方文化与中国文化的对话,同样是近现代与历史的对话。对话是阐释和实现《易经》文本当代性价值的重要方式。欧美的翻译与诠释,实际上为《易经》谋求在当代的发展以及将之转化为当代的学术进行了主动的、创新性的探索。这一对话包含了跨越古今和中外,亦即跨越时空的诸多思考。包括理雅各、贝恩斯夫人、夏含夷、孔理蔼等在内的《易经》英译者和诠释者将这部中国古代的经典带入了他们当时的语境之中,这同样意味着,经过他们的努力,《易经》已经超越了其产生的特定的历史时空,获得了另外的价值。

跨文化研究与比较研究最大的不同之处在于,跨文化已经超越了比较研究的

---

① 请参考本书,第187—188页。
② 见本书,第188页。

本质主义的特征,预示着改变。"跨文化"让我们摆脱了"己文化"与"异文化"二元对立的传统思维框架,真正进入一种"纠缠史"(Entangled History)之中。《易经》在欧美文化语境的诠释史,也让我们开始抛弃中国经典具有一种超历史的、普遍的永恒本质的认识,因为在欧美文化中这个本质显然会因时空而变化。《易经》显然要面对进入欧美文化后的新环境。实际上,不论是早期的新教传教士麦格基于1876 年完成的《易经》译本,还是一百余年之后的 1980 年孔理蔼的译文,都在对接受者产生着影响。这些译本通过对话的方式,构成了中国文化与英语世界文化之间彼此交织、相互激荡的动态关系。

因此,在英语世界发生的《易经》翻译和诠释实践实际上是中国文化开启多样发展方向的实验场域。而在中国乃至东亚的《易经》诠释,由于缺乏这类的可能性,并未形成真正《易经》诠释上的"突破"。因为同样是不同语言间的翻译,在汉字文化圈中的语言转换跟汉语与英语的关系就完全不同。对于汉语来讲,英语是一种真正的跨文化语言,在其特殊性中能呈现出跨文化问题。著名文学评论家肯纳(William Hugh Kenner, 1923—2003)认为:"(卫-贝译本——引者注)让外行的西方读者在较为朴素的文本中发现了令人难忘的东西。它们是更聪明的想法之间的交汇撞击,这是东方人的伟大思想进入我们体系的时代。"①而陈世骧(1912—1971)认为:"在卫-贝译本中,《易经》思想的新意义得到了发掘,它们在现代科学和心理分析的观照下获得了新的洞见。"②一百多年以来,《易经》在英语世界的翻译,发展成为以英语为诠释语言的《易经》研究,成为具有跨文化特色哲学的丰富资源。因此,英语世界的《易经》诠释绝非仅仅是中国《易经》诠释史的"翻版",或者中国《易经》的海外延伸,而是基于中国经典之上的转换和创造,它揭示了一种不同于中国《易经》的另类发展空间。

六

坊间有关《易经》的各类图书可谓是汗牛充栋,但其中很多都缺乏现代意识,包括启蒙以来的批判精神。因此礼敬的这部著作就显得尤为重要。但跟日本有

---

① 见本书,第 200—201 页。
② 见本书,第 201 页。

关《易经》研究的论著相比较，①我们整个学界在研究西方《易经》译介和诠释史方面所做的努力依然是不够的，在这个方面的开拓空间依然巨大。此外，《易经》的哲理及其实践方法，在世界范围内已经愈来愈多地受到人们的重视。同时也有很多人尝试着用《易经》来解决现代人的一些问题。因此，以一种学术史研究的方法来梳理世界各地的《易经》翻译与研究，是非常重要的。

一部英语世界的《易经》诠释史，是全球《易经》诠释史的一部分，这是一种跨文化研究，除了梳理译本之外，我认为重要的研究成就也应当属于研究的范畴。因此，有两个面向依然值得认真对待。

其一是所谓的"隐形"影响研究。在比较文学中，具体的比较方法有法国学派的影响研究，以及美国学派的平行研究。影响研究其实是一种事实研究，亦即一方是放送者，另一方是接受者，放送与接受的经过路线作为影响过程要在文献中能够被证实。礼敬的《诠释史论纲》所做的研究，其实是在探讨在英美所发生的事件与《易经》译本之间的关联，并切实地发现它们之间的事实联系，在方法论上更多采用的是文献学与考据学的研究方法。2014 年，德国哲学家海德格尔（Martin Heidegger，1889—1976）的《黑色笔记本》（*Schwarze Hefte*）得以出版，②这些写于 1931—1970 年之间的各种札记，除了引起公众关注的海德格尔支持反犹太主义与纳粹主义的内容外，也包含了海德格尔在晚年预备着手进行的研究主题。夏可君指出：

> 随着海德格尔对于西方文化与现代性整体荒芜化与自我灭绝的诊断，他于 1943—1953 年所开启的"第二次转向"，借助于老庄思想的启发，走向"无

① 相关的论著有：吴伟明《易学对德川日本的影响》，香港：中文大学出版社，2009 年；王鑫《日本近世易学研究》，吹田：关西大学文化交涉学教育研究中心博士论文，2012 年；陈威瑨《日本江户时代儒家〈易〉学研究》，台北：政大出版社，2015 年。感谢陈威瑨博士 2015 年 9 月 25 日赠送给我她的这部在赖贵三教授指导下完成的博士论文。

② Peter Trawny（Hrsg.）：*Martin Heidegger：Überlegungen II-VI*（*Schwarze Hefte 1931—1938*）. Gesamtausgabe Band 94. Klostermann，Frankfurt am Main 2014. *Martin Heidegger：Überlegungen VII-XI*（*Schwarze Hefte 1938/39*）. Gesamtausgabe Band 95. 2014. *Martin Heidegger：Überlegungen XII-XV*（*Schwarze Hefte 1939 - 1941*）. Gesamtausgabe Band 96. 2014. *Martin Heidegger：Anmerkungen I-V*（*Schwarze Hefte 1942 - 1948*）. Gesamtausgabe Band 97. 2015. *Martin Heidegger：Anmerkungen VI-IX*（*Schwarze Hefte 1948/9 - 1951*）. Gesamtausgabe Band 98. 2018. *Martin Heidegger：Winke I und II*（*Schwarze Hefte 1957 - 1959*）. Gesamtausgabe Band 101. 2020. *Martin Heidegger：Vorlaufiges I-IV*（*Schwarze Hefte 1963 - 1970*）. Gesamtausgabe Band 102. 2021.

用之思",开启了哲学的自然化方向,尽管一直还不明确,其重要性甚至可能超出了海德格尔自己的估计,有其思所未思的潜能。一旦我们以中国哲学目光来阅读,即以老庄的语句为背景,海德格尔手稿中思想的细节与隐晦之处就开始闪耀,打碎并重组德语,散落在文本中的碎语开始发出尖锐的光芒。①我想,未来有关不同文化对《易经》诠释的研究,更重要的是要以"做哲学"的态度来对待《易经》文本和译本。因此此类的研究,既存在于有迹可循的事实联系之中,同时也存在于不一定有历史关系的平行研究之中,而追问两者之间的哲学关系,我认为是进行跨文化《易经》研究时应当特别予以重视的。

其二是对《易经》与现代科学之间关联性的研究。礼敬在论文中引用夏含夷的说法:早先莱布尼茨(Gottfried Wilhelm Leibniz,1646—1716)宣称他发现了"二进制"与六十四卦卦画的数理结构之间的关联。②其实英语世界对《易经》的诠释,自20世纪下半叶以来,在很大程度上突破了汉学研究的传统,进入了自然科学领域。先是由于生物科学的基因理论和机体论思想与《易经》思想的暗合,使得很多生物学家开始研究《易经》。而现代物理学的基本粒子和宇宙学在宏观及微观层面的认识,也让科学家对《易经》的很多学说另眼看待,特别是《易经》中的符号图示、思维模型、运思方式都与现代物理学有着种种契合之处。成中英(1935—)甚至认为:"《易经》的思想系统为我们提供了一套可用于整合现代科学的各学科的内在结构的基本观念和方法论原则,及能使科技间更好地进行相互协调和互补的综合方案。"③正是由于《易经》哲学与当代科学理论和知识架构之间有着高度的契合性,在"生化理论、基因理论、电脑运作和设计理论、整分数学理论、基本粒子理论、全息理论等这些学科领域,其基本理论模型都与《易经》的基本符号结构和思维方式如合符节"④。因此,英语世界的《易经》诠释史也应当包括西方世界当代科学家在生物科学、基因理论、基本粒子和宇宙学等学科领域将其基本理论与《易经》进行沟通和整合所阐发出的新思路。

① 夏可君著《一个等待与无用的民族:庄子与海德格尔的第二次转向》,北京:北京大学出版社,2017年,第19页。
② 请参考本书,第19页。
③ 成中英《论易哲学与易文化圈》,载《周易研究》1993年第1期(总第15期),第27—34页,此处见第29页。
④ 同上书,第32页。

七

撰写这样的一部有关他者文化对《易经》诠释的专著绝非易事,这要求研究者既有深厚的《易经》研究的功底,同时要对 19 世纪末至 20 世纪英美的历史、思想史的发展有清晰的了解。这是一个跨文化研究的课题,如果没有诠释学的理论素养,很难得出较为中允的结论,因为大多数中国的《易经》研究者很难理解《易经》进入英语世界后所获得的新的生命力和文化内涵。礼敬广泛查阅了中英德文的一手历史文献,同时也阅读了大量相关的研究著作,这为他的研究工作奠定了坚实的基础。傅斯年所谓"上穷碧落下黄泉,动手动脚找东西"的精神在礼敬身上体现得淋漓尽致。本书的参考文献可以为做这一领域的学者提供一个"研究指南"(Study Guide)。其实文献的搜集和整理仅仅是第一步,在此基础之上还需要具有归纳分析的能力。由于礼敬所学专业并非中国古代文献和中国哲学,因此他在撰写博士论文期间专门到北京大学听了王锦民教授有关《易经》哲学的课程。正是基于这样的文献学基础积累,以及哲学的逻辑训练,才有可能完成这部关于英语世界《易经》研究的突破性著作。礼敬为此付出了大量的辛劳,而我每每想到学术思想的慧命会因这样的著作而得以延续,便倍感欣慰。

礼敬在 2013—2018 年间在北京外国语大学跟随我做他的博士论文,其实早在 2011 年他在北外访学的时候我们就已经认识了。当时我就发现他对学问有一种虔敬之心,在成为我的博士生以后,他学志不泯,精进不息。我的博士生基本上隔一周就要组织一次学术沙龙,礼敬常常能提出很有见地的看法。斯多葛派的哲学家塞内卡(Lucius Annaeus Seneca,ca. 1 - 65)说的"Docendo discimus",差不多是"教学相长"的意思,我自己的很多观点也是在跟同学们的讨论中形成的。

2015 年的时候礼敬申请到了北京市的博士生联合培养项目,前往美国纽约州立大学杰纳苏分校(SUNY at Geneseo)访学半年。在此期间他与韩子奇(Tze-ki Hon)、夏含夷(Edward L. Shaughnessy)、司马富(Richard John Smith)、康达维(David R. Knechtges)、苏德凯(Kidder Smith)等教授就他的博士论文题目进行了广泛且深入的交流。此外,他还获得了德国波恩大学的暑期东亚项目资助,从而有机会到慕尼黑的巴伐利亚档案馆,查阅卫礼贤(Richard Wilhelm,1873—1930)的各种档案。我特别赞赏康有为的一句话:"吾国人不可不读中国书,不可不游外国地。"①在各位老师、前辈学者和同学们的指导与帮助下,礼敬取得了丰硕的研究成果。

《易经》始于"乾"卦,而终于"未济"。如同人生天地之间,虽抱负远大,终不能圆满一样,对《易经》的诠释,我想也不会有终结的一天。

李雪涛

(北京外国语大学历史学院教授)

---

① 康有为著《欧洲十一国游记》,桂林:广西师范大学出版社,2016 年,第 133 页。

我于 2014 年认识礼敬,九年来,我们从好友到成为学术研究伙伴,都与各自同《易经》的难解之缘有关。

我多年来专门研究《易经》注疏,侧重点是两千年来易学在中国境内的"内循环";而近年来礼敬专注于研究《易经》的英文翻译,侧重点是 19 世纪以来《易经》在国外英语圈里的"外循环"。虽然我们研究的重点不同,但我们很快便发现,我们的研究其实互相补充、相得益彰。其中的道理很简单:"内循环"即使再完备再美满,也必须精益求精,与国外接轨,由"内循环"连结到"外循环",这样才能够点、线、面、体一起打通,成为"全球循环"的一部分。反过来,"全球循环"的珍贵成果往往通过不同的渠道、不同的媒介融入"内循环"里,加快加深"内循环"的效应,令"内循环"更完美、更能够发挥它的作用。九年来,我和礼敬就是在这种内外兼备、外内互补的"双赢"情况下,发展和加深了我们的学术合作。

《欧美〈易经〉诠释史论纲》这本书,是礼敬以 2018 年在北京外国语大学时所作的博士论文为基础改写而成的。在改写过程中,礼敬加强了对近代易学内外循环的分析,并且提出了三个独特的观点。这里我逐一分析这三个观点,希望可以帮助读者更容易地了解礼敬写这本书的用心。

第一,在时间上,礼敬把近代易学的内外循环交汇点放在鸦片战争之后。当然,从易学西传的历史来说,明代时耶稣会传教士早已把《易经》六十四卦卦象传到欧洲,也把《易经》部分经文翻译成了拉丁文。但是,全面地翻译《易经》则延至 1840 年后,当时,外国传教士借着租界、租借地的开拓,在中国内地直接与中国士绅打交道,这加深了他们对中国经典(尤其是儒家经典)的了解。

正是这个缘故,礼敬特别强调清代易学对英译《易经》产生的决定性影响。无论是英国传教士(例如 Thomas McClathie 和 James Legge)还是德国学者(例如 Richard Wilhelm 和 Hellmut Wilhelm),他们对《易经》文本的了解和易理的发挥,总离不开李光地的《周易折中》。换句话说，近代的英译《易经》是直接脱胎于清代学者对程颐《伊川易传》和朱熹《周易本义》的解读的。从一开始，近代的英译《易经》就是中国易学"内循环"的一个延伸。

第二，虽然近代的英译《易经》建基于清代的程朱易学，但这不等于说"外循环"全没新意，只是"内循环"的翻版。恰恰相反，当中国易学在国内遭受种种挫折的时候，"外循环"给"内循环"带来了无穷的生命力，同时也把"内循环"的一些珍贵成果传到欧美各地，不但开阔了西方人的视野，而且帮助他们解决现实问题。吊诡的是，晚清、民初时期中国科技落后，导致国人激烈批判传统文化，甚至扬弃传统文化；反过来，欧美科技发达，船坚炮利，却激发了西方人对东方文化的向往，提倡以东方精神文化去解决他们的切身问题。这个偏差，与其说是一场"美丽的误会"，不如说是一种"视域融合"。归根究底，每个地方都有自己的问题，每个地方都在困境中寻找出路。《易经》的特色就是强调"穷则变、变则通、通则久"，这个道理放诸四海而皆准，深入人心、激励人心。

在书中，礼敬特别把英译《易经》细分为三个类别：比较宗教的《易经》（1860—1920）、智慧之书的《易经》（1920—1990）和历史化的《易经》（1990 至今）。细分的目的，是说明不同时期、不同地区、不同人物对《易经》都有不同的演绎，因此翻译出来的《易经》也不一样。譬如 19 世纪末理雅各（James Legge）的 *Yih King*，是把《易经》视为西周的历史文献，与基督教的《圣经》区分开来。二次大战后卫礼贤-贝恩斯夫人（Wilhelm-Baynes）的 *I Ching* 是把《易经》视为荣格（Carl Jung）心理分析学的一种表达，把六十四卦视为人类呈现"潜意识"的符号。20 世纪 90 年代以来在北美流行的历史化《易经》，一方面是利用刚在中国出土的文物，试图把《易经》还原为《周易》，另一方面利用新的历史方法，把历朝的《易》注还原为不同时代的思想产物。

这些不同面貌的英译《易经》说明了一件事。我们研究《易经》翻译不能单纯探究译者的"信、达、雅"，而是需要研究跨时代、跨文化中的"视域融合"、"创造性转化"和"外地文化的在地化过程"。在书中，礼敬三番四次讨论伽达默尔（Hans-Georg Gadamer）的诠释学，目的就是提醒我们翻译不是简单地将一种文字转化为另一种文字，而是包含翻译者对原典的理解和重新创造。

第三，礼敬在分析易学"内循环"与"外循环"的关联时，特别强调媒介的作用。

本书或明或暗地凸显了三种媒介:(1)中介人(例如翻译者),(2)传播链(例如跨国联络网、外文出版商、大学出版社),(3)长期互通的渠道和机制(例如研究团队、学术机构、基金会)。比如说,三种英译《易经》的方法背后是近代欧美文化史中三个不同的时代思潮,也暗含了西方国家从第一次世界大战到二战及冷战所经历的起伏和波动。在整个过程中,每一个时期都有它的代表人物、独特的诠释风格,以及一套完整的学术体制和跨国联络网。

在一战前,麦格基(Thomas McClathie)和理雅各的英译《易经》反映了大英帝国在东亚的霸权。因为这个原因,两人完成翻译的地方就是大英帝国在东亚的两大基地:上海和香港。理雅各晚年成为牛津大学的首位汉学家,标志着英国式的"比较宗教学"正式成为研究东方(Orient)的新方法,代替了 17 世纪以来欧陆传教士以"圣经比附东方经典"的旧方法。

第二次世界大战后的卫礼贤-贝恩斯夫人的英译 I Ching 则完全是另一种格调,其背后联结了德语区系统(如卫礼贤和荣格)和北美系统(如贝恩斯夫人),因此 I Ching 代表了横跨亚洲、欧洲、美洲的多重跨国网络,连接地点包括中国的北京和青岛、德国的柏林和法兰克福、美国的纽约和西雅图,连接途径也是多元的,包括大学、出版社、基金会和民间学术团体(例如晚清遗老的"尊孔文社"和德国的"智慧学社")。而 20 世纪 90 年代以来北美学术界流行的历史化《易经》,已经从"外循环"转回到"内循环",从外国返回中国。整个过程在改革开放的氛围下展开,新一批出土文物(例如数字卦和马王堆帛书)的出现,让北美学者得以与中国学者共同追溯《周易》的本来面目。我个人认为,礼敬这本书的最大贡献,是把英译《易经》放在跨国文化交流的大环境下来讨论。通过追溯《易经》"外循环"的轨迹,让我们了解 20 世纪西方人所面对的困难和他们如何利用对东方(Orient)的想象去解决他们面临的问题。从世界史的角度看,礼敬描述的三个英译《易经》的方法,恰好反映了在过去一个世纪里,西方人从极端欧洲中心论转向"全球主义"和"后现代主义"的过程。而最近的"历史化的《易经》"正好代表了后冷战时代美国学者对中国独特性的重视,不再以西方标准去衡量中国。今天我们回头看这个过程,再反观中国在世界上的位置,真要感叹沧海桑田,《易经》揭示的变化之道,历历展现在眼前。

这本书证明,西方人对《易经》的解读与我们大不相同,但他山之石可以攻玉。从他们的视野,我们不但可以加深对《易经》文本的了解,同时也可以加深对 20 世纪欧美历史的认识。一本 300 多页的书,能够同时达到两种相关而不相同的效果,礼敬的功力不浅！细心的读者可以亲自体会作者的心意,结合自己的期待视域,也许会产生新的"视域交融"。

韩子奇

（北师港浸大珠海分校人文社科学院教授）

第一章　绪论

　　《易经》又称《周易》①，自汉武帝建元五年（公元前 136 年）设"五经博士"以来，一直被尊为"五经之首"。现在流传的通行本《易经》由《经》和《传》两部分组成。《经》又称《古经》、《本经》，包括六十四卦的卦画（如 ䷀ ䷁ ䷾ ䷿ ）、卦名（如乾、坤、既济、未济）、卦辞（如《乾》卦的卦辞"乾：元亨利贞"）和爻辞（如《乾》卦的爻辞"初九：潜龙勿用"），分为上经和下经两个部分（上经自《乾》至《离》共三十卦，下经自《咸》至《未济》共三十四卦）。《传》又称《易传》、《十翼》，指《彖传》上下篇、《象传》上下篇、《文言》、《系辞传》上下篇、《说卦传》、《序卦传》和《杂卦传》等七种共十篇解释《周易》本经的文章。通行本《易经》有的将《经》、《传》分开编排，如清代李光地编纂的《周易折中》，有的将《十翼》的《彖传》、《象传》、《文言》合并到经文里，如曹魏时期王弼撰写的《周易注》。无论是援传入经还是分经合传，自汉代以来，《易经》的《经》和《传》都取得了经典的地位。

　　自 17 世纪耶稣会传教士将《易经》介绍到西方以后，经过近四百年的流传，《易经》在西方也逐渐取得了文化经典的地位。夏含夷（Edward L. Shaughnessy）指出："过去两千多年来，《易经》和《圣经》是阅读得最多、注解得最为频繁的作品。"②斯蒂夫·摩尔（Steve Moore）认为："如果以读者之多、注疏之繁、版本及译本之众和千百年来影响人类生活方式的范围之广来衡量一部作品的重要性，那么有两部作品的位置一定遥遥领先：一部无疑是基督教的《圣经》，另一部则是《易

---

① 如无特别说明，本书对《易经》的指称采取"名从主人"的原则，即论者采用什么名称，本书即沿用相应说法。本书作者在论及《易经》时则以《易经》指代经传合一的传世文本，以《周易》指代经传分开的古本体例，本经部分称为《周易》本经，《易传》十篇合称《十翼》。《易经》在英语世界的译名很多，采用音译的有 Yih King, Yi King, Yijing, I Ching, Zhouyi, Chou-i 等，采用意译的有 Book of Changes, Book of Change, Classic of Changes, Scripture of Changes 等，采用音意合译的有 Zhou Changes, Book of Changes (Zhouyi), I Ching (Book of Changes) 等，多采用 Changes 作为它的简称。本书讨论《易经》翻译时，均以译者的译名为准，如无特别说明，一般对译名不作评论。

② Shaughnessy, Edward. *I Ching：The Classic of Change*. New York：Ballantine Books, 1996，p. 1.

1

经》。尽管这会让在西方学术文化传统中长大的读者感到惊讶,尤其是那些只把《易经》当成一部算命书的人。"①他们不约而同地将《易经》与《圣经》相提并论。

当今世界,文明接触日益频繁和普遍,文化交流在所难免,作为儒家群经之首和中国文化源头之一的《易经》如何走进欧美社会,如何被那里的人接受和理解,是 21 世纪每一个关心中国文化的前途和命运、关心中国和平崛起过程中文化软实力构建问题的人都有必要去了解的事情。

第一节 《易经》的文本特征

《易经》的文本异常复杂,这种复杂主要体现在三个方面:第一,《易经》卦画的结构形成一套自足的系统,既可以独立于卦爻辞,又可以和卦爻辞联系在一起,因此带来卦画和文字解释的交错缠绕,常常令人莫衷一是;第二,《易经》卦爻辞文本的多重结构,给文本解释带来极大的困难;第三,《易经》的作者、成书年代、文本编排的不确定,无形之中给卦爻辞的解释蒙上一层主观色彩。

首先,《易经》卦画的结构比较特殊,它们可以被看成一套自足的系统,独立于卦爻辞而存在。

构成《易经》卦画的两个基本符号是两短画" ▬ ▬ "和一长画" ▬ ",它们分别被命名为"阴爻"和"阳爻",并与"阴"、"阳"这两个概念对应起来。这两种符号重叠三次后形成八个基本的三画卦(trigram),称为八卦,它们分别被命名为:☰(乾)、☷(坤)、☳(震)、☶(艮)、☲(离)、☵(坎)、☱(兑)☴(巽),并和天、地、雷、山、火、水、泽、风这八种象征物联系在一起,且分别被赋予健、顺、动、止、丽、陷、悦、入等象征含义。八卦两两相重后又形成六十四种不同形状的六画卦(hexagram),如☰(乾)、☷(坤)、☳(屯)、☶(蒙)等,称为六十四卦。六十四卦每卦皆有六爻,六爻所在位置自下而上分别称为初位、二位、三位、四位、五位、上位,其中阳爻以数字"九"指代,阴爻以数字"六"指代。如《乾》卦六爻皆为阳爻,自下而上依次称为初九、九二、九三、九四、九五、上九,《坤》卦六爻皆为阴爻,自下而上依次称为初六、六二、六三、六四、六五、上六,《屯》卦六爻自下而上分别称为

---

① Moore, Steve. "The I Ching in Time and Space", in E. Hacker et al. (eds.) *I Ching: An Annotated Bibliography*. New York and London: Routledge, 2002, p. xiii.

初九、六二、六三、六四、九五、上六。六爻所在位置，其中初、三、五为阳位，二、四、上为阴位，阳爻居阳位、阴爻居阴位，称为当位（或得位），阳爻居阴位或阴爻居阳位，称为不当位（或失位）。六十四卦皆由八卦相重组成，处在下面的八卦称为下卦（或内卦），处在上面的八卦称为上卦（或外卦）。中国传统注疏在解释卦象时往往参考八卦的象征及其含义，如《蒙》卦的下卦为坎，上卦为艮，解释时多从"艮"卦和"坎"卦象征的"山"、"水"等物象出发，同时结合它们"止"和"丽"的象征含义。六十四卦的六爻所处的位置，第二爻在下卦中间，第五爻在上卦中间，称为"中位"，阳爻居中位，象征"刚中"，阴爻居中位，象征"柔中"，如果阴爻居二位（六二），阳爻居五位（九五），就是既"中"且"正"，称为"中正"，被视为《易经》六爻中最美善的象征。八卦的三画，其中下画象征地，中画象征人，上画象征天，天、地、人合称"三才"，八卦相重成六十四卦，六爻两两并列，初二两爻象征地、三四两爻象征人、五上两爻象征天，也合称"三才"，即六爻配"三才"。除了由初、二、三爻构成上卦和四、五、上爻构成下卦以外，其中二、三、四爻合成三画卦，三、四、五爻合成三画卦，这两卦构成交互卦，分别称为"下互"和"上互"。还有把一卦颠倒过来变成它的反对卦或相对卦，或者把一卦六爻的阴阳交错过来变成对错卦的情况，被称为"错"卦和"综"卦，[①]这些都是指卦变而言。因此，单从卦画这一方面来看，就会涉及很多象数方面的解释，它们可以脱离卦爻辞，形成一套自足的解释系统，这套解释系统颇为严密和复杂，形成《易经》诠释史上一个重要的流派。

其次，《易经》的卦爻辞文本存在《周易》本经、《十翼》和历代注疏等多重结构，形成既相互补充又彼此制约的解释体系，但又不存在一套一以贯之的解释原则，增加了文本解释的困难。

如前所述，《周易》本经的文本里包括卦名和卦爻辞。通常来说，卦名选择的是一卦中最常用的字，如《蒙》、《需》、《师》、《比》、《履》、《同人》等卦，但也有卦名用字在卦爻辞中很少出现，如《坤》、《小畜》、《泰》、《大有》、《大畜》等卦。卦辞和爻辞的编纂，并无明确可辨的规则，虽然有些卦如《咸》、《渐》、《鼎》等的爻辞在一定程度上体现了编纂者的意图，但总体来说卦爻辞的编写并没有一套一以贯之的原则。

《十翼》解经虽然体现了鲜明的哲学意图，但也不存在具体可循的方法，只能笼统地说《彖传》是解释卦名、卦辞和一卦主旨，《象传》中的《大象传》解释卦象，

---

① 南怀瑾《易经杂说》，上海：复旦大学出版社，2002 年，第 38—41 页。

《小象传》解释爻象,《文言》解释《乾》、《坤》两卦的象征意旨,《系辞传》用来叙述六十四卦经文的要领,解释卦爻辞的基本义理,属于通论性质的文字,《说卦传》主要阐述八卦取象的特征,《序卦传》用来说明六十四卦的编排次序,《杂卦传》则把六十四卦的通行卦序打散,将其重新编排成三十二组两两相对的卦,以简明易诵的语言概括旨意。它们虽然解释《周易》本经,但角度和重点各不相同,因此并不能为解释卦爻辞含义提供完整可靠的指引。

《十翼》成书较早,因其蕴含丰富哲理,自汉代以来即和本经一起享有崇高的历史地位,成为《易经》一书不可分割的内容。《十翼》以后历代出现的《易经》注疏,对《易经》的解释往往繁复多异。《四库全书总目提要》(下文称《提要》)说:"《易》道广大,无所不包,旁及天文、地理、乐律、兵法、韵学、算术,以逮方外之炉火,皆可援《易》以为说,而好异者又援以入《易》,故《易》说愈繁。"[1]同时它们也因为侧重点不同而逐渐形成不同的解释传统。《提要》总结历史上解释《易经》的两派六宗:"《易》之为书,推天道以明人事者也。《左传》所记诸占,盖犹太卜之遗法。汉儒言象数,去古未远也。一变而为京、焦,入于禨祥,再变而为陈、邵,务穷造化,《易》遂不切于民用。王弼尽黜象数,说以老庄。一变而胡瑗、程子,始阐明儒理,再变而李光、杨万里,又参证史事,《易》遂日启其论端。"[2]两派即"象数派"和"义理派","六宗"指的是太卜的卜筮法、京房和焦延寿的灾异学、陈抟和邵雍的图书学、王弼的玄学《易》、胡瑗和程颐的理学《易》以及李光和杨万里的史学《易》。从本质上来说,《周易》是一部占筮著作,大约从春秋时期开始,古人逐渐从筮法中悟出不少哲理,[3]因此战国以后,对《周易》的解读逐渐发展出哲理之《易》和占卜之《易》这两个传统,《汉书·艺文志》分别将它们列入《六艺》和《数术》二略。《周易》的解释虽然论端日启,众说纷纭,但《提要》同时指出:"《易》之为书,推天道以明人事者也。"因此从历史的发展来看,备列《六艺》、探求义理的解释原则在地位上要超过铺陈《数术》、推演象数。如果把历史上《周易》解释的义理派和象数派与中西文化接触后兴起的人文和理工学科分野相联系,我们或许也可看出中国传统文化里人

---

① 王云五主编《万有文库·四库全书总目提要》第一册,上海:商务印书馆,1931 年,第 2 页。

② 同上书,第 2 页。

③ 如《左传》"昭公十二年"(公元前 530 年)记载南蒯图谋反叛,占得《坤》卦六五爻"黄裳元吉",以为大吉之兆,可是他把占筮结果给子服惠伯看,子服惠伯却说:"忠信之事则可,不然必败。"据此可以推测,从春秋时期(公元前 770—公元前 476)开始,对《周易》卦爻辞的解释就已经和伦理道德联系起来。(见杨伯峻编著《春秋左传注》第四册,北京:中华书局,2009 年,第 1337 页)

文发展超过理工的一点端倪。《提要》还说:"六十四卦大象皆有'君子以'字,其爻象则多戒占者,圣人之情,见乎词矣。其余皆《易》之一端,非其本也。今参校诸家,以因象立教者为宗,而其他《易》外别传者,亦兼收以尽其变。"①从《十翼》开始,"因象立教"就成为解释《周易》的主要宗旨,是《易》学的"本"源,其他解释则属于"《易》外别传",是《易》学的支流。

最后,《易经》的作者、成书年代和文本编排的形式都不确定,这也为文本的解释开启了很大的自由空间。

一、《易经》的作者和成书年代不易确定。《系辞》认为八卦是伏羲所作,②卦爻辞或为文王所作,《周易》的本经部分成书于商末周初,时为中古。③ 司马迁认为伏羲作八卦,文王重之为六十四卦,然后又演为三百八十四爻,④《十翼》中的《系辞》、《彖》、《象》、《文言》、《说卦》为孔子所作,⑤但《序卦》和《杂卦》的作者则没有提及。班固进一步认为伏羲作八卦,文王重卦并作卦爻辞,《十翼》为孔子所作,"人更三圣,世历三古"⑥。《隋书·经籍志》认为伏羲画八卦并重为六十四卦,文王作

---

① 王云五主编《万有文库·四库全书总目提要》第一册,第 2 页。
② 《系辞下》:"古者包牺氏之王天下也,仰则观象于天,俯则观法于地,观鸟兽之文,与地之宜,近取诸身,远取诸物,于是始作八卦,以通神明之德,以类万物之情。"(见李学勤主编《十三经注疏·周易正义》,北京:北京大学出版社,1999 年,第 298 页)这里的包牺氏即指伏羲,伏羲取法天地万物而造八卦之象。
③ 《系辞下》:"《易》之兴也,其于中古乎? 作《易》者,其有忧患乎?"孔颖达认为这是指《易》的卦爻辞作于中古,而卦爻之象则作于上古伏羲之时。(见李学勤主编《十三经注疏·周易正义》,第 312 页)《系辞下》还说:"《易》之兴也,其当殷之末世,周之盛德邪? 当文王与纣之事邪?"(同上书,第 319 页)这里透露出《易》成书于商末周初,所述为商纣王和周文王期间之事的信息,但语气并不肯定。与上述引文合并在一起看,可以推断《系辞》的作者认为八卦是伏羲所作,而卦爻辞则成于商末周初时期。
④ 《史记·周本纪》:"西伯盖即位五十年。其囚羑里,盖益《易》之八卦为六十四卦。"(司马迁《史记》第一册,北京:中华书局,1982 年,第 119 页)《史记·太史公自序》又说"昔西伯拘羑里,演《周易》"(见司马迁《史记》第十册,第 3300 页),可知其认为文王将八卦重为六十四卦。又《史记·日者列传》说:"自伏羲作八卦,周文王演三百八十四爻而天下治。"(同上书,3218 页)也指出伏羲作八卦,而三百八十四爻为文王所演。
⑤ 《史记·孔子世家》:"孔子晚而喜《易》,序彖、系、象、说卦、文言。读《易》,韦编三绝。曰:'假我数年,若是,我于《易》则彬彬矣。'"(见司马迁《史记》第六册,第 1937 页)按司马迁的说法,《十翼》除《序卦》和《杂卦》以外均为孔子所作。
⑥ 《汉书·艺文志》:"《易》曰:'宓戏氏仰观象于天,俯观法于地,观鸟兽之文,与地之宜,近取诸身,远取诸物,于是始作八卦,以通神明之德,以类万物之情。'至于殷、周之际,纣在上位,逆天暴物,文王以诸侯顺命而行道,天人之占可得而效,于是重《易》六爻,作上下篇。孔氏为之彖、象、系辞、文言、序卦之属十篇。故曰易道深矣,人更三圣,世历三古。"(班固《汉书》,北京:中华书局,1962 年,第 1704 页)孟康根据《系辞下》里的《易》之兴也,其于中古乎? 反推伏羲为上古,文王为中古,孔子为下古。(班固《汉书》,第 1705 页)

卦辞且称此书为《周易》，周公作爻辞，孔子作《十翼》，而子夏传《周易》。① 总之，古人虽对重卦之人和卦爻辞的作者这两个问题存在争议，但对伏羲画卦、文王和周公作卦爻辞、孔子作《十翼》的说法大体信而不疑。② 汉武帝置五经博士后，儒生对"三圣三古"的成说更奉为圭臬，几乎成为《易经》作者和成书年代的定论，只有欧阳修等极少数人，对《十翼》是否为孔子一人所作提出过异议。清末（1905 年）废除科举取士，经学的统治地位开始动摇，尤其新文化运动兴起以后，新思潮和新学理不断涌入，疑古之风一时大炽，学术界出现了讨论《易经》作者和成书年代问题的热潮，基本上否定了"三圣三古"的旧说。对《周易》本经部分的作者，顾颉刚、余永梁等人认为并非是伏羲和文王，而是周初时人的作品。李镜池认为《周易》编订于西周晚期，与《诗经》时代略同，作者也非一人。郭沫若认为《周易》成书应在春秋以后，作者是孔子的再传弟子馯臂子弓，他认为作《十翼》的大部分人都是荀子的

---

① 《隋书·经籍志》："昔宓羲氏始画八卦，以通神明之德，以类万物之情，盖因而重之为六十四卦。及乎三代，实为三《易》，夏曰《连山》；殷曰《归藏》；周文王作卦辞，谓之《周易》。周公又作《爻辞》，孔子为《彖》、《象》、《系辞》、《文言》、《序卦》、《说卦》、《杂卦》，而子夏为之传。及秦焚书，《周易》独以卜筮得存，唯失《说卦》三篇。后河内女子得之。"（长孙无忌等：《隋书·经籍志》，上海：商务印书馆，1955 年，第 9 页）

② 孔颖达《周易正义》认为伏羲画八卦，但对重卦之人，他先列出四说，然后力证他说为非，而专主伏羲画八卦并自重为六十四卦之说："然重卦之人，诸儒不同，凡有四说。王辅嗣等以为伏羲重卦，郑玄之徒以为神农重卦，孙盛以为夏禹重卦，史迁等以为文王重卦。其言夏禹及文王重卦者，案《系辞》，神农之时已有，盖取《益》与《噬嗑》。以此论之，不攻自破。其言神农重卦，亦未为得，今以诸文验之。……故今依王辅嗣以伏羲既画八卦，即自重为六十四卦，为得其实。"（李学勤主编《十三经注疏·周易正义》，第 7—8 页）卦爻辞的作者，孔颖达也列出两说，一说认为卦爻辞都是文王所作，另一说认为卦辞是文王所作，爻辞则是周公所作。按照孔颖达的解释，主张卦爻辞是文王一人所作的郑学之徒，其依据主要是《系辞》中"《易》之兴也，其当殷之末世，周之盛德邪？当文王与纣之事邪？"等语，同时引《乾凿度》中"垂黄策者牺，卦道演德者文，成命者孔"来佐证伏羲制卦、文王系辞、孔子作《十翼》，认为《易》历三圣，即指此三人而言。主张文王作卦辞、周公作爻辞的马融、陆绩等人，其依据主要是爻辞里很多内容说的都是文王之后的事，如《升卦·六四》"王用享于岐山"，而武王克殷后才追号文王为王，《明夷·六五》"箕子之明夷"，而箕子被囚事在武王观兵之后，据此可推断卦辞为文王所作，爻辞为周公作。（见李学勤主编《十三经注疏·周易正义》，第 9 页）但对《十翼》为孔子所作，从先儒到孔颖达均无异议，朱熹也秉承此说，认为伏羲画八卦并重为六十四卦，文王作卦辞，周公作爻辞，孔子作《十翼》。（见朱熹《周易本义》，廖名春点校，北京：中华书局，2009 年，第 29—30 页）自宋迄清，易学主流均尊三圣三古旧说，如李光地《周易折中》即以朱熹《周易本义》为主要依据，因此对《周易》的作者和成书年代，自然也遵旧说。（见李光地《周易折中》，刘大钧整理，成都：巴蜀书社，2008 年，第 1 页）只有北宋欧阳修撰《易童子问》，首开疑窦，认为《系辞》、《文言》、《说卦》、《序卦》和《杂卦》前后文多有矛盾之处，不可能出自一人之手，所以不能视为孔子一人所作。此后清人姚际恒《易传通论》、康有为《新学伪经考》等均认为《易传》非孔子所作。（上说可参见黄寿祺、张善文译注《周易》，上海：上海古籍出版社，2004 年，第 7 页）

门徒,著书时间应在秦始皇三十四年(公元前213年)前后。钱玄同认为西汉初田何传《易》时只有上下经和《彖》、《象》、《系辞》、《文言》,西汉中叶后加入汉人伪作的《说卦》、《序卦》和《杂卦》三传。李镜池进一步认为《彖》、《象》作于秦汉间,《系辞》、《文言》作于汉昭、宣帝年间,《说卦》、《序卦》、《杂卦》作于汉昭、宣帝之后。① 总之,自王国维提倡运用以考古发掘的地下遗物和历史记载的纸上故文相互印证的"二重证据法"后,人们对古代遗留下来的经典开始采取一种历史的科学眼光,对古人的说法不再笃信不疑,而是主张以出土文物和史料相互印证。1973年长沙马王堆汉墓出土帛书《周易》后,以考古学的资料和方法来考订《周易》的作者和成书年代,一时成为学界风气。其后,1977年安徽阜阳双古堆汉墓出土的《周易》残简、1993年湖北王家台秦简中发现的《归藏易》、2004年上海博物馆所购楚简中的《周易》相继整理发表,进一步丰富了这个问题的研究材料,但迄今除否定旧说之外,《易经》的作者和成书年代仍无定论,只能笼统认为《周易》的卦爻辞大约作于西周初期,《十翼》成书于春秋战国之间,经传的作者均非一人,是经多人之手加工编纂而成的。②

二、《易经》的文本编排形式难以确定,一直流传着经传别行和分经合传这两个传统。《易经》原本编排时是经传分开的,《经》分上下篇,《传》分十篇,因此《汉书·艺文志》说"《易经》十二篇",颜师古认为它们就是指上下经和《十翼》,③李光地等人认为《彖》、《象》、《文言》、《系辞》等在汉代开始附在卦爻辞中流传,并且认为费直专以《彖》、《象》、《文言》参解《易》爻,因此将它们杂入卦中也是从费直开始

① 以上总结参见黄寿祺、张善文译注《周易》,第8页。
② 黄寿祺、张善文认为《周易》本经作于商末周初,《十翼》作于春秋、战国之间,经传是"人更多手、时历多世"的集体作品。(见黄寿祺、张善文译注《周易》,第6页)刘大钧、林忠军认为,卦爻辞的产生,是经过多人的采辑、订正和增补,吸收很多卜辞和应验的筮辞,到殷末周初才最终形成今天的样子,属于集体创作的作品;《十翼》中的《说卦》、《象》、《彖》、《文言》、《系辞》大约成书于战国中期至晚期,《序卦》大约成书于秦或西汉,《杂卦》的著作年代待考。(见刘大钧、林忠军著《周易经传白话解》,上海:上海古籍出版社,2006年,第5页、第160—164页)李学勤基本赞同顾颉刚认为《周易》卦爻辞的著作年代当在西周初叶的观点,他认为《易传》的成书年代不会晚于战国中期。(李学勤《周易溯源》,成都:巴蜀书社,2006年,第2页、第128页)李零也认为《周易》本经成书于西周初叶,而《易传》十篇则成书于战国时期。(李零《死生有命富贵在天——〈周易〉的自然哲学》,北京:生活·读书·新知三联书店,2013年,第12页、第17页)西方对经传的成书年代也有不同看法,最近的观点,认为本经大约成于西周末年至东周初年,而《十翼》大约成书于战国晚期至西汉初年。(Redmond, Geoffrey, Hon, Tze-ki. *Teaching the I Ching* (*Book of Changes*). New York: Oxford University Press, 2014, pp. 40-41)
③ 陈国庆《汉书艺文志注释汇编》,北京:中华书局,1983年,第9页。

的。郑玄的易学传自费直,自然也是分经合传,由此导致古十二篇的体例消亡。孔颖达认为王弼觉得《象》辞宜分别附在卦爻辞之后,《周易》王弼注流行以后,分经合传的做法遂成不刊之论。唐代李鼎祚把《序卦》冠于每卦之首,又增加了《易经》的编排方式,直到宋代吕祖谦恢复古本《周易》经传十二篇的体例,朱熹因之沿用,清代李光地等人据以编纂《周易折中》。因此流传下来的通行本《易经》一直存在王弼、孔颖达、李鼎祚等人的分经合传本和朱熹、李光地等人的经传别行本两个体系。马王堆出土的帛书《周易》本让我们看到,汉代流传的《易经》实在有很多不同的编排方式,经传内容和通行本也存在很大差异。帛书《周易》不但卦序和通行本完全不一样,卦名、卦爻辞也有相当大的差异,并且《易传》的内容也和通行本不一致,出现了《二三子问》、《系辞》、《易之义》、《要》、《缪和》、《昭力》等篇,这至少可以说明汉代流行多种不同版本的《易经》。近年来陆续发现的王家台秦简《归藏易》、双古堆汉墓《周易》残简、上博楚简《周易》等均可佐证这一观点。

第二节　卦爻辞诠释的困境

《易经》文本的复杂特征,使它成为一部非常难读的书,这一点古今中外人士都已形成共识。

朱熹说:"某不敢教人看易,为这物阔大,且不切己。兼其间用字,与今人皆不同。如说田猎祭祀,侵伐疾病,皆是古人有此事去卜筮,故爻中出此。今无此事了,都晓不得。"[1]又说:"易中言'帝乙归妹'、'箕子明夷'、'高宗伐鬼方'之类,疑皆当时帝乙高宗箕子曾占得此爻,故后人因而记之,而圣人以入爻也。"[2]又说:"易难看,不惟道理难寻;其中或有用当时俗语,亦有他事后人不知者。且如'樽酒簋贰',今人硬说作二簋,其实无二簋之实。陆德明自注断,人自不曾去看。如所谓'贰',乃是周礼'大祭三贰'之'贰',是'副贰'之'贰',此不是某穿凿,却有古本。若是强为一说,无来历,全不是圣贤言语!"[3]这是说古今文字、俗语不同,古人卜筮的具体情境也已无从知晓,因此卦爻辞的确切含义变得难以理解。朱熹还指出:"《易》说一个物,非真是一个物,如说龙非真龙。若他书,则真是事实,孝弟便是孝

---

① 黎靖德编《朱子语类》第四册,北京:中华书局,1986 年,第 1627 页。
② 同上书,第 1638 页。
③ 黎靖德编《朱子语类》第五册,第 1661 页。

弟,仁便是仁。《易》中多有不可晓处,如'王用亨于西山',此却是'享'字。只看'王用亨于帝,吉',则知此是祭祀山川底意思。如'公用亨于天子',亦是'享'字,盖朝觐燕飨之意。《易》中如此类甚多。后来诸公解,只是以己意牵强附合,终不是圣人意。《易》难看,盖如此。"①这是说《易经》文字多通假、多歧义,并且富含象征,这就更增加了理解的困难。

李学勤的看法与朱熹隔代呼应。他认为《易经》本是一部卜筮著作,可能从孔子开始,古人逐渐从筮法中悟出很多玄深的哲理,将占卜之《易》和哲理之《易》区分开来。《易经》成为儒家经典后,逐渐形成一套尊经的传统,历代很多学者的哲学思想,都通过解《易》和说《易》的方式衍变生发出来,这一方面固然增进了后人对《易经》的理解,另一方面也让《易经》的含义变得愈说愈繁,难以辨析。李学勤说:"我常常觉得,研究《周易》是很'危险'的。《周易》文义古奥简质,又玄妙深邃,可以这样解释,也不难那样推论。如果是借《易》的词语表说自己的思想,姑置不论,要想寻出《易》的本义,实在太难。十分容易出现的结果是,在想象力的基础上,建造一座七宝楼台,由于檐宇崇岭,结构繁复,设计者本人也产生出自天然之感了。"②

美国汉学家顾立雅(Herrlee G. Creel,1905—1994)也指出理解《易经》的困难:"《易经》的语言非常精炼,甚至是隐秘难解,因此滋生各种理论,认为它包含一套隐秘的语言系统或神秘的象征主义。这不禁让人猜疑,《易经》成书的时候,周朝人是不是还没学会如何用清晰的汉语来表情达意?"③苏德凯(Kidder Smith)认为,《易经》由两种不同的材料构成,卦爻辞属于语言学范畴,卦画属于非语言学范畴,它们分属两套不同的符号系统,却又在《易经》中趋于一致,形成所谓的"互文性"。可以说,构成《易经》的这两套符号系统为它的解读开启了无限的可能和不可能,导致对它的解释往往陷入一片材料的汪洋。④ 司马富(Richard J. Smith)说:"对那些有世俗、理性和科学大脑的人,《易经》似乎是部'超级晦涩'的作品,里

---

① 黎靖德编《朱子语类》第五册,第 1660—1661 页。
② 见李学勤为邢文《帛书周易研究》所写的序文,邢文《帛书周易研究》,北京:人民出版社,1997年,第 2 页。
③ Shaughnessy, Edward L. Preface, *Unearthing the Changes:Recently Discovered Manuscripts of the Yijing(I Ching)and Related Texts*. New York:Columbia University Press, 2014, p. xi.
④ Smith Kidder. "The Difficulty of the Yijing", *Chinese Literature:Essays, Articles, Reviews*, Vol. 15,1993, pp. 1-15.

面满是陌生的符号、隐晦的谚语,反映的世界观神秘又不合逻辑;而对那些有宗教信仰的人,《易经》缺乏建立在一神或众神有意志地行动基础上的宇宙观,这同样令人感到困惑难解。"①因此夏含夷回忆说,他还在读研究生的时候,他的老师、甲骨文专家吉德炜(David N. Keightley, 1932—2017)先生曾不止一次对他耳提面命:"一个汉学家如果喜欢上《易经》,几乎可以断定这个人的学问已经做过头了。"司马富也说:"多年来,我的朋友和同事一再告诫我,不要总想着去整理《易经》的前世今生。这个题目太大太难了,他们老这样和我说,他们是对的。易学研究就是中国研究领域里的一个黑洞……一旦被它的强力吸住,那真是一辈子也难以脱身。"②

　　《易经》文本如此难读难解,因此《四库全书》收易类文献 158 部、附录 8 部、存目文献 317 部、附录 1 部,合计 484 部,加上乾隆以来新出注解,可谓浩如烟海,对《易经》理解的繁复多异,于此可见一斑。俄罗斯汉学家舒茨基(Iulian K. Shchutskii, 1897—1937)总结了欧洲汉学界对《易经》的 19 种看法:(1)占卜文本,(2)哲学文本,(3)占卜兼哲学文本,(4)中国普遍主义的基础,(5)谚语集,(6)政治家的笔记,(7)政治百科全书,(8)释义字典,(9)大夏—中文字典,(10)生殖器崇拜的宇宙生成观,(11)中国最古老的历史文献,(12)逻辑教材,(13)二进制系统,(14)代数方程的秘密,(15)线条的偶然解释和组合,(16)街头算命的把戏,(17)小儿科的东西,(18)胡言乱语,(19)汉朝伪书。③ 国外对《易经》性质认识的五花八门,此处也可略为证明。概而言之,《易经》之所以这样难以理解和解释,一是因为它的文本采用卦画和卦爻辞两套不同的符号表意系统,二是卦画与卦爻辞之间的关系难以确定,三是解释《易经》的古今情境发生了很大的改变,四是《易经》解释过程中形成了各种重点、原则和方法都极不相同的传统,因此才会给中外学者造成较大的理解障碍。

---

① Smith, Richard J. *I Ching: A Biography*. Princeton and Oxford: Princeton University Press, 2012, p. 1.
② Redmond, Geoffrey, Hon, Tze-ki. *Teaching the I Ching (Book of Changes)*. p. 6.
③ Shchutskii, Iulian K. *Researches on the I Ching*. trans. by William L. MacDonald and Tsuyoshi Hasegawa with Hellmut Wilhelm. New Jersey: Princeton University Press, 1979, p. 55.

第三节　《易经》诠释研究的方法

朱熹较早提出要用历史的眼光来看待《易经》卦爻辞的含义。他说:"易本卜筮之书,后人以为止于卜筮。至王弼用老庄解,后人便只以为理,而不以为卜筮,亦非。想当初伏羲画卦之时,只是阳为吉,阴为凶,无文字。某不敢说,窃意如此。后文王见其不可晓,故为之作彖辞,或占得爻处不可晓,故周公为之作爻辞,又不可晓,故孔子为之作十翼,皆解当初之意……而今所以难理会时,盖缘亡了那卜筮之法。如《周礼》太卜掌三易之法,连山、归藏、周易,便是别有理会周易之法。而今却只有上下经两篇,皆不见许多法了,所以难理会。"①又说:"八卦之画,本为占筮。方伏羲画卦时,止有奇偶之画,何尝有许多说话!文王重卦作彖辞,周公作爻辞,亦只是为占筮设。到孔子,方始说从义理去。……故学易者须将易各自看,伏羲易,自作伏羲易看,是时未有一辞也;文王易,自作文王易;周公易,自作周公易;孔子易,自作孔子易看。必欲牵合作一意看,不得。今学者讳言易本为占筮作,须要说做为义理作。若果为义理作时,何不直述一件文字,如《中庸》、《大学》之书,言义理以晓人,须得画八卦则甚?"②又说:"今人读易,当分为三等:伏羲自是伏羲之易,文王自是文王之易,孔子自是孔子之易。读伏羲之易,如未有许多彖、象、文言说话,方见得易之本意,只是要作卜筮用。如伏羲画八卦,那里有许多文字言语,只是说八个卦有某象,乾有乾之象而已。其大要不出于阴阳刚柔、吉凶消长之理。及文王周公分为六十四卦,添入'乾元亨利贞','坤元亨利牝马之贞',早不是伏羲之意,已是文王周公自说他一般道理了。然犹是就人占处说,如卜得乾卦,则大亨而利于正耳。及孔子系易,作彖、象、文言,则以'元亨利贞'为乾之四德,又非文王之易矣。到得孔子,尽是说道理。然犹就卜筮上发出许多道理,欲人晓得所以凶,所以吉。……文王之心,已自不如伏羲宽阔,急要说出来。孔子之心,不如文王之心宽大,又急要说出道理来。所以本意浸失,都不顾元初圣人画卦之意,只认各人自说一副当道理。"③按照朱熹的理解,由于古代的筮法已经亡佚,伏羲当初画卦的原始意义已渺不可得,《周易》卦爻辞本义浸失,后人皆以为解释当初含义,

---

① 黎靖德编《朱子语类》第四册,第 1622 页。
② 同上书,第 1622 页。
③ 同上书,第 1629—1630 页。

其实都不过是各自为解而已,因此需结合历代的具体情境来理解注疏者对卦爻辞的解释。李学勤也认为,《周易》的本义太难探寻,后人的解释即使不是借题发挥的一家之言,也难免会带上浓厚的想象色彩,因此他主张用严格的文献学方法来客观地探讨《周易》,研究《周易》和《易》学的演变发展。①

苏德凯认为,由于《易经》文本特殊的碎片性——没有连贯的叙事、没有明确的叙述者、也没有潜在的叙述对象,要确定它们的具体指代对象变得非常困难,离开卦爻辞生成时的文化语境,它们的确切含义变得难以把握。我们缺少一种有效的"句法",将《易经》文本中提到的那些事联系起来。因此要理解《易经》,就需要为它找到一种新的解读语境,要么结合历代《易经》注疏传统,找到一种符合占卜时政治需求的解释,要么以《易经》为关键点,重建一个全新的知识世界。正是在这个层面上,苏德凯说,本来在解读中国古代典籍时使用诸如"符号系统"、"互文性"这些外来的、现代的概念,会让传统的中国话语掺入很多外来元素,从而给经典的理解带来额外的问题,但因为《易经》的难解,反而让我们可以神追古人,一起面对《易经》的多义、晦涩和不确定性。也就是说,《易经》的难解,反而让外来的视角变成一扇扇新的窗户,使我们得以借此窥见更多古人不察的含义。② 如果说苏德凯主张根据《易经》的流传史来理解卦爻辞的不同含义,那么夏含夷则主张回到卦爻辞编纂的时代去探究《易经》文本的原意。他指出,《易经》的难解固然来自文本的多义性,但如果将它放到特定的历史语境中,也未尝不可加以解读。理解《易经》的最大困难在于卦爻辞和卦画之间的联系,如占卜所得的"吉"、"凶"、"悔"、"吝"这些预言,到底是该和卦画合在一起解读,还是作为卦爻辞的附加成分来理解? 无论怎样理解,它们之间都会出现难以调和的矛盾。因为卦爻辞属于不同时期不同占卜者得到的预言,他们对《易经》文本甚至占卜的性质都可能有完全不同的解释,因此不存在前后一致的解释原则。夏含夷认为,只有将《易经》当成占卜手册去恢复它的原初意义,才能避免陷入这些矛盾。③ 无论提倡研究卦爻辞的原初含义还是它们的流传含义,从本质上来说,对卦爻辞的理解和解释是个诠释学

① 邢文《帛书周易研究》,第2页。
② Smith, Kidder. "The Difficulty of the Yijing". *Chinese literature*:*Essays*,*Articles*,*Reviews*,Vol. 35,1993,pp. 1-15.
③ Shaughnessy, Edward L. Preface, *Unearthing the Changes*:*Recently Discovered Manuscripts of the Yijing*(*I Ching*)*and Related Texts*. New York:Columbia University Press,2014,pp. xiv-xviii.

的问题,只有从诠释学的角度切入,才能从根本上廓清迷雾,带给我们新的洞见。

按诠释学的观点,理解和解释可以从作者、文本与读者这三个不同的向度出发来探寻意义的最终旨归。第一个向度旨在探寻作者的原意,其代表人物是施莱尔马赫(Friedrich E. D. Schleiermacher,1768—1834)和狄尔泰(Wilhelm Dilthey,1833—1911)。施莱尔马赫提出,要理解作者的原意,首先需要对文本作语法分析,以求得文本的字面意思,然后对作者展开心理分析,从作者的时代背景、语言体系以及生平经历入手,再现作者创作时的心理状态,并"设身处地"地在多义的文本解释中确定符合作者原意的解释。狄尔泰则强调人们"体验"的共同性,主张借助施莱尔马赫所说的"心理移情"方法挖掘出潜藏在文本字面意思背后的作者意图。第二个向度旨在分析文本的本义,代表人物有贝蒂(Emilio Betti,1890—1968)和利科(Paul Ricoeur,1913—2005)。贝蒂更是制定了一套诠释规则来揭示文本原义:(1)诠释的客体自主性原则,他提出了"富有意义的形式"这个概念,即被理解的"文本"是独立存在的,它的意义既不依赖于作者,也不取决于理解者,而是存在于文本的内在结构中;(2)整体原则,对意义整体的预见,唯有通过对意义整体的预期性认识,才能确定单一的意义,从而进一步达到对意义整体的确认,它要求阐明一切参与构成"富有意义的形式"的要素;(3)理解的现实性原则,这个原则指向诠释者的主体性,诠释是主体的个体性的展开,它要求主体体验、认知客观网络关系中的意义,在主观中完成客观意义的重构;(4)诠释意义的和谐原则,就是让"法理的探究"中表现出的主观因素和"事实的探究"中表现出的客观性相吻合,使诠释者当下的具体性与整个诠释效果融为一体。利科则把文本定义为"由书写固定下来的任何话语",我们要理解的是文本向我们展示的一切,是文本的建构所开启的可能世界。第三个向度旨在强调读者理解的意义,代表人物为伽达默尔(Hans-Georg Gadamer,1900—2002)。在伽达默尔看来,不是人们使用语言去描述世界,而是世界体现在语言当中。这样,语言以及对语言的理解就不再是主体作为纯粹的旁观者去认识特定的文本,而是真理与意义的显示或展开的过程。也就是说,文本的意义不是先于理解而存在于文本之中的,它事实上是读者在自己的视域中所领悟到的意义,或者确切地说,是理解主体自身的视域与特定的历史视域相融合而形成的新的意义。文本(一切历史流传物)在它所赖以产生的历史视域中的含义与在理解主体的视域(我们的当今视域)中所蕴含的意义是不同的,在理解中,这两个视域融而为一,成为一个更广阔的视域,它是包容了历史和现代的整体视域。从根本上说,"理解"就是一个"视域融合"的过程。在这个视域中,文本呈现出不同以往被理解到的意义,它是历史的产物,携带着它固有的历史性进入读者的当今视域,并在读者的视域中获得了现实的意义。已经达到的"视域融合"并不是理解的终点,只是人类理解过程的一个阶段,理解就是一个在不断扬弃中实现自身的过程。在伽达默尔看来,人们所能理解到的意义既不是作者的原意,也不是文本的本义,而是读者的视域与作者、文本、历史等视域相融合后展现的新的意义。①《易经》的特殊之处,就在于它是在一段漫长的时期内经过很多编纂者不断修订而最终成书,文本具有多层结构并呈现出不同的编排形式,使用者既将它用于实际的占筮活动,解释占筮得到的结果,也用它来建构和发展自己的哲学、政治学、伦理学、历史学甚至数学、医学、心理学等不同流派或学科的思想。因此无论是确定作者的原意,分析文本的本义还是强调读者的理解,就《易经》这部特殊的经典而言,都既有一定的合理性,又存在较大的困难。一方面中国历代注疏中的众多流派,无论是探赜索隐、以意逆志,训诂文字、集释章句,还是代圣立言、因象立教,共同确立和形成了一个解经的传统,任何当代诠释都无法完全忽视这个坚实的传统,否则只会成为海市蜃楼一般的幻景。另一方面,从最早形成的《十翼》一直发展到当今的管理易学,无论其解释标准和原则多么系统和条理,它们都难以确立一套普遍适用的解释标准,对《易经》文本形成较为一致的理解。从根本上来说,《易经》的价值体现在它形成的文本和解释之间的对话,在此基础上构建历史和现实、传统和当代之间的联系。因此研究《易经》诠释,一方面固然需要关注《易经》的本质属性和文本形态,另一方面,也许更重要的是要关注《易经》在不同时空语境下、不同诠释者那里呈现出的不同面貌,并进而探究形成这些不同面貌背后的原因,这样才能揭示出历史和现实、传统和当代的交汇、碰撞和融合。可以说,不同时代、不同文化中的不同诠释者不断赋予《易经》文本以新的意义,这是由《易经》作为占筮文本的本质决定的,它一方面给《易经》文本的理解和解释带来很多困难,另一方面也增加了这部古代典籍的魅力,使它能不断与时俱进,常读常新。

---

① 上述对诠释学理解意义三个向度的概括和总结,主要参考潘德荣《西方诠释学史》,北京:北京大学出版社,2013 年,第 4—7 页,表述略有改动。

第四节　《易经》诠释史研究的意义

本书从诠释学的视角分析欧美《易经》翻译的历史实践和效果,一方面根据诠释角度和策略的差异从宏观上整理《易经》在以英语地区为主的欧美社会翻译和传播的历史,另一方面根据语境和视域的差异从微观上将有代表性的译本放在具体的时代背景中考察,以期实现整体研究与个案研究的互通、诠释学与翻译学理论的互补、海外汉学与本土国学研究的互鉴。

本书采用的"诠释学",对应的是德文的 Hermeneutik 和英文的 Hermeneutics。按"诠释学"一词在古代有三种意义指向:(1)说或陈述(express, aussagen, ausdrücken),即口头讲说;(2)解释或说明(explain, auslegen, erklären),即分析意义;(3)翻译(translate, übersetzen, dolmetschen),即转换语言。所以诠释学既可以指某件事通过话语被诠释,又可指说的话通过解释被诠释,还可指陌生语言通过翻译被诠释。①《易经》卦爻辞的含义向来理解多歧,对它的解释、注疏、翻译和诠释学的这三种意义指向全部密切相关。只是国内对 Hermeneutics 这个外来学科有不同译法,除译为"诠释学"外,也译为"解释学"和"阐释学"。② 本书讨论的"诠释学",是基于洪汉鼎、潘德荣、景海峰等人尝试构建的融本体论和方法论于一炉的诠释学体系,故采用他们的译法。③ 在具体讨论中,也用"理解"、"解释"和"翻译"等词来指代诠释学的不同意义取向。涉及"诠释学"的其他概念,则随文另注,仍以此理论框架为主。

就诠释与翻译的关系问题,本书采用伽达默尔的观点,把翻译视为一种诠释。伽达默尔认为,一切翻译都是诠释,翻译的过程也就是诠释的过程。在翻译一个文本时,不论译者如何力图进入原作者的思想感情或是设身处地把自己想象成原作者,翻译都不可能是作者原始心理过程的重新唤起,而是对本文的再创造,这种再创

---

① 洪汉鼎《诠释学——它的历史和当代发展》,北京:人民出版社,2001 年,第 4 页。
② 有关 Hermeneutics 一词的译名问题,可参见姜哲《中西方诠释学比较研究——汉代经学诠释学的基本概念及其生存论意义》,复旦大学 2011 年博士论文,第 5—7 页。
③ 洪汉鼎对"诠释学"体系的说明,参见《诠释学——它的历史和当代发展》以及他翻译伽达默尔的《真理与方法》(上海:上海译文出版社,2004 年);潘德荣对"诠释学"体系的介绍,见于他所译理查德·帕尔默的《诠释学》(北京:商务印书馆,2012 年)和他自己所撰《西方诠释学史》(北京:北京大学出版社,2013 年)与《诠释学导论》(桂林:广西师范大学出版社,2015 年);景海峰对"诠释学"的建构,见于他所著《中国哲学的现代诠释》(北京:人民出版社,2004 年)。

造受到对本文内容理解的指导,因此翻译涉及的是解释,而不是重现。尽管译者在翻译中追求"信",但还是不可避免地要面临选择,在突出原文的一种特征时淡化或抑制原文的其他特征,这就是解释行为。面对原文中模棱两可的情况,译者也必须清楚说明自己的理解,因此认真的翻译总是比原文更清楚、更明白。译者必须克服两种语言之间的鸿沟,同时还要找到一种新的表达语言,它不仅属于译入语,同时还适合源语言。因此译者在翻译的时候面对的既有理解的问题,也有解释的问题,也就是表达的问题。① 从这个角度来看,翻译是探讨诠释问题的一个最佳切入点。

本书所说的诠释者,主要是指《易经》的英译者,他们是对《易经》做过研究的专业读者,在这个意义上,他们有别于《易经》的普通读者。本书关注的是这批专业读者的阅读水平、阅读《易经》的目的、态度以及阅读方法。从某种程度上来说,正是这批专业读者阅读《易经》的方式,引导和影响了欧美大批普通读者对《易经》的理解、解释和运用。

研究《易经》在欧美的诠释史,有多方面的意义。第一,从诠释学的角度来看,本书通过《易经》在欧美的诠释方式,探讨诠释学上关于经典的理解和解释应以作者原意、文本本义还是读者理解之义为旨归的问题,探讨经典文本在现代和异文化语境中的理解、解释和接受的问题,有助于丰富和发展诠释学的相关理论及其运用。同时,本书通过对《易经》在欧美的诠释方式的分析,有助于丰富和拓展诠释学的"视域融合"、"效果历史"、"前理解"、"诠释的循环"等核心概念的内涵。本书还有助于对翻译学和诠释学之间的关系作出进一步的澄清。第二,从《易经》英译史的角度来看,本书通过研究《易经》典型诠释方式的成因、特点和影响,有助于对《易经》英译史作出共时性和历史性的描述。第三,从典籍英译的评价来看,本书摒弃以"忠实"于原文为标准的评价方式,将《易经》英译本与具体的历史语境相结合,有助于建立一个评价典籍英译的动态标准。第四,从海外汉学与本土国学的关系来看,本书研究《易经》英译本与本土注疏本的关系,研究《易经》英文译者与中文协助者的关系,有利于阐明海外汉学与本土国学间的互动和融合。第五,从经典的现代化与全球化来看,本书研究《易经》进入欧美并产生巨大影响的过程,在一定程度上还原知识迁移的路径,有助于厘清经典走向现代化和全球化的过程,分析经典在这个过程中经历的变化,为中国文化走向世界提供可资借鉴的经验。

---

① 伽达默尔《真理与方法》(下卷),洪汉鼎译,上海:上海译文出版社,2004 年,第 496—500 页。

第二章　欧美《易经》诠释的主要范式

　　《易经》从一部地域经典逐渐变成一部全球经典,始于明末耶稣会传教士来华。明末清初,不少西方传教士来到中国,向中国的士大夫传播天主教,其中尤以耶稣会传教士最为活跃。这些传教士在大力传播西方宗教的同时,也变相传播了西方的科技、绘画、音乐、历法等知识。在这个过程中,传教士还不断向教廷和西方社会解释中国的特殊情况,以便为他们在中国采取的传教策略辩护。他们通过报告、书信和著作等方式,向西方介绍和解释中国的历史、社会与风俗,客观上促进了中国文化在西方的传播。这当中自然包括向西方的知识阶层介绍中国的经、史、子、集,正是在这种中西文化交流的大背景下,《易经》被介绍到西方。最早向西方译介《易经》的人,目前有三种说法。第一种说法认为是耶稣会士金尼阁(Nicolas Trigault,1577—1628),他于1626年在杭州刊印包括《易经》在内的《五经》拉丁文译注本一卷,但该译本的下落至今仍不清楚。这种说法来源于费赖之[1],方豪在《十七八世纪来华西人对我国经籍之研究》一文中也提到:"天启六年(1626),比人金尼阁亦译《五经》为拉丁文,并在杭州刊印,是为我国经籍最早之西文译本。"[2]第二种说法认为是耶稣会士卫匡国(Martino Martini,1614—1661),他在1658年于慕尼黑出版的《中国上古史》(Sinicae historiaedecas prima)中介绍了《易经》及六十四卦的卦符。[3] 第三种说法认为是耶稣会士柏应理(Philippe Couplet,1623—1692),他1687年在《中国哲学家孔子》(Confucius Sinarum Philosophus)一书中首次译介《易经》,介绍六十四卦图并翻译了第十五卦《谦》。[4] 第一个把《易经》翻译成当时欧洲语言的是耶稣会士刘应(Claude Visdelou,1656—1737),他的拉丁文译本于1770年出版。《易经》第一个欧洲语言的全译本出版于1834—1839

---

① 费赖之《在华耶稣会士列传及书目》(上册),冯承钧译,北京:中华书局,1995年,第124页。
② 方豪《方豪六十自定稿》(上册),台北:学生书局,1969年,第190页。
③ Mungello, David E. *Curious Land:Jesuit Accommodation and the Origins of Sinology.* Honolulu:University of Hawaii Press, 1985, p. 322.
④ Smith, Richard J. *The I Ching:A Biography*, p. 180.

年,这个拉丁文译本《易经:最古老的中国典籍》(*Y-King:Antiquissimus Sinarum Liber*)由耶稣会士雷孝思(Jean-Baptiste Régis,1663—1738)于 1736 年译完,但一直没有出版,直到德国东方学家约瑟夫·摩尔(Joseph Mohl,1800—1876)将它们编辑成两卷,分别于 1834 年和 1839 年在斯图亚特和图宾根出版。① 由《易经》早期在欧洲的翻译和传播可以看出,耶稣会传教士在其中扮演了决定性的作用。

《易经》以欧洲民族语言的形式在西方出现,始于新教传教士来华期间。早期的新教传教士通过编纂字典、翻译《圣经》等“文书传教”的方式,一方面向中国的信众传播基督教,另一方面训练来华的传教士,帮助他们掌握汉语语言,了解中国社会和习俗。这种做法客观上促进了传教士和西方民众对中国文化的了解。随着这种了解的深入,有些传教士即开始着手翻译中国的典籍著作,在这样的背景下,《易经》开始以欧洲民族语言的形式进入西方世界。

第一节 欧美《易经》主要译本概述

19 世纪末到 20 世纪初,随着欧美新教传教士在中国传教活动的开展,《易经》的英语、法语和德语等欧洲语言全译本相继出现,第一个英文全译本 1876 年由麦格基(Thomas McClatchie,1814—1885)翻译出版;第一个法文全译本由霍道生(Paul L. F. Philastre,1837—1902)于 1885—1893 年翻译出版;第一个德文全译本由卫礼贤(Richard Wilhelm,1873—1930)于 1924 年翻译出版,但真正让《易经》在欧美变得广为人知并逐步演变成一种文化现象,始于卫礼贤的《易经》德译本被贝恩斯夫人(Cary F. Baynes,1883—1977)转译成英文并在美国出版(为论述方便,下文论及此译本,简称为《易经》卫-贝译本或卫-贝译本)。卢大荣(Richard Rutt,1925—2011)指出,卫礼贤的《易经》译本是“迄今最重要的翻译,并且译本自身也已获得了经典的地位”。经贝恩斯夫人将其转译成英文以后,《易经》在 20 世纪 60 年代变成美国嬉皮士狂热推崇的经典,在英语世界引起过一阵

---

① 这里依据的是康达维的说法,见 Knechtges, David R.:"The Perils and Pleasures of Translation:The Case of the Chinese Classics",载郑吉雄、张宝三编《东亚传世汉籍文献译解方法初探》,上海:华东师范大学出版社,2008 年,第 5—7 页;另见 Rutt, Richard. *The Book of Changes [Zhouyi]*. Surrey:Curzon Press Ltd.,1996,pp. 65-66;Smith, Richard J. *The I Ching:A Biography*,2012,pp. 180-181. 司马富(Richard Smith)认为雷孝思的译本开始于 1707 年,至 1723 年完成,卢大荣(Richard Rutt)认为雷孝思 1736 年完成该译本,直到 1834 年出版第一卷,1839 年出版第二卷。

"《易经》热",引出后续各类著作和层出不穷的新译本。① 司马富指出,《易经》的早期译本大多籍籍无名,尽管19世纪末的欧洲对超自然类的神秘著作趋之若鹜,但《易经》终以其艰深晦涩而将普通大众拒之门外。这种现象在卫礼贤的《易经》译本出现后发生急剧改变。在荣格(C. G. Jung,1875—1961)的学生贝恩斯夫人将它转译为英文于1950年出版后,这本书一时引发全球轰动。② 斯蒂夫·摩尔(Steve Moore)指出,在19世纪之前,西方人一直未能认识到《易经》的核心意义和真正价值,直到二战后,《易经》才真正引起学术界的关注,其原因即和卫-贝译本的出版密切相关。③ 夏含夷指出,在西方,早期除了莱布尼茨(Gottfried Wilhelm Leibniz,1646—1716)宣称他发现的"二进制"与六十四卦卦画的数理结构之间有联系以外,总体说来,《易经》并没有受到多少关注,尤其对学术界而言。真正让《易经》变得家喻户晓,是卫礼贤的德译本出版以后的事。荣格的导言把《易经》当成心理学"集体无意识"的产物,使《易经》成为二战后反文化一代人的"圣经"。在20世纪80年代专家教授在电视上侃侃而谈之前,卫礼贤的《易经》译本一直稳居美国大学出版社的畅销书榜首。④ 这里夏含夷讨论的正是《易经》卫-贝译本。卫-贝译本出现以前,欧美社会的《易经》译本数量并不太多,以理雅各的译本最为知名,有关《易经》的评论、研究著作以及和《易经》有关的各种衍生产品也屈指可数。但在卫-贝译本出版以后,各种《易经》译本、评论和研究著作源源不断地出现,《易经》的衍生产品也与日俱增,构成了与此前截然不同的现象。有鉴于此,本书以《易经》卫-贝译本的出现为转折点,以英语世界的《易经》译本为主要案例展开研究和论述,并将英语世界的《易经》翻译划分为卫-贝译本出现以前、卫-贝译本的产生和卫-贝译本出现以后这三个阶段。

一、卫-贝译本出现以前

最早受基督教新教派遣来华的人是马礼逊(Robert Morrison,1782—1834),⑤他

---

① Rutt, Richard. *The Book of Changes*：*A Bronze Age Document*, pp. 76-79.
② Smith, Richard J. *The I Ching*：*A Biography*, p. 188.
③ Hacker, Edward A, Moore Steve, and Patsco, Lorraine. *I Ching*：*An Annotated Bibliography*, p. xiv.
④ Shaughnessy, Edward J. Preface, *Unearthing the Changes*：*Recently Discovered Manuscripts of the Yijing and Related Texts*, xiii, p. 1.
⑤ 李真《英国汉学的发展》,见张西平、李雪涛主编《西方汉学十六讲》,北京:外语教学与研究出版社,2011年,第246页。

1807 年甫一抵达中国，即开始着手编写规模宏大的六卷本《华英字典》：第一部《字典》三卷分别于 1815 年、1822 年、1823 年出版，第二部《五车韵府》两卷分别于 1819 年、1820 年出版，第三部《英汉字典》一卷于 1822 年出版。① 在这部《华英字典》里，马礼逊首次将《易经》的书名音译为 Yih-king，同时选取并翻译了不少《易经》的词句作为义证，包括卦名、卦辞、爻辞和《十翼》的部分内容。卦名部分，如"坤"字条目下马礼逊选用《坤》卦的名称，释义为"地"(Earth)，并进一步解释"卦名，理想的释义应为'顺'，这个字常象征性地用于政府官员、妻子、月亮以及一切位置在下应该顺从的人或物身上"②。再如"姤"字条目下马礼逊选取《姤》卦卦名，释义为"遇"(Meeting together)，并选取《彖传》中的"姤，遇也，柔遇刚也"(Kow to meet or occur, the soft meeting with the hard.)来说明。③ 卦辞部分，如"亨"字下引用《乾》卦卦辞"乾，元亨利贞"，马礼逊解释说："乾，元亨利贞，是《易经》的第一句，根据历代注疏，似乎意指'充盈天地之气，给予万物以康宁和稳定'，也有人认为这句话意指'元者善之长，亨者嘉之会，利者义之和，贞者事之干'，都是君子表现出的品质。"④再如"夷"字下选用《明夷》卦的卦辞"明夷，利艰贞"⑤。爻辞部分，如"厉"字下选取《乾》卦九三"君子终日乾乾，夕惕若，厉无咎"⑥，"否"字下选取

---

① 参见元青《晚清汉英、英汉双语词典编纂出版的兴起与发展》，《近代史研究》，2013 年第 1 期，第 95 页；屈文生《早期中文法律词语的英译研究——以马礼逊〈五车韵府〉为考察对象》，《历史研究》，2010 年第 5 期，第 80—82 页。

② 马礼逊对这段话的翻译和解释为：The Earth; the name of one of the Kwa; the ideal meaning is Compliance or obedience; hence the word is applied symbolically to statesmen who are servants, and ought to be obedient to the Sovereign; to wives; to the moon; and to things generally, which are inferior and ought to yield, or to be obedient. (Yih-king)参见 Morrison, Robert. *A Dictionary of the Chinese Language.* Vol. 1. Part 1. Macao: Printed at the Honorable East India Company's Press, 1815, p. 491.

③ 同上书，p. 632.

④ 这段话马礼逊的译文是：Keen yuen hang le ching, is the first sentence in the Yih king, and according to the Commentators, seems to denote "The pervading influence of nature, giving fitness and stability to every thing." They otherwise explain the sentence as denoting "The moral goodness; assemblage of excellencies; justice and talents for the business of life, manifested by the virtuous man."同上书，p. 55.

⑤ 马礼逊译文为：in the time of evident danger, the most advantageous course is to bear difficulties with unyielding rectitude. (Yih-King)同上书，p. 586.

⑥ 马礼逊译文为：The good man is all the day vigilant and unceasing in his efforts; in the eveing he cherishes a thoughtful solicitude; and thus, though he be in the midst of danger, he meets with no calamity. (Yih-king)同上书，pp. 330-331.

《师》卦初六"师出以律,否臧凶"和《鼎》卦初六"鼎颠趾,利在于出否"等。① 引用《十翼》的内容更丰富,如"健"字下引用《乾》卦《大象》"天行健君子以自强不息"②,"嘻"字下引用《家人》九三爻《小象》"家人嗃嗃,未失也,妇人嘻嘻,失家节也"③,在"俯"字下引用《系辞·上》中的一段:"仰以观于天文,俯以察于地理,是故知幽明之故。原始反终,故知死生之说。精气为物,游魂为变,是故知鬼神之情状。"④

图2-1 马礼逊字典及其中的《易经》译文

---

① "师出以律,否臧凶"马礼逊译文为:An army going forth agreeably to the laws (of right, will be successful); but in a bad cause, they will be unfortunate. "鼎颠趾,利在于出否"马礼逊译文为:The advantage of turning up the feet of a vessel consists in ejecting from the vessel its impurities. (Yih-king)见 Morrison, Robert. *A Dictionary of the Chinese Language*. Vol 1. Part 1. p. 366. 按《鼎》卦初六爻辞通行本为"鼎颠趾,利出否",没有"在于"两字。

② 马礼逊译文为:Heaven is unwearied and unceasing in its daily motion; and the good man, in imitation thereof, is indefatigable and unceasing in his personal efforts to attain virtue and excellence. 同上书, p. 138.

③ 马礼逊译文为:When the persons of the family are strictly controlled, the principles of domestic rule will not be lost; if the females giggle and play, the family will become disorderly. (Yih-king)同上书, p. 433.

④ 马礼逊译文为:To look up and observe the appearance of the heavens, to look down and examine the principles of the earth, is the way to know the cause of light and shade; to go back to the commencement, and turn again to pursue the end, is the way to know the import of life and of death. The pure aerial principle operates in the formation of things; the wandering soul undergoes certain transformations; from hence, is to be known the nature of spirits. (Yih-king)同上书, p. 120.

　　马礼逊编纂的字典多选取书面文字为例证,尤以四书五经中的字句为多。《易经》作为五经之首,有大量文字被用作义证,也就不足为奇。查看马礼逊对卦爻辞的翻译和解释,如解释"坤"为"地"为"顺",解释"姤"为"遇",解释"元亨利贞",取《彖传》里"大哉乾元,万物资始,乃统天。云行雨施,品物流形。乾道变化,各正性命,保合太和,乃利贞"和《文言》里的"四德说",解释"明夷"为"明确的危险"(evident danger)等,都比较符合以李光地《御纂周易折中》为代表的清儒对《易经》的正统解释,结合以《康熙字典》为代表的中国传统字典编纂和义证的体例来看,马礼逊的选例和解释与他当时奉行的"文书传教"策略密切相关。

　　马礼逊的字典虽然在来华传教士和商人中广为流传,但其影响范围仍以中国为主,《易经》真正被欧美民众所知并产生一定的影响,始于19世纪上半叶兴起的"译名之争"[①]。麦都思(Walter H. Medhurst,1796—1857)在《论中国的神学》(1847)这本论战用的小册子里频繁征引并解释《易经》的相关内容,以说明中国典籍中的"神"、"神明"、"鬼神"等词的含义。[②] 如他提到,《易经》(the Yih-king, or Book of Diagrams)《乾》卦《文言》有这样一段:"夫大人者,与天地合其德,与日月合其明,与四时合其序,与鬼神合其吉凶。先天而天弗违,后天而奉天时,天且弗违,而况于人乎? 况于鬼神乎?"麦都思引用大段注疏和解释,说明这段话以及"鬼

---

① 来华新教传教士之间在1843年爆发了影响深远的"译名之争"(the Term Question)。这场争论肇始于对马礼逊《圣经》译本的修订工作,其核心问题在于能否使用汉语中的"上帝"、"天主"、"神"等名词来表示《圣经》中的God。麦都思(Walter H. Medhurst,1796—1857)、理雅各等英国传教士赞成使用中国经典中的"上帝"或"帝"来表示God,而裨治文(E. C. Bridgman,1801—1861)、文惠廉(William J. Boone,1811—1864)、娄礼华(Walter M. Lowrie,1819—1847)等美国传教士则主张用"神"来翻译God,双方各执一词,互不相让,围绕这一术语翻译问题,先后在香港、广东、上海三地的《中国丛报》(Chinese Repository)、《教务杂志》(The Chinese Recorder)、《中国评论》(China Review)、《德臣西报》(China Mail)等刊物上你来我往,笔战不休,并将各自观点印成单行本,以广流布。一直到1877年召开上海传教士大会,这一论争还未得到解决,并在《万国公报》上另辟战场,吸纳中国教徒参与讨论。最终的结果,就是美国圣经协会和英国伦敦会各自出版《圣经》,分别以"神"和"上帝"作为God的译名。(参见 Williams, S. Wells. "The Controversy among the Protestant Missionaries on the Proper Translation of the Word God and Spirit into Chinese". *Bibliotheca Sacra*, XXXV, 1878, pp. 738 - 739;吴义雄《译名之争与早期的〈圣经〉翻译》,《近代史研究》,2000年第2期,第205—222页;赵晓阳《译介再生中的本土文化和异域宗教:以天主、上帝的汉语译名为视角》,《近代史研究》,2010年第5期,第69—81页)

② Medhurst, W. H. *A Dissertation on the theology of the Chinese with a view to the elucidation of the most appropriate term for expressing the deity in the Chinese language.* Shanghai: The Mission Press, 1847, p. 6, 14, 110 - 140, 232 - 241. 麦都思也和马礼逊一样把《易经》音译为 Yih King,但在后面补充了意译 The Book of Diagrams。

神"二字在其中的含义。① 他还相继引用《谦》卦《彖》辞"天道下济而光明,地道卑而上行。天道亏盈而益谦,地道变盈而流谦,鬼神害盈而福谦,人道恶盈而好谦。谦尊而光,卑而不可逾,君子之终也",和《丰》卦《彖》辞"日中则昃,月盈则食,天地盈虚,与时消息,而况于人乎? 况于鬼神乎?"来加以证明,② 认为这里的"鬼神"指的是"天地变化,自然运作,鬼神无不在其中"。麦都思引用《系辞・上》里的"范围天地之化而不过,曲成万物而不遗,通乎昼夜之道而知,故神无方而易无体",说明"神"的意思是"神秘性"(mysteriousness)。③

麦都思还翻译了一些卦名和卦爻辞的内容,如他把《豫》卦译为 Concord,同时翻译《大象》"雷出地奋,豫;先王以作乐崇德,殷荐之上帝,以配祖考"④,主要着眼

---

① 麦都思译文为:The Great man (or the sage in power) associates in his virtue with heaven and earth, assimilates in his brightness to the sun and moon, accords in his regularity with the four seasons, and corresponds in his happy or calamitous visitations with the Kwei Shin. When he precedes heaven, or nature (in the discovery of new inventions), nature does not revolt against his views; and when he follows heaven, or nature, he still complies with the seasons appointed by heaven; seeing then that heaven, or nature, does not oppose him, how much less can men, and how much less can the Kwei Shins? 见 Medhurst, W. H. *A Dissertation on the theology of the Chinese with a view to the elucidation of the most appropriate term for expressing the deity in the Chinese language.* Shanghai: The Mission Press, 1847, pp. 104-107.

② 麦都思对这两段话的译文分别为:《谦》卦的《彖》辞 The way of heaven is to diminish the full, and to add to the humble; the way of earth is to overturn the full, and to replenish the humble; the Kwei Shins bring calamities on the full, and happiness on the humble; the way of man is to hate the full, and to love the humble; when the humble are in high stations, then they display brightness, when they are in low stations, they cannot be passed over; this is the final result of the good man's conduct.《丰》卦《彖》辞 When the sun arrives at the meridian, there is immediately an inclination (to decline); when the moon arrives at the full, it instantly goes on to the wane; thus heaven and earth become full and empty, seasons also diminish and grow, how much more is this the case with regard to men, and the Kwei Shins? 同上书, pp. 107-109.

③ 这段话麦都思的译文为:(The sage) moulds and encircles the transformations of heaven and earth, and thus there is no error; he bends and completes the myriads of things, and thus there is nothing neglected; he understands the principles of day and night, and knows them thoroughly, therefore his mysteriousness is without any fixed places (i. e. extends to unlimited space), and his transformations are without any settled form (that is pervade every form and substance.)同上书, p. 112.

④ 麦都思译文为:The form of the diagram suggests the idea, that when the thunder bursts forth, and the earth is moved, there is corresponding concord. Thus the ancient kings invented music, in order to promote virtue, and they especially performed it before the Supreme Ruler, whilst they associated with him in worship their ancestors and deceased parents. 同上书, pp. 232-233.

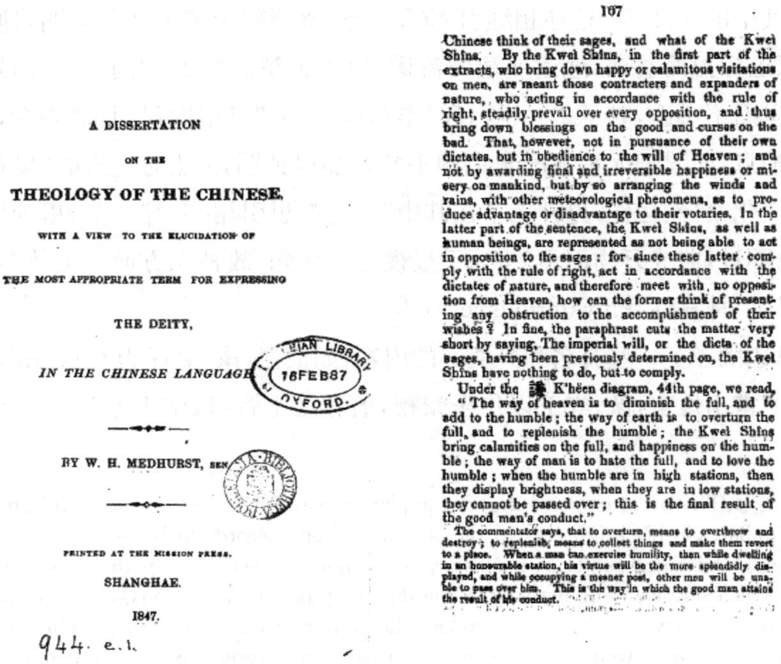

A DISSERTATION

ON THE

THEOLOGY OF THE CHINESE,

WITH A VIEW TO THE ELUCIDATION OF

THE MOST APPROPRIATE TERM FOR EXPRESSING

THE DEITY,

IN THE CHINESE LANGUAGE.

BY W. H. MEDHURST, SEN.

PRINTED AT THE MISSION PRESS.

SHANGHAE.

1847.

107

Chinese think of their sages, and what of the Kwei Shins. By the Kwei Shins, in the first part of the extracts, who bring down happy or calamitous visitations on men, are meant those contracters and expanders of nature, who acting in accordance with the rule of right, steadily prevail over every opposition, and thus bring down blessings on the good and curses on the bad. That, however, not in pursuance of their own dictates, but in obedience to the will of Heaven; and not by awarding final and irreversible happiness or misery on mankind, but by so arranging the winds and rains, with other meteorological phenomena, as to produce advantage or disadvantage to their votaries. In the latter part of the sentence, the Kwei Shins, as well as human beings, are represented as not being able to act in opposition to the sages: for since these latter comply with the rule of right, act in accordance with the dictates of nature, and therefore meet with no opposition from Heaven, how can the former think of presenting any obstruction to the accomplishment of their wishes? In fine, the paraphrast cuts the matter very short by saying, The imperial will, or the dicta of the sages, having been previously determined on, the Kwei Shins have nothing to do, but to comply.

Under the 謙 K'hëen diagram, 44th page, we read, "The way of heaven is to diminish the full, and to add to the humble; the way of earth is to overturn the full, and to replenish the humble; the Kwei Shins bring calamities on the full, and happiness on the humble; the way of man is to hate the full, and to love the humble; when the humble are in high stations, then they display brightness, when they are in low stations, they cannot be passed over; this is the final result of the good man's conduct."

The commentator says, that to overturn, means to overthrow and destroy; to replenish, means to collect things and make them revert to a place. When a man can exercise humility, then while dwelling in an honourable station, his virtue will be the more splendidly displayed, and while occupying a meaner post, other men will be unable to pass over him. This is the way in which the good man attains the result of his conduct.

图 2-2　麦都思在"译名之争"中译述的《易经》

于"上帝"二字，将其译为 the Supreme Ruler。他还把《益》卦译为 Benefit，同时翻译六二爻"王用享于帝，吉"①，翻译《鼎》为 Caldron，并翻译《彖辞》"鼎，象也。以木巽火，亨饪也。圣人亨以享上帝，而大亨以养圣贤"②，目的都是为了证明其中的"帝"、"上帝"指的是 the (Supreme) Ruler。总之，麦都思的着眼点虽然在辨析"神"和"帝"哪个更适合作为 God 的译名，但他在引用、翻译和解释《易经》的过程中，确实把《易经》的一些基本思想传递到了英语世界，尽管这种传递零碎不成系统，并在一定程度上遭到了扭曲。

参加论争的理雅各(James Legge, 1815—1897)在《中国人对于 God 和

① 麦都思译文：by kings, in the worship of the (Supreme) Ruler, which is said to be fortunate. 见 Medhurst, W. H. *A Dissertation on the theology of the Chinese with a view to the elucidation of the most appropriate term for expressing the deity in the Chinese language*, p. 233.

② 麦都思译文：The determinate meaning of this diagram has reference to the form of a caldron; which, having fuel placed under it, may be used for cooking food; the sages boiled flesh in it, in order to sacrifice to the (Supreme) Ruler, but the great boiling was employed for the support of the wise and good men (about the court.) 同上书，pp. 233-234.

Spirits 的概念》(1852)这本小册子里也多次提到《易经》的内容。① 他同样把《易经》书名音译为 the Yih-king(the Y-king),并在注释里说:"《易经》是中国流传下来的最古老、最晦涩、最有价值的文献。其中《易大传》被分为上下两部分,放在《易经》的末尾,一般被认为是孔子所作。"②

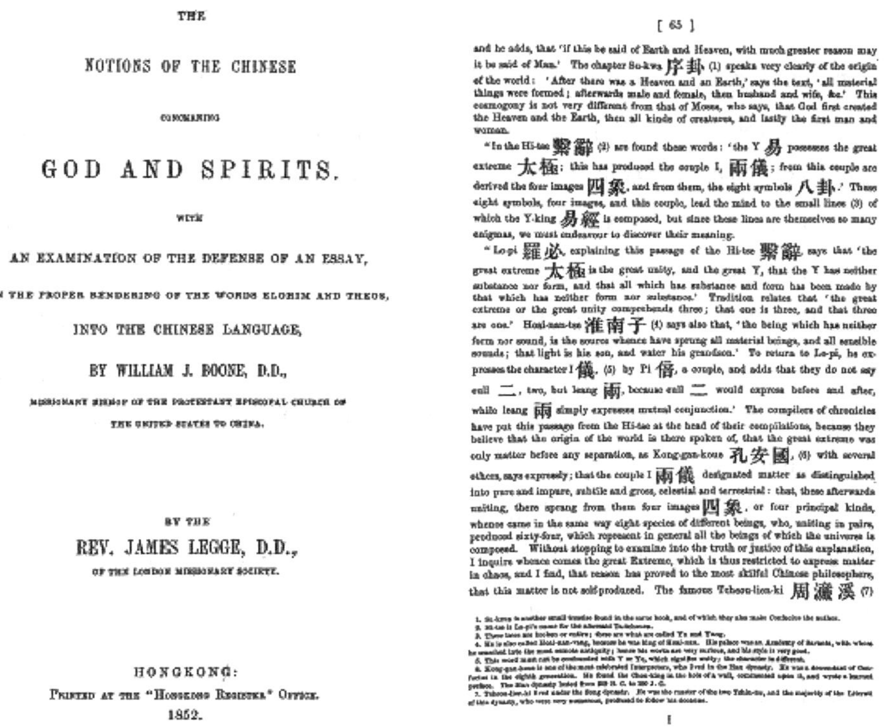

THE
NOTIONS OF THE CHINESE
CONCERNING
GOD AND SPIRITS.
WITH
AN EXAMINATION OF THE DEFENSE OF AN ESSAY,
ON THE PROPER RENDERING OF THE WORDS ELOHIM AND THEOS,
INTO THE CHINESE LANGUAGE,
BY WILLIAM J. BOONE, D.D.,
MISSIONARY BISHOP OF THE PROTESTANT EPISCOPAL CHURCH OF THE UNITED STATES TO CHINA.

BY THE
REV. JAMES LEGGE, D.D.,
OF THE LONDON MISSIONARY SOCIETY.

HONGKONG:
PRINTED AT THE "HONGKONG REGISTER" OFFICE.
1852.

[65]

and he adds, that 'if this be said of Earth and Heaven, with much greater reason may it be said of Man.' The chapter Su-kwa 序卦 (1) speaks very clearly of the origin of the world: 'After there was a Heaven and an Earth,' says the text, 'all material things were formed; afterwards male and female, then husband and wife, &c.' This cosmogony is not very different from that of Moses, who says, that God first created the Heaven and the Earth, then all kinds of creatures, and lastly the first man and woman.

"In the Hi-tse 繫辭 (2) are found these words: 'the Y 易 possesses the great extreme 太極; this has produced the couple I, 兩儀; from this couple are derived the four images 四象, and from them, the eight symbols 八卦.' These eight symbols, four images, and this couple, lead the mind to the small lines (3) of which the Y-king 易經 is composed, but since these lines are themselves so many enigmas, we must endeavour to discover their meaning.

"Lo-pi 羅泌, explaining this passage of the Hi-tse 繫辭, says that 'the great extreme 太極 is the great unity, and the great Y, that the Y has neither substance nor form, and that all which has substance and form has been made by that which has neither form nor substance.' Tradition relates that 'the great extreme or the great unity comprehends three; that one is three, and that three are one.' Hoai-nan-tse 淮南子 (4) says also that, 'the being which has neither form nor sound, is the source whence have sprung all material beings, and all sensible sounds; that light is his son, and water his grandson.' To return to Lo-pi, he expresses the character I 儀, (5) by Pi 偕, a couple, and adds that they do not say eull 二, two, but leang 兩, because eull 二 would express before and after, while leang 兩 simply expresses mutual conjunction.' The compilers of chronicles have put this passage from the Hi-tse at the head of their compilations, because they believe that the origin of the world is there spoken of, that the great extreme was only matter before any separation, as Kong-gan-koue 孔安國, (6) with several others, says expressly; that the couple I 兩儀 designated matter as distinguished into pure and impure, subtile and gross, celestial and terrestrial: that, these afterwards uniting, there sprang from them four images 四象, or four principal kinds, whence came in the same way eight species of different beings, who, uniting in pairs, produced sixty-four, which represent in general all the beings of which the universe is composed. Without stopping to examine into the truth or justice of this explanation, I inquire whence comes the great Extreme, which is thus restricted to express matter in chaos, and I find, that reason has proved to the most skilful Chinese philosophers, that this matter is not self-produced. The famous Tcheou-lien-ki 周濂溪 (7)

I

图 2-3　理雅各在"译名之争"中译述的《易经》内容

谈到《系辞》里"易有太极,是生两仪,两仪生四象,四象生八卦"时,理雅各采用了耶稣会士刘应(Claude Visdelou, 1656—1737)的译文:Tae-Keih generated the two figures, these two figures generated the four forms, and these four

---

① Legge, James. *The Notions of the Chinese concerning God and Spirits*. Hongkong: The Hongkong Register Office, 1852, p. 11,65,66,97,98.

② 这段话原文为:The Y-king, is the name of the most ancient, the most obscure, and the most valuable of all the monuments which China has preserved to us. That which they call the Ta-tchouen is a treatise divided into two parts, to be found at the end of the Y-king, and which is commonly ascribed to Confucius. 同上书, p. 64.

forms generated the eight diagrams. ①他还将《涣》卦的卦名译为 the diagram of Dispersion，将《萃》卦的卦名译为 the diagram of Union，将《涣》卦的卦辞"王假有庙"译为 The King must repair to the ancestral temple，将《象辞》中"先王以享于帝立庙"译为 the former Kings sacrificed to Te，and raised ancestral temples.②此外理雅各在论述中还引用了不少《十翼》和历代易注的内容，为 God 可译为汉语中的"帝"辩护。③

虽然"译名之争"的重点并不是中国经典的翻译问题，但是这场论争在英语世界产生的影响，使得论争各方引用的《易经》的内容也得以在欧美地区广为流布，尤其像麦都思、理雅各这样的传教士兼汉学家，他们在论述中广征博引中国典籍，客观上促进了欧美教众对《易经》的了解。卫三畏（Samuel Wells Williams，1812—1884）在《中国总论》（*The Middle Kingdom*，1848）里也提到过《易经》，但那只是根据《四库全书总目提要》所作的简单介绍。值得注意的是，卫三畏虽然也将《易经》音译为 Yih King，但他在后面附加了意译 Book of Changes，和麦都思翻译的 Book of Diagrams 不同，因此卫三畏是目前见到最早将《易经》书名译为 Book of Changes 的人。

卫三畏指出，《易经》因其古老和蕴含的智慧而备受中国人尊崇，卦爻辞中暗含的智慧只有圣人才能理解。《易经》大概在公元前 1150 年由文王在羑里的监狱里撰成，是现存一切语言里最古老的著作，其目的是解释伏羲八卦（eight diagrams）的旨意。文王给每一卦分别命名，并从八卦中发展出一套道德体系。根据八卦之间的组合，文王推演出六十四卦。卫三畏还指出，《易经》中占主导地位的思想建立在中国人的宇宙生成观上，即一切物质都来源于阴阳这两种元素，阴阳调和运行而产生天下万物，人类也因此而生，所以必然会受其影响。八卦象征着

---

① Legge，James. *The Notions of the Chinese concerning God and Spirits*，p. 11. 与理雅各 1882 年出版的《易经》译本对这一段的译文相比照，可以看出理雅各对《易经》的看法与论战当时的观点相比已有了一定改变，详见本书对理雅各译本的分析。

② 同上书，pp. 12-13.

③ 同上书，pp. 64-66，97-98. 其中理雅各引用耶稣会传教士马若瑟（Pere de Premare，1666—1736）论述《序卦》里"有天地，然后有万物，有万物，然后有男女，有男女，然后有夫妇"等，来证明这种宇宙生成观和《创世纪》大同小异，因为它也是说上帝先创造天地，然后再造万物，最后造男女，同时还引述《说卦》中"帝出乎震"一段来证明这个观点。《易传》主要引用的是《易经体注》里"天之生成万物而主宰之者谓之帝，其出其入，无不寓于卦位间"这段，也用来证明"帝"与 God 若合符契。

图2-4 卫三畏在《中国总论》中介绍《易经》

阴阳二气的变化，人类因此要趋善避恶。孔子志在找出八卦当中的寓意，目的是解释文王创作卦爻辞的初衷。孔子的解释成为《易传》的内容，也变成《易经》的主要价值观。研究《易经》的人多以孔子和朱熹的注解为宗。① 从这段话我们可以看到，卫三畏对《易经》的理解和解释主要以朱熹和李光地的《易》学思想为据，体现了明清正统的《易》学观，他对《易经》的产生和《十翼》的作用，包括对朱熹《易》学观的介绍，带有明显的时代印记。

　　早期的新教传教士虽然陆续介绍过《易经》，但他们并非有意识地以《易经》为主体，多是在介绍中国文化和典籍时顺带提到。《易经》的第一个英文全译本由英国圣公会差会牧师麦格基（Thomas McClatchie，1814—1885）翻译，1876 年在上海出版。麦格基秉持比较神话学的思想，把中国的儒家和道家思想视为与基督教判然有别的异教传统，对《易经》一书的性质难免有不少附会之说，尤其是把《乾》、《坤》两卦的解释和异教徒的生殖器崇拜思想联系在一起，并在不少卦爻辞解释中加以引申发挥，故此引发后续理雅各、卫礼贤等译者的激烈批评，直至将其译本全盘否定。在理雅各的《易经》译本出版之后，麦格基及其《易经》译本很快被人遗

① Williams，Samuel Wells. *The Middle Kingdom*（Vol. 1）. New York & London：Wiley and Putnam，1848，pp. 502-504.

忘,至今已较难寻觅。① 1882 年,理雅各翻译的《易经》(*The Yi King*)作为牛津大学东方学家和宗教学家缪勒(F. Max Müller, 1823—1900)主持编订的《东方圣书》(*The Sacred Books of the East*)第十六卷,在牛津大学的克莱雷登出版社(Clarendon)出版。根据理雅各自述,他早在 1855 年左右就已翻译好《易经》,因为对译稿不满意,所以一直没有出版。1874 年,理雅各根据《御纂周易折中》和《日讲易经解义》重译《易经》,译本在八年后出版,立刻引发强烈反响:一方面招致密集批评,拉古贝里(Terrien de Lacouperie, 1845—1894)、德·哈雷兹(Charles-Joseph de Harlez, 1832—1899)等人撰文与理雅各展开论战,并各自出版《易经》译文;另一方面理雅各译本又不断得到重版、翻印和改写。1899 年,克莱雷登出版社出版理雅各《易经》译本第二版,沈仲涛(Z. D. Sung, 1892—1980)于 1935 年对理雅各译本加以增补和改版,将经传合一,题为《〈易经〉英汉对照文本》(*The Text of Yi King, Chinese Original with English Translation*)在上海出版。直到 20 世纪中叶,理雅各译本一直都是英语世界的标准译本。1963 年,纽约的多佛出版社(Dover Publications, Inc.)根据理雅各《易经》第二版重印,将标题由原来的 *The Yi King* 改为 *The I Ching*,从中可以看出卫-贝译本风靡之后带给它的影响。1964 年翟楚(Chu Chai)和翟文伯(Winberg Chai)二人又给理雅各译本增加一篇导言,题为 *I Ching: Book of Changes* 在纽约重新出版,1969 年,克雷·沃特南(Waltham Clae)重编理雅各译本并改名为 *I Ching: The Chinese Book of Changes, arranged from the work of James Legge* 重新出版,此外还有各种重印和改编本,不一而足,其影响力至今不衰。虽然理雅各对《易经》的理解并未超出基督教和汉学东方主义这个大的思想框架,但在卫-贝译本出现之前,理雅各的《易经》译本一直是欧美社会理解《易经》的参照标准。

二、卫-贝译本的产生

卫礼贤翻译的德语《易经》(*I Ging, Das Buch der Wandlungen*)1924 年在德国耶拿(Jena)出版,引起德国和欧洲知识界的关注。此后荣格安排他的学生贝恩斯夫人将它翻译成英语,英译本 1950 年由博林根基金会(Bollingen Foundation)的出版代理商潘塞恩图书公司(Pantheon Books Inc.)以套装两卷本的形式出版,

---

① 北大图书馆藏有麦格基《易经》译本初版,这个版本国家图书馆也有收藏。台北成文出版社 1973 年重印了麦格基译本,版式仍沿袭初版样貌。

名为 I Ching, The Book of Changes, 荣格为它撰写序言。1961 年出版的第二版将上下两卷合为一册,1967 年出的第三版又增加了卫礼贤之子、汉学家卫德明 (Hellmut Wilhelm, 1905—1990) 撰写的前言。卫-贝译本的出现,恰逢美国"反文化运动"(counter-culture movement) 势头正劲,该译本一跃成为嬉皮士人手一册的经典,很快风靡全国。到 1982 年,卫-贝译本第三版已先后印刷十九次,售出大约五十五万本,到 1997 年,该译本已印刷二十七次,销量超过百万。时至今日,卫-贝译本仍是欧美最畅销的《易经》译本。

如果说《易经》在本质上是卜筮之书而兼含哲理,那么我们就可以理解为什么从汉代以后对《易经》的解释逐渐分化出两条途径,分别收在《汉书·艺文志》的《数术》和《六艺》二略,也能懂得中国的《易经》注疏传统何以逐渐发展出"象数"和"义理"这两个派别,这些都和《易经》的本质属性及其文本特征密切相关。随着《易经》在西方的流传,人们在逐渐理解它的本质属性以后,对它的诠释也会沿着这样的途径分化,卫-贝译本即反映了这一分化的趋势。一方面它是在晚清经学家劳乃宣 (1843—1921) 的深度参与和悉心指导下翻译而成的,延续了中国经学时代的《易经》诠释传统,另一方面荣格和贝恩斯夫人的加入又让这部译本染上心理学的浓厚色彩,所以这部译本既承载了中国传统注疏的思想,又吸纳了西方现代学术的思潮,既重视阐发《易经》中蕴含的古老东方智慧,又毫不避讳它的实际占筮功能,卫礼贤和贝恩斯夫人清楚明晰的表达让这部译作变得容易理解,所以在它出版并迎合了美国的社会运动思潮以后,英语世界的各种《易经》译本如雨后春笋般不断出现,它们主要沿三个方向展开:一是强调《易经》的占筮功能,二是挖掘《易经》中的心理学因素,三是注重《易经》卦爻辞中蕴含的社会道德寓意。

注重《易经》占筮功能的译本在卫-贝译本出版后不断涌现,它们在《易经》的各类英译中最为常见、数量最多。如蒲乐道 (John Blofeld, 1913—1987) 1965 年出版的《易经》(The Book of Change) 译本。他在前言里提到卫礼贤的《易经》译本,强调自己"既不是要和卫礼贤的译本竞争,也不是要复制他的译本,而是有自己的明确目标",那就是"用最简单的语言表达最清楚的指导,以便读者能将它用于占卜"。蒲乐道强调自己的译本和卫礼贤译本有两大不同:第一,他的译本几乎只关注占筮这一个方面,所以篇幅不会太大,而卫礼贤的译本在某种程度上如同教科书,长篇累牍地告诉人们卦爻辞是怎样从卦象中推导出来的。"这条让中国学者望而生畏的路,卫礼贤却一往无前",导致的结果就是"卫礼贤要么应该对《易经》

的某些特征缄口不言,要么就应该把它们解释得更详细一些",言下之意,卫礼贤的译本在这方面做得很不够。第二,他的翻译多少明晰了一些意思,能让人看懂,而卫礼贤的很多翻译却让人根本看不懂。他举的例子,如《益》卦六二爻"或益之十朋之龟,弗克违"的译文为 Someone does indeed increase him; ten pairs of tortoises cannot oppose it,《革》卦上六爻"小人革面"的译文为 The inferior man molts in the face,《丰》卦九三爻"丰其沛,日中见沫"的译文为 The underbrush is of such abundance that the small stars can be seen at noon. 他认为之所以出现这样神秘难懂的译文,一方面可能是卫礼贤竭力要忠于原文,另一方面可能是卫礼贤根本就没有读懂。虽然蒲乐道在前言里对卫礼贤译本颇有微词,但他还是强调自己深深受惠于这个译本。① 可以说,没有卫-贝译本,蒲乐道也许就不会萌发重译《易经》的念头。除了蒲乐道的译本以外,还有道格拉斯(Alfred Douglas)翻译的《如何查阅〈易经〉》(The Oracle of Changes:How to Consult the I Ching,1971)、李进(Lee Chin)等翻译的《易经》(I Ching:Book of Changes,1971)、Lee Jung Young 翻译的《〈易经〉的原理》(The Principle of Changes:Understanding the I Ching,1971)、Da Liu 撰写的《易经金钱卦》(I Ching Coin Prediction,1975)等,都着眼于占筮。

礼则码和卡彻(Rudolf Ritsema and Stephen Karcher)的《易经》英译本(I Ching—the First Complete Translation with Concordance—The Classical Chinese Oracle of Change,1994),通篇运用荣格的分析心理学来解释《易经》的卦爻辞含义,努力与宋明理学对《易经》的哲理化诠释保持距离,可以说是在荣格心理学的影响下直接诞生的《易经》译本。

韦达(Wei Tat)翻译的《周易疏义》(An Exposition of the I Ching or Book of Changes,1977)旨在揭示《易经》里的《乾》、《坤》两卦卦爻辞的象征含义,因此他注重卦爻辞形而上层面的含义和伦理学方面的教诲,同时还引用历史上的重大事件来辅助说明。他在解释中采用了一些"互体"、"纳甲"等汉儒的"卦变"之说,同时综合给出历史上的各家注疏,期待读者能作出自己的判断。② 韦达的着眼点是

① Blofeld, John. *I Ching:the Book of Change, A New Translation of the Ancient Chinese Text with Detailed Instructions for its Practical Use in Divination.* New York:George Allen & Unwin Ltd, 1965, pp. 16-18.

② Tat, Wei. *An Exposition of the I-Ching or Book of Changes.* Hong Kong:Dai Nippon Printing Co. , Ltd. , 1977, pp. xvii-xviii.

要在理雅各译本、卫-贝译本和蒲乐道译本之外,提供一个将中国传统注疏和西方文化背景相结合的《易经》译注本。而韦子谦(Henry Wei)在他翻译的《易经真义》(*The Authentic I-Ching*,1987)一书中则宣称要提供一个超过理雅各、卫-贝和蒲乐道的《易经》译本。他认为,卫-贝译本有诸多难懂之处,理雅各对《易经》的态度过于挑剔和负面,并且理雅各的译本对初学者来说也很难把握,此外理雅各和卫礼贤都对占卜过于不屑,蒲乐道虽然独重占卜,但由于他对本经和《十翼》的理解及翻译都不够正确,所以译文多有未尽人意之处。而他的译本较多依赖于中国历代注疏,综合各家之长,同时又不乏自己的独到创见,所以提供的解释更具有说服力,他的目的就是要提供一个既忠实于原文、又能够被读懂的译本。① 黄濬思(Alfred Huang)翻译《易经大全》(*The Complete I Ching*,1998),目的也是要和卫-贝译本一较高下,期待能够取代它的位置并再流行五十年。他指出,《易经》的翻译不应脱离原文,理雅各译本和卫-贝译本虽然是英语世界最好的译本,但都不够忠实于原文,而是西化后的产物,他们都在译文中添加了自己的理解,从而限制了对原文的开放式解读。黄濬思认为理想的译本应该是英文其表、中文其里。他认为孔子所撰《十翼》是理解《易经》的法门和钥匙,所以他强调应按《十翼》来理解经文。② 黄濬思的译本旨在提供原汁原味的译文,出版之后销量仅次于卫-贝译本,在英语世界产生了相当大的影响。

此外,克礼履(Thomas Cleary)翻译了几部《易经》评注,其中 *The Taoist I Ching*(1986)是翻译清代道士刘一明所著的《周易阐真》,*The Buddhist I Ching*(1987)则是翻译明代僧人智旭和尚所著的《周易禅解》,两书均为节译本,虽在一定程度上体现了道家和佛教对《易》学的理解,但并非学术性的研究,一定程度上更像是趋时之作。总体说来,上述诸译本都是在卫礼贤的译本进入英语世界并产生重大影响后相继出现的,目的或是补卫-贝译本之不足,或是与之相抗衡,或是提供与卫-贝译本不一样的译文,而上述占筮、心理学和道德伦理这三个重要的翻译诠释取向,也是在卫-贝译本的影响下产生的。

---

① Wei,Henry. *The Authentic I-Ching*. California:The Borgo Press,1987,pp. xiv-xviii.

② Huang,Alfred. *The Complete I Ching*. Rochester Vermont:Inner Traditions,1998,pp. xiii-xviii.

 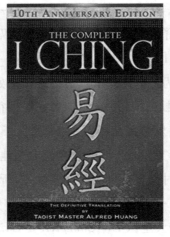 

2-5-1　　　　　　　　2-5-2　　　　　　　　2-5-3

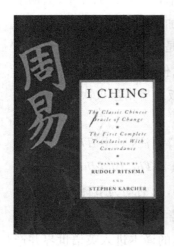  

2-5-4　　　　　　　　2-5-5　　　　　　　　2-5-6

图2-5　卫-贝译本出版后引发的《易经》翻译热,图2-5-1至图2-5-6依次为蒲乐道译本、黄濬思译本、韦子谦译本、礼则码和卡彻译本、克礼履翻译的《周易阐真》和《周易禅解》

三、卫-贝译本出现以后

　　与理雅各不同,卫礼贤并不避讳《易经》是占筮之书的事实,他强调的是蕴含在《易经》卦爻辞里的超越时空的智慧,认为卦爻辞可以为任何人指点迷津。荣格在序言里对《易经》占筮色彩的强调,进一步指明了它的实用功能,后出很多译本都沿着这个诠释路径展开,其中也有些译本较为注重《易经》卦爻辞的心理学和社会伦理、道德方面的特征,这些译本虽然都想和卫-贝译本一较高下,但整体上并未超越卫-贝译本开启的理解和解释《易经》的三个方向。

随着中国考古发掘带来的新成果和"古史辨派"解释《易经》思想与实践的突破,欧美《易经》诠释出现了一股新的潮流,不少学者开始研究怎样把《周易》的卦爻辞还原到它所产生的时代,解释卦爻辞文字的原初含义。

最早以历史主义眼光解读《易经》,发掘《易经》卦爻辞初始含义的人是阿瑟·韦利(Arthur Waley,1888—1966)。他1933年发表在《远东考古博物院汇刊》上讨论《易经》的长文①,受"古史辨派",尤其是李镜池的启发,对《易经》中的很多卦爻辞提出了与传统注疏截然不同的解读。韦利此文发表后并未产生太大影响,此后席文(Nathan Sivin)在1966年发表一篇评价蒲乐道《易经》译本的书评,重提韦利此文,并在李镜池解释《易经》的基础上重新翻译了《明夷》卦,试图重建《易经》卦爻辞在西周时期的含义。② 到20世纪80年代,两本尝试确定西周时期《周易》卦爻辞含义的博士论文完成,正式开启了利用考古发现重建《易经》原初意义(original meaning)的诠释方向。这两本论文,一本是夏含夷1983年在斯坦福大学完成的《周易的编纂》(*The Composition of the Zhouyi*)③,另一本是孔理蔼(Richard A. Kunst)1985年在加州大学伯克利分校东方学院完成的《易经本义探源》(*The Original Yijing*:*A Text*,*Phonetic Transcription*,*Translation*,*and Indexes*)。夏含夷认为,《周易》卦爻辞形成于西周晚期,可能是公元前九世纪的最后二十年间,这本书由一个或多个编者有意识地编纂而成。孔理蔼认为,《易经》是一部注解集成,目的是为占筮者提供辅助工具。他指出,《易经》是通过集纂口口相传的征兆及寓言、谚语、历史典故、自然智慧等,通过有机的发展,最终形成的一部占筮手册。试图系统重建《易经》卦爻辞在西周时期含义的译本是卢大荣(Richard Rutt,1925—2011)在1996年出版的《周易》(*Zhouyi*:*The Book of Changes*),他和孔理蔼一样想要廓清儒家笼罩在《易经》上的道德教诲,恢复它在西周时期的具体含义。2017年雷文德(Geoffrey Redmond)

---

① Waley,Arthur. "The Book of Changes." *Bulletin of the Museum of Far Eastern Antiquities*,No. 5,1933,pp. 121-142.

② Sivin,Nathan. "The Book of Change by John Blofeld." *Harvard Journal of Asiatic Studies*,Vol. 26,1966,pp. 290-298.

③ 夏含夷的博士论文已修订出版,见 Edward L. Shaughnessy. *The Origin and Early Development of the Zhou Changes*. Leiden/Boston:Brill,2022;夏含夷著,《周易》的起源及早期演变,蒋文译,上海:上海古籍出版社,2022。

翻译出版的《易经》(*The I Ching：Book of Changes*)是恢复《周易》本经原义这一流派的又一尝试。

除了重建《易经》卦爻辞在西周时期的原初含义，还有一种历史主义的诠释路径，希望通过翻译不同时代的《易经》注疏，还原特定的历史人物在具体历史情境中对《易经》卦爻辞含义的理解，其代表人物为夏含夷、林理彰(Richard John Lynn)和艾周思(Joseph A. Adler)。夏含夷1996年翻译出版的《易经》(*I Ching：The Classic of Changes*)主要翻译马王堆汉墓出土的帛书《周易》，辨析和解释汉代人对《易经》卦爻辞的传写与理解，2014年出版的《出土〈易经〉文献》(*Unearthing the Changes：Recently Discovered Manuscripts of the Yijing and Related Texts*)则是上博楚简《周易》、王家台《归藏易》竹简、阜阳双古堆汉简《周易》的译注本。林理彰的《易经》译本基于王弼、孔颖达注和韩康伯疏，因此和之前的译本极不相同。理雅各译本、卫-贝译本和蒲乐道译本，都直接或间接地受到新儒家程颐和朱熹注释的影响，但林理彰为《易经》在英语世界的诠释开辟了一个新的方向：译者除了把目光放到卦爻辞在商周时期的原始语境上之外，还有《易经》历代注疏这个浩大的领域可以关注。2019年迈克尔·哈林顿(L. Michael Harrirgton)翻译出版了程颐的《伊川易传》(*The Yi River Commentary on the Book of Changes*)、2020年艾周思出版的朱熹《周易本义》的译本(*The Original Meaning of the Yijing：Commentary on the Scripture of Change*)是旨在译解《易经》主要注疏这一流派的新成果。

加拿大的格雷·温卡普(Greg Whincup)翻译的《〈易经〉再发现》(*Rediscovering the I Ching*, 1986)主要依据的是近人高亨等人的注释，同时参考马王堆帛书《周易》，目的也是要还原西周时期《易经》的本来面貌。玛格丽特·皮尔逊(Margaret J. Pearson)在她翻译的《〈易经〉原始》(*The Original I Ching：an Authentic Translation of the Book of Changes*, 2011)中声称，该译本既要忠实于《周易》本经最古老的含义，又要让普通人能够读懂。因为《易》以道阴阳，所以她觉得自己责无旁贷，应为《易经》的女性读者提供一部英译本。《红楼梦》后四十回的译者闵福德(John Minford)积十数年之功，于2014年推出一部《易经》译本，意欲融占筮、哲学和历史于一炉。该书分为两部分，第一部分专注于《易经》的哲学层面，第二部分将《易经》当成西周早期至春秋战国时代的占筮文本来处理，意欲将哲学和历史的诠释方法纳入同一本书当中，同时又包含中外诠释者的观点。闵福德的《易经》译本也体现了英语世界《易经》翻译的新尝试。除上述译本之外，还有汪榕培和任秀桦的《易经》译本(*Book of Change*, 1993)、高厦克(Richard Gotshalk)的

《占卜、秩序与〈周易〉》(Divination，Order and the Zhouyi，1999)、巴尔金(Jack M. Balkin)翻译的《变化之道》(*The Laws of Change*：*I Ching and the Philosophy of Life*，2002)，白瑞德(Hilary Barrett)翻译的《易经》(*The I Ching*，2011)等众多译本，均从不同角度翻译和解释《易经》，但这些译本再也不能形成卫-贝译本那样的影响力，也未开拓出理解和解释《易经》的全新方式。

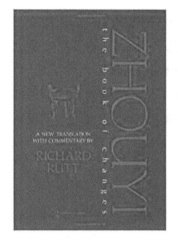
2-6-1

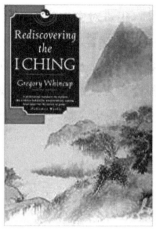
2-6-2

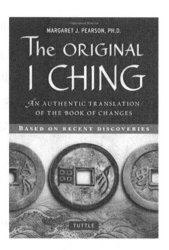
2-6-3

2-6-4

2-6-5

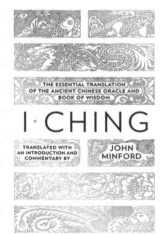
2-6-6

图2-6 卫-贝译本后兴起的从历史主义角度解释和翻译《易经》的译本，图2-6-1到图2-6-6依次为卢大荣译本、温卡普译本、皮尔逊译本、夏含夷帛书《周易》译本、夏含夷出土《周易》译本和闵福德译本。

第二节　《易经》译本中体现的不同诠释方式

不同的《易经》译本，因为译者对《易经》的性质有不同理解，因此在处理《周易》本经和注疏之间的关系、处理作者和文本之间的关系、处理文本与时代之间的关系时，往往有截然不同的认识，导致他们对《易经》卦爻辞的理解和解释出现较大差异。由于卦爻辞的复杂性质，很难对它们的意思作出独断式的解释，或建立一套可以一以贯之的解释规则，这样就容易出现"仁者见之谓之仁，知者见之谓之知"的情况。下文从英语世界较具代表性的《易经》译本中，概括出六种诠释《易经》卦爻辞的不同方式。这些诠释方式的不同，主要源于作者分别将《易经》理解为儒教典籍、智慧之书、占筮手册、历史文献，或者从心理学、女性主义等不同视角切入来进行诠释。

一、儒教典籍

理雅各《易经》译本的一个重要特征，就是把《易经》放在缪勒（Max Müller，1823—1900）勾画的世界宗教体系的大背景下来理解和解释，将它视为儒教的经典。对《易经》一书的性质，理雅各力主从经传分开的角度来理解。他指出，《易经》六十四卦是一个自足的整体，卦辞为文王所作，爻辞为周公所作，但《十翼》并非出自孔子之手，因此历来以传解经的方法多有舛误。[1] 理雅各认为应该把《易经》的卦爻辞放到文王和周公当时所处的历史环境中来理解，他以《乾》《坤》《既济》《未济》四卦为例，说明文王根据每对卦和爻间的对比关系，将它们一一排序，然后赋予全卦一定的意义，并添加一些启示，这些启示或许是文王设想处在这些卦所象征的情境下应该采取的行动，以及这些行动带来的吉凶。然后周公从最下面一爻开始，通过象征性的或者有代表性的解释，逐个表达每爻的含义，并指出采取相应行动带来的吉凶。文王对全卦的解释和周公对六爻的解释含义一致。[2] 也就是说，卦辞和爻辞的解释整体上相互吻合。由此可见，理雅各是从作者的角度，将卦爻辞理解成文王和周公用来象征性地指出处在某些特定社会情境下应采取的行动，以及这些行动带来的

---

[1] Legge, James. Introduction, *The I Ching* (second edition). New York: Dover Publications, Inc., 1963, p. 28.

[2] 同上书，p. 10.

吉凶的表意系统。理雅各指出,文王拘于羑里,不得不以研究卦象来迷惑敌人以保全性命。他将六十四卦排列在面前,每一卦都暗含神秘的意思,并富含深层意蕴。他从卦中知晓自然界各种物体的特征,或者人类社会的法则,或是他的王国的状况。文王给各卦定名,用一个术语描述他心中与此卦相连的想法,然后或用劝诫,或用警示的简短言辞将这个想法展开,设法将占卜的愚昧约束在理性的范畴之内。① 从这些表述来看,理雅各认为《易经》是文王被囚羑里时以占卜的形式迷惑纣王的作品,因此卦爻辞的创作运用了象征的表达手法。例如他在解释《屯》卦的时候,指出"屯"是象形字,显示植物在破土而出时要经历艰难,才能慢慢从土壤下面冒出来。这种植物在开始生长的阶段所经历的困难,被用来象征一个国家经历混乱的状态,以及通过一场革命建立新的政权需要付出的奋斗。理雅各指出,文王和周公在撰写每一卦的卦爻辞时,都指向他们心里所想到的一种具体的情状。这种隐藏在心里没有表达出来的文本,控制并指导着他们撰写所有的卦爻辞。《易经》的读者若想成功理解和掌握卦爻辞的意思,就必须要抓住这一点。文王看到他周围的社会和政治世界陷入纷乱,变得不可救药,但他对自己和周王室充满信心,一定要谨慎小心,守正不移,让不同国家的政权都落到善良正直的人手里,这样一切才会好起来。对于《屯》卦六二爻的主人来说,前进依然很困难。他自身力量微弱,初九阳爻的主人强势压迫着他。幸运的是,初九爻的主人虽强,却很正直,九五爻为阳爻,又处在君位,和九五爻的主人联合并为其所用,正是六二爻主人的目的。这一切令周公想到一个年轻女子,她的追求者非常强势,要娶她为妻,但此时结婚时机不当,所以女子拒绝了他,最后过了十年,女子嫁给了一个更适合她、也是唯一适合她的人。② 再如《既济》这一卦,理雅各在注释中解释它的意思时,指出"既"象征着"过去"或"完成","济"主要指"过河",也指"帮助"或"完成"。这两个字相连,表示成功完成作者心中想做的一切事情。文王在面对此卦的时候,想到的是自己王国的情况,他的王国终于获得了安宁和平静。王国的舟船都已安全渡过宽广湍急的河流,国家面临的危难已得到缓解,动乱的状态已得到有效控制,那么还有没有需要做的事情呢? 当然有,那就是要落实治理国家的一些具体措施。新建的政权必须得到巩固,统治者必须坚定不移、不声不响地顺

---

① Legge, James. Introduction, *The I Ching*（second edition）, p. 21.
② 同上书, pp. 63-64.

利消除战争给国家造成的损失,甚至考虑到人间一切事情的变动不居。理雅各同样把《既济》这卦视作文王在羑里谋划王国未来时所考虑到的情形。① 从理雅各的解释中我们可以看到,他竭力把每一卦的整体含义以及卦辞和爻辞的含义都放在文王和周公当时的历史情境中来解释,试图诠释卦爻辞的主旨,同时极力避免在卦爻辞的解释中提到占卜的因素,而是把它们放在儒家的思想体系中来加以阐述和发挥。

二、智慧之书

《易经》卫-贝译本的一个重要特征,就是采用心理学、哲学和文学相结合的方法,揭示《易经》中蕴含的超越时空的智慧。卫礼贤在译本导言中说:"中国的《易经》无疑是世界典籍中最重要的一部作品。它起源于神秘的远古时代,古往今来一直吸引着中国最杰出的学者的关注。中国三千年文化史上几乎所有最伟大、最重要的成果不是从《易经》中汲取灵感,就是受到过《易经》注解的重要影响。因此我们完全可以说,千百年来成熟的智慧孕育和造就了《易经》。无怪乎中国哲学的两大分支——儒家和道家——它们的思想都根植于《易经》。"②卫礼贤从中国文化的角度说明《易经》中汇集了中国千百年来的聪明才智,是儒家和道家思想的根源。不仅哲学,中国的科学和治国之术也不停地从《易经》的智慧源泉中汲取营养。"甚至中国人的日常生活中也浸透着《易经》的影响。穿梭在中国的大街小巷,你会发现在街头巷尾可能就有一位算命先生端坐在桌子后面,桌面铺着干净的台布,先生手里拿着毛笔和砚台,随时准备从这部古老的智慧之书中找出针对人生挫折的中肯建议和信息。不仅如此,甚至房屋装饰用的招牌——垂直的木板,黑漆金边,上面写着花团锦簇的文字,也让人不断想起《易经》的思想和文字。"③《易经》在中国的普及程度由此可见一斑。"除了用作占筮手册以外,《易经》更重要的用途是被当作一本智慧之书。老子通晓《易经》,他的一些最为深邃的格言警句就是由《易经》激发产生的,实际上他的全部思想都浸透了《易经》中的教诲。孔子也知道《易经》,并且曾致力于研究《易经》。他很可能曾写下一些解释性

---

① Legge, James. *The I Ching* (second edition), p. 206.
② Wilhelm/Baynes. Introduction, *I Ching*, *or the Book of Changes*. Princeton:Princeton University Press, 1967, p. xlvii.
③ 同上书, pp. xlvii-xlviii.

的评论,并且在日常授课中和学生分享了一些他的见解。孔子编辑和注释过的《易经》就是流传到今天的版本。"①卫礼贤在前言的结尾部分说:"希望阅读这部译作的人能够享受到纯粹的智慧带来的快乐,就和我在翻译这本书时体会到的快乐一样。"②他在导言的结尾部分说:"我坚信任何一个真正吸收了《易经》精华的人,都会在人生经历和感悟上倍感充实。"③从上述引用中我们可以看到,卫礼贤不仅认为《易经》中蕴含了丰富的人生智慧,而且认为这种智慧可以跨越时空,为现代人所用。这在他的翻译和解释中也可以看出来。比如《中孚》卦,卫-贝译本将卦名译为 Inner Truth(内在的真实),在解释的时候说:"风吹过湖面,水面上荡起了波纹。因此看不见的事物显示出了可见的效果。《中孚》上下卦都有阳爻,中间两爻为阴爻,呈开放式,显示内心没有偏见,因此易于接受事实。此外,上下卦的中爻都是阳爻,显示内在真实展现出的巨大影响力。"他在解释"中孚"时指出,"'孚'(真/truth)的字形就像一只鸟的爪子放在幼鸟的身上,象征着孵化,幼鸟破壳而出,蛋壳里已经空了。虽然光的力量可以从外面加速它的发育,但里面必须要有生命的胚芽,才能唤醒新的生命。这些思想可以引发意义深远的联想。"④确实,卫礼贤在欧洲作关于中国文化和《易经》的演讲时,就发挥和运用了基于《中孚》卦的这种联想力。谈到"艺术的精神"这个主题时,卫礼贤提到精神和文化遗产的传递问题,即人类怎样把自己的经验、智慧、能力、信仰或适应世界的方式传递下去。他认为,《易经》的《中孚》卦给出了答案。卦名中的这两个字能引发丰富的联想。"孚"是鸟的爪子放在后代(或是一只鸟蛋)身上,代表"孵卵"和生命向下一轮传递的循环。"中"代表孵化的核心过程,包含在"真"或"信"中的核心生命力,充满了活力。卫礼贤甚至认为,《中孚》卦中间两爻为阴爻,上下各两爻为阳爻,因此是八卦中"离"的叠加,所以包含两份"光",如同放大了的"光"。中间是潜在的黑暗,那是深渊里没有被水熄灭的火所发出的光,因此这时的光有力量战胜黑暗中的万物,这也是卦辞"豚鱼吉,利涉大川,利贞"的意思,"豚鱼"(pigs and fishes)代表像水那样黑暗的力量,它们是动物中最没有灵性的。但是光的力量如此强大,它的影响力甚至可以抵达豚鱼这样冥顽不灵的生物,所以《中孚》卦回答了当精神和文

---

① Wilhelm/Baynes. Introduction, *I Ching*, *or the Book of Changes*, p. liv.
② 同上书,Preface, p. xlvi.
③ 同上书,Introduction, p. lxii.
④ 同上书,p. 235.

化遗产面临冥顽、啸聚的大众,将遭受灭顶之灾时应该怎样保存这样的疑问:那就是通过内在的真的力量(inner truth)。① 从卫礼贤理解和解释的《易经》卦爻辞我们可以看出,《易经》中蕴含着中国千百年来流传的智慧,这种智慧能够跨越时空,不但可以解决日常生活中大大小小的疑问,而且可以为欧洲高雅艺术的存续和流传问题提供解答。

三、占筮手册

蒲乐道在他的《易经》译本前言里,介绍了《易经》的功能:"《易经》的价值不可估量,因为它不仅包含着至高无上的精神价值,而且能让任何一个不是太自私、可以满足一些简单条件的人预见并控制未来事件的进程! 通过正确解释并严格遵守《易经》对普遍法则的诠释,我们能够让自己变得像神明一样有远见! 虽然因为《易经》的特殊性质和远古属性,阅读起来不够顺畅,但它却能被用来解释现在,预测未来,而且准确得可怕! 对那些想要生活得和自然法则和谐一致,但又觉得它们神秘莫测、难以直接观察和经历到的人,《易经》提供的指导是无与伦比的。"②从这段介绍我们可以看出,蒲乐道关注的是《易经》"解释现在和预测未来"的功能,他甚至在前言里提到香港报纸上刊载的一个例子:一个离家出走的少年来到香港附近一座小岛上的深林里,几天后家人正是依靠《易经》的指引才发现了他! 所以蒲乐道指出:"我重新翻译《易经》的目的,就是要用最简单的语言表达出最清晰的指导,帮助使用者进行占筮,这样任何一个说英语的人,只要是怀着真诚而又明理的态度拿起《易经》,都能将它当成绝对可靠的手段,用来趋吉避凶。"③虽然蒲乐道明确指出他翻译《易经》的目的是要为英语读者提供一部占筮用的指导手册,但他又指出《易经》和一般命理书的区别:"《易经》不像一般命理书那样预测未来事件,然后让我们静待一切发生。《易经》的作者并不认为未来的细节不可更改,而是认为它们遵循普遍的潮流和趋势。它不是机械地预言,而是通过分析宇宙间各种力量的相互作用,积极地提供建议,它不会告诉我们未来将发生什么,而是告诉我们应该采取什么行动来顺应或避免将要发生的事情。它让我们成为自己未来的建

---

① Wilhelm, Richard. *Lectures on the I Ching*. translated from the German by Irene Eber. Princeton:Princeton University Press, 1979, pp. 80-84.
② Blofeld, John. Introduction, *I Ching*. New York:The Penguin Group, 1991, pp. 14-15.
③ 同上书, pp. 15-16.

筑师,帮助我们避免灾难或是将灾难的危害降低到最小,从每种可能的情境中获得一些有益的东西……帮助我们掌控自己的生活,和各种环境保持和谐一致。"①蒲乐道还指出,《易经》关注的是如何让人获得内心满足、与周围环境和谐相处的方法,而不是帮助我们获得物质上的成功。对于有些问题,比如怎样与周围的环境和谐相处,我们只能施加有限的影响,《易经》会带给我们更为有用的指导,而另一些旨在获取物质财富的问题,我们就不太容易从《易经》中获得解答。虽然也不是说有关商业和金融类的问题我们都不该问,但事关打赌输赢、股票涨跌之类的赌博和一切无益于他人只关注自身利益的问题,对《易经》而言都不是合适的主题。②

蒲乐道认为,荣格在给卫礼贤译本所写的序言里公开承认他相信《易经》的占筮功能,并且尝试去证明为什么《易经》会具有这样的预测能力。这一点,对他的译本产生了重大的影响。③ 蒲乐道说:"两千多年来,《易经》一直被用作占筮之书,这种貌似神秘的性质,中国人习焉不察,而从未真正验证过的西方人则感到怀疑甚至表现出轻蔑。我无法向这些怀疑者证明,只希望他们虔诚地去验证《易经》的力量。然而他们的疑虑只会让这一切变得毫无可能。要正确解释《易经》卦爻辞,需要特殊的心境,而建立在信任基础上的尊重是其中的决定因素。根据我个人的经验,若是通过正确的方法得到卦爻辞,并且解释得恰当的话,它们通常都会百分百地准确。亦即,如果能严格遵守从卦爻辞中得到的指示,那么一切都会像预测的那样,毫厘不爽。"④蒲乐道用三个亲身经历的占筮实例来说明《易经》在占筮方面的特征。对恰当的问题它都会给出非常恰当的回答,而对不恰当的问题,或者在不恰当的环境中提出的问题,它会拒绝给出合适的答案。因此,要正确地诠释《易经》,首先需要有虔诚的态度。但仅凭这一点还不够,《易经》古奥的文辞非常难以理解,只有在直觉、深思或特殊经历的帮助下才能获得解释的灵感。此外,中西文化的差异也是导致理解障碍的重要原因。他指出,中国文化建立在直觉思维的基础上,注重内省的意识,西方文化则注重外向型思维,与希腊逻辑学原则和经验科学相一致。所以他的翻译,旨在将汉语的这种古奥特征最小化,在原文许可

---

① Blofeld, John. Introduction, *I Ching*, p. 16.
② 同上书, p. 35.
③ 同上书, pp. 16-17.
④ 同上书, pp. 24-25.

的范围内让译文变得更容易理解。蒲乐道指出，要将卦爻辞的答案与自己的问题联系起来，需要有一定的直觉思维，真正有经验的诠释者，如果正确地查阅《易经》，就会发现它的解答从来都不会错！[①] 蒲乐道在书中给出了具体的占筮方法，包括蓍占和金钱卦这两种方法，同时告诉读者如何解释卦爻辞。他说，针对占筮者的询问，想要获得可靠的指导用来解释《易经》提供的答案，通常会面临两个障碍：第一是答案过于依赖导致占筮者提出问题的各种环境以及无数相关的事实，以至于有些答案已经出现在占筮者的心里，但还有一些答案会直到答案本身或后续事情的重要性开始显现，人们才能意识到它们之间的关联。第二是只有直觉起到决定性的作用时，《易经》才能根据具体的情境作出准确的解释。[②] 他给了一个具体的例子：例如一个占筮者正在考虑要不要离开目前的岗位去国外工作。国外的工作虽然收入高，前途远大，但却有其他不便的地方。他的问题是："我要不要接受现在去东京工作的机会？"结果筮得第三卦《屯》，其中第四爻为动爻，这样又获得第十七卦《随》。《屯》卦的卦辞显示开始困难而后来取得极大成功，作出正确的决断就会有回报，但同时它不主张追求新的目标或开始新的旅程，而是要巩固目前的位置。《彖辞》所谓"刚柔始交而难生"，《象辞》提示"君子以经纶"，即现在应该把当前的处境理顺，动爻"乘马班如"建议观望以确保日后的富贵荣华。《随》卦也是预示成功并建议做出决断，但却确切地告知一定不要犯错。《彖辞》有"动而悦"，结尾"随时之义大矣哉"，就是说在任何情况下，及时采取行动都是必要的，以便"天下随时"。《象辞》"君子以向晦入宴息"，表明现在采取行动不是时候。根据这些卦爻辞的解释，很多地方都暗示尽管开始会有困难，但占筮者接受东京的职位是值得的，只要他立志成功即可。但也有一些地方建议目前不要远行，而要巩固当前的职位，也就是说现在采取行动并不当时。蒲乐道的解释是《屯》卦显示他这时不该接受东京的工作，而是要设法巩固当前的职位，因为去东京涉及远行和确立人生新的目标。《随》卦的"动而悦"显示远行值得期待，但是《象辞》明确指出现在不是做出重大举措的时机。从以上总结中可以看出占筮者现在最好不要急于接受东京的职位，而要静待更好的机会到来，然后把握时机及时出国，以发展出更远大的前途。[③] 蒲乐道完全从占筮的角度来理解卦爻

---

① Blofeld，John. Introduction，*I Ching*，p. 33.
② 同上书，pp. 72-73.
③ 同上书，pp. 73-75.

辞,所以他把《屯》卦的卦辞"元亨利贞,勿用有攸往,利建侯"翻译为 Difficulty followed by sublime success! Persistence in a righteous course brings reward; but do not seek some (new) goal (or destination); it is highly advantageous to consolidate the present position.① 把《随》卦的卦辞"随,元亨利贞,无咎"译为 Following. Sublime success! Righteous persistence brings reward — no error!② 从译文来看,他完全从占筮的角度出发,所以对"利建侯"、"利贞"等的解释才会带上浓厚的现代职场色彩。

四、历史文献

夏含夷用"语境批评"的方法重建《周易》在西周末期的原意,就是要"在《易经》原始文本语境里来真正检验其古代语言的特性"③。因此他广泛援引同时期的甲骨文卜辞、青铜器铭文、《诗经》以及稍后的《左传》来与《易经》卦爻辞相印证,同时注重对《周易》卦爻辞内在逻辑的分析,并大量参考顾颉刚、李镜池、郭沫若、闻一多、屈万里、高亨等近人的易学研究成果,以重建卦爻辞在商周时期的含义。

例如他对五十四卦《归妹》的理解和翻译。顾颉刚在《周易卦爻辞中的故事》(1929)一文里曾指出"帝乙归妹"可能指帝乙嫁女给文王的故事,他引甲骨卜辞为例证明"归妹"是商代嫁女的称谓。顾颉刚采用的主要证据是《诗经·大明》里的两段:"文王嘉止,大邦有子。大邦有子,伣天之妹。文定厥祥,亲迎于渭。造舟为梁,不显其光。有命自天,命此文王。于周于京,缵女维莘。长子维行,笃生武王。保右命尔,燮伐大商。"他认为这里说的是文王娶妻之事,武王之母为莘国之女。但周只称商为"大邦",由此推断文王所娶的"大邦之子"就是帝乙之女,后来因为死亡或大归,文王续娶了莘国之女,生下了武王。顾颉刚认为当初帝乙嫁女给文王是为了和亲。即便如此,顾颉刚还是认为《归妹》六五"帝乙归妹,其君之袂不如其娣之袂良"不得其解,并猜想是"文王对于所娶的嫡夫人不及其媵为满意",但并不敢确信。④ 夏含夷在顾颉刚文章的基础上,进一步讨论了初九"归妹以娣"(The

---

① Blofeld, John. Introduction, *I Ching*, p. 94.

② 同上书, p. 121.

③ Shaughnessy, Edward L. *The Composition of "Zhouyi"*. Ph. D. Thesis, Stanford University, 1983, p. 7.

④ 顾颉刚《周易卦爻辞中的故事》,见《古史辨》第三册,上海:上海古籍出版社,1982 年影印本, 第 11—15 页。

marrying maiden with her younger sisters)、六三"归妹以须,反归以娣"(The marrying maiden with her older sisters,returns with younger sisters)、九四"归妹愆期,迟归有时"(The marrying maiden misses her time, she slowly returns to wait)、六五"帝乙归妹,其君之袂不如其娣之袂良"(Di Yi marries off his daughter:the primary bride's sleeves are not as fine as the secondary bride's)、上六"女承筐,无实,士刲羊,无血"(The lady holds the basket:no fruit,the man stabs the sheep:no blood)各爻的情况,他认为各爻之间的关系是一段发展的叙事,初九说明帝乙嫁女时有她的妹妹陪伴,古代的婚姻并不是孤立事件,出嫁的女子常常会有更年轻的妹妹作伴。初九和九二爻的"跛能履"(the lame is able to walk)和"眇能视"(The blind is able to see),可能象征文王的第二个妻子,即莘侯的女儿,命运得以改变。文王遇到的问题先在九四爻"归妹愆期"里有所反映,肯定指帝乙之女有过失,六五爻则直接说明两个人之间的对比,"其君之袂不如其娣之袂良","其君"指的是"大邦之子","其娣"则是"莘侯之女",她的服装之所以更好,这是为了说明她将是武王之母。上九爻描述了这场婚姻的不幸,如果《大明》这首诗显示文王与帝乙之女的婚姻不成功,那么此处正好交代了原因,很可能因为帝乙之女没有子嗣,这由"无实"两字的暗示可以看出来。夏含夷认为《渐》和《归妹》两卦相连,《渐》一卦的主旨是离别和忧伤,九三"鸿渐于陆,夫征不复,妇孕不育"和九五"鸿渐于陵,妇三岁不孕"都有无子嗣的暗示,可能正是为《归妹》卦"起兴",这正好反映出《周易》编者有意识的编纂行为。① 这种诠释尝试完全以史实为基础,与其他寓意解读有较大的差异。

五、心理学视角

礼则码(Rudolf Ritsema)和卡彻(Stephen Karcher)翻译的《易经》是沿着卫礼贤和荣格开启的心理学路径来解释卦爻辞的。译者之一的礼则码是东方学家和瑞士爱诺斯基金会(Eranos Foundation)主席,以举办荣格心理学研讨会而著名。他们在前言里介绍《易经》的性质时说:"《易经》是占筮手册,或者说是荣格所谓的'原型力量'(archetypal forces)的源头活水。它把这些力量的作用组织起来,变成

---

① Shaughnessy, Edward L. *The Composition of "Zhouyi"*, pp. 239-244.

'形象'，以便个人能够阅读此书。使用此书通常开始于一个疑难和问题，但在每一个具体需求的背后都有一个普遍的问题：'我怎样做才能和塑造此时此刻的神灵或力量发生创造性的关联？'"①从一开始就把《易经》和荣格的分析心理学联系在一起。"《易经》提供了一个看透艰难处境的方法，特别是我们感到忧心如焚的时候，理性知识难以派上用场，而我们又必须要做出决定、采取行动。个人在接触内心世界和外部世界时怎样活得最好，《易经》可以让关注这个问题的神灵发出声音。"②他们指出，《易经》之所以能做到这点，因为它是一本神谕集，这是一种特殊的想象空间，可以让人们和神灵展开对话，它是"无意识"经历赖以产生的基础。神谕把人们面临的问题转变为像梦境一样的意象语言，它改变了人们经历某种处境的方式，以便将人们和形成这种处境的内在力量联系起来。神谕中的意象消除了产生这种联系的障碍，使神灵能够在场。查阅《易经》中的神谕，用其中的象征和神秘语言来看待我们面临的处境，这是接触现代社会形成过程里遭到压抑的力量的一种方式。③ 从他们的这些描述中我们可以看出，礼则码和卡彻把《易经》看成"原型力量"的根源，把卦爻辞当成人们的无意识经历赖以产生的基础，把"易象"看作连接人们的现实处境和《易经》卦爻辞的方式，他们的着眼点和叙述方式都和分析心理学有关。他们指出，《易经》中的卦符和卦爻辞结合在一起，就像一面镜子，可以映射出塑造任何特定时刻、特定问题或特定情境的无意识力量（unconscious forces）。在他们看来，《易经》里的"神灵"，就是创造我们所经历的一切的无意识力量。占筮这种随机事件赋予"神灵"力量，它不受意识的控制，让隐藏在我们处境后的各种力量都有机会言说。因此在他们看来，卦爻辞只有在具体的情境下才有生命，它们指向特殊的事件，这些事件用科学法则和规律都无法解释。正是我们提出的问题、我们的生活、我们遇到的难题提供了创造意义的必要触媒。④ 礼则码和卡彻认为，卦名中的"易"强调想象力、开放性和流动性，强调快速改变方向以及运用各种想象力来反映存在的多样性的能力，因此最恰当的翻译应该是 versatility（多用途、多技能），即随时能感受到时间、命运和心灵的未知要求并被它们触动。这个词把宇宙间的"易"、《易经》中的"易"和使用这本书时我

---

① Karcher, Stephen, and Ritsema, Rudolf. Introduction, *I Ching*. Shaftesbury, Doerset: Element Books Ltd., 1994, p. 15.
② 同上书，p. 8.
③ 同上书，p. 8.
④ 同上书，p. 9.

们自身的"易"交织到一起。他们指出,占筮是古人用来和看不见的力量接触交流的方式。古人认为语词和大大小小的事件都能变成神谕,开启和神灵交流的方式。这种想法建立在洞悉心灵运作方式的基础之上,在我们经历的每个症状、冲突或难题中都有一个神灵想要和我们交流。每次遇到困难都开启了一条与神灵交流的通道,通常"自我"(ego)会反对这种交流,因为它要让自己的意志得以在这个世上执行,而占筮让"自我"拒绝的东西有了发声的渠道,让隐藏的因素或情境的暗影得以显现,这样就把我们和神灵联系起来,改变了我们看待自己、当前处境和周围世界的方式。[①] 礼则码和卡彻把占卜行为放在心理学的背景中来解释,认为占卜不是一种意识形态或信仰,只是一种接触神灵的创造性方法。利用想象力来识别各种力量并采用一些方法来应对,这涉及将分析和直觉相结合的能力,而常规的思维常常不会考虑到这些。这个过程重视想象力和创造力,它改变了我们做决定的方式。占卜的目的是打开空间,让身份开始流动,让神灵进入我们的生活。采用占卜的方法就是探索一个具体情境的无意识的一面,激发出来的意象能够调整我们和未知力量之间的平衡。[②]

礼则码和卡彻说,他们的译本尝试把《易经》中核心的神谕当成心理学工具,目的是为了恢复占筮的语言和占筮的运用,以用来联系个人和未知的力量(即由神话、梦境、萨满般的旅程或神秘的异教构成的意象世界)。他们的译文主要关注如何让人们意识到想象力的价值,帮人们找到生活的方式并选择有意义的生活。他们在导言中指出,《易经》填补了用现代方法研究心灵这方面的重要空缺。占筮文本把荣格称为"原型"的研究和古代称为"神灵"的东西联系在一起,并直接和个人的经历发生关联。他们的译本要尝试进入历史、语言学和哲学分析的背后,恢复占卜的核心地位,把这本书作为实践心理学的源泉。[③] 礼则码和卡彻采用的底本是《御纂周易折中》,他们只翻译六十四卦的卦爻辞,"因为这是《易经》的核心部分,所有的解释都基于它们提供的意象。翻译这些意象,就是要让它们的联想能力可以为现代人所用"。他们在翻译时不会预先假定或给定一个意思,而是把所有的意思都收集在一起,而且不认为这些意思需要服从一个单一的解释。占卜术

---

① Karcher, Stephen, and Ritsema, Rudolf. Introduction, *I Ching*, pp. 10-11.

② 同上书, p. 11.

③ 同上书, p. 15.

语被看成想象的"力场"(force-fields)的中心,它们在时代的发展中不断聚集新的意思。他们的翻译遵循四个原则:一是每个汉字在书中都只用一个同样的英文核心词来翻译,这种一对一的方式强调的是术语的核心意思,使得英语中的对应词成为可能。二是为这些术语提供很多可能的意思,和原来的核心意思相呼应,它们提供联想的网络,把术语与个人的处境联系起来。三是严格遵守原文的词序。四是把每一卦的结构因素和传统科学赖以发展的神秘意象系统联系起来。这种翻译的目的就是对古老的占卜实践做心理学的重建。① 他们指出,卦爻辞描述了可以产生很多意思的"能量场",通过阅读卦爻辞,我们的自我感觉和处境变得流动起来,生发出看待事物的新方式。卦爻辞直接和我们的无意识对话。当它们触动一个有意义的情结时,"神灵"就会显现,如同梦境回忆里的关键意象,某些特定的意思会从"能量场"中浮现,这些意象和我们心灵中的情境互动,改变这些情境,让它们变得明晰。②

他们提供了很多利用《易经》来做心理分析的案例。比如有位心理分析师遇到的困境:他给一位就诊的女士做心理分析。这位女士事业有成,婚姻幸福并育有子女,并没有表现出明显的症状。第一次访谈结果显示她出生在东欧的一个小村庄,父亲下落不明,母亲也在战后和她失散。她对成年以前的事情一无所知,全是从别人那里听来的,对这些事情她也没有表现出明显的痛苦感受。以前她并不做梦,但访谈之后她很快做了一个梦,梦见童年村子里的圣诞节聚会,冬青树上插满蜡烛,还有等待她的圣诞礼物,气氛很欢乐。分析师判断她的童年记忆中可能含有创伤的内容,被她强迫封闭和隔离开来,治疗策略就是接触这些童年记忆的内容,然后分析治疗其中的创伤。可是这位女士根本不配合,变得充满敌意并带有明显的攻击性,释放的全都是负能量。分析师提出要治疗她的童年创伤,结果他做的一切都无端遭到嘲讽,治疗完全陷入困局,分析师一筹莫展,质问她为何要浪费彼此的时间。在这种情况下,他利用《易经》进行占筮。他提出的问题是:请给我一个关于这次心理分析关系的意象,我对此应该持什么态度?结果占得第三十六卦《明夷》(Brightness Hiding),没有动爻。卦象描述的情况就是光明的意识遭到遮蔽或是被损伤。作者描述《明夷》和第三十五卦《晋》

---

① Karcher, Stephen, and Ritsema, Rudolf. Introduction,*I Ching*, pp. 16-17.

② 同上书,pp. 22-23.

(Prospering)的情况相反。《晋》卦的光和热,代表看得见和意识到的能力,它们都出现在阳光下,而在《明夷》卦里它们都隐藏到地下。"明"强调的是意识、辨别力、警醒能力,在这里"明"受到伤害。这一卦的反对卦是第四十卦《解》(Taking Apart),所描述的情景是反思、理解和从压力中解放,它强调分析事情以便从强迫中解放出来是处理事情的正确方式。他提出的问题是关于分析师和治疗者之间的关系,而不是关于治疗者本人。卦象显示的一切以及与之相关的特征都指出,在这种情况下心理分析根本无能为力。事实上,心理分析的特定品质已经受到伤害。因为没有变爻,所以不知道在这种情况下应作出何种反应。梦的光在黑暗中闪烁,明入于地下,停在那里,反对卦显示,即使解开事情分析动机也无法实现既定的目标。但是卦象让分析师能够反思这一情境,它说明这是个客观情境,无需去表扬或是责备。这就提示他无需动怒发火、承担责任,也无需责备那个女士,并不是所有的情境都能够或者应该变得明朗化,心理分析师并不总是有能力把光明从黑暗中解放出来。君子在这里的理想就是观察民众的能力,发现共同的基础,选择光明或黑暗。因此分析师考虑了很多可能性:也许她的心里刻意选择这场遭遇以封闭过往的经历;也许他自己的黑暗经历和她的经历交互影响,相互伤害;也许他们彼此就是不相容。尽管不清楚具体的原因,他却能够让两人从责备感和罪责感中解放出来。作为君子,他可以选择让这件事处在黑暗中,认识到在这种黑暗中心理分析的限度,它处在暗夜的边缘。[1] 虽然礼则码和卡彻翻译、解释《易经》卦爻辞的方式和以往的实践大不相同,完全把《易经》变成心理分析的辅助工具,但是我们从中也可以看到,他们的译文仍然建立在卫-贝译本的基础之上。这种心理学层面的应用和发挥,确实为《易经》在西方社会的现代诠释开启了与中国传统及现代注疏全然不同的新面向,然而这种解释究竟能否成为一种普遍的范式,还需要进一步的研究。

六、女性主义视角

玛格丽特·皮尔逊(Margaret J. Pearson)在她翻译的《〈易经〉原始》(*The Original I Ching: an Authentic Translation of the Book of Changes*,2011)一书

---

[1] Karcher, Stephen, and Ritsema, Rudolf. Introduction,*I Ching*, pp. 43-45.

中,从女性主义立场出发,将第四十四卦《姤》的卦辞"女壮,勿用取女"译为"这个女人很伟大。不要夺取这个女人"(The woman is great. Do not grab the woman.),并添加辅助性的解释"王室的新娘要以盛大的典礼亲迎,而不是以武力夺取"。(A royal bride [was met with great ceremony], not taken by force.)①

皮尔逊认为,《姤》卦卦爻辞描述的是一个出身高贵的女子嫁入周王室的情形。她的主要依据,一是刘兴隆所著《新编甲骨文字典》里所收的"后"字,是"象妇女产子之形"。她认为这和《姤》卦里的生育之象完全一致,即两国联姻之后,皇子降生可以增加两国间和睦的可能性。二是《诗经·大明》里描写的文王亲迎公主之后武王降生,也许就是《姤》卦所寓含庆祝周王室那场盛大婚礼的典故。这场婚礼最终的结果就是西周建国者武王的出生。后世国王遵循此例,都会派遣最高官员去迎接王室的新娘来到新家。《姤》卦的《象传》说:"后以施命诰四方。"皮尔逊认为皇后的地位是一人之下万人之上,所以迎娶她的场面非常壮观隆重,而她的影响也会波及四方。但皇后的地位完全建立在皇子身上,所以《姤》卦的卦象是怀孕生子,如果皇子降生并成为储君,那么皇后的影响就能产生并改变这个国家。所以皇后的首要任务就是怀孕并顺利产子,因此这一卦的很多卦爻辞才会涉及怀孕及其不同阶段,以及女性在怀孕期间所面临的各种危险。所以皮尔逊认为九二爻和九四爻的"包有鱼"和"包无鱼"都是怀孕之义,特别是九五爻的"以杞包瓜,含章,有陨自天",皮尔逊译为"她保护腹中的胎儿,就像把葫芦包在柳条编织的套子里保护起来一样。你怀抱中有大美。如果流产,这就是天意"。(She protects the babe within, just as a gourd is protected by being wrapped in flexible willow twigs. You hold great beauty within you. If you miscarry, this is Heaven's will.)译文将全部的意思都引到怀孕生子上面来。

皮尔逊在译本致谢辞中提到,她之所以敢于重译《易经》,很大一部分原因在于,阅读《易经》的所有女性读者,至少值得拥有一部由通晓中国语言和历史的女性学者翻译的《易经》。② 她在这里刻意代所有女性读者立言,强调自己翻译卦爻辞时的女性立场和视角,可算现代读者常有的"政治正确性"的突出表现。这种意识形态挂帅的立场,似乎预告了一些涉及性别含义的卦爻辞,皮尔逊的译文必然

① Pearson, Margaret J. *The Original I Ching: an Authentic Translation of the Book of Changes*. North Clarendon: Tuttle Publishing, 2011, p. 177.
② 同上书, p. 12.

会和传统注疏的理解不一样。

皮尔逊在译本前言里做的一件重要工作,就是将后出的注疏和《周易》的早期文本区分开来,同时将后出的"阴阳"概念与西周时期文本中的"阴阳"概念的意思区分开来,以突显西周时期文本的原始含义,从而说明《易经》的意思经历了一个发展的过程。这当然是非常重要并值得重视的观点,同时也预示着对《易经》卦爻辞作出新的解读的正当性。但皮尔逊的问题在于,她一方面从女性主义的立场出发来解读《周易》的卦爻辞,另一方面宣称这种解读是西周时期卦爻辞的本来含义。实际上,皮尔逊在前言里也提到了这个问题:"把《易经》的注疏传统抛到一边,只从卦爻辞里得出它的本来含义,让我们的工作变得有点根基不牢:也许我们会误解原文的含义。但如果不这样做,就会丢弃大量其他解读的可能性,从而错失卦爻辞中丰富的意涵、智慧以及震撼心灵的美。"①这是传统注疏和当代视角之间的矛盾,反映出经典和诠释、传统和当代、地域化和全球化等多方面的问题。从皮尔逊的诠释实践来看,采用女性主义视角能否贯穿《易经》卦爻辞中所有涉及女性的部分,这种解释是否符合西周时期的社会现实,都是值得研究的问题。同时,这种女性主义视角能否成为诠释《易经》的一种范式,也值得进一步讨论。

第三节 不同诠释方式对卦爻辞译文产生的影响

译者对《易经》性质的不同理解,往往会影响到他们对卦爻辞的翻译和解释。我们即以上节列举的这些诠释范式为例,考察不同的诠释方式对卦爻辞译文产生的影响。

上文已经提到,在理雅各看来,《易经》的主题大多和道德、社会、政治有关。文王赋予每卦以一定的含义,并加上一些启示,这些启示是文王设想处在这一卦象征的情境下应采取的行动,以及行动结果的吉凶。周公则从最下一爻开始,通过象征性的解释,逐个表达每爻的含义,同时也指出采取与每爻相连的行动的吉凶。② 理雅各相信《易经》的卦辞为文王所作,爻辞为周公所作,因此解释很多卦的

---

① Pearson, Margaret. *The Original I Ching*, p. 23.
② Legge, James. *The I Ching* (second edition), p. 10.

时候,都把它们与文王、周公当时所处的社会情境联系起来。如第十六卦《豫》,理雅各认为这一卦表示文王治下安逸和乐、万民悦服的情况,此时文王若有兵师之兴,众人也都会觉得和悦。他解释"豫"为"逸乐满足"(pleasure and satisfaction),将初六爻"鸣豫,凶"译为 The first line, divided, shows its subject proclaiming his pleasure and satisfaction. There will be evil. 意思是此爻之人可能一时幸福得意,却因到处宣扬、甚至吹嘘这种快乐满足而招致灾祸。① 理雅各解释卦爻辞时偏重它们在道德、社会和政治层面的寓意,不太看重它们的占筮色彩,这和他对《易经》性质的认识密切相关。

卫礼贤认为,《易经》一方面是占筮手册(Book of oracles),另一方面又是"智慧之书"(Book of wisdom),它是超越历史时代的智慧结晶,所以在翻译很多卦爻辞时都注重发挥其中蕴含的哲学思想和智慧,如《豫》卦,他从一开始就解释卦象和爻象,指出《豫》上卦"震"的特点是"动",下卦"坤"的特点是"顺应"。九四爻是阳爻,为动之主,一动而上下群阴共应之,所以容易激发热情而上下同心。卫礼贤把"豫"译为"热情"(enthusiasm),把"鸣豫,凶"译为 Enthusiasm that expresses itself brings misfortune,即一个处在下位的人忘形吹嘘自己的贵戚,这种自大必然带来厄运。热情不应是标榜自我,能团结众人的热情才是正当的。② 他指出《豫》卦最重要的特点就是顺以动,这也是自然界事物和人类生活的共同法则。通过这个例子我们可以看到,卫礼贤把《豫》卦从历史情境中剥离出来,变成总结自然界和人类生活的普遍智慧。

蒲乐道把"豫"翻译为 Repose(休息、平静)。他指出,"豫"通常的含义是"预先"(beforehand)或"快乐"(happiness)。他选择 repose 这个词是受了书稿审阅专家的影响,一开始他并不确定要选用这个词,后来他认识到,如果从好的方面来使用,这个词应被理解为精神上的平静(mental repose),这种平静根源于绝对的自信,即自知现在所采取的行动是完全正确的。但是在初六、六三和上六中,爻辞明确显示有必要采取行动时却没有采取行动,六五爻没有行动是由于没有能力(incapacity)。初六"鸣豫,凶"的译文为 The crowing of the cock bespeaks repose—an evil omen! (公鸡的叫声表达的是宁静——这是凶兆!)他解释说,昏

---

① Legge, James. *The I Ching* (second edition), pp. 91-92.
② Wihelm/Baynes. *I Ching or the Book of Changes*, pp. 67-69.

昏欲睡的公鸡的叫声是不太可能让人们从床上一跃而起的,但是公鸡的传统角色是司晨,让人们开始采取新的行动。① 从蒲乐道刻意强调《豫》卦的"行动"这一点来看,他的理解和传统注疏以及理雅各、卫礼贤的都不一样,这是因为他的着眼点主要在占筮,占筮要告诉人们是否采取相应的行动,因此他才会对初六爻的爻辞作出这样的翻译和解释。

孔理蔼(Richard A. Kunst)将《易经》看成商朝末年和西周时期的历史资料,主要依靠口头传授得以流传下来,是一套不断传承和发展的关于兆象、预言、流行的俗语、历史掌故及自然常识的合集。占卜者依靠蓍草获得神谕,再根据卦爻象,逐渐将上述材料编成占卜用的手册,在周朝流行起来,然后被记录下来,经过编辑和注解,在汉朝逐渐发展成一本更宏大和复杂的著作。② 他认为"豫"指"大象"(elephant)这种动物,因此"鸣豫,凶"就是 A trumpeting elephant:ominous,意思是见到一只叫唤的大象,这是不祥的兆头。③ 孔理蔼试图将附着在《易经》卦爻辞上的哲理和道德说教成分剥离,把六十四卦卦爻辞文本的含义还原到商末周初时的原始状态,这也是卢大荣(Richard Rutt)采取的方法,卢大荣将上述初六爻的爻辞译为 Trumpeting elephant. DISASTROUS. 和孔理蔼的译文基本相同。④ 林理彰则认为,根本不存在一部超越时代、意义确定不变的《易经》,而是有多少《易经》注本,就有多少不同版本的《易经》,因为《易经》文本有太多繁复晦涩的地方,其含义完全取决于不同的注疏本怎样去诠释。⑤ 因此他选择翻译王弼的《周易注》,目的是在理雅各与卫礼贤译本体现的宋儒注经传统之外,在英语世界引入一套汉儒的解经方法。他将"豫"译为"满足"(contentment),初六"鸣豫,凶"译为 If one allows one's Contentment to sing out here, there will be misfortune. 意为如果肆意宣扬自己的满足状态,会带来厄运。王弼注此爻为"处豫之初,而特得志于上。乐过则淫,志穷则凶,豫何可鸣?"林理彰译为 As First Yin is located at the initial

---

① Blofeld, John. *I Ching*, pp. 119-121.

② Kunst, Richard Alan. *The Original Yijing*:*A Text*,*Phonetic Transcription*,*Translation*,*and Indexes*,*with Sample Glosses*. Ph. D. diss. University of California, Berkeley, 1985, See its Abstract.

③ 同上书,p. 271.

④ Richard Rutt, *The Book of Changes*:*A Bronze Age Document*, p. 239.

⑤ Lynn, Richard John. Introduction, *The Classic of Changes*:*A New Translation of the I Ching as Interpreted by Wang Bi*. New York:Columbia University Press, 1994, pp. 7-8.

position of Yu ［Contentment］, it can only realize its ambitions above ［with Fourth Yang］. When happiness goes to excess, licentiousness results, and when "ambitions are exhausted", "there will be misfortune", so how may Contentment be sung out here?① 林理彰力图在译文中体现出王弼解释《周易》时的宗旨和具体方法,把《易经》置于王弼的视角之下和王弼所处的时代中来理解。

礼则码和卡彻把《豫》卦的"豫"翻译为 providing-for/provision。他们认为,这一卦描述的情境是需要什么样的东西来迎接未来。它强调通过远见和谨慎来积累力量,以便完全享受一切事情,这是恰当的处理方式。除了用 providing-for 以外,他们还选用了 ready, prepared for; prearrange; take precaution, think beforehand; satisfied, contented, at ease 等词。"豫"的字形是"予"(son)和"象"(elephant),表示 careful, reverent, very strong。初六"鸣豫,凶"译文为 Calling Provision. Pitfall. 其中"鸣"的译文还有 bird and animal cries, through which they recognize each other; distinctive sound, song, statement. 字形是"鸟"(bird)和"口"(mouth),a distinguishing call。"凶"的解释还有 leads away from the experience of meaning; struck and exposed to danger, unable to take in the situation; flow of life and spirit is blocked; unfortunate, baleful; keyword.②从他们的翻译和解释来看,他们确实提供了足够多的解释,目的就是在做心理分析时能根据实际情况来展开丰富的联想。

皮尔逊则根据帛书《周易》,把《豫》卦的卦名改写为《余》,并译为 Excess,然后把初六爻的爻辞译为 Crying out excessively：misfortune. 她在解释中说,早期中国人把地震看作雷从地中出,"有余"就被比作这样的剧变。也许是中国人太习惯于匮乏,如果我们所得过量或者快乐过度,就有可能沉浸在这种反常的现象中。这个意象让我们想起,如果拥有过量的东西却不以恰当的形式分享的话,可能就会带来危险。随着财富增多,权力变大,责任也会增大,很难一个人承担,要找到可靠的同盟,把权力赐予他们,就像新晋的周朝国王给他的亲戚分封土地,让他们

---

① Lynn, Richard John. *The Classic of Changes*：*A New Translation of the I Ching as Interpreted by Wang Bi*, pp. 235-236.

② Karcher, Stephen, and Ritsema, Rudolf. *I Ching*, p. 232,237.

结成自治的同盟。① 皮尔逊的解释建立在新的考古发现的基础上,同时也提供了她作为女性的新的解释视角。

早期承担中学西传工作的多为传教士,他们向西方介绍中国,主观上是为了向教廷和西方解释中国的特殊情况,为他们在中国采用的传教策略辩护,但在客观上也促进了中国文化在西方的传播。《易经》以其特殊的占筮性质,与基督教的伦理和教义相悖,因此一直未受传教士的重视。《易经》英译始于新教传教士来华,一开始只限于简单的介绍,目的也是为其传教策略服务。在卫礼贤译本出现并被贝恩斯夫人传入英语世界之前,英语世界有麦格基和理雅各翻译的两个《易经》全译本。麦格基的翻译目的主要是凸显中国人的思想与西方人不同。理雅各从香港回到伦敦并担任牛津大学首任汉学教授后,应缪勒的邀请,开始完成自己的四书五经翻译计划,同时为了向西方系统介绍中国宗教,翻译了《易经》全书,因为和拉古贝里等人展开争论,引发了英语世界对《易经》本质和翻译方式的第一次关注,一定程度上促进了《易经》在西方的传播,但其影响力主要局限在知识阶层。由于理雅各的汉学家地位,他的译本影响力至今不衰。卫礼贤的《易经》德译本出版后,尤其是贝恩斯夫人将他的德文译本转译为英文后,在二战后的美国引发了非常强烈的反响,从而推动了《易经》的翻译高潮。总体说来,《易经》卫-贝译本开启了占筮和心理学这两个解释方向,大大促进了《易经》在流行文化中的传播。后出的译本大多笼罩在卫-贝译本的影响之下,即便是要与之抗衡,也脱不出它所开启的《易经》诠释面向。直到中国改革开放以后,考古发现的成果被陆续介绍到西方,同时西方留学生开始来华学习,加上 20 世纪 90 年代中国兴起的《易经》热,引发并带动了欧美《易经》研究和翻译的另一股潮流,即历史主义诠释方式的兴起。译者倾向于把《易经》看成研究西周时期社会生活的历史文献,或者把历代《易经》注疏看成研究具体朝代思想的历史文献,从而开启了与卫-贝译本完全不同的理解和解释《易经》的方式。但并非所有诠释《易经》的方式都能成为引领时代潮流、影响人们意识和行为的诠释范式,受到很多人的认可和效仿,比如上文提到的翻译和解释《易经》的心理学方式和女性主义方式,就没有形成影响和规范人们理解与解释《易经》行为的范式。而将《易经》作为占卜文本,始于卫-贝译本,后出的同

---

① Pearson, Margaret J. *The Original I Ching: an Authentic Translation of the Book of Changes*, pp. 104-105.

类译本虽多,其影响力均未超过卫-贝译本。本书主要选择《易经》诠释的宗教学范式、哲学范式和历史学范式,分析它们产生的原因、范式的具体特征和产生的影响。需要指出的是,虽然这三种范式是《易经》在西方较为突出和具有代表性的诠释,但并不排除其他诠释范式的存在,本书的目的主要在于通过对上述三种诠释范式的分析,找出《易经》在欧美传播的典型模式,以便为中国文化对外传播提供一定的借鉴和参考。

第三章 从异教神话到儒教典籍

1876 年,英国海外传道会(Church Missionary Society)的牧师麦格基(Thomas McClatchie,1812—1885)翻译的《易经》(*A Translation of the Confucian 易经 or the Classic of Change with Notes and Appendix*)在上海美华书馆(American Presbyterian Mission Press)出版,这是《易经》的第一部英文全译本,在《易经》西传史上具有一定的标志性意义。但是因为这部译本自身带有明显的时代印记,并且仅隔六年理雅各翻译的《易经》(*The Yi King*)就由英国牛津大学的克莱雷登出版社出版,无论在权威程度还是学术影响上都超过麦格基译本,更兼理雅各在中国经典翻译和汉学研究方面多年奠定的地位,及其在翻译的注释中多处贬抑麦格基译文,最终《易经》的麦格基译本迅速被理雅各译本取代,如今几近湮没无闻。近年来虽有研究者注意到麦格基的这部《易经》译本[1],但该译本的具体特征尚未得到充分研究,值得进一步深入分析。

第一节 异教神话:麦格基《易经》译本的东方化特征

麦格基来华的 19 世纪下半叶正是欧洲中心主义盛行的时期,他的知识结构中留下了西方文化辖制和重构东方知识的强烈印记。他套用比较神话学的知识,把《易经》视为与基督教传统截然不同的"异教"神话,因此对《易经》的翻译和解释表现出"东方化"这部典籍的鲜明特征,这些特征一定程度上遮蔽了该译本的其他特点,影响了它的进一步传播。

---

[1] 如李伟荣《麦丽芝牧师与英语世界第一部〈易经〉译本:一个历史视角》,载《中外文化与文论》第 24 辑,2013 年,第 11—23 页。该文介绍了麦格基的生平和著译,对麦格基的《易经》译本作了初步分析。任运忠《明清西方传教士对〈易经〉的适应性解读与英译——以麦格基译本为例》,《周易研究》,2016 年第 4 期,第 89—96 页。该文把麦格基的《易经》译本置于明清以来西方传教士用基督教观点归化《易经》的大趋势下来解读。

图 3-1 麦格基《易经》译本扉页和《乾》卦译文

一、麦格基的"东方化"知识

麦格基 1812 年出生于时属英国的爱尔兰首府都柏林,1833 年进入都柏林大学三一学院学习,1838 年毕业,获学士学位,1854 年又获硕士学位。[①] 1844 年,麦格基加入英国海外传道会,同年 6 月与施美夫(Rev. George Smith, 1815—1871)一起被派往中国,9 月底二人同抵香港,10 月初又同游广东,寻找暂住地并聘请中国教师修习官话。1845 年 2 月,麦格基独自动身前往上海,此后即留在上海传教并学习汉语,直到 1854 年因饱受病痛折磨被迫返回英国。1863 年,麦格基再度来华并前往北京,除了在海外传道会担任教职,还兼任英国公使馆的牧师。1865 年,麦格基前往杭州,专任设在那里的英国领馆的牧师。1870 年,他再次与海外传道会联系,前往上海担任教会干事,一直到 1882 年退休回国,于 1885 年逝世。[②]

[①] Burtchaell, George Dames & Ulick Sadleir, Thomas. *Alumni Dublinenses*: *A Register of the Students*, *Graduates*, *Professors and Provosts of Trinity College in the University of Dublin*. Dublin: Alex Thom. & Co. Ltd. , 1935, p. 527.

[②] 麦格基的生平资料,主要见于金斯密(Thomas W. Kingsmill, 1837—1910)为他撰写的讣告,见 Kingsmill, Thomas W. "In Memoriam (of Rev. Canon McClatchie)". *Journal of the North China Branch of the Royal Asiatic Society*, Vol. 20, 1885, pp. 99-100. 库寿龄(Samuel Couling, 1859—1922)所编《中国百科全书》也略述过他的中国经历及翻译作品,但 (转下页)

麦格基生活的年代正是西方对东方展开大规模殖民扩张的时期："从 1815 年到 1914 年,欧洲直接控制的区域从地球表面的 35% 扩大到了 85% 左右,每一大陆都受到了影响,最主要的是非洲和亚洲。两个最大的殖民帝国是英国和法国。"①疆域领土的扩展带来思想文化上的优越感,事实上西方在政治、军事、经济、科学、技术、文化等方面又取得了全面的优势,导致它开始"通过表述、裁断、描写、讲授、安置、统治等方式来处理东方",形成了一整套认识和处置东方的知识和话语体系,然后通过这套知识和话语体系来"主宰、重构和辖制东方"。② 换言之,东方不再是一个思想和行动的自由主体,而是受制于西方,处在被凝视的位置。"就19 世纪和 20 世纪的西方而言,人们普遍接受了这样一个假定:东方以及东方的一切,即使不是明显地低西方一等,也需要西方的正确研究(才能被人理解)。"③在这样的背景下,西方关于东方的知识逐渐被"东方化"(Orientalized):"之所以说东方被'东方化',不仅因为在 19 世纪普通欧洲人司空见惯的一切行为方式上,东方都被发现是'东方的',而且因为东方可以被建构成——也就是说,被裁定成——'东方的'。"④正是通过这种方式,西方人不断强化了自身相对于东方的外在文化优势和内在心理优势。可以说,19 世纪欧洲文化的核心即是"西方中心主义",或者说西方文化霸权,"认为欧洲的民族和文化优于所有非欧洲地区的民族和文化"⑤,并

(接上页)对他评价不高,尤其突出他认为中国人的天地崇拜乃是基于古代乱伦思想的观点,见 Couling, Samuel. *The Encycolpaedia Sinica*. London: Amen Corner, E. C. Oxford University Press, 1917, p. 344. 施美夫所撰《中国教区考察纪实》穿插记叙了麦格基从英国辗转来到上海并在那里定居和传教的事迹,见 Rev. Smith, George. *A Narrative of an Exploratory Visit to each of the Consular Cities of China, and to the Islands of Hong Kong and Chusan, on behalf of the Church Missionary Society, in the years 1844, 1845, 1846*. New York: Harper & Brothers, Publishers, 1847, preface v, pp. 3, 33, 63, 118, 126, 247, 254-262. 英国海外传道会记录麦格基牧师在中国传教的履历,分别为 1844—1853 年、1863—1865 年、1870—1882 年这三段时期,也可与金斯密描述麦格基在中国的经历相印证,见 CMS. *Centenary volume of the Church Missionary Society for Africa and the East* 1799-1899. London: Church Missionary Society, 1902, pp. 625-626. 这些材料大多极为简略,从侧面反映出麦格基在英国海外传教史上的地位不高。有关麦格基的生平还可参见前揭李伟荣《麦丽芝牧师与英语世界第一部〈易经〉译本:一个历史视角》,第 12—13 页。

① 爱德华·萨义德《东方学》,王宇根译,北京:生活·读书·新知三联书店,2003 年,第 51 页。
② Said, Edward. *Orientalism*. London: Penguin Books Ltd., 2003, p. 3.
③ 爱德华·萨义德《东方学》,第 50 页。
④ 同上书,第 8 页。
⑤ 同上书,第 10 页。

设法让欧洲文化在欧洲内外都获得霸权地位。虽然萨义德笔下的西方和东方具体针对欧洲和近东而言，但他描述的"西方中心主义"的话语普遍对"东方"加以凝视和宰制的"东方化"实践，对远东的国家和地区而言也极具参照意义。

根据金斯密（Thomas W. Kingsmill，1837—1910）的介绍，麦格基服膺英国哲学家拉尔夫·卡德沃思（Ralph Cudworth，1617—1688）和英国学者雅各布·布莱恩特（Jacob Bryant，1715—1804）的思想。[①] 前者致力于证明上帝的存在，反对唯物主义的无神论思想，尤其反对世界的起源是原子的"原子论"（atomic）和万物均有内在生命的"物活论"（hylozoic）；后者则认为一切神话都来源于希伯来经文，试图将世界上的神话都和《创世纪》中的故事联系起来，提出所有古老的文明都是大洪水之后"含"（Ham）的后代所创建的，因为"含"曾被认为是太阳，所以异教信仰多来源于太阳崇拜。受这两人的影响，麦格基一方面从比较神话学的立场出发，将世界分为基督教知识系统（Christianity）和异教知识体系（Paganism）这两大对立阵营，认为异教徒普遍具有的物质崇拜思想和基督教的唯一真神信仰完全不同，主张从异教自身的文化出发去理解它们的特征，不能用基督教的概念来弥缝这两者间的差异，另一方面他又从基督教自身的知识结构出发，以基督教的世界观为出发点，理解并评判其他民族的文化和信仰。

1874 年，麦格基在他翻译的《英译朱子性理合璧》（*Confucian Cosmogony：A Translation of Section Forty-nine of the Complete Works of the Philosopher Choo-Foo-Tze，with Explanatory Notes*）[②]的前言里，指出儒家思想和希腊哲学同属异教文化，它们与基督教的一神信仰之间存在较大区别。异教国家里的哲人普遍相信物质不灭，他们认为原生物质（Primordial Matter）具有神性，因此在他们的著作里找不到与物质截然分开并自成一体的人格神（personal God）。在朱熹那

---

① Kingsmill, Thomas W. "In Memoriam (of Rev. Canon McClatchie)". *Journal of the North China Branch of the Royal Asiatic Society*, Vol. 20, 1885, p. 99. 拉尔夫·卡德沃思的思想主要见于他的代表作《宇宙间唯一正确之知识体系》（*The True Intellectual System of the Universe*, 1678），而雅各布·布莱恩特的思想则见于他的代表作《古代神话析论》（*A New System, or An Analysis of Ancient Mythology*, 1774—76）。

② 麦格基的译文来源于《渊鉴斋御纂朱子全书》，后者是康熙皇帝敕命李光地等儒臣将朱熹的文集和语录整理删节，然后将其内容按类排比编制而成的，全书共六十六卷，康熙五十三年（1714 年）由内府刻印，以"御纂"的名义颁行全国。《英译朱子性理合璧》节译该书第四十九卷，分为《理气》《太极》《天地》《阴阳、五行、时令》四部分，麦格基认为它们集中体现了儒家的宇宙生成观，因此将译本定名为 *Confucian Cosmogony*。

里,这种原生物质是"气",在泰勒斯(Thales)那里则是"水",它们是整个宇宙的创生本源。麦格基指出,不管赋予这些原生物质多少华丽的特征,也不能将它们抬升到基督教"唯一真神"(God)的地位。① 1875—1877 年,麦格基在《教务杂志》(*The Chinese Recorder and Missionary Journal*)上连续发表《异教信仰》(Paganism)这篇文章,系统阐述他对基督教与异教体系的认识,认为异教徒的世界虽然也盛行一神崇拜(monotheists),但他们的"至上神"(supreme God)不同于基督教的"唯一真神"(true God),是由偶像和实物崇拜(idolatry)提升出来的对物质系统(material system)或者说对"有灵自然"(animated nature)的崇拜,而基督教的信仰则是纯粹的对"至上存在"(Supreme Being)和"创世者"(the Creator)的崇拜。1876 年,他分别在《教务杂志》发表"The Term for God"②,"The Term for God in Chinese"③,"The Yih King"④,"The Term for Spirit in Chinese"⑤等文章,1877 年又发表一篇"God"长文,⑥指出中国典籍中的"上帝"和基督教的 God 没有共同点,因此只能采用泛指的"神"来翻译。

在《易经》译本的前言里,麦格基进一步强调了异教徒的世界观与基督徒之间的差异,指出要从中国人自身的立场来理解和诠释《易经》,而不能用带有基督教含义或色彩的词语来表达异教的概念,给异教典籍涂抹上一层基督教的色彩:"异教徒和基督徒的思维模式差异极大,他们看待宇宙及其各部分的方式,解释宇宙存在的方法,都和基督徒迥然不同,让信奉基督教的译者感到无所适从,除非他先学会从异教徒的立场来看待这些主题,然后再着手翻译。"⑦他举了一个例子:"《圣经》的学生,在《创世纪》开篇就意识到'物质没有永恒性',这是他们的一个重要信条。翻译异教徒的经典,必须熟悉这样一个事实:所有异教体系无一例外都主张

---

① McClatchie, Thomas. Introduction, *Confucian Cosmogony: A Translation of Section Forty-nine of the Complete Works of the Philosopher Choo-Foo-Tze, with Explanatory Notes*. Shanghai: American Presbyterian Mission Press, 1874, pp. viii-ix.

② *The Chinese Recorder and Missionary Journal*, Vol. VII, Shanghai: American Presbyterian Press, 1876, p. 217.

③ 同上书,pp. 60-63.

④ 同上书,pp. 447-450.

⑤ 同上书,pp. 92-99.

⑥ *The Chinese Recorder and Missionary Journal*, Vol. VIII, Shanghai: American Presbyterian Press, 1877, pp. 398－411,476－488.

⑦ McClatchie, Thomas, 1876. Preface, *A Translation of the Confucian 易经 or the Classic of Change with Notes and Appendix*. Shanghai: American Presbyterian Mission Press, reprinted by Ch'eng Wen Publishing Company, Taibei, 1973, p. iii.

'物质具有永恒性'，这是摩西的宇宙生成论与异教徒的宇宙生成论之间最显著的差异之一。如果物质永恒，它自然就具备了神性，并且会被当作'神'（a God），因此想在异教徒的物质主义里找到不被当成偶像崇拜的独立存在（Being），必然会徒劳无功。"①因为异教徒普遍相信物质永恒，所以他们都有偶像崇拜的思想，这是异教徒与基督徒的一个重要区别。要理解这种区别，只能从异教本身的思想体系出发。麦格基指出，传教士译者最容易犯的错误，就是设法把异教的经典基督教化。他以理雅各翻译的《中国经典》为例，认为传教士把儒家典籍和基督教的知识相比附，可能是出于好心，想在异教徒的典籍中找到一点关于基督教"唯一真神"（the true God）的知识，但这样做的结果却是拔高了儒家典籍的地位，是对基督教的一种亵渎，结果无疑只会令人感到遗憾。为了避免这种遗憾，就要探究异教体系崇拜的主要神灵的神话史，这样才能认清他们的根源。② 正是在这个意义上，麦格基提出要从比较神话学的角度来理解《易经》："如果没有任何神话学的知识就去翻译《易经》或其他儒家典籍，就好像不懂神话就去翻译荷马、维吉尔、希腊诗人赫西奥德。翻译《易经》固然困难重重，但要看出《易经》里讲授的体系，就得对其他的异教体系有一定的了解才行。"③他所谓的比较神话学，是指把《易经》与其他的异教文化如印度教、希腊神话等相联系，以便与基督教相区分。在他看来，即使是中国人，也应具备这方面的知识，才能真正理解《易经》："如果中国学生继续忽视比较神话学，《易经》的真谛就会一直尘封在那里，令他们无由得见。"④这样，中国历代流传的《易经》注疏，就根本无法帮助人们认识这部典籍的真谛，只有把《易经》与其他异教文化联系起来并与基督教文化作比较，才能把握它的精髓。从这些论述中我们可以看到麦格基的西方中心主义思想。

麦格基在《易经中的象征》（The Symbols of The Yih-King）这篇文章中指出，在《易经》里可以见到最古老的由"天、地、人"构成的"三元体系"（Triplication），只要有一点比较神话学方面的知识，就可以看出它们与印度教的"梵天"（Brahmá，创造者）、毗湿奴（Vishnu，维护者）、湿婆（Mahesa，毁灭者），以及柏拉图的至善（the Supreme Good）、理性（Reason）和灵魂（Soul）等异教信仰里的三元体系（triad）如

---

① McClatchie，Thomas．Preface，*A Translation of the Confucian 易经or the Classic of Change with Notes and Appendix*，p. iii.
② 同上书，pp. iv-v.
③ 同上书，p. v.
④ 同上注。

出一辙。这些相似之处只能说明它们同出一源。他以《圣经》中记载的大洪水为前提，推断人类流传下来的一些圣书是在大洪水以后由人类的祖先将巴别塔（Babel）修建之前记载的物质主义（Materialism）重新编写、保存或恢复过来的。人类四散寻找各自的定居地时，各部落的首领随身携带了这些圣书的复本，或者是闪、含和雅弗三个家族分开前记录整套物质主义体系的手稿，异教徒世界现在流传的各种圣书，都是据此编纂而成的，它也是《易经》的起源。① 他认为《易经》中用来表达寓男女两性于一身的"上帝"或"乾坤"的象征，与其他异教的象征存在众多吻合之处，这一点毫无争议地证明这种双性神和整个异教世界普遍尊崇的双性神完全一样。② 根据神话传说，伏羲显然就是古巴比伦的水神（Oannes），因此《易经》这部经典是中国人的祖先在人类散居世界各地时，根据从巴比伦带来的手稿编纂而成的。古巴比伦人和中国人存在很多相似的习俗，比如建造祭塔来供奉"天"和"众神"，在瓦片上写字，使用毛笔（hand swipe）等。③

　　从这些论述中我们可以看出，麦格基一方面强调《易经》反映出的异教传统与基督教文化之间的差异，主张从异教典籍本身来理解它的神话体系，另一方面他又采用基督教的知识体系来架构和评判以《易经》为代表的异教神话，无形中反映了他"东方化"中国典籍的意图和方法。

二、"东方化"知识在《易经》译本中的表现

　　为了体现从异教徒自身的文化体系出发来理解其典籍的意图和原则，麦格基突出了《易经》里蕴含的"生殖器崇拜"神话和"儒家的宇宙生成观"。

　　1. "生殖器崇拜"神话

　　1874 年，麦格基在《英译朱子性理合璧》中就已提出了《易经》中的乾、坤分别指男女生殖器的看法。针对朱熹所说的"天地形而下者，乾坤形而上者。天地，乾坤之形壳，乾坤，天地之性情。'夫乾，其静也专，其动也直，是以大生焉，夫坤，其静也翕，其动也辟，是以广生焉。'本义云，乾一而实，故以质言，而曰大。坤二而

---

① McClatchie, Thomas. "The Symbols of The Yih-King". *The China Review*, Vol. I, No. 3, Hong Kong: China Mail Office, 1872, p. 152.
② 同上书，p. 160.
③ McClatchie, Thomas. Introduction, *A Translation of the Confucian* 易经 *or the Classic of Change with Notes and Appendix*, pp. ii-iii.

虚,故以量言,而曰广"①,麦格基在注释中说,"天"这个伟大的父亲和他的妻子
"地"都是生殖守护神,因此中国人结婚时普遍有"拜天地"这套礼节。他引用《系辞·下》的"子曰:乾坤其易之门邪? 乾,阳物也,坤,阴物也"一句,将它译为:
Confucius says, Kheen and Khwan (Heaven and Earth) are the door of Change
(i. e. of generation). Kheen is the 阳物 male organ of generation, and Khwan is
the 阴物 female organ of generation. 在这段译文里,麦格基把乾、坤等同于天、地,
把"易之门"理解成"创生之门",把"阳物"和"阴物"分别译成男女生殖器,以佐证
他提出的"天、地"是中国人的生殖守护神的说法,并认为中国人的"天"或"上帝"
相当于西方的生殖神普里阿波斯(Priapus)。② 1876 年 1 月,麦格基在《中国评论》
上发表《生殖器崇拜》(*Phallic Worship*)一文,指出根据《易经·泰卦》的《彖辞》、
《大象》以及《系辞》上下传的相关说法,"乾坤"或"上帝"是异教国家崇拜的生殖
神,因为"上帝"兼男女两性于一身,所以"乾"或"上帝"的男性部分指的就是男根
(membrum virile),而"坤"或"上帝"的女性部分指的是女阴(pudendum
muliebre),二者包含在"太极"(the Great Extreme)这一圆环中,万物从中产生并
受其统治。③ 他还根据《钦定大清会典》中对祭祀"皇天上帝"的"圜丘"和祭祀"皇
地祇"的"方泽"的描述,认为这两座祭坛的形状,正是模仿男女生殖器,作为生殖
神"天"、"地"的象征,并将它们和印度教的男性生殖器像林伽(Linga)和女性生殖
器像约尼(Yoni)相类比,指出这是异教信仰中常见的现象。④ 麦格基甚至认为,因
为《易经》里的《乾》卦是纯阳之卦,它的象是"龙",所以"龙"也是男根的象征。⑤ 撰
写这篇文章时,麦格基的《易经》译本已经完成,因此这是他在《易经》相关译文基
础上形成的整体看法。

在《易经》的译文中,麦格基强调的异教徒的"生殖器崇拜"神话主要体现在
《系辞》和《泰》、《否》、《归妹》、《屯》、《咸》等卦的相关内容中,前者涉及对"乾、坤"

---

① McClatchie, Thoams. *Confucian Cosmogony:A Translation of Section Forty-nine of the
Complete Works of the Philosopher Choo-Foo-Tze, with Explanatony Notes*, p. 70.
② 同上书, p. 152.
③ McClatchie, Thomas. "Phallic Worship". *The China Review:or Notes and Queries on the
Far East*, Vol. IV, No. 4, 1876, p. 257.
④ 同上书, p. 258.
⑤ 同上书, p. 261.

具体特征的论证,后者涉及"天地交"等具体的文字表述。《系辞》提到的"夫乾,其静也专,其动也直,是以大生焉;夫坤,其静也翕,其动也辟,是以广生焉",麦格基译为:With regard to Kheen, his Rest is undivided attention, his Motion is straight forward, and thus he is the Great Generator. As to Khwan, her Rest is closing together, her Motion is opening and hence she is the Capacious Generatrix. 他在译文下加注说,"乾"这一阳性主神指男根(Membrum virile),"坤"这一阴性主神指女阴(Pudendum muliebre),这两个自然力量一起构成雌雄合体的"上帝",与印度教的生殖神像林伽和约尼相同。这种男根的外在象征可在北京祭天的"圜丘"看到,女阴的象征可在祭地的"方泽"看到,二者常在宝塔中结为一体,塔身代表男根,而方形的基座则代表女阴。[①] 这段注释与他在《生殖器崇拜》中的见解几乎完全相同,以此为基础阅读他的译文,我们会发现《系辞》中的这段文字也具有生殖器描写的含义。再如《系辞》中最直接的一段:"子曰:乾坤其易之门邪?乾,阳物也,坤,阴物也,阴阳合德而刚柔有体,以体天地之撰,以通神明之德。"麦格基译为:Confucius says:Are not Kheen and Khwan the doors of Change! Kheen is the membrum virile, and Khwan is the pudendum muliebre (the sakti of Kheen). The energy of this Yin and this Yang uniting, the Hard and the Soft obtain substance, carrying into effect the arrangement of Heaven and Earth and making known the virtus of the Gods. [②]与前引《英译朱子性理合璧》的译文对比,麦格基只是把直白的 male organ 和 female organ 替换成了拉丁文,在理解上并无变化。既然"乾、坤"分别指男女性器官,"天、地"是中国人崇拜的生殖守护神,那么卦爻辞里提到的"天地交"自然就是指天与地之间的交合了。因此麦格基把《泰》卦《象辞》里的"则是天地交而万物通也"、《大象》卦《象辞》里的"天地交,泰"中的"天地交"都译为 Heaven and Earth having now conjugal intercourse,[③]即"天"和"地"像夫妻那样交媾;而《否》卦《象辞》里的"天地不交而万物不通"、《归妹》卦《象辞》里的"天地不交而万物不兴"便分别被翻译为 Heaven and Earth not having sexual intercourse now, the myriad of things no longer

---

① McClatchie, Thomas. *A Translation of the Confucian 易经or the Classic of Change with Notes and Appendix*, p. 304.

② 同上书, p. 346.

③ 同上书, p. 62.

expand into existence,① 和 If Heaven and Earth had not sexual intercourse with each other, then the myriad of things could not exist,② 即天地没有交媾,万物就不能生存。由此可见,麦格基倾向于把"交"字理解成具有生殖含义的"交媾",所以《屯》卦《象辞》的"刚柔始交而难生",麦格基也译为 the Thun Diagram represents the Hard and the Soft (Air) beginning to have sexual intercourse, and bringing forth with suffering,③ 即刚柔两气开始交媾,并且带来苦难。有意思的是,麦格基把"天地交"、"刚柔交"的"交"字都译成 having conjugal (sexual) intercourse(性交),却把《泰》卦《象辞》的"上下交而其志同"里的"交"译为 uniting together(结合),且没有提供任何解释,因此招致理雅各的激烈批评:"明明是两个相同的汉字,麦格基为什么不继续把'上下交'的'交'字也译成 have conjugal intercourse together(交媾)呢? 或者说,他为什么就是不肯抛弃这类交媾的(粗鄙)想法呢? 明明《易经》里一点这类粗俗的含义也没有,他为什么就是要让《易经》显得这样粗鄙呢?"④ 应该说,理雅各的追问在一定程度上触及了问题的本质:如果麦格基不先入为主地判定异教徒都有物质崇拜的思想,不站在基督教文明的立场审视和裁断东方文化,而是深入到中国典籍的传统中去理解它们的思想脉络,他就不会陷入到这样的矛盾当中。实际上,麦格基的理解也不是空穴来风,《泰》、《否》两卦讨论天地之道,《归妹》卦讨论人之终始,卦爻辞提及的"天地交"、"天地不交"确实和天道人事有关。朱熹《周易本义》解释《泰》为"泰,通也。为卦天地交而二气通,故为泰"⑤。李光地《周易折中》解释《泰》卦"天地交而万物通"时引用程颐的说法"天地阴阳之气相交,而万物得遂其通泰

---

① McClatchie, Thomas. *A Translation of the Confucian* 易经 *or the Classic of Change with Notes and Appendix*. p. 68.

② 同上书, p. 250.

③ 同上书, p. 30.

④ Legge, James. *The I Ching* (second Edition). pp. 223 - 224. 按理雅各把"天地交而万物通"译为 heaven and earth in communication with each other, and all things in consequence having free course,把"交"字译为"交流"、"交通","上下交而其志同"与此相一致,译为 the high and the low (superiors and inferiors), in communication with each other, and possessed by the same aim. 卫礼贤的《易经》译本里,"天地交而万物通"被译为 Heaven and earth unite, and all beings come into the union,"上下交而志同"的译文是 Upper and lower unite, and they are of one will. (*Wilhelm/Baynes. I Ching, or the Book of Changes*. p. 441.)"交"是"交接,结合"的意思,译文均不存在麦格基这样前后不一的矛盾。

⑤ 朱熹《周易本义》,廖名春点校,北京:中华书局,2009 年,第 74 页。

也",同时指出孔颖达的理解是"所以得名为《泰》者,由天地气交,而生养万物,物得大通",邱富国所谓"天地之形不可交而以气交,气交而物通者,天地之泰也"。① 他们都把"天地交"理解成阴阳二气相交接,万物从而得以生养。只是麦格基认定《易经》中含有异教徒的物质崇拜思想,并把这种物质崇拜具体化为生殖器崇拜,因此在他看来,"天地气交"与"天地交"一样都具有"交媾"的含义。《系辞·下》的"天地氤氲,万物化醇。男女构精,万物化生"麦格基译为:Heaven and Earth's genial Air mingling together, the myriad of things are transmuted and flourish luxuriantly; the male and the female having sexual intercourse the myriad of things are transmuted and generated. ②他在这里明确把天地之气的交合与男女的交媾放在一起,作为万物产生的根源。《咸》卦《象辞》为"咸,感也,柔上而刚下,二气感应以相与,止而说",麦格基译为:Han signifies Influencing—The Soft is ascending (sixth stroke) and the Hard (fifth stroke) following; these two Airs mutually exciting and responding, and having sexual intercourse with each other. (It implies) cessation and enjoyment,他把"二气感应以相与"里的"相与"也理解为 having sexual intercourses with each other (交媾),进一步坐实了他的偏见。因为《咸卦·象辞》后面有"取女吉"(to marry a wife is now lucky)③,似乎在一定程度上印证了他的这种理解。从历代注疏传统来看,上述各卦中提到的"天地交",更多着眼于"天地气交",旨在"推天道以明人事",它的指称范围要远远大于男女间的交媾。麦格基从生殖器崇拜的角度出发,不但将其含义大大窄化,而且给《易经》这部典籍增添了一层它本身并不具备的异教色彩。假如麦格基不是站在"西方中心主义"的立场俯视和批判《易经》所代表的文化传统,他的这种理解倒也不失为一家之言,但他在译本中不时流露出的基督教文化的优越感,使得即便是与他同处基督教文化阵营的传教士也难以接受。

2. 儒家的宇宙生成观

除了"生殖器崇拜"神话,麦格基赋予《易经》的另一个重要特征是它体现了儒

① 李光地《周易折中》,刘大钧整理,成都:巴蜀书社,2008 年,第 258 页。
② McClatchie, Thomas. *A Translation of the Confucian 易经 or the Classic of Change with Notes and Appendix*. pp. 343-346.
③ 同上书,p. 146.

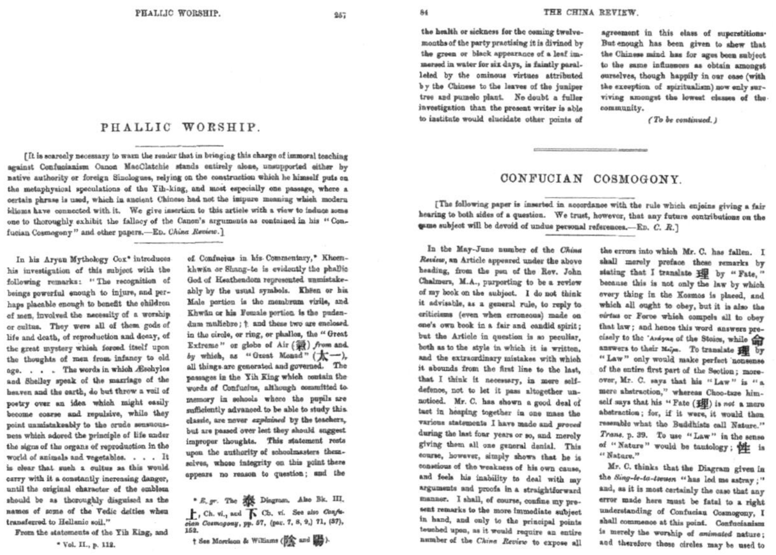

图 3 - 2　麦格基在《中国评论》上发表的《生殖器崇拜》和《儒家的宇宙生成观》

家的宇宙生成观。他认为,儒家的宇宙生成观主要来源于《易经》,①《易经》书名的含义就是指这部典籍包含了宇宙生成以来发生的各种变化的历史。② 他从朱熹和邵雍那里得出有关宇宙生成的重要思想,即宇宙的"理"、"气"生成说和宇宙的周期循环说,并以它们为依据来翻译和解释《易经》。

　　朱熹认为"理"、"气"不可分,精神性的"理"是世界万物的主宰和本源,物质性的"气"赋予世界万物以具体形状。"天地"是由"阴阳之气"不断运行产生的,"气"之清者变成"天","气"之重浊者变成"地"。天地间的万物都由"理"在其中的"气"流行发育而成,"太极"正是"理"在其中的"气"。麦格基在这些论述的基础上归纳出儒家的宇宙生成观:宇宙万物的起源都可以追溯到"理"(Fate)和"气"(Air)。儒家像一切异教信仰那样相信物质不灭,这永恒无尽的"原生物质"(Primordial Matter)就是"气"。天地万物、日月星辰甚至鬼神都由"气"生成。因为"理"寓于"气"中,而宇宙的每个部分都由"气"生成,所以宇宙万物中自然就包含了永恒不灭的"理",在这个意义上,"理"只是"神"的一个别称。③ 他在《易经》的《导论》中指

① McClatchie, Thomas. *Confucian Cosmogony*：*A Translation of Section Forty-nine of the Complete Works of the Philosopher Choo-Foo-Tze*，*with Explanatory Notes*，p. 161.
② 同上书，p. 143.
③ 同上书，pp. 125-129.

出,中国的哲学家对正确的世界起源一无所知,他们和一切异教徒一样相信物质不灭,"气"就是这永恒不灭的物质。宇宙间的万物,包括天地、日月、星辰、鸟兽、草木和人类,都由"气"生成,并受它主宰。这永恒无尽的"气"在中国典籍中又被称为"天",因为它不仅生成万物,而且主宰万物,所以又被称为"上帝",作为万物的起源,它又被称为"太一"。"气"分阴阳,然后创生宇宙。[1]

麦格基总结的儒家的宇宙生成观主要来源于《英译朱子性理合璧》,以朱熹的观点为基础,而他总结的儒家的宇宙周期循环说,则来源于朱熹转述邵雍的"元会运世"说:"方浑沦未判,阴阳之气,混合幽暗。及其既分,中间放得开阔光朗,而两仪始立。邵康节以十二万九千六百年为一元,则是十二万九千六百年之前,又是一个大开辟,更以上亦复如此,直是'动静无端,阴阳无始'。小者大之影,只昼夜便可见。五峰所谓'一气大息,震荡无垠,海宇变动,山勃川湮,人物消尽,旧迹大灭,是谓洪荒之世'。"[2]邵雍根据象数推演,把天地从始至终的过程区分为元、会、运、世,以此为宇宙历史的周期,一元十二会,一会三十运,一运十二世,一世三十年,共十二万九千六百年。为便于人们记忆,邵雍将一元中的十二会和十二地支对应起来,形成"天开于子,地辟于丑,人生于寅"的概念。邵雍认为世界文明史以此为周期,由兴盛到衰亡,从形成到终结,周而复始,循环不息。麦格基据此指出,一"元"是十二万九千六百年,一"会"是一万零八百年。"子会"开始的时候,"天"或"上帝"诞生;"丑会"开始的时候,"天"的妻子"地"诞生;"寅会"开始的时候,第一个人诞生,他是"天"和"地"之子,是宇宙或"上帝"以人的形状出现;等到"亥会"的时候,洪水将世间万物摧毁,世界回到原始洪荒的状态,然后再到子会,宇宙重新从洪荒之中诞生。[3]

麦格基据此解释《易经》,认为《易经》中的《否》卦代表宇宙的毁灭,《否》卦《象辞》说"小人道长,君子道消",就是指由于人类的堕落最终导致万物的毁灭。而在《复》卦中,"君子"或"天"、"上帝"在大洪水中被"理"或"道"保存,等洪水消退后重新出来,从原来旧世界的"气"中创造出新的宇宙。他认为在《易经》中,每一次世

---

[1] McClarchie, Thoams. Introduction, *A Translation of the Confucian 易经 or the Classic of Change with Notes and Appendix*, p. iv.

[2] McClatchie, Thomas. *Confucian Cosmogony*:*A Translation of Section Forty-nine of the Complete Works of the Philosopher Choo-Foo-Tze, with Explanatory Notes*, pp. 56-57.

[3] McClatchie, Thoams. Introduction, *A Translation of the Confucian 易经 or the Classic of Change with Notes and Appendix*, p. xiv.

界的重新创生都会回到《乾》卦，它被比喻为"阖户"，所有的创造都从这里生发；而每次世界回到洪荒状态，则被归为《坤》卦，它被比喻成"辟户"，一切都被安全地储存起来，直到洪水退去，它们才会再次生发。麦格基引用《系辞·上》"是故阖户谓之乾，辟户谓之坤，一阖一辟谓之变，往来不穷谓之通"来佐证此说。[1] 他把《易经》中的很多卦和儒家的宇宙周期循环说联系起来，如《丰》卦《彖辞》"日中则昃，月盈则食，天地盈虚，与时消息，而况于人乎？况于鬼神乎？"[2]麦格基认为它反映出自然界的日常进程正是新旧世界不断循环这一法则建立的基础，正如太阳有升落、月亮有盈亏，宇宙循环也遵循这一不变的自然法则。[3] 自然界万物在冬天闭藏，春天生发，宇宙也在《剥》卦期间消亡，在《复》卦期间恢复生机。《剥》卦期间，"不利有攸往"，一切都在下降，"君子尚消息盈虚"，表示宇宙在变革，阴气包裹宇宙，一切回到洪荒状态或创生它们的"太一"中央。在这个大毁灭时期，"小人剥庐"，房屋全部被毁，"君子得舆"，只有君子得到安全的交通工具，将自己和家人（一共八人）从这场大毁灭中解救出来。[4] 再如《蛊》卦《彖辞》"蛊，元亨，而天下治也"，麦格基认为它指的是在一"元"终结和另一"元"开始时，宇宙先毁灭再创生，然后圣人重新治理这个世界，"先甲三日，后甲三日，终则有始，天行也"，指的是在"天"经历的前后变易的过程中，旧的世界终止，新的世界接着开始。[5] 麦格基还指出，在每一"元"终结的时候，"坤"收藏万物，在洪水肆虐时将它们藏于子宫中，如同储藏在一艘船里。这样洪水毁灭世界后，只有八个人得到拯救。等世界重生的时候，"乾"打开大门，和他的妻子、三个儿子、三个女儿/儿媳走出来，同时带上幸免于难的各种动物和各种植物的种子，重建一个新世界。[6]

　　麦格基认为，《易经》的《乾》卦集中体现了儒家的宇宙生成观，《复》卦体现了儒家的宇宙周期循环论。他不但在翻译时贯彻这种观点，而且还在附录中专门探讨这两卦的主旨。他认为《易经》里指称世界的创造者是"乾"，或称"活天"。由"元、亨、利、贞"四字可知：万物由"乾"而创始，是为"元"（Origin）；在"乾"的影响下

---

① McClatchie Thomas. *Confucian Cosmogony*：*A Translation of Section Forty-nine of the Complete Works of the Philosopher Choo-Foo-Tze*, *with Explanatory Notes*, pp. 147-148.

② MacClatchie, Thomas. Introduction, *A Translation of the Confucian 易经or the Classic of Change with Notes and Appendix*, p. xi.

③ 同上书，pp. xi-xii.

④ 同上书，p. xii.

⑤ 同上书，p. xii, p. 94.

⑥ 同上书，p. xiii.

生长发育,是为"亨"(Luxuriance);"乾"作为"阳"又让万物各具形貌颜色,满足感官享受,是为"利"(Benefit);最后让万物臻于完美,并各留其种子,以便在每一"元"复始、在每年春天开始的时候,万物都能各按其类更新,是为"贞"(Completion)。① 在麦格基看来,《彖辞》解释"元、亨、利、贞",完全是在展示世界从生发到毁灭的完整过程。程颐在解释"元、亨、利、贞"时,也曾将它们与万物生长联系起来:"元者,万物之始。亨者,万物之长。利者,万物之遂。贞者,万物之成。"②朱熹沿袭这种说法并加以发挥:"元者,物之始生;亨者,物之畅茂;利,则向于实也;贞,则实之成也。实之既成,则其根蒂脱落,可复种而生矣。此四德之所以循环而无端也。"③朱熹以自然界万物的种生、繁茂、结实、蒂落来解释"元、亨、利、贞"这一自然循环的过程,麦格基的解释明显受到程颐和朱熹的影响,他在此基础上又增加了宇宙创生、毁灭和再生的循环思想。麦格基在讨论《复》卦时指出,世界被大洪水毁灭后,"乾"或"上帝"在洪水后的洪荒时期出现,跟随他的还有他的妻子和六个孩子(三个儿子及三个女儿/儿媳)。"乾"走出的洪荒正是"阴"或"坤",即古希腊神话中的冥界之王哈迪斯(Hades)。由"厚德载物"可知,这个"阴"或"坤"如同一艘大船,一切都被储存在其中保护起来,以免遭受洪水的毁灭。④ 麦格基先入为主地用儒家的宇宙周期循环论来解释《剥》、《复》两卦,把它们与《创世纪》中的人类堕落、大洪水、诺亚方舟等典故联系起来,甚至将八卦比作诺亚的八个家庭成员,反映出他以基督教的知识体系来构建和理解儒家典籍,从而"东方化"中国典籍的特点。他把《坤》卦"厚德载物"的"载"字解释成一艘大船,在洪水肆虐时容纳"乾"和其他生物,以便在下一"元"到来的时候再重新出来;把《剥》卦的"剥床以足,以灭下也"解释为"大山倒下来毁灭了大地","君子得舆,小人剥庐"解释为"宇宙的大灾难降临,邪恶的人遭到了毁灭,'君子'或者说人类的父亲却得到了保存"。这些都是不顾上下文语境,以基督教典故重新建构和解释中国文化的例证。⑤

---

① McClatchie, Thomas. *A Translation of the Confucian 易经 or the Classic of Change with Notes and Appendix*, pp. 384-385.
② 李光地《周易折中》,第 18 页。
③ 朱熹《周易本义》,第 33 页。
④ McClatchie, Thomas. *A Translation of the Confucian 易经 or the Classic of Change with Notes and Appendix*, pp. 454-455.
⑤ McClatchie, Thomas. *A Translation of the Confucian 易经 or the Classic of Change with Notes and Appendix*, pp. 114-116.

　　从以上的分析中我们可以看到,麦格基一方面强调异教文化与基督教信仰之间的差异,主张从异教徒的信仰本身出发去理解他们的典籍,不要用基督教的概念去比附异教典籍中的译名,因此他在《易经》中读出了儒家的"生殖器崇拜"神话,并把它和印度教神话、希腊神话与哲学中的相关内容相比较,从而印证他所提倡的比较神话学理论。另一方面,他又从基督教的知识体系出发,在翻译和解释中不断"东方化"《易经》的卦爻辞。萨义德在《东方学》中曾引述伽兰(Antoine Galland)笔下的《东方全书》,指出它本是一部关于伊斯兰世界的著作,但是其中有创世纪(the Creation),有大洪水(the Deluge),有巴别塔的倒塌(the destruction of the Babel),并且区分历史的类型是"神圣的"和"世俗的"(sacred and profane)、大洪水之前和大洪水之后(pre- and postdiluvian),①进而指出东方学家完全是以西方的知识体系和框架来塑造和改写东方,从而把现实的东方"观念化",即对东方加以"东方化"。虽然麦格基算不上严格意义上的"东方学家"或"汉学家",但我们在他的《易经》译文里一样可以读到世界的毁灭与再生、大洪水、诺亚方舟等基督教的知识框架,这些也是他"东方化"《易经》的具体表现。

三、"东方化"知识对麦格基《易经》译本的影响

　　麦格基从《易经》中读出中国人的"生殖器崇拜"神话,这种观点当时就遭到来华传教士的批判。《中国评论》刊登他的《生殖器崇拜》一文时,特地在前面添了一段"编者按",说明麦格基这样指斥儒家思想中的不道德成分,依据的仅是他对《易经》的玄想臆测,能证明他观点的材料大概只有一条,其中的古今词义或者还存在很大区别,根本不足为凭。按语指出麦格基的观点只能算他的一家之言,既没有中国经学大师作奥援,也找不到西方汉学家为同道,而之所以刊登他的文章,仅是希望有人能驳斥他这个观点的荒谬之处。② 从我们对麦格基《易经》译文的分析中可以看到,实际上他提供的证据并不止一条,只是绝大部分材料都来自《象》、《象》、《系辞》或宋儒的注解,并非《周易》本经的内容。换句话说,麦格基并没有考虑到本经和《十翼》、汉儒和宋儒之间的差异,没有认识到《易经》中承载的中国思想史的发展脉络,他以比较神话学的方法解释《易经》,不但不得其门,而且误入歧

---

① 爱德华·萨义德《东方学》,第 82 页。
② McClatchie, Thomas. "Phallic Worship", p. 257.

途,带来了很多的误解。麦格基的《易经》译本出版后,他对诸多卦爻辞的"生殖器"解读招致很大的非议,尤其是理雅各,不但在他翻译的《易经》前言里宣称他逐句逐段读过麦格基的译文,发现它们对自己的翻译"毫无用处",①而且在注释里义愤填膺地批判麦格基牵涉到生殖器的译文,除上文提到的"交"字的翻译,他尤其不满麦格基把"阳物"和"阴物"分别译成男女性器官:"读到这样的译文,简直让人忍不住要大声惊呼:太丢人了! 中国历代《易经》注疏多如牛毛,哪里能找到一篇注解来支持这种谬说? 我相信肯定找不到。这种联想被无端而又放肆地强加到《易经》的文本里,'乾'、'坤'岂能是讨论这样的物事?! 幸亏后面的文字比较好懂,如果后半段文字也难以理解,那么麦格基对前半段文字的解读岂不是会让整段文字令人作呕?"②以理雅各晚年在牛津大学的地位和影响,他不止一次地贬低乃至痛斥麦格基的译文,自然极大影响了麦格基译本的传播。何况他挑选的几乎全是"有伤风化"的例子,以维多利亚时期英国社会风气之保守,尽管麦格基标榜采用批判的态度呈现异教典籍的内容,这样直白的译文也会被知识阶层拒之门外。因此理雅各的《易经》译本一出,麦格基的译本旋即尘封,很快就从公众的视野中消失。即使后来的研究者和译者偶有提及,也会因为"乾"、"坤"的性器官联想而贬低它的价值,如俄国汉学家舒茨基(Iulian K. Shchutskii, 1897—1937)就认为麦格基的行文风格一贯"捕风捉影",把"生殖器崇拜"的神话当成理解《易经》的钥匙只能是"异想天开的观点"(fantastic views)和"假冒科学的妄言谵说"(pseudoscientific delirium),③卫礼贤则认为麦格基的译文"荒诞不经、难登大雅之堂"④。

随着传统经学的没落和《易经》研究出现新转向,麦格基的"生殖器崇拜"观点逐渐找到了一些隔代知音,如郭沫若就认为阳爻和阴爻分别象征男女生殖器,八卦的起源反映出古代生殖器崇拜的遗留。⑤ 夏含夷认为《系辞》中的"乾之专直"

---

① Legge, James. Preface, *The I Ching* (second Edition). p. xvii.
② 同上书, pp. 396-397. 按理雅各这里是针对麦格基翻译《系辞》里的"乾,阳物也,坤,阴物也"一段话而言。
③ Shchutskii, Iulian K. *Researches on the I Ching*. trans. by William L. MacDonald and Tsuyoshi Hasegawa with Hellmut Wilhelm. New Jersey: Princeton University Press, 1979, pp. 23 – 24.
④ Wilhelm/Baynes. *I Ching, or the Book of Changes*. p. xlix.
⑤ "八卦的根柢我们很鲜明地可以看出是古代生殖器崇拜的孑遗。画一以象男根,分而为二以象女阴,所以由此而演出男女、父母、阴阳、刚柔、天地的观念。"见郭沫若《中国古代社会研究》,载《郭沫若全集·历史编第一卷》,北京:人民出版社,1982 年,第 33 页。

和"坤之翕辟"是近取诸身，因此乾为阳具，坤为阴户，断定"非指此更有何宜乎！"①李约瑟(Joseph Needham，1900—1995)在其名著《中国科学技术史》中也谈到《易经》的生殖器象征现象，他说："如果我们注意到乾的坚硬和坤的空洞，那么就很难忽略这当中的生殖器含义，乾如枪矛(lance)，坤象杯盘(grail)。"②只是由于麦格基太过轻视中国文化，他的《易经》译本又流传不广，因此虽有郭沫若、夏含夷、李约瑟这样的大家和他持论相同，也丝毫无助于他的《易经》译本的传播。

至于麦格基从《易经》中读出儒家的宇宙生成观和宇宙周期循环说，也是他在宋儒学说基础上得来的一偏之见。牟复礼(Frederick W. Mote，1922—2005)曾指出："中国没有创世的神话，中国人认为世界和人类不是被创造出来的，而这正是一个本然自生的宇宙的特征，这个宇宙没有造物主、上帝、终极因、绝对超越的意志等。创世和超越的造物主的观念在中国人的心灵上没有留下太深的印象。中国的宇宙生成论主张的是一个有机的过程，宇宙的各个部分都从属于一个有机的整体，它们都参与到这个本然自生的生命过程的相互作用之中。"③杜维明也认为："在中国神话里没有犹太——基督教版的创世神话……中国人正是看到宇宙是不断的创造力的象征，才拒绝接受那些诸如宇宙乃上帝之意志的机械论、目的论及有神论等。"④中国历代根据《易经》发展出的宇宙本体论均未将"上帝"视为宇宙的本原，如王弼的"无本论"认为万象以"无"为本，朱熹的"理本论"认为"理"是天地万物变化的根源，杨简的"心本论"认为"心"统率和决定宇宙的变化，张载和王夫之的"气本论"认为"太极之气"是宇宙的本体，寓于天地万物之中。⑤ 从这个意义上来说，麦格基从宋儒著作中提炼出的中国人的"宇宙生成观"和"宇宙周期循环论"，乃是他从自身的基督教知识结构出发预设的"前见"，他以这种思想认识

① "乾为纯阳，于身上即阳物之象；坤为纯阴，于身上即阴户之象。阳物安静未激之时，其形乃弯曲，故曰'其静也专'；激动欲交之时，其形乃直立，故曰'其动也直'。阴户安静未激之时，其外阴部乃翕合，故曰'其静也翕'；激动欲交之时，其外阴部乃辟开，故曰'其动也辟'。乾坤相交，大广生焉，亦即阳物阴户相接，万物生焉。"见夏含夷《说乾专直，坤翕辟象意》，载氏著《古史异观》，上海：上海古籍出版社，2005 年，第 287—288 页。
② Needham, Joseph. *Science and Civilisation in China*, Vol. 2: *History of Scientific Thought*. Cambridge: Cambridge University Press, 1956, p. 310.
③ 牟复礼《中国思想之渊源》，王立刚译，北京：北京大学出版社，2009 年，第 19—21 页。
④ 杜维明《存有的连续性：中国人的自然观》，刘诺亚译，《世界哲学》，2004 年第 1 期，第 86 页。
⑤ 朱伯崑《易学基础教程》，北京：九州出版社，2011 年，第 255—256 页。

为前提来解释《易经》的卦爻辞,难免会削足适履,在不少卦爻辞中读出中国历代注疏家与海外汉学家未曾见识过的含义。

麦格基在理解和解释《易经》时陷入了一个悖论:一方面他把《易经》视为与基督教文化全然不同的异教经典,主张采用"比较神话学"的方法,把《易经》中蕴含的"生殖器崇拜"神话与古印度、埃及、希腊、罗马、古巴比伦等文化中的神话传说相比较,凸显异教文化物质崇拜的共性,以与基督教的一神信仰相区别。他提出要从异教文化本身出发去理解其中的术语,千万不能用基督教的概念与之相比附,以免亵渎基督教的信仰。从本质上来说,这是一种"西方中心主义"的思想,把基督教文化与其他异教文化对立起来,目的是衬托基督教至高无上的地位,从而完全忽视异教文化之间的巨大差异。另一方面,他在翻译和解释《易经》时,却又不断从自身的知识体系出发,把基督教固有的创世神话移植到特定的卦爻辞当中,得出迥异于古圣先贤和西方同侪的解读。他在显意识里用基督教的信仰来排斥和贬低《易经》,而在潜意识里却又用基督教的知识结构来理解和解释《易经》,这一悖论只有在他不断"东方化"中国典籍的过程中才能达到统一。不过我们也应该看到,麦格基只是 19 世纪盛行的东方学话语体系的一个缩影。作为一名传教士,他的思想无法超越自己生活的时代。我们作为后来者,既不必苛求,也无需谴责,而是要不断警惕和防范知识生产与传播过程中的这种话语霸权机制,以期真正消解"边缘"与"中心"的定位。

第二节　儒教典籍:比较宗教学视域下的理雅各《易经》译本

吉拉德(Norman J. Girardot)把理雅各的一生分为三个阶段:1815—1839 年为第一阶段,这是理雅各在苏格兰和伦敦地区的知识储备和习惯养成时期;1840—1873 年为第二阶段,这是他在马六甲和香港地区积极传教的时期;1876—1897 年为第三阶段,这是他在牛津大学担任汉学教授、完成由传教士向汉学家身份转变的时期。[①] 理雅各翻译中国经典的经历,主要发生在后两段时期,即1840—1873 年和 1876—1897 年这两个阶段。前一阶段理雅各的身份主要是传

---

① Girardot, Norman J. Preface, *The Victorian Translation of China*, California: University of California Press, 2002, p. xvi.

教士，后一阶段理雅各的身份则是传教士兼汉学家。他在这两段时期的翻译，由于赞助机构的不同，目的和体例也发生了较大的变化：前期主要由伦敦会赞助，他翻译中国经典的目的是襄助传教，同时帮助在华西方人学习汉语，译本都是汉语和英语混排，采取双语对照的形式；后期转由牛津大学赞助出版，翻译的目的变成向英语世界介绍中国的宗教和传统，其中包含弥合中西思想差异、沟通儒教和基督教的努力，译本也改成英语单行本，不再添加汉语原文。理雅各在牛津大学担任汉学教授，是他脱离传教士翻译家的身份进入东方学研究领域的一个标志，也是他把中国经典的翻译和研究纳入整个东方学体系的一个重要标志。

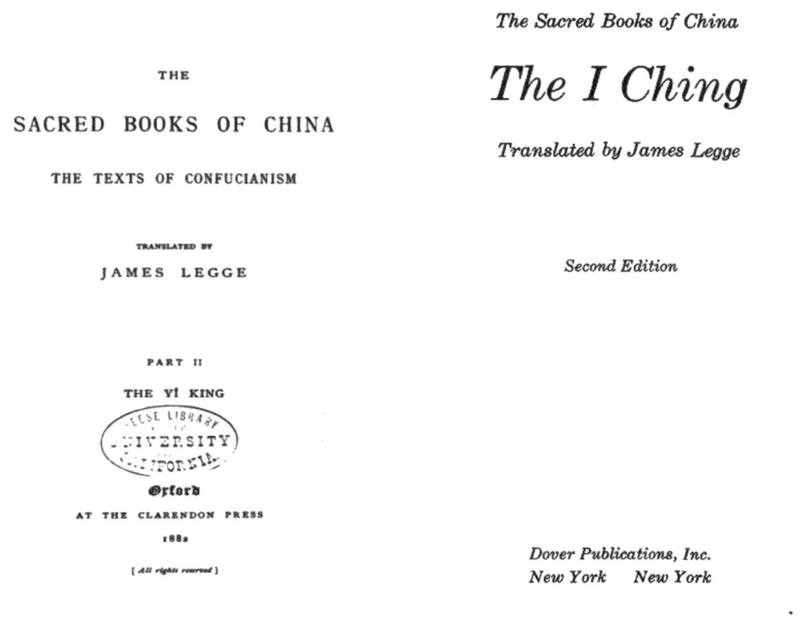
THE

SACRED BOOKS OF CHINA

THE TEXTS OF CONFUCIANISM

TRANSLATED BY

JAMES LEGGE

PART II

THE YI KING

Oxford

AT THE CLARENDON PRESS

1882

[All rights reserved]

The Sacred Books of China

The I Ching

Translated by James Legge

Second Edition

Dover Publications, Inc.

New York　New York

图 3-3　理雅各《易经》译本 1882 年初版和 1899 年二版

一、"比较宗教学"思想

理雅各的中国经典翻译，是在 19 世纪英国的殖民扩张、传教和专业汉学研究建立与发展的背景下进行的。更重要的是，他的《易经》译本是在缪勒主持的《东方圣书》的翻译和出版计划下进行的,因此也会受到东方学的影响。具体说来,就是理雅各对《易经》的理解,受到缪勒主张的比较宗教学的影响。

比较宗教学是东方学研究的一个重要成果。1798 年拿破仑远征埃及,在这次远征的路上,布夏德发现了罗塞达碑(Rosetta Stone),查姆波利翁成功译解了古埃及的象形文字。20 卷的《埃及述记》在 1809 到 1822 年间问世,为学者探讨西方文明和宗教中的埃及源头奠定了基础。詹姆士·里奇的游记让学者们从 1811 年开始对古亚述文化和古巴比伦文化展开研究,罗林森和奥柏特在 19 世纪中叶译解了楔形文字。此外西方对印度、波斯和日耳曼的研究也在为比较宗教学提供素材。威尔金斯 1785 年发表《薄伽梵歌》的第一个英文译本,威廉·琼斯 1789 年发表《沙恭达罗》的英译本,1794 年发表《摩奴法典》的英译本,法国的昂居蒂尔·迪·佩龙在 1802 年发表约 50 篇《奥义书》的拉丁文译本。1808 年施莱格尔《印度人的语言和智慧》出版,探讨了欧洲和印度之间的思想关系。1816 年,博普发表关于梵语、希腊语、拉丁语、波斯语和日耳曼语的比较语法研究,开始了比较"印欧"研究的新时期,最终引发"宗教科学"或者说"比较宗教学"的产生。① 1873 年,缪勒首次出版《宗教学导论》,提出"宗教学"(the science of religion)的概念,旨在对世界上各种宗教作历史的、批判的和比较的研究,标志着比较宗教学在英语世界的设立,也标志着比较宗教学作为一门独立的人文科学出现。从 1879 年开始,缪勒组织大量学者辑译《东方圣书》,为学术界进行宗教学研究提供了极为珍贵的资料,《东方圣书》先后共出版 50 卷。②

缪勒的贡献在于他给予比较的宗教研究以一种推动、一种形态、一套专门术语和一系列观念,他网罗了整整一代的学者参加他的事业,在《东方圣书》中担任主编、译者和注释人。他为西方世界准备了后来所谓的各种宗教的对话,因为他不仅坚持对已逝的宗教要准确考察,而且还坚持在考察现存宗教时要寄予同情之心。③ 宗教学的研究对象既然是包括基督教在内的众多宗教,它的研究方法只能是"比较"。在缪勒看来,比较就是分类,即根据世界上各种宗教的历史形态进行分类,由此找到宗教的秩序和规律。比较同时还需要有不偏不倚的精神,这也是

---

① 埃里克·J·夏普《比较宗教学史》,吕大吉、何光沪、徐大建译,上海:上海人民出版社,1988 年,第 26—29 页。
② 麦克斯·缪勒《比较神话学》译本序,金泽译,上海:上海文艺出版社,1989 年,第 3—5 页;埃里克·J·夏普《比较宗教学史》,第 40 页。
③ 埃里克·J·夏普《比较宗教学史》,第 45—59 页。

科学研究所需要的中立态度,因此缪勒在《宗教学导论》中明确反对视宗教为神圣不可对之作科学处理的信仰主义,更明确反对把基督教置于其他一切宗教之上的宗派主义和基督教至上主义。他认为,在科学的宗教研究中,一切宗教都是平等的研究对象,都没有权利谋求高于其他宗教的特殊地位,基督教也不例外。他的治学格言是"科学不需要宗派"。凡是在宗教的比较研究中抬高基督教的地位而贬低其他宗教,或者反过来贬低基督教而抬高其他宗教的,都是宗派主义而不是科学的态度。只有使宗教研究摆脱信仰主义,才能使宗教学脱离神学的束缚走上独立发展的道路,只有破除宗派主义,才能使宗教研究者的视野从基督教扩大到世界上各种宗教。缪勒认为,如果一个人只知道一种宗教,他就会视之为至高无上的神物,当然就不会有科学的宗教研究。他提出:"谁如果只知道一种宗教,他就对宗教一无所知。(He who knows one, knows none.)"①理雅各作为牛津大学的教授和缪勒《东方圣书》翻译计划的直接参与者,他的理念自然也会受到缪勒主张的"比较宗教学"的影响。

二、理雅各《易经》译本的特征

理雅各自言他早在 1854 至 1855 年期间即已翻译了《易经》,包括经传两个部分,但译完后觉得自己对这部书的范畴和方法仍旧不得其门而入,只好暂时搁置一旁。直到 1874 年,他再次潜心研究《易经》,才终于悟出《易经》的本质所在,同时明白他此前二十年间的心力全都白费。② 理雅各这里所谓的《易经》本质,指的是经传分开、《十翼》并非全是孔子所作。为了翻译《易经》,理雅各编写了非常详细的索引,为他的翻译工作提供了重要帮助。

概括说来,理雅各的《易经》译本主要有三个特征:一是在编辑体例上沿袭朱熹和李光地的"经传分离"说,不再以传解经,而是把卦爻辞放到文王和周公时的历史情境中来解释。理雅各了解《易经》一书的占筮性质,但是为了弥合儒家思想与基督教之间的差异,他重点突出《易经》的历史、哲学、社会和道德方面的特征,而抑制其占筮和玄学色彩。二是在诠释方法上秉持孟子"以意逆志"的经典解释原则,采取"译意不译字"的翻译方法,强调以自己之"意"去逆文王、周公之"志",

---

① 麦克斯·缪勒《宗教学导论》译序,陈观胜、李培茱译,上海:上海人民出版社,1989 年,第 3—4 页。
② Legge, James. Preface, *The I Ching* (second edition). p. xiii.

以揭示卦爻辞表面意思和内在意蕴。三是在具体的翻译实践中采用译注结合的方式，在译文中以添加括号的方式来补足卦爻辞的意思，以符合维多利亚时期英文的表达习惯，在注释中逐个解释卦爻辞的内在意蕴，以便将卦爻辞和具体的情境相结合。这种译注结合的方式虽能最大程度揭示卦爻辞的内涵，但也贻批评者以口实，认为他的译文烦琐拖沓，不能传达《易经》卦爻辞那种古朴简奥的风格。

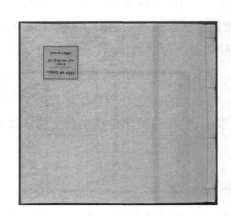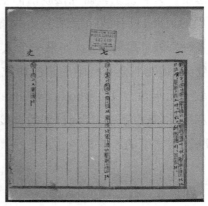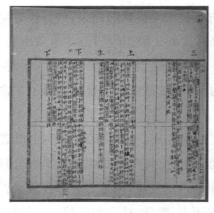

图 3-4　理雅各编纂的《周易索引》

1. 经传分离

理雅各在《前言》中说，此前他对《易经》这部"神秘的经典"之所以不得其门而入，是因为他没有看出《易经》本经部分文王、周公所作卦爻辞里掺入的《彖》、《象》和《文言》，已非古本原貌，于是他才悟出"经传分离"这个理解《易经》的正确原则，即不要以传解经,进而得出《十翼》并非全为孔子所作的结论。他感觉豁然开朗,虽然二十年前的心力全部白费,他也没有丝毫怨言。理雅各认为经传分离、不能以传解经的主要依据:一是经、传的创作年代相距约七百年,其间不可能没有任何变化。二是经和传的主题多有不合之处,并且《十翼》中出现的很多字,在本经中根本不存在,尤其那些对汉学家而言代表《易经》主要特征的字,在本经里更是遍寻不见。三是根据《十翼》的语气和文体,可以找到大量证据证明绝大部分内容均非孔子所作。而除了经常出现的编者在许多段落前添加的"子曰"二字以外,尚未有其他材料可以证明《十翼》出自孔子之手。因此他决定将《易经》六十四卦的卦爻辞作为一个自足的整体来理解,因为他用的底本是李光地的《周易折中》,本来就经传分开,所以这样读起来非常方便。由此他很快就理解了《易经》的意义和目的,并相信他对很多卦爻辞的解释和汉代以来的很多大儒在理解上都有不谋而合之处。因为他不受孔子作《十翼》这一成见的影响,所以理解《易经》的方法显得更为便捷有效。①

　　理雅各在《导言》中进一步解释,文王作卦辞、周公作爻辞,前后相距不过三十多年时间,而孔子作《十翼》,已经是六百六十年之后的事,其间《易经》的形式和解释方法不可能一成不变,所以经传之间不可能构成浑然一体的文本。自从费直援传入经之后,对经传的全面理解就已无处可求。通行本将《十翼》中的《象》、《彖》、《文言》抽出打乱,与本经并列,导致经传的思想彼此相混,由此引发淆乱,让外国读者对经文的意思不得要领。② 理雅各认为,中国历代经学家早已有人意识到经传当中貌合神离的地方,却极少有人敢怀疑经传并非一体或《十翼》并非孔子所作,而是致力于弥合经传之间的裂痕。这是因为如果在经传中找出不合理或不一致的地方,无形中就是在质疑孔子的地位,这样会给自己招来大逆不道的罪名。理雅各的分析展现出他对中国历代传统注疏的客观态度,是身处中国历史朝代当中设身处地表现出的对中国士大夫阶层的"了解之同情",而不是标榜自己的优越感,进而贬低中国的传统注疏。理雅各在前言中还尽力维护经学家的地位。他说:"近来有人认为秦火之后,历代经学家皓首穷经,最终却得出这样一个蹩脚的结论,即《易经》的含义早已湮没难寻,这样说无

---

① Legge, James. Preface, *The I Ching* (second edition). pp. xiii-xiv.
② 同上书,Introduction, pp. 5-8.

疑不公平。因为中国传统注疏极有价值,对经义的阐述早已到了纤毫毕现的地步,几无死角可寻,如果他们说《十翼》中某个章节的意思难以考订,那是因为这些作者不敢承认,古圣先贤不自量力,干预了他们自己无力解决的事情。"①理雅各一方面认为经传分开是古本《易经》的原貌,另一方面又不否定中国历代经学家的地位和贡献,这种客观的态度,在十九世纪末东方主义盛行的英国,实属难能可贵。究其原因,还是因为他身处牛津大学,深受缪勒在比较宗教学中贯穿的宗教平等精神的影响,从而把儒教放在与基督教同等的地位上加以审视,所以才有这样的持平之论。

按《汉书·艺文志》的记载,《易经》在汉以前本是经传分开,共十二篇,上下经二篇,传十篇。伏羲作八卦,文王重卦作卦辞,孔子作《彖》、《象》、《系辞》、《文言》、《序卦》等十翼,自此奠定"人更三圣、世历三古"的说法。② 此后费直将《彖》、《象》、《文言》杂入卦中,汉末马融、郑玄等专学费直,导致古十二篇体例消亡。王弼注本虽以老庄之学解易,但体例则沿袭郑玄一派。王弼之说盛行后,援传入经遂成为不刊之论,到宋代吕祖谦才开始恢复古文《周易》经传十二篇体例,③朱熹据吕祖谦本的经传编次而作《周易本义》,将经传分开,以图恢复古文原貌。他力主经传分开,也是为了体现他"《易》本为卜筮之书"的观点,认为本经是占卜用的手册,后儒借以说理,才衍生出《十翼》解经的一套体系。因此他主张伏羲自是伏羲易、文王自是文王易、孔子自是孔子易。但朱熹的《周易本义》流传下来,却出现了南宋咸淳元年(1265 年)吴革所编建宁府刻本十二卷"经传别行"原本《周易本义》和另一套四卷"经传合一"的别本《周易本义》。后者的来历较为复杂,先是朱熹再传弟子董楷编纂成《周易传义附录》十四卷,将程颐《周易程氏传》和朱熹《周易本义》合二为一,程颐采用的是王弼本,而朱熹采用吕祖谦本,二者体例不一,所以董楷割裂朱熹《本义》附于程《传》之后,变乱了朱熹《本义》的原貌。后来经过元、明时期的删节,尤其是明朝永乐年间胡广以此为基础编成《周易传义大全》,作为科举取士的官书,后代士子又删去程《传》,以程《传》之次序为朱本之次序,于是在明成化年间(1465—1487)出现了四卷本的《周易本义》,一直沿用到清朝,远较十二卷原本

---

① Legge, James. Preface, *The I Ching* (second edition). pp. 8-9.
② 班固《汉书·艺文志第十》,北京:中华书局,1962 年,第 1703—1704 页。
③ 李光地《周易折中》,第 2—3 页。

更为流行。①　麦格基翻译的《易经》，可能就是根据这套四卷本《周易本义》而来。直到李光地奉康熙之旨编纂《周易折中》，以朱熹的本义为宗，才又恢复"经传别行"的十二卷面目，同时也成为理雅各据以英译的底本之一。

　　理雅各也认为《周易》本经部分曾用于占筮，但他对中国古代的占筮实践评价不高，并且极力把作为儒教典籍的《易经》从占筮实践中剥离出来。理雅各指出，占卜活动在中国出现得非常早，《尚书》里就有龟卜的记载，后来发展成为蓍占。"但占卜的目的并非想要知道未来的事情，好像未来可以通过占卜来预知，而是想知道某些特定的计划、问卜者所谋划的情况，其结果是吉是凶。"②理雅各的这个论断部分揭示出古代占卜活动的性质，如战争、祭祀、田猎、嫁娶等，都是用占卜来预测既有计划的吉凶。但即使是预卜吉凶，对理雅各来说也难以接受，所以他说："偶尔在中国文学里也可发现对占卜效果的怀疑，以及期待从旧龟甲和一把枯草中获得未来启示的愚蠢行为。"他引用刘基《郁离子·司马季主论卜》中司马季主的一段话："天道何亲？惟德之亲；鬼神何灵？因人而灵。夫蓍，枯草也；龟，枯骨也；物也。人，灵于物者也，何不自听而听于物乎？"理雅各认为《十翼》中所谓使用《易经》可预卜未来的说法常常都是信口开河（incautious），草率的读者往往会受到误导，但对于细心的读者来说，其意思却非常明白。《尚书》第二篇就讨论过"稽疑"的问题，并得出这样的结论："如果龟甲和蓍草得出的结论都和人的观点相反，那么不采取行动最有利，积极行动则会带来厄运。"③理雅各说："所有占卜都是徒劳无功的，《易经》里的占筮方法也同样荒谬，除了以之糊口谋生的江湖术士之外，普通各行各业的中国人都已放弃了占筮实践。但士大夫阶层却还是坚持认为附在占筮活动上的卦爻辞包含着深不可测的科学和智慧！"④

　　为了把《周易》卦爻辞从占卜实践中剥离出来，理雅各提出《易经》是占筮其表，用占筮的方式来说明道德、社会及政治上的道理。文王和周公在作卦爻辞的时候，肯定非常熟悉当时在中国流行了一千多年的占卜实践，并严格遵守占卜的方法和风格，但他们这样做，并非意在教人占卜。理雅各指出，卦爻辞富含深意，需要知道它们的来源，以及研究和解释它们的规则。也就是说，卦爻辞本质上和

---

①　朱熹《周易本义》，第5—8页。
②　Legge, James. Introduction, *The I Ching* (second edition). p. 41.
③　同上书，p. 41.
④　同上书，pp. 40-43.

道德、社会及政治有关,它们是通过象征的方式来表达的。要理解这一点,还需要知道文王作卦辞时的社会环境。殷商时期社会失序,道德失范,因为纣王无道,国家陷于动荡和困苦之中。文王因为德才兼备,治理有方而受到纣王的怀疑,被囚禁于羑里。他作的卦辞被解释为占卜,他采用蓍草占筮的事迹记载在《尚书·大禹谟》里。文王熟悉当时的占卜实践,他很可能认为没有什么比研究占卜更能麻痹敌人,不让他们疑心的了。如果监狱的守卫看到他在占卜,可能只会对他的卦爻和文辞付之一笑。所以理雅各推测文王困于羑里,在监狱里把六十四卦演绎一番,每一卦对于他来说都含有神秘的意思。他从六十四卦当中窥测到自然界万事万物的特征,人类社会的各种规则,他的王国各种实际的和可能面临的处境。他给各卦命名,每个术语描述的都是他当时生发出来的感想,然后把这种感想铺陈开来,一会儿劝诫,一会儿警示,目的就是要把占卜的愚昧限制在理性的范围之内。[①] 文王和周公自己并不占卜,但是他们留下的卦爻辞却在后代成为神谕,人们利用六十四卦占卜的时候,利用卦爻辞来断定将要做的事情是吉是凶的时候,实际上并不符合文王、周公作卦爻辞的用意。

理雅各对伏羲画卦,文王、周公作卦爻辞,孔子作《十翼》这种流传已久的《易经》作者问题提出了自己的看法。他没有否定伏羲画卦,对文王、周公作卦爻辞深信不疑,对孔子作《十翼》则极力否定。对八卦的起源,理雅各列出《系辞》所说伏羲画卦说、太极演八卦说和河图洛书说,他更倾向于相信太极演八卦之说。[②] 理雅各对伏羲八卦的寓意颇有微词,他首先列表展示伏羲八卦中各卦的方位、象征的自然物及其特征,然后展示文王八卦的方位及其象征,最后评论说:"很难让人相信天地风雷之类的自然物体或现象是依据什么科学原则与特定卦象之间产生联系的,因为我们在其中根本看不到什么科学的迹象,甚至很难让人设想它们是依据什么完整的思想体系产生的。"理雅各提出疑问:"为什么'兑'和'坎'被用来代表不同形状的水,而且'坎'还可以代表月亮?'巽'为什么可以同时代表风和木这样两个截然不同的物体?……八卦各自的特征也很难让人接受,很难判断它们是文王之前就存在的一些占卜术语,还是在本经和《十翼》产生之间的六七百年间出现的。"[③]

---

① Legge, James. Introduction, *The I Ching* (second edition). pp. 10-11, 20-21.

② 同上书, pp. 11 – 17.

③ 同上书, p. 33.

理雅各完全相信文王作卦辞,周公作爻辞的说法。他引《系辞》中"易之兴也岂于中古乎?作易者岂有忧患乎?"以及"易之兴也,其当殷之末世、周之盛德邪?当文王与纣之事邪?"这两段,同时根据司马迁在《史记》中记载的"文王拘而演《周易》"的材料,指出文王作《易》当在公元前 1143—1142 年之间,同时还指出,归于文王名下的只是《周易》的很小一部分,大部分内容则是他的儿子周公所作。理雅各认为,根据某些爻辞的时间推算,我们毫无理由去怀疑周公的作者地位。周公逝世于公元前 1105 年,因此可以推算,大约在周公逝世前几年,公元前 12 世纪末的时候,现行的《易经》得以成书。① 理雅各竭力反对孔子作《十翼》的说法。他在前言里说:"如果《十翼》传至今日,带有不容置疑的标记,证明它们确实出自孔子这一至圣先师之手,那我们唯有虔诚接受,不用说更要心怀敬意。但如果情况相反,《十翼》中大部分内容都和孔子无关,甚至无法确定任何一部分出自孔子之手,那么我们就可以完全自由地对《十翼》的内容作出自己的判断,用我们的理性来衡量它们的份量。"②可以看出,理雅各反对《十翼》为孔子所作说,主要是为了摆脱《十翼》对解释本经形成的巨大影响,这样就可以根据自己的理解来解释本经和《十翼》。他在《前言》里提出自己反对孔子作者地位的理由。首先,最早记载孔子作《十翼》的书是《史记》,司马迁把除《序卦》和《杂卦》以外的八篇都归于孔子名下。理雅各指出,如果在《系辞》和《文言》里寻找证据,那么这种说法根本无法让人相信。《系辞》和《文言》里出现很多《论语》里经常可见的"子曰",据称后面的句子或段落就是孔子说的话。但除此之外的其他部分又如何处理呢?如果孔子是作者,他根本无需在文章里区分出自己的观点。理雅各说,朱熹也认为"子曰"二字是后人所加。他还提供了一个具体的例子:《系辞》中有这样一段话:"《易》有圣人之道四焉,以言者尚其辞,以动者尚其变,以制器者尚其象,以卜筮者尚其占。"稍后又有这样一句:"子曰:《易》有圣人之道四焉,此之谓也。"可见《十翼》的编者把自己的话和引述孔子的话区分开来,以便证明或解释自己的观点。他引述《文言》前三段,指出这些其实出自《左传》,在孔子出生之前十四年就有了这段话的记载。因此理雅各认为《系辞》和《文言》的编纂与孔子无关,它们是在孔子去世以后编成的。《说卦传》第八段以下,以及《杂卦传》和《序卦传》,都过于琐碎枝节,不像

---

① Legge, James. Introduction,*The I Ching* (second edition). p. 6.
② 同上书,p. 28.

出于圣人之手。理雅各说:"从我第一次接触《易经》开始,就为孔子竟然屈尊去写《十翼》而感到遗憾,现在证明《十翼》并不是孔子所作,不禁让我长吁一口气。"①理雅各对《彖》、《象》的批评要委婉一些,他认为《象传》是解释文王断一卦之意的来由,说明为什么文王给一卦如此定义,根据什么定一卦之吉凶。因为文王以卜筮而设教,所以《象传》的作者要展示文王的思路,教人们怎样看待组成各卦的内外卦的象征含义,它们的特点以及阴阳爻的构成。在列举很多《大象》之后,理雅各说:"从这些例子可以看出,伏羲八卦的形式和意义之间并没有这样深刻的意图,要以之作为生成天地万物的哲学体系的基础。作者是以启发的形式从中引出道德教诲。他所说的内容别出心裁,有时也富含教诲,但绝没有神秘的因素。"②如前所述,理雅各对《说卦传》、《序卦传》和《杂卦传》的评价非常低,认为《说卦传》的水平参差不齐,有的段落思想水平超乎绝伦,有的段落则显得愚蠢而又琐碎,所以不太可能出自一人之手。《序卦传》好像将"一堆东方明珠任意串在一起",《杂卦传》毫无价值,只是"游戏之作"而已。③

总之,理雅各只对文王作卦辞、周公作爻辞的说法深信不疑,其他则持怀疑或否定态度。这样他的关注焦点就放在对卦爻辞字面意思和象征含义的解释上,由此我们也就可以理解他所主张的"以意逆志"的翻译和解释方法了。

2. 以意逆志

理雅各在他翻译的《中国经典》的每卷卷首都题写了《孟子·万章上》的一段话:"故说诗者,不以文害辞,不以辞害志,以意逆志,是为得之。"(Therefore, those who explain the odes, may not insist on one term so as to do violence to a sentence, nor on a sentence so as to do violence to the general scope. They must try with their thoughts to meet that scope, and then we shall apprehend it.)很明显,他把这段话奉为翻译中国经典的圭臬。理雅各认为,"以意逆志",就是指解《诗》者要调动自己的思想感悟,以把握作者的思想情感和创作目的。他在注释里明确指出"志"表示作者的思想或创作意图(the mind or aim of the writer)。具体说来,就是解释一首诗,不能因为文字而影响对辞句的理解,也不能因为辞句而影响对整首诗的主题的理解,要通过自己对整首诗主题的把握来推测出作者的思想

---

① Legge, James. Introduction, *The I Ching* (second edition). pp. 28-31.
② 同上书, p. 38.
③ 同上书, p. 48,54.55.

和创作意图,这才是解诗的正确途径。理雅各强调要以自己对文本的理解来实现和作者的心意会通,达到"以心见心"的目的。① 他在翻译《易经》时仍然遵循这个原则,只是《易经》译本因为编入了缪勒的《东方圣书》系列,囿于体例所限,不能再有上述汉语题词。但理雅各在前言里说:

> 1854 年初译此书时,我尽量把英文写得和原文一样简洁,结果尽管译文有很多字,却没有任何句法上的联系,导致根本无法理解。等我找到解释这部经典的方法之后,我才知道该怎样解决这个难题,其实这也正是我无意中用来翻译所有中国经典的方法。就是说,作为书面语的汉字并不是文字的表现,而是思想的象征,所以汉字间的搭配组合,并不是用来表现作者想要说什么,而是用来表达作者怎么想的。因此如果译者追求字面上的对应,必然会徒劳无功。如果这些象征性的汉字让译者和作者之间心有灵犀思想相通,那么译者大可以他最拿手的方式,用其他语言将这种思想表现出来,这就是孟子在解诗时所遵循的原则:"以意逆志,是为得之。"研究中国经典时我们不能拘泥于对作者使用的一字一词的解释,而要深入体会作者的思想,也就是要以己之心,度人之心(seeing of mind to mind)。这并非意味着译者可以自由解释经典,而是要致力于将原作的意思准确而又简洁地表达出来。但译者有必要不时添加几个字,以揭示作者的思想到底是什么。我的做法是将这些字尽量放在括号里,尽管我也考虑过要不要去掉这些括号,因为我相信,英文表达的任何意思,都是原作者的思想。但我希望这样做能够更便于读者理解译文。如果读者还是认为很多卦爻辞的解释常让人觉得徒劳无功,那并不是译者的责任,而是原文确实如此。②

理雅各认为汉字直接表达作者的思想,这个观点他在《中国人的宗教》这本小册子里也提到过。理雅各说,中国人的祖先所缔造的原始汉字属于表意文字,看到这些汉字,马上就能领会造字者的思想。因为汉字的传统一直没有中断,所以只要能认出这些表意文字的外形和它们所属的类别,就能看出它们的意思怎样由各组成部分生成,因此无须知道一些字的名称,就可以知道它们的意思。这

---

① Legge, James. *The Chinese Classics*, *with a Translation*, *Critical and Exegetical Notes*, *Prolegomena*, *and Copious Indexes*, *Vol. 2*, *the Works of Mencius*. Oxford: at the Clarendon Press, 1895, p. 353.

② Legge, James. Preface. *The I Ching* (second edition). pp. xv - xvi.

样带来的结果,就是人们可以和五千年前的古人心意相通。理雅各举的例子是"天",它由"大"上面加一个"一"组成,表示"高高在上"和"广大无垠"的意思。他还举"卜"、"卦"和"占"三字,说明"卜"代表利用龟甲上的裂纹来预测吉凶,"卦"代表利用伏羲八卦占卜之意,而"占"则是解释龟卜得到的征兆,这些都是看其形而知其意的例子。① 这种认为汉字是表意文字,因此可以透过汉字的字形直接进入作者的内心世界、与作者心意相通的想法,如果出自美国的意象派诗人庞德笔下,也许并不令人惊讶,但是出自理雅各这样熟读四书五经的人,还是令人觉得诧异。

具体到翻译《易经》的实践,理雅各则是以己之"意"去"逆"卦爻辞中的文王、周公之"志"。理雅各认为《易经》每卦的卦爻辞都是一篇关于道德、社会或政治的象征性文字。文王作卦辞时是设想处在每卦象征的情境下应采取的行动,以及行动结果的吉凶,周公作爻辞是通过象征性的解释来逐个表达每爻的含义,以及采取相应行动的吉凶,文王的卦辞和周公对爻辞的解释相一致。所以要理解卦爻辞,就必须懂得文王演易时的社会环境。当时殷商统治下的国家社会动乱,道德沦丧,纣王的一个兄弟微子这样描述当时的状况:

> 殷既错天命,微子作诰父师、少师。微子若曰:"父师、少师! 殷其弗或乱正四方。我祖厎遂陈于上,我用沈酗于酒,用乱败厥德于下。殷罔不小大好草窃奸宄。卿士师师非度。凡有辜罪,乃罔恒获,小民方兴,相为敌仇。今殷其沦丧,若涉大水,其无津涯。殷遂丧,越至于今!"(《尚书·商书·微子》)

这一切皆因纣王的暴虐所致,文王之子武王伐纣时在《泰誓》里说:

> 今商王受,狎侮五常,荒怠弗敬。自绝于天,结怨于民。斫朝涉之胫,剖贤人之心,作威杀戮,毒痡四海。崇信奸回,放黜师保,屏弃典刑,囚奴正士,郊社不修,宗庙不享,作奇技淫巧以悦妇人。上帝弗顺,祝降时丧。(《尚书·周书·泰誓下》)

商的社会情况已然如此,而在西边,今陕西境内,是周的主要地盘。当地的领主德才兼备,文王在公元前1185年继承父亲之位,他不仅是周王,而且是周边地

---

① Legge James. *The Religions of China*, *Confucianism and Taoism Described and Compared with Christianity*. London: Hodder and Stoughton,1880, pp. 7-15.

区的领主,天下人众望之所归。但文王不愿率众征讨,于公元前 1143 年被困于羑里,随时可能会丢掉性命,因此他才专心演八卦,以为安身保命之用。文王演卦作卦辞比较容易理解,对于周公作爻辞,理雅各则觉得难以解释,他认为是出于孝心。

　　周公作爻辞,方法很奇特,每一爻好像都变得活起来,象征自然界某件事物或者人类经历中的某件事,从中得出悔吝或吉凶的暗示。不能说周公这样做除了取悦巫祝外别无所图。照我们寻常理解,构建象征的人多数是诗人,但是《易经》的写作者只能说是枯燥乏味的学究。三百五十多爻,其中大部分都荒诞不经,我们看完之后只有失望。直到想起这对父子不得不遵照巫祝的方式写作,我们才能稍稍减少一点失望之情。①

在解释了这对父子创作卦爻辞时的社会环境之后,理雅各在具体的卦爻辞解释中就开始注重对文王、周公之意的阐述。当然,在解释之前理雅各还不忘坐实文王和周公的作者地位。在《乾》卦的卦画之下和卦辞之前,理雅各添加一行小字:文王解释一卦之意(Explanation of the entire figure by King Wan)。在卦辞之下和爻辞之前,他又添加一行小字:周公解释各爻爻辞之意(Explanation of the separate lines by the duke of Kau)。这样还不够,理雅各又在注释里说,《易经》每一卦都由伏羲八卦中的两卦构成,下卦被称为内卦,上卦被称为外卦。每卦下面都有一段文王撰写的卦辞,解释整卦的含义,六爻下面是周公写的爻辞,解释各爻的含义。② 把卦辞的作者确定为文王,爻辞的作者确定为周公以后,他在解释卦爻辞时就可以名正言顺地"以意逆志",钩深索隐,探求卦爻辞背后隐藏的文王、周公的旨意。

以《师》卦为例。理雅各认为文王将这一卦命名为"师",意指"军队"(hosts),也可解释为"民众"(multitudes)。在封建王国,民众在必要时都可以组成军队,所以"军"(host)和"民"(population)是可以互换的词。理雅各指出,《师》卦由八卦中的"坎"和"坤"组成,表示地上的水聚集到一起。除了《易经》之外,在其他文化的象征体系里,水也被用来表示大量聚集的人。《启示录》(Apocalypse)里描述的神秘的古巴比伦人居住的那片水域也被解释成"子民、民众、民族和语言"。尽管理

---

① Legge, James. "Introduction". *The I Ching* (second edition). pp. 19-22.
② 同上书, p. 58.

雅各不太赞成利用卦象来解释卦爻辞,但他也承认,从卦名可以看出,文王从《师》卦看到原野中聚集起来的臣民。怎样领导这些人远征才能最终获得战争的胜利呢? 理雅各指出,卦画由五阴爻和一阳爻组成,其中九二爻为阳爻,处在内卦中间位置,是全卦中仅次于"五"的爻位,说明此爻是一卦之主,其他五爻代表的各种力量均需和它勠力同心并听候差遣,九二爻是军队统帅,如果阳爻位于外卦中间位置,它就代表一国之君。卦辞"师:贞丈人吉,无咎"[Sze indicates how (in the case which it supposes), with firmness and correctness, and (a leader of) age and experience, there will be good fortune and no error.],说明《师》卦显示的情境,若由老成有经验的正直之人担任统帅,就会带来好运,不会犯错,这是文王解释整卦之意。"初六,师出以律,否臧,凶。"[The first line, divided, shows the host going forth according to the rules (for such a movement). If those (rules) be not good, there will be evil.]第一爻表示军队按照出师的纪律行进,如果这些纪律不够严明,就会有凶兆。理雅各说:"我们不知道军事出征的纪律是什么,有些注家认为是指军队出征要师出有名——必须是镇压和惩罚叛乱。其他注家认为这里应该指军队需要遵守的纪律和准则,似乎更为可取。初爻是阴爻,柔处刚位,不正,这就使周公认为在二爻位置时需要小心谨慎。""九二,在师中,吉,无咎,王三锡命。"[The second line, undivided, shows (the leader) in the midst of the hosts. There will be good fortune and no error. The king has thrice conveyed to him his charge.]第二爻表示统帅处在军队当中,会有吉兆,不会有过错,国王三次向他传达指令。理雅各说,这句话不需要解释。周公看到九二阳爻是领导的象征,所以对自己的统治充满信心,他的权威不容任何反对。"六三:师或舆尸,凶。"[The third line, divided, shows how the hosts may possibly have many commanders:——(in such a case) there will be evil.]第三爻显示军队可能出现很多统帅,这样就会有凶兆。理雅各解释说,三是奇位,以阳爻得位为正,而《师》卦此爻为阴爻,但这是内卦的上位,居其位者应该会有所行动。有人认为这里的意思是说三爻越过二爻,希望分享九二爻这个总指挥的权势和荣誉,出征的军队在指挥权上出现分裂,结果只能是凶兆。① "六四:师左次,无咎。"(The fourth line, divided, shows

---

① "师或舆尸",朱熹和王弼都解释为"军队失败,以车载尸而归",程颐解释为"师旅之事,任当专一。若或更使众人主之,凶之道也。"(见程颐《周易程氏传》,第43页)理雅各显然是依据程颐注来翻译。

the hosts in retreat: there is no error.）第四爻表示军队撤退，没有错误。理雅各解释说，四爻为柔，胜利无望，但是四爻阴爻得位为正，所以居其位者会按照当时的情境采取正确的行动。他会撤退，撤退对他而言是智慧的表现，当进军可能会带来灾难时选择安全撤退，这样的撤退和进军一样是荣耀的行为。"六五：田有禽，利执言，无咎。长子帅师，弟子舆尸，贞凶。"［The fifth line, divided, shows birds in the fields which it is advantageous to seize (and destroy). There will be no error. If the oldest son lead the host, and younger men be（also）in command, however firm and correct he may be, there will be evil.］第五爻表示田里有鸟雀，将它们捉住并杀死是有利的，没有过错。如果长子统帅军队，次子也享有指挥权，那么不管他多么坚定和正直，都会带来凶兆。理雅各说，这一爻有个暗示，只有防御性的战争，或者是占据正义的官方所发动的平叛和戡乱战争，才是正确的。"田有禽"象征盗窃者和入侵者，将它们消灭名正言顺。第五爻象征最高权威，但在这里却是柔居刚位，柔弱谦逊，将所有指挥权和判断权都交给统帅。统帅是他的长子，我们看到居三爻之位的是次子，如果让他分享权力，就只会带来凶兆。"上六：大君有命，开国承家，小人勿用。"［The topmost line, divided, shows the great ruler delivering his charges（to the men who have distinguished themselves），appointing some to be rulers of states, and others to be chiefs of clans. But small men should not be employed (in such positions).］第六爻显示最高统治者发布命令给那些战功赫赫的人，一些人被任命为藩国的统治者，另一些人被任命为部族的首领，但小人不应该获得这些职位。理雅各解释说，出征取得成功，军队凯旋归来，敌人被消灭，他的领土任凭胜利者处置。统帅较好地履行了职责。这时他的上司，"大君"出场，对出征的将领论功行赏，各有官阶和封地。但是他也得到警告，论功行赏时要考虑各人的道德品质，道德处于常人或常人以下水平的小人，可以用财富和适当的荣誉去封赏，但是封地及臣民的幸福不应落到任何不配担当这一职责的小人手里。理雅各认为，《师》卦显示三千年前文王和周公就是这样在他们的王国里指挥所有的军事行动的。他进一步指出，文王和周公定下的规则，即便在文明和基督化的欧洲发动的现代战争中也会找到用武之地，这些教诲在中国漫长的历史中绝不会没有取得显著的效果。他认为，《师》卦只是一个例子，其他六十三卦当中也含有同样睿智而又动人的教诲。理雅各问道："这些教诲为什么要用六十四卦这样的形式传达给我们呢？并且用这样混杂的象征方式来显示？外国人不必坚持问这样的问题。因为中国人并不会因为这些教诲包含在如此古老的外衣之下就对它们等闲视之。几百家注解不断继承和发展经文的内在含义，将它们的意思解释得纤毫毕现，熨帖妥善，不留死角。学习中文的外国人应该打点精神掌握这本书，而不是将它当成神秘和不可理解的东西来讨论。"①

从理雅各解释《师》卦的实践中我们可以看出，他确实是把《易经》中的一些卦爻辞当成一篇篇关于道德、社会或政治的象征性文字，并且把这些文字放在文王和周公所处的社会环境中来理解和解释。所以理雅各在翻译卦爻辞时比较注重解释它们背后隐含的微言大义，试图用"以意逆志"的方法来揭示卦爻辞中的象征意义，这也说明了他为什么要在译文中不断添加括号说明自己的见解，此外还要在注疏中进一步引申发挥。

3. 译注结合

在阅读理雅各的《易经》译本时我们会发现，一方面理雅各在译文中添加大量括号，补充和解释卦爻辞的意思，另一方面他在每一卦的下面都撰写了大量注释，篇幅几乎超过译文，进一步说明卦爻辞文本背后隐含的意蕴，这也是理雅各译本的一个重要特征。

理雅各的译文会在括号里添加句子的语法成分和内容成分，以符合英文的表达习惯，增进读者对译文的理解。理雅各添加的语法成分包括主语、谓语、宾语、定语、状语、补足语等，以便符合维多利亚时期四平八稳、神完意足的英文表达特征，同时理雅各还在括号里对卦爻辞的内容作出适当的界定，以限定或补充卦爻辞的适用范围，让句子的意思更加明确。如第六十一卦《中孚》卦辞"豚鱼吉"，理雅各译为：Kung Fu (moves even) pigs and fish, and leads to good fortune. ②他在括号里添加了谓语 move 和状语 even，表示"中孚甚至能感动猪和鱼"，把"中孚"卦和"豚、鱼"这两种貌似毫不相干的事物联系在一起。第六十二卦《小过》卦辞"小过：亨，利贞。可小事，不可大事。飞鸟遗之音，不宜上，宜下，大吉。"理雅各译为：Hsiao Kwo indicates that (in the circumstances which it implies) there will be progress and attainment. But it will be advantageous to be firm and correct.

---

① Legge, James. Introduction, *The I Ching* (second edition). pp. 22-26.
② 同上书，p. 199.

(What the name denotes) may be done in small affairs，but not in great affairs.
(It is like) the notes that come down from a bird on the wing；－－ to descend is
better than to ascend. There will (in this way) be great good fortune. ①他在括号
里添加限定成分 in the circumstances which it implies，指"在这一卦指代的情境
里"，把卦辞的范围限定在《小过》这一卦。在"可小事，不可大事"前添加主语成分
What the name denotes，指卦名暗示只可做小事，不可做大事。在"飞鸟遗之音"
前添加关连成分 It is like，把前述"可小事，不可大事"和后面的"飞鸟遗之音"结合
起来，"就像从飞鸟翅膀下传来的声音"，在"大吉"里添加状语成分 in this way，指
前述这种方式（不宜上，宜下）的结果为大吉。第六十三卦《既济》初九爻"曳其轮，
濡其尾"，理雅各译为：The first line，undivided，(shows its subject as a driver)
who drags back his wheel，(or as a fox)which has wet his tail. 这里就为"曳其轮"
和"濡其尾"分别添加了谓语 shows，宾语 its subject 和补足语 as a driver，or as a
fox，表示(此爻的主人如是车夫)拉回车轮，(或者此爻的主人如是狐狸)浸湿了尾
巴。九二爻"妇丧其茀"，译为：The second line，divided，(shows its subject as) a
wife who has lost her (carriage-)screen. 也是把爻辞的"妇丧其茀"限定在九二爻
的情境之下，并且在"茀"前面添加定语 carriage，把它限定为马车的窗帘。九三爻
"高宗伐鬼方，三年克之，小人勿用"译为：The third line，undivided，(suggests the
case of) Kao Zung who attacked the Demon region，but was three years in
subduing it. Small men should not be employed (in such enterprises). ②括号中
添加谓语和宾语 suggests the case of，把九三爻和爻辞里的"高宗伐鬼方"这种情
境联系起来，"小人勿用"译文后加上定语 in such enterprises，说明是在"伐鬼方"
这样的大事中"小人勿用"。第六十四卦《未济》的卦辞"小狐汔济，濡其尾"，理雅
各译为：(We see)a young fox that has nearly crossed (the stream)，when its tail
gets immersed. ③"(我们看到)一只小狐狸快要渡过(小溪)，它的尾巴浸在水里。"
括号中加上主语和谓语 we see"我们看到"和宾语从句中的宾语 the stream"小
溪"，以增加句子的完整性。

　　理雅各在译文中增加这些成分，固然是为了弥补英汉语言之间的差异，让译

----

① Legge，James. *The I Ching* (second edition)，pp. 201-202.
② 同上书，p. 205.
③ 同上书，p. 207.

文变得更加完整和清晰,但我们也应该看到,《易经》的卦爻辞正因为古朴和简洁,才会出现诠释上的多种可能性。一旦将所有成分都补充完整,或者给卦爻辞限定了适用范围,也就排除了其他解释的可能性,因此我们可以说,理雅各在译文中增加这些成分,只是代表了他自己对卦爻辞的理解。如第四十八卦《井》的卦辞"改邑不改井",理雅各译为:(Looking at) Zing,(we think of) how (the site of) a town may be changed, while (the fashion of) its wells undergoes no change.[1]他在括号里补充了主语、谓语成分、状语等,译文的意思变成"看着井,我们想到一个城镇的位置可能会改变,而它的井的样子却不会改变",不但卦辞里表示动作的原文在译文里变成了形状描述,而且述谓成分也限定为"我们",此外"邑"和"井"分别变成"城镇的位置"和"井的形状",这些都让原文意思的多样性消失或受到了限制。再如《中孚》九二爻"鸣鹤在阴,其子和之,我有好爵,吾与尔靡之",理雅各译为:The second line, undivided, shows its subject (like) the crane crying out in her hidden retirement, and her young ones responding to her. (It is as if it were said),'I have a cup of good spirits,'(and the response were),'I will partake of it with you.'[2]爻辞里直接描述鸣鹤的诗句,在译文里变成此爻主人"像鸣鹤那样","我有好爵"变成"似乎是鸣鹤在这样说","吾与尔靡之"在译文里变成鸣鹤之子的回应。这样理解固然让译文变得很生动,但也排除了其他理解和解释的可能。

理雅各这种在译文中添加括号补充卦爻辞意思的做法,在当时就受到其他人的批评。例如金斯密(Kingsmill)就认为理雅各的译文臃肿拖沓,他引用《系辞》中的第一句:

"天尊地卑,乾坤定矣,卑高以陈,贵贱位矣,动静有常,刚柔断矣。方以类聚,物以群分,吉凶生矣。在天成象,在地成形,变化见矣。"

理雅各译为:Heaven is lofty and honourable; earth is low. (Their symbols) Kh'ien and Khwan (with their respective meanings) were determined (in accordance with this). Things high and low appear displayed in a similar relations. The (upper and lower trigrams and the relative position of individual

---

[1] Legge, James. *The I Ching* (second edition),pp. 164-165.
[2] 同上书,p. 200.

lines, as) noble and mean, had their places assigned accordingly. Movement and rest are the regular qualities (of their respective subjects). Hence comes the definite distinction (of the several lines) as the strong and the weak. (Affairs) are arranged according to their tendencies, and things are divided according to their classes. Hence were produced (the interpretations in the Yi concerning) what is good [or lucky] and evil [or unlucky]. In the heavens there are the (different) figures there completed, and on the earth there are the different bodies there formed. (Corresponding to them) were the changes and transformations exhibited (in the Yi).

　　金斯密说,如果这也算是翻译,那干脆不要翻译好了! 汉语原文至少能让人看懂,而英语译文连这点长处也丢掉了。如果允许译者自由介绍文本之外的东西,哪怕是把它们放在括号里,这样做都会带来无法预料的后果。就像理雅各在这里所做的那样——让作者平实的语言携带上任何译者想要表达的意思。也就是说,译者可以随心所欲地利用作者平实的语言来表达任何自己想要表达的意思。金斯密希望这套丛书的编者(指《东方圣书》的编者缪勒)要注意他的这段话,因为一旦人们对编者主持的这套丛书的忠实性产生怀疑,那么提倡者的全部意图都会受到阻碍。① 他认为理雅各的解释其实是把自己的理解强加到平实的原文里,因此造成难以预料的后果,影响缪勒主编的这套丛书的忠实性和可信度。这当然是非常严重的批评了。金斯密自己提供的这段话的译文为:

Heaven is honourable, earth is lowly. The K'ien and the K'wan being settled, the lofty and lowly are arranged in order, the honourable and mean assume their proper places, motion and rest become attributes, the hard and soft are determined; forms are arranged according to species, things divided according to class, good and evil luck have their origin. In heaven the *eidolon* is completed, on earth the material is perfected; thus change and transformation are apparent.

　　对比一下我们就可以看到,他的译文确实比理雅各的译文要简洁明晰得多。

---

① Kingsmill, Thomas W. "The Sacred Books of China". *The China Review or Notes and Queries on the Far East*, Vol. 11,1882, p. 92.

除了在译文中添加括号来补足或阐明卦爻辞的意思,理雅各还在译文里添加了大量的注释。这些注释主要集中在三个方面:一是把卦爻辞放到文王和周公的历史时代中,解释卦爻辞中蕴含的文王、周公的作者意图;二是引用历代注疏,解释卦爻辞中蕴含的道德、社会、政治方面的含义;三是对自己不理解的内容,理雅各往往也在注疏中指出来,体现出一个汉学家的诚实学风。

在前文的论述中我们已经引述过理雅各解释《屯》、《师》、《豫》、《既济》等卦中体现出的文王、周公作卦爻辞的本意,实际上这种解释方式贯穿在理雅各的注释中,凡是能和文王、周公所处的时代或情境联系上的卦,理雅各都不忘添加一笔。例如在《乾》卦的注释中,理雅各指出,卦辞中的"元亨利贞"四字,文王究竟是讨论《乾》卦的四种特征,还是两种特征? 根据《文言》的说法(历代注疏家都认为《文言》的作者是孔子),"元亨利贞"被用来和"仁"(benevolence)、"义"(righteousness)、"礼"(propriety)以及"智"(knowledge)这儒家"四德"相对应。朱熹则解释为"大亨以利于贞"(greatly penetrating, and requires to be correct and firm)。理雅各认为两种解释都有道理,而他则接受相传为孔子的观点,即"四德"说。他还指出,周公用"龙"这个意象来代表"君子"(the superior man)尤其是"大人"(the great man),代表天德。自古以来"龙"就一直被中国人用来象征最高尊严、智慧、权威和至圣,它们一起构成"大人"的品格。① 解释《需》卦的卦辞"利涉大川"时,理雅各指出,这个《易经》中经常出现的习语,可能只是指承担危险的事业,或者遇到巨大的困难,而并没有确指。在汤武革命的时候周的领主跨过黄河,推翻了殷纣王的残暴统治。周武王在公元前 1122 年伐商是中国历史上的重大事件,这也契合《需》卦所说的"等待"的意思。② 《小畜》卦的卦辞"密云不雨,自我西郊",理雅各在注释里指出,《象》传有"密云不雨,尚往也,自我西郊,施未行也",这句话包含了卦辞作者所处的时间、地点和特征。周朝的领主处在殷商王国的西部,卦辞所指是周文王时期。雨水滋润大地,这是万物生成并欣欣向荣的原因,象征着良好的训练和治理。在西方,周王室的封地是万民景仰的地方,可以造福整个国家,但它们现在却受到限制,密云并未清空云层里包含的内容,即这里并没有全域下雨。③ 其他在《履》、《泰》、《随》、《观》、《贲》、《大过》、《坎》、《咸》、《恒》、《大壮》、《损》、《益》、《夬》、《姤》、

---

① Legge, James. *The I Ching* (second edition), p. 59.
② 同上书, p. 68.
③ 同上书, p. 78.

《旅》《小过》等卦中,理雅各也都讨论到文王和周公作卦爻辞时的旨意,即使在那些他没有明确提到文王和周公的卦爻辞里,按理雅各的解释原则,也可引发类似的联想。理雅各虽然主张把卦爻辞与文王、周公联系起来解释,但对于卦爻辞里模棱两可的人物,他却又不同意坐实它们指代的对象。例如第十八卦《蛊》的爻辞中提到"干父之蛊""干母之蛊",雷孝思认为它们分别指的是文王和太姒,对应武王的父亲和母亲,理雅各就不接受。再如第三十五卦《晋》六二爻"受兹介福于其王母",雷孝思认为这里的"王母"指文王的祖母太姜,或者文王的母亲太任,甚至文王的妻子太姒,因为太姒是武王和周公的母亲,理雅各也不同意。① 这是因为理雅各觉得没有确凿证据,就容易流于穿凿,此外这样坐实卦爻辞的所指,也不利于对它们的意思作进一步的引申发挥。

在卦爻辞意思不明确的地方,理雅各会引用历代注疏以揭示其含义,尤其是引申发挥其中的道德、社会、政治方面的内容,甚至不排除引用孔子的话来阐述卦爻辞的含义。这样的例子在理雅各的注释中俯拾皆是,如第五十七卦《巽》,理雅各指出此卦象征木和风,所以具有灵活多变(flexibility)和穿透渗入(penetration)的特征。《巽》卦让人想到风的穿透力,可以抵达任何角落和地方。他引用《论语》中孔子说过的"君子之德如风,小人之德为草,草上之风必偃"(The relation between superiors and inferiors is like that between the wind and the grass. The grass must bend when the wind blows upon it.),认为与孔子的话相对应,《巽》卦的主题应理解为政府的秩序和影响力应该被用来补救人们的差错。② 再如《兑》卦象征泽中之水,该卦特征是喜悦或满足(pleasure or complacent satisfaction)。理雅各认为很难把《兑》卦和这两种特征相联系,因此他引用《御纂周易折中》的解释:"地有积湿,春气至则润升于上,人身有血,阳气盛则腴敷于色,此兑为说之义。盖说虽缘阴,而所以用阴者阳也。人有柔和之质,而非以忠直之心行之,则失正而入于邪矣,故利贞。"③《节》卦初九"不出户庭,无咎",理雅各引用《日讲易经解义》"此一爻,是言士不妄进,而能审所处也"④加以解释。此外理雅各在注释中还引用

---

① Legge, James. *The I Ching* (second edition), p. 97, 133.
② 同上书, p. 191.
③ 李光地《御纂周易折中》, 第 223 页。Legge, James. *The I Ching* (second edition), pp. 193-194.
④ 牛钮等《日讲易经解义》, 海口:海南出版社, 2012 年, 第 469 页。Legge, James. *The I Ching* (second edition), p. 199.

《尚书》、《诗经》、《左传》、《中庸》以及孟子、朱熹的著作等内容或解释,用来阐述卦爻辞的意思。总体看来,理雅各多采用《御纂周易折中》和《日讲易经解义》中的解释,虽然偶尔也会提出质疑。西方译者中他引用和参考最频繁的是雷孝思,其次是麦格基,不过对麦格基,理雅各几乎全以批判为主。

对卦爻辞意思难以确定的地方,理雅各在注释里也会说明。例如《需》卦初九爻"需于郊"的"郊",理雅各认为指一国领土的边界,但他马上指出这种象征实在没有必要。根据卦辞的"利涉大川",爻辞里的"需于沙"和"需于泥"都很好理解,可是"需于郊"就显得没有道理。此外,他也不明白此爻的主人遭受"小有言"这样的困苦到底有什么含义。① 《比》卦初六爻"有孚比之,无咎。有孚盈缶,终来有它,吉",理雅各指出"孚"的意思是"诚"(sincereity),但他不明白初六爻的"孚"来自哪里。"缶"(earthenware vessel)似乎显示出它朴素、未受装饰的特征。理雅各指出,这一爻的位置和属性完全和"诚"没有半点关系,这是他所不理解的地方。② 在《蛊》卦中,理雅各指出,除了上九爻,其他五爻的主人似乎都是"子",可是初六、六四和六五却都是阴爻。九二为阳爻,与六五爻相对,因此六五爻的主人应是九二爻之母,可是六五爻对应的却仍然是"子"。理雅各承认自己无法理解这些。初六和对应的六四都是阴爻,它们的主人采用什么方法能够补救"蛊"这种倾颓的态势?六五为阴爻,九二为阳爻,所以象征的应该是儿子处理由母亲的过失带来的倾颓,但是儿子在和母亲相处的时候应该非常孝顺,尤其在履行反对母亲的过错这种责任时更应该这样。所以理雅各才说他在这里根本没什么可说的。③ 在《损》卦的注释里,理雅各说,他解释这一卦遇到了极大的困难。《象传》所说的"损下益上,其道上行",说明《损》卦教导臣民有义务将自己所有奉献给君主,或者承担政府的运营费用,也就是乐于交税。或许文王从这一卦看到收税的主题,但是周公的象征涉及面却更广。六三爻"三人行则损一人,一人行则得其友",理雅各坦言他完全不理解。他引朱熹的解释"下卦本乾,而损上爻以益坤,三人行而损一人也,一阳上而一阴下,一人行而得其友也。两相与则专,三相杂而乱,卦有此象,故戒占者当致一也"④,但是理雅各说他丝毫也抓不住其中的要点。对于上九爻"弗

---

① Legge, James. *The I Ching* (second edition), p. 69.
② 同上书, p. 75.
③ 同上书, p. 96.
④ 朱熹《周易本义》,第 156 页。

益损之,无咎,贞吉,利有攸往,得臣无家",理雅各说上九从六三阴爻而变阳爻,因此获益最多,最能体现《损》卦的思想。但是它能有益他人而不让自己受损,它给予别人的益处自然不可胜数。会有大臣来效劳,而且不止一家来一个人效劳,而是会来许多。理雅各说这大概就是上九爻的意思,但他坦言只能隐约知道这一点意思。① 从这些例子中我们可以看出,对于很多意思不清楚的地方,理雅各还是能在注疏中明白交代的,体现出他作为汉学家的严谨作风。

三、理雅各《易经》译本的影响

理雅各的《易经》译本出版后,虽然取得了不少赞誉,但同时也面临来自不同角度的挑战。首先,理雅各采取经传分开、崇经抑传的做法,他对《易经》性质的认识遭到来自艾约瑟(Joseph Edkins,1823—1905)的挑战。理雅各虽然也认为《周易》本是一部卜筮之书,但只刻意强调它的社会、道德和政治层面的含义,而对卜筮方面的内容充满掩饰或批判。理雅各这种做法本身存在一定程度的矛盾:一方面,本经部分原是卜筮手册,而《十翼》则是将卜筮的内容哲理化。按道理,理雅各采取经传分开、崇经抑传的做法,本应和朱熹一样,强调《周易》的卜筮性质,而不是一味诠释卦爻辞的社会、道德和政治寓意,但理雅各的做法恰好相反;另一方面,即使和《十翼》一样强调卦爻辞的伦理和道德属性,那么既然反对分传附经,不认同《十翼》解经的方式,就应该另起炉灶,提出自己的新见解,但理雅各在具体的论述、翻译和解释中不断引述《十翼》的内容,沿用历代儒家的注疏。理雅各面临的困境,在于他仍然身处经学时代,即使不认同《十翼》解经的方式,却无法跳出《十翼》解经的框架。

艾约瑟(Joseph Edkins,1823—1905)曾在 1883—1884 年的《中国评论》(*The China Review or Notes and Queries on the Far East*)上连载《〈易经〉六十四卦注解》(*The Yi King*, *with Notes on the 64 Kua*)一文,认为《易经》的结构和内容都显示出它是一本占卜用书。伏羲设八卦并给每一卦定名,是为了描述当时的人类活动或周围的生活环境。八卦相重变成六十四卦,则是为了扩大占卜的应用范围。周朝需要一部手册用来示范如何占卜和解释,因此才有了《周易》,后来又不断增益。他在文中指出,第十一卦《泰》和第五十四卦《归妹》提到的"帝乙归妹",

---

① Legge, James. *The I Ching* (second edition), pp. 148-149.

第六十三卦《未济》里的"高宗伐鬼方,三年克之",第三十六卦《明夷》的爻辞"箕子之明夷",说的都是历史上的真实事件。"帝乙归妹"发生在帝乙统治时期(帝乙公元前 1191 年即位),"高宗伐鬼方"发生在武丁统治时期,都是商朝史事,而箕子是文王同时代人,因此"箕子之明夷"是西周史事。① 艾约瑟得出结论,《易经》是一部不断接受改编的卜筮用书,里面提到的商朝史料是从早期的占卜文本里摘录而来的,占卜专用语如元亨利贞、利见大人、利涉大川等,也是文王和周公从古书里辑录的,并非他们所创制。② 1884 年,艾约瑟又在论文《中国人的〈易经〉:一部占卜与哲理之书》(*The Yi King of the Chinese, as a Book of Divination and Philosophy*)中指出,《易经》的卦名甚至卦爻辞可能在文王之前就已存在,作者不可考,《十翼》的作者同样不可考,可能都是孔子以前的人所作,文王、周公和孔子所做的仅是编辑工作,而伏羲是《易经》最初的作者。他认为,《易经》读起来像是古代的遗物,经、传中都含有上古的语气和辞色。它里面根本没有神话,提到的人物都是真实存在的,提到的事件也都确实发生过。虽然不乏诗歌和想象,但它们绝无神话色彩,这些方面它和《诗经》一样。《易经》本身就是古代中国的真实写照,描绘了古代中国的实际情形。艾约瑟指出,要理解《易经》,最好将它看成卦爻辞的集合,是后代朝廷的占卜者不断对它们加以增益的作品。艾约瑟翻译和解释了《师》、《谦》、《离》、《咸》、《观》等卦,认为它们分别被用来占卜出征的胜负、事业的成败、行动的吉凶、婚姻的祸福、祭祀的时机等。艾约瑟认为,卦象和卦爻辞密不可分,《易经》的预言功能体现在六爻之象中,而不仅仅寓于卦爻辞之中,卦象和卦爻辞结合构成《易经》,正如经传结合,彼此不可分。但最权威、最原始也是最核心的思想则体现在每卦的上下卦卦名和卦象中,因此伏羲易比文王易更重要。《易经》的有些卦爻辞意思含混,是因为缺少必要的历史语境,只要有适当的解释语境,《易经》就和其他古籍一样不难理解。③ 艾约瑟不但指出《易经》是一部卜筮用书,而且注意到卦爻辞里面的历史故事,指出《易经》是经多人之手编纂而成的,把它与《诗经》和《左传》相印证,这些观点和方法同理雅各形成鲜明的对比。只不

① Edkins, Joseph. "The Yi King, with Notes on the 64 Kua". *The China Review or Notes and Queries on the Far East*, Vol. 12. Hong Kong: China Mail Office, 1883-1884, pp. 78-79.
② 同上书, pp. 425-426.
③ Edkins, Joseph. "The Yi King of the Chinese, as a Book of Divination and Philosophy". *The Journal of the Royal Asiatic Society of Great Britain and Ireland*. New Series, Vol. 16. NO. 3,1884, p. 360-380.

过艾约瑟的立论也是放在晚清经学传统的大背景下，因此并没有完全打破"三圣三古"的成说。他认为伏羲真实存在，创设并命名了六十四卦。他和理雅各一样，立论也是主要依据现有文献推测，缺乏确凿的证据。但艾约瑟的可贵之处在于，他肯定卜筮传统在中国古代历史中的价值和意义，指出古代历史和现代历史同样重要，追寻人类抛弃的早期愚昧思想也和追求新科学一样有趣。《易经》反映的是公元前两千年时中国人的思想，包含那时人对世界的认识，恰如托勒密天文学是欧洲人在哥白尼时代以前对宇宙的认识一样。古代中国聪明睿智的人都相信占卜，这就像但丁、阿尔弗雷德和培根都相信托勒密的天文学一样，因此艾约瑟指出，我们应该去研究各个时代的智者的思想。这种"了解之同情"的态度，最为难得。

理雅各虽然怀疑伏羲作八卦，极力否定孔子作《十翼》，却对文王、周公的作者身份深信不疑，并且把大量卦爻辞放到文王、周公所在的历史语境中加以理解和解释，以自己之"意"逆文王、周公之"志"。但理雅各这种"以意逆志"的做法，只限于对卦爻辞意蕴的引申发挥，绝不涉及对卦爻辞中具体指代对象的考订和坐实。这种态度当然是受制于史料和证据的阙如，但却贻批评者以口实，因为理雅各所谓的文王、周公之"志"，由于证据的缺乏，可能只是理雅各之"意"，并且由于历代注疏对卦爻辞的内涵存在不同理解和解释，理雅各在翻译时只能作出自己的判断和取舍，这样可能与文王、周公之"志"更不相关。这方面的批评来自拉古贝里（A. Terrian de Lacouperie，1844—1894）。拉古贝里提出用科学方法研究和解释《易经》，根据卦爻辞的内容重建《易经》的本来意思，而不是努力在卦爻辞中探寻文王、周公之"志"。他曾在《皇家亚洲学会学报》1882 年第 14 卷和 1883 年第 15 卷上分别发表文章，①试图证明《易经》是一部来自古巴比伦的字典，同时还翻译了《易经》的一些卦爻辞。拉古贝里说，他计划翻译的《易经》，只包括这部书最古老的部分，也就是六十四卦卦名下面所列的词汇表，而归于文王、周公和孔子等人名下的注疏则一概不译。《易经》原始文本只占全书的六分之一，内容也并不是整齐划一的，而是属于中国上古的不同时期。古代文本的真正内涵因为时间的流逝和

---

① Lacouperie，A. Terrian de. "The Oldest Book of the Chinese（the Yh King）and its Authors". *The Journal of the Royal Asiatic Society of Great Britain and Ireland*，New Series，Vol. 14，No. 4，1882，pp. 781-815；"The Oldest Book of the Chinese（the Yh King）and its Authors（continued）". *The Journal of the Royal Asiatic Society of Great Britain and Ireland*，New Series，Vol. 15，No. 2，1883，pp. 237-289.

语言的变化已经不再为人所知。这些文字的主题差异很大，说明六十四卦的主题各不相同，有些卦里是和历史或传说事件有关的奇怪歌谣，另一些卦则描述了中国早期的原居民，其中有关于他们的生活习俗、和汉字同音异义的文字的含义、教导官员识字的记载，也有对动物的描述等，这些描写大部分都是根据这一卦的主题文字（即卦名）的意思而选取的相关内容，此外，还有很多爻辞只是列举出该卦主题文字的各种意思，这些字汇合在一起特别像是一部包含特定文字及其解释的字汇表。① 他认为卦象和卦爻辞结合很可能只是为了编号和分类，让它们有一定的次序。因为这些文字的古老和久远，并且一直被认为包含了远古的智慧，所以慢慢就变成预测运命的句子，其他的意思借此生发，然后卦象被用来表示占卜。②

拉古贝里对中国本土注疏的评价非常低，认为它们揭示不出《易经》的含义，是因为使用的方法不恰当，只有《说卦传》的作者了解一点《易经》的本质，因为《说卦传》在解释八卦的卦名时，把发音相近的各种不同意思的文字都罗列了出来。③ 他强调自己才是第一个提出把本经和《十翼》分开的汉学家，因为要科学研究卦爻辞的内容和它的成书经过，就必须把解释本经的《十翼》和本经分开，单独研究本经部分。④ 拉古贝里认为理雅各的《易经》译本根本只是解释（paraphrase），而不是翻译（translation）。理雅各相信中国传统注疏所谓文王和周公作卦爻辞的说法，并且大费周章地加以证明，可是用来证明的那两段文字根本就没有这方面的含义。拉古贝里说，理雅各既然不相信孔子作《十翼》，为什么要相信文王和周公作卦爻辞呢？他批评理雅各所说的"《易经》的主题可简单概括为六十四篇小短文，神秘而又象征性地表达一些重要主题，多数都与道德、社会和政治有关"，认为这不过是幻想的结晶而已，因为六十四卦的绝大部分内容，都不过是对卦名那个字不同意思的罗列，而卦名那个字就是这一卦的主题，我们很容易就可看出这些意思常常彼此联系，是原始意思的发展和延伸。⑤

---

① Lacouperie, A. Terrian de. "The Oldest Book of the Chinese（the Yh King）and its Authors". p. 782.

② Lacouperie, A. Terrian de. "The Oldest Book of the Chinese（the Yh King）and its Authors（continued）", 1883, p. 237.

③ 同上书, 1882, p. 787.

④ 同上书, 1882, p. 788.

⑤ 同上书, 1883, pp. 251-253.

拉古贝里举第三十八卦《睽》，认为该卦主要讨论"癸"，而不是通行本的卦名"睽"。"癸"卦六三爻"见舆曳其牛掣，其人天且劓，无初有终"，他认为本来是"见舆曳。其牛掣。其入。天且劓"，"人"字应是"入"字，它说的是"癸"字的五个不同意思：1）to see（cf. the modern character ideo-phonetic 睽）；2）to draw a chariot（cf. 驩）；3）an ox yoke；4）It is in the Heaven（an opposition，e. g. of Sun and Moon，cf. 暌）；5）To slit the nose（cf. 劓）。① 根据拉古贝里的观点，《睽》卦主要指出"癸"的五个不同词义：一是"见"，比如"睽"；二是"曳舆"，即"拉车"，如"驩"；三是"牛掣"，即"赶牛用的轭"；四是"入天"，如"暌"；五是"劓"，即"割鼻子"，如"劓"。他批评理雅各的翻译都是错误的，认为理雅各所谓的"以意逆志"，完全是"胡乱猜测"（guess-at-the-meaning），是随意解释而不是照字面翻译，这就会为翻译者开启一扇可以自由想象的大门，是非常危险的游戏，因为翻译者轻易便可将他的想法附会为作者的想法。如果这种随意的方法被效仿，会给翻译的忠实性原则带来毁灭性的后果。"我们必须旗帜鲜明地反对这种混乱的翻译方法，因为这会带来灾难，破坏所有严肃的翻译中国典籍的工作，导致我们无法相信任何翻译，除非将它们和原文逐字逐句地比对。如果采用这种方法，那么同一个文本由两个不同的人翻译，绝不会出现同样的译文，就是同一个译者在不同时期翻译的同一个文本也会出现不同的结果。"拉古贝里指出，书面文字是作者表达思想的工具，只有用心研究这些书面文字，研究它们各自的含义，它们在句子当中的位置，研究句子在整篇文章中的位置，才能知道作者的意思是什么，然后用另一种语言将它表达出来。至于理雅各说的"以意逆志"、"以心见心"（seeing of mind to mind），这些迷人的诗意表达，和严谨的科学研究毫不相干。任何从事翻译的人都不能忘记自己承担着忠实于原文的责任，他不能辜负读者的信任，在任何情况下都绝不能写下自己的观点，而不是作者的观点。拉古贝里认为孟子所说的"以意逆志"，只用于说诗，指《诗经》中那些充满诗意的表达不能孤立地拿出来从字面上理解。孟子并没有将这作为解释所有经典的原则，而理雅各把孟子"不以文害辞，不以辞害志，以意逆志，是为得之"前面的"故说诗者"四个字省略，然后把它奉为翻译中国经典的圭臬，并未得到孟子此说的精髓。理雅各说中国文字不是字面的象征而是

---

① Lacouperie，A. Terrian de. "The Oldest Book of the Chinese (the Yh King) and its Authors (continued)". 1883，p. 255.

思想的符号,无疑是说中国的经典都含有言外之意,仅仅了解文字的意思是不够的,必须要分析文字背后作者想要表达的真正意蕴,拉古贝里认为这完全是夸夸其谈。最后,拉古贝里指出,要忠实翻译《易经》,绝非是从原作者那里获得解释或灵感,也不是所谓的"以意逆志",而是要耐心长久地研究,不带任何预设的理论偏见,因为《易经》中的重复、改编和分类都是后来编辑的结果,独立于原来的经文。他之所以反对"以意逆志"这样的"胡乱猜测",就是因为坚持这样原则的译者难免会根据自己的偏见猜测文字背后和文字之外的含义。

　　拉古贝里坚持只从字面翻译,除了增加一些语法上的辅助成分,不再增加任何其他内容。他宣称自己依靠的是古文字学和语言研究的科学方法,摈弃一切想象和夸张的元素,采用最简单、最容易理解的解释方法,利用《易经》来了解中国语言、书写、文化以及中国人的历史。[①] 秉持这样的原则,拉古贝里翻译了《师》、《谦》、《观》、《同人》、《乾》等卦,把《易经》当成来自古巴比伦的一部字典,爻辞主要用来解释卦名中出现的汉字。拉古贝里的这种观点当然难以自圆其说,所以他把卦爻辞里大量无法解释的字全部省略,认为它们全是文王和周公后来添加的,而只选择和他的解释相符的字,即使这样他也无法处理卦爻辞中的合成词,因此他把《易经》的文本切割得支离破碎。虽然如此,他对理雅各"以意逆志"的翻译方法提出的批评,还是具有一定的思考价值。

　　理雅各翻译卦爻辞时,在译文中添加括号,根据自己的理解补充相关的内容,同时在每卦下添加注释,解释和阐明卦爻辞的意蕴,带来的结果是译文的内容大大超过卦爻辞原文。如前所述,金斯密就对这种做法提出了尖锐的批评。金斯密不满于理雅各译文中无处不在的语意增添和注释扩展,认为这些与《易经》简明扼要的修辞特点背道而驰。他发表在 1882 年第 11 期《中国评论》上的评论理雅各《易经》译本的文章,指出了理雅各的译本过分依赖中国的注疏,没有提取历代注疏中的历史证据,并且全盘接受朱熹的观点,不加任何怀疑或调查。他认为周人是占卜和预兆的坚定信仰者,如果不事先占卜就不会进行征伐或国之大事,后来占卜的规则逐渐复杂,卦爻辞的解释逐渐落入一小群人手里,因为占卜者要记住无穷无尽的爻变不太可能,所以出现了文本,其作用只是协助占卜者记住卦爻的

---

① Lacouperie, A. Terrian de. "The Oldest Book of the Chinese (the Yh King) and its Authors (continued)". 1883, pp. 262-266.

固定含义。占卜者的语言处在过渡时期，对于早期人来说非常明白的东西，对后来的人来说则渐渐变得模糊和神秘。直到周朝晚期，书面语的汉字还没有形成，那时只有一些符号，只有创立的人才能理解，它们传递的只是事情，而不是字词，这就是古代书写符号遗留下来的一些残迹。孔子时代文字书写传统仍然没有建立起来，重大事件可能会被记载，但是其原因和观点却只能通过口头传统代代相传。因此要理解《鲁春秋》就需要依靠《左传》，而要理解卦爻辞则需要依靠《十翼》，其中《彖》、《象》是对卦爻辞的传统解释，《系辞》是儒家学派的产物，其中有很多孔子的言辞，《文言》、《说卦》和《序卦》同样出自儒家之手，给六十四卦附上道德含义，《杂卦》是押韵的记忆口诀，可能存在很多种口诀，尽管人们认为它们不值得记录下来。他举《乾》卦为例，认为卦爻辞不像是语言，而更像一套电码，需要解码的密钥才能理解。这些解码的密钥代代相传，其间经历了很多变化，随着语言和境况的不断改变，直到汉代费直才把卦爻辞及其解释固定成文本，而这时很多内容都已被遗忘或遭到误解。①

1894年，金斯密在《中国评论》上发表《论〈易经〉的结构》（The Construction of the Yih King），认为《易经》由三部分构成，即卦画（hexagrams），早期文本（the old text）和注解（indication），三部分后来混到一起，作为一个整体流传下来。他指出，《易经》的卦爻辞一定是某种形式的韵文，以帮助占卜者记忆。卦爻辞的文字非常少，而且缺乏动词和小品词，这些文字代表的是具体的事情，而不是词语，背诵者必须把干巴巴的韵文添以句法结构润饰。孔子作《春秋》时伴有口头讲解，他去世后这些讲解被写下来，变成《左传》这样的辅助叙事，而《易经》在相关记忆仍然鲜活时却没有人像左丘明那样把它们记录下来，随着传统的中断，它们的意思逐渐被遗忘，文本和解释也被混到一起，变成一个没有意义的整体。因为缺少动词和小品词，所以没有办法把卦爻辞的意思翻译出来，想要翻译卦爻辞的人可能就不得不根据自己的想象来补全缺少的内容，而这样做就不是翻译（translation），而是解释（paraphrase）。金斯密指出，《易经》里有一些意思相对完整的卦，可以帮助我们了解中国人早期生活的内容。卦爻辞里的记忆碎片一般指的是早期定居者日常生活里发生的平常事，他引用《诗经·鹊巢》和《裳裳者华》，证明古代中国存在

---

① Kingsmill, Thomas K. "The Sacred Books of China". *The China Review or Notes and Queries on the Far East*, Vol. 11, 1882, pp. 86-92.

劫夺婚(marriage by capture)的现象,而《易经》第三卦《屯》描写的就是一场劫夺新娘的事件,第六卦《讼》描写了一场诉讼的不利结果,第三十七卦《家人》描写家庭内部的事,等等。金斯密认为通过这些卦爻辞我们可以管窥早期定居者的家庭生活,并且它们为我们提供了早期生存方式的启示。① 从金斯密提供的这些译文中,我们可以发现他对理雅各译文的批评,在他自己的翻译中则最大程度地避免,例如《屯》卦,金斯密将卦名译为 the Assemble Meet,然后六爻译文里极力突出"劫夺婚":

初九,盘桓,利居贞,利建侯。(Lusty and vigorous is our well established prince.)

六二,屯如,邅如,乘马班如,匪寇,婚媾,女子贞不字,十年乃字。(We meet him at the appointed place, mount our horses in order, and bent on prey set out to capture our future wives.)

六三,即鹿无虞,惟入于林中,君子几,不如舍,往吝。(Like the hunted deer dazed they rush into the middle of the forest; our prince all ardent, till we relinquish the chase.)

六四,乘马班如,求婚媾,往吉无不利。(We mount our horses, the capture completed, and go.)

九五,屯其膏,小贞吉,大贞凶。(We select our captives, great and small.)

上六,乘马班如,泣血涟如。(We place them on our horses weeping and blood-stained.)

金斯密的译文固然简洁,避免了很多理雅各的添加成分和注释,不过也省略了很多内容,而只是在"劫夺婚"这个主题下做文章。

总之,理雅各的翻译确立了传教士汉学家把《易经》作为儒教典籍加以翻译和解释的范式。理雅各译本之所以备受攻击仍屹立不倒,一方面是因为他对《易经》的理解有一定的合理性,如对卦爻辞的历史定位,对《易经》卜筮特征的承认,以及对卦爻辞中蕴含的道德和社会教诲的揭示等,另一方面是因为批评者尽管言之成理,如艾约瑟和金斯密对《易经》本经部分卜筮色彩的强调,对卦爻辞结构和社会学意义的揭示,拉古贝里和金斯密对理雅各"以意逆志"翻译方法的批判等,但他

---

① Kingsmill, Thomas W. "The Construction of the Yih King". *The China Review or Notes and Queries on the Far East*, Vol. 21. 1894, pp. 272 - 275.

图 3－5 至今仍在出版的理雅各《易经》译本的各种版本

们无一动手将《易经》译成一部可以阅读和应用的英文读本,因此客观上导致理雅各译本成为五十多年间统治英语世界的经典。从另一方面来看,这些批评也促进了西方知识阶层对《易经》的了解,加速了《易经》在西方的传播,同时也为后起的《易经》诠释范式奠定了基础。上述批评中揭示的理雅各《易经》译本存在的诸多"不足",如离传释经,将卦爻辞的解释局限在文王和周公的时代,以意逆志,译文过于累赘、过于依赖宋代注疏,等等,在后起的卫-贝英译本中得到了一定程度的弥补。总之,理雅各的译本在宗教学的背景下自成体系,它从出版后就产生了重大的影响,至今仍以各种形式影响着英语世界的大量读者。

第三节　作者原意：理雅各诠释《易经》的作者取向

理雅各在翻译《易经》之前，特别辨明《易经》各部分的作者问题。对于八卦或六十四卦的作者，理雅各虽然没有否定伏羲画卦的传说，却更倾向于相信"太极演八卦"，即"太极生两仪，两仪生四象，四象生八卦"。对于卦辞和爻辞的作者，理雅各相信卦辞为文王所作，爻辞为周公所作，并确定文王作《易》的时间大概在公元前 1143—公元前 1142 年间，周公作爻辞大概在公元前 12 世纪末，也是从那时起现行的《易经》开始成书。对于《十翼》的作者，理雅各对《彖传》、《象传》归入孔子名下未置可否，因为他认为《彖》解释文王断一卦之意的缘由，《大象》和《小象》解释《易经》各卦各爻的形式与意义之间的联系，也揭示文王和周公作卦爻辞的意图，而《系辞》、《文言》、《说卦》、《序卦》和《杂卦》均非孔子所作。

明确了《易经》各部分的作者归属以后，理雅各确定把解释和传递卦爻辞中蕴含的文王、周公之"志"作为翻译的主要目标。如前所述，虽然这种目标并不能贯彻于所有卦爻辞的译文和注释中，但却不影响理雅各在译本《序言》和《导论》中确立这个重要原则。

把理解和解释的方向确定为揭示作者的意图或思想，这是以施莱尔马赫为代表的普遍诠释学的重要特征。施莱尔马赫认为，理解对象独立于理解者，我们应当把理解对象放在它们赖以形成的历史语境中，以便使它们和我们现在的理解过程相分离。对施莱尔马赫来说，理解并不是要寻找一种共通感或可以共同分享的内容。相反，真正的理解在于规定理解者如何通过重构作者的意图的起源而达到作者的意见。我们要理解的东西并不是作品的真理内容，而是作者个人的生命。一切理解都指向他人和作品，他人能被我理解，表明我和他之间有着某种同一性，那就是人性。作品是作者人性的敞开，我们的理解是基于我们自己敞开的人性，我们通过作品进入作者，理解作者，并且通过理解作者来理解自己，这就是理解的实质。解释之所以可能，是因为解释者可以通过某种方法让自己置身于作者的位置，让自己的思想和作者的思想处在同一层次。理解和解释的过程是一种创造性的重新表述和重构的过程，文本的意义就是作者的意图或思想，理解和解释就是重新表述或重构作者的意图或思想。

施莱尔马赫提出了两种重构的途径：客观的重构和主观的重构，客观的重构是一种语言的重构,主观的重构则是对作者心理状态的重构。一方面,语言传达思想,但语言本身并不是思想,它是思想的表达形式,这一形式克服了时空的界限,将作者的思想展现在我们面前。另一方面,语言这种固有形式又限制着它所表达的思想,当语言以其共同性来传达特殊的思想时,它却无法表现出这思想的全部丰富的内涵,这种内涵是在特殊的历史情境中形成的,因此仅仅通过语法分析揭示出来的意义是可疑的。在理解过程中,不仅要把语词置于语句中,把语句置于文本整体中,把文本置于语言系统中,还要结合其他的相关资料,如历史背景、作者传记等,从整体上把握作者的精神世界,特别要弄清楚作者的创作动机,以期进入与作者同样的心理角色,才能揭示文本中的语言所隐含的内在的丰富意义。施莱尔马赫因此提出心理学的移情方法,它要求读者不能仅限于"文本"来理解"文本",为达到"移情",做到"设身处地",读者必须广泛考虑到"文本"的起因和整个历史背景,考虑到作者的生平传记以及他独特的思维方式和风格,以揭示作者最初的创作意图和构想。总之,在施莱尔马赫看来,对"文本"的理解必须从单纯的语言分析扩展到对作者整个人生的理解,这样才能把握"文本"的真谛。在具体的诠释实践中,施莱尔马赫把这种客观的重构和主观的重构落实为语法的解释和心理学的解释,语法的解释关注的是某种文化共有的语言特征,心理学的解释关注的是作者的个性和特殊性。但不论是语法的解释还是心理学的解释,都应当摆脱理解/解释者自身的境遇和观点,因为这些个人的境遇和观点只具有消极的价值,它们作为"成见"极具主观性,只能阻碍正确的理解。在施莱尔马赫看来,正确的解释就是要消除解释者自身的成见和主观性,也就是要成功地使解释者从自身的历史性和偏见中摆脱出来。①

　　施莱尔马赫的这种观点,得到了赫施的呼应,赫施也认为,理解的真正目的就是重建作者的意图,把握作者通过文本所表达的原意,作者原意也是衡量一种诠释是否有效的客观标准。赫施区分了文本的"意思"(meaning)和"意义"(significance)。他认为,"意思"是指文本的全部字面意思,"意义"则用来指文本与更大的语境产生联系时的文本含义,如另一种思想、另一个时代、另一个更大的主题、另一种外来的价值观等。换言之,"意义"是超越自身的字面意思后与具体语

---

① 洪汉鼎《诠释学——它的历史和当代发展》,第 71—81 页;潘德荣《西方诠释学史》,第 260—266 页。

境或任何其他语境关联时产生的文本意思。① 在这种理解框架下,文本约定俗成的字面意思是稳定不变的,而文本的意义则会不断发生增益和改变。"意思"是由文本呈现出来的,即通过作者对一系列符号的使用,符号化地展示作者的意思,"意义"呈现的则是意思与一个人、一种概念、一种情境或任何一种想象的事物之间的关系。"意思"通过符号化被固定,构成文本经久不变的东西,它是诠释中的一个稳定要素,对诠释者来说,文本的"意思"都是相同的,而"意义"则是诠释中的一个可变要素,随着语境的变化而变化。诠释者对文本的解读实现了文本的"意思",而文本的"意义"则表现为意思与诠释者的经验世界的相互作用,是"意思"和现实对话的结果。在确定了文本"意思"的稳定性以后,赫施找到了诠释的具体对象。赫施认为,文本的"确定的意思"就是作者借助语言表达出的自己的意图。作者采取的表达方式体现了他自己的意图,也就是他想表达的东西。文本的意思产生于作者的意识,不会超出作者的意图。因此理解和解释的任务当然就是重建作者的世界并找到作者的意图,否则有效的诠释也就无从谈起。②

把理解和解释的目的规定为揭示作者的创作意图和思想,这种诠释取向在实际操作中会面临很多问题。首先作者的创作意图并非是明确可以感知的,如果通过作者传记等材料获得,那么作者意图本身就成为了理解的背景材料;如果通过分析文字符号的意思来把握作者的意图,那么作者的意图只能是一个预定的假设,在我们理解文本的意思之前,根本不知道作者的意图究竟是什么,也就无从判断哪种诠释符合作者的意图。此外,把理解和解释看成对作者意图的重构,容易把理解和解释当成一个客观的静态的过程,而现实中的理解和解释,往往涉及很多主观因素,它往往也是一个动态的发展过程。

具体到《易经》的理解和解释,如前所述,且不论《易经》的作者并不易确定,著述年代也难以辨明,就算把八卦的作者定为伏羲、卦辞的作者定为文王、爻辞的作者定位周公、《十翼》的作者定为孔子,由于先秦时期史料的匮乏,要准确还原这些人生活的时代背景和他们创作《易经》时的具体意图,也是一件极其困难的事。所以理雅各所谓的卦爻辞中体现的文王和周公之志,在没有确凿材料证明的前提

---

① Hirsch, E. D. Jr. *The Aims of Interpretation*. Chicago and London: The University of Chicago Press, 1976, pp. 2-3.
② 潘德荣《诠释学导论》,第 157—163 页。

下,终究只能算是理雅各理解的文王和周公之志。即便是把《易经》看作先秦时期的一种思想材料,要根据其作者和生成年代来厘清其中的思想谱系,也会面临很多的问题,其中最大的一个问题就是,今人怎样通过"心理移情"的方法来神追古人,达到或体会古人创作时的心理境界? 陈寅恪在审查冯友兰《中国哲学史》时尝有"了解之同情"一说:

> "凡著中国古代哲学史者,其对于古人之学说,应具了解之同情,方可下笔。盖古人著书立说,皆有所为而发;故其所处之环境,所受之背景,非完全明了,则其学说不易评论。而古代哲学家去今数千年,其时代之真相,极难推知。吾人今日可依据之材料,仅当时所遗存最小之一部;欲藉此残余断片,以窥测其全部结构,必须备艺术家欣赏古代绘画雕刻之眼光及精神,然后古人立说之用意与对象,始可以真了解。所谓真了解者,必神游冥想,与立说之古人,处于同一境界,而对于其持论所以不得不如是之苦心孤诣,表一种之同情,始能批评其学说之是非得失,而无隔阂肤廓之论。否则数千年前之陈言旧说,与今日之情势迥殊,何一不可以可笑可怪目之乎? 但此种同情之态度,最易流于穿凿附会之恶习;因今日所得见之古代材料,或散佚而仅存,或晦涩而难解,非经过解释及排比之程序,绝无哲学史之可言。然若加以联贯综合之搜集及统系条理之整理,则著者有意无意之间,往往依其自身所遭际之时代,所居处之环境,所熏染之学说,以推测解释古人之意志。由此之故,今日之谈中国古代哲学者,大抵即谈其今日自身之哲学者也;所著之中国哲学史者,即其今日自身之哲学史者也。其言论愈有条理统系,则去古人学说之真相愈远。"[1]

陈寅恪实际上指出了今人在理解和解释古人学说时所面临的困境:一方面要准确理解并合理评价古人的学说,必须要了解古人立说时所处的环境与所受学说的背景,这样才不致犯下"时代误置"(anachronism)的错误,另一方面古人所处的时代距今已久远,而古人遗存的材料又仅是当时历史与社会的片段和局部,据此很难推知古人所处时代的历史真相,也很难了解古人立说的对象和用意。因此要了解古人学说的来龙去脉,就必须具备艺术家那样的想象力,才能神游冥想,与古

---

[1] 陈寅恪《冯友兰中国哲学史上册审查报告》,载《陈寅恪全集》第三卷《金明馆丛稿二编》,北京:生活·读书·新知三联书店,2001 年,第 279—280 页。

人处于同一境界。但今人要完全摒除己见，跳出自身局限去神追古人，并非易事，往往会以自身遭际时代、居住环境、熏染学说来推测古人意志、解释古人学说，这是今人很难避免的"前见"。陈寅恪认为，只有具备"了解之同情"的态度，才能避免这种"前见"，接近古人学说的真相。这里其实涉及"思想"与"思想产生的历史和社会环境"这两个层面的问题，前者是主观认识，后者是客观情境，要了解和解释前者，就必须恢复和重建后者。从"思想"这个层面来说，陈寅恪的观点和伽达默尔提倡的"视域融合"理念颇不相同。在伽达默尔看来，古人学说自有其形成时内在的"历史视域"，今人在了解古人学说时也必定会携带相应的"当今视域"，这是由今人的"前理解"决定的，无法消除。因此，理解"古人学说"其实是古人的"历史视域"和今人的"当今视域"相互融合的过程。换句话说，"古人学说"并非是一个有着单一确定解释的固定真相，等着今人去接近、去揭示，而是一个在今人参与理解的过程中不断充实和发展的流动概念。但这仅是从"思想"层面而言，它并没有否定"思想产生的历史和社会环境"是客观而又确定的这一事实。所以陈寅恪认为今人批评古人学说的是非得失时要具备"了解之同情"的态度，即了解古人学说产生的历史和社会环境，这样即使面对陈言旧说，也不会认为它们可笑可怪。这诚然是不刊之论，但今人到底能在多大程度上神追古人，或者了解古人学说产生的具体社会环境后能在多大程度上认同古人，这仍然是个见仁见智的问题，也是伽达默尔着力加以解决的问题。

在同一篇文章中，陈寅恪还指出："中国古代史之材料，如儒家及诸子等经典，皆非一时代一作者之产物。昔人笼统认为一人一时之作，其误固不俟论。今人能知其非一人一时之所作，而不知以纵贯之眼光，视为一种学术之丛书，或一宗传灯之语录，而断断致辩于其横切方面，此亦缺乏史学之通识所致。"[①]这就涉及古代著述和思想的来源问题，其中也包括经典的作者问题。这也是王汎森在讨论章学诚《文史通义·言公》时提到的古人著述与今人理解的差异。《言公》开篇即言："古人之言，所以为公也，未尝矜于文辞，而私据为己有也。志期于道，言以明志，文以足言，其道果明于天下，而所志无不申，不必其言之果为我有也。"就是说古人语言与思想皆是为了公共的使用，以实际见诸行事为终极目的，而不是为了表现自己的聪明才智。若能实际见诸行事而有益于国计民生，完全不在乎这是谁的思想、

---

① 陈寅恪《冯友兰中国哲学史上册审查报告》，第 280 页。

谁的著作。王汎森据此申述：第一，古人没有清楚标示作者为某的观念，也没有"攘窃"、"抄袭"的想法，要等到世道衰微以后，人们才来争"文"的所有权；第二，古籍有一个由"口耳相传"到"著于竹帛"的演化过程，在这个过程中，不断增益的情形相当普遍；第三，古人不著书，古代文献以"篇"为单位，这些篇章或离或合，本无一定，而战国诸子其实是一种"文集"；第四，古无私家撰述，故其书常常是学派中人缀辑、发挥、补充、追记的结果，其中有一个发展变化的过程；第五，古人因为言公，所以无意以著书为标榜，故古人著书不特意标篇名，我们今天所见到的书名、篇名，往往是后人在校雠时加上去的，篇名常取篇章开头前几个字，书则常以其人为名；第六，古人常随意称引他人之说，窜为己作。王汎森结合考古发现的古代文籍指出，古代文籍是流动、发展、抄来抄去、合来合去的，不大重视作者，也没有显著的标题。章学诚之所以慧眼独具，看出这一点，是因为他以古人读古人，而不是以今人读古人，即隋唐以后的人皆以当时的书籍体例来理解古代文籍体例与文字著述的社会功能，把当时的常识投射到古人身上，而章学诚则尝试与古人处在同一个层次上，同情地理解上古之情状，故所得的认识与他人截然不同。① 这在一定程度上证明了陈寅恪提倡的"了解之同情"态度在史学研究中确能有助于发现事实，但章学诚之所以能发掘古代文籍"言公"之旨，也是因为他一直留心当代之务，并且志在鼓吹回到战国以前文道合一、治教合一、官师合一的理想状态，因此他对古籍体例的认识当中仍然包含着他的"当今视域"的投射。不过这并不是关键问题，关键问题是：既然诸子百家的经典都不是一时一人之所作，而是学术丛书和传灯语录，那么我们应该怎样理解和解释它们呢？换言之，我们应该怎样对待历史事实与历史观点、经籍本文和后世诠释呢？陈寅恪在谈及对史论的态度时提到："史论之作者，或有意或无意，其发为言论之时，即已印入作者及其时代之环境背景，实无异于今日新闻纸之社论时评，若善用之，皆有助于考史。故苏子瞻之史论，北宋之政论也；胡致堂之史论，南宋之政论也；王船山之史论，明末之政论也。今日取诸人论史之文，与旧史互证，当日政治社会情势，益可藉此增加了解。"②概乎言之，"思想"本身即已蕴含其产生之时的历史与社会环境，端赖我们如何去发现、理解和解释。陈寅恪上述态度和方法，大可用来

---

① 王汎森《对〈文史通义·言公〉的一个新认识》，载《权力的毛细管作用》，北京：北京大学出版社，2015年，第443—456页。
② 陈寅恪《冯友兰中国哲学史上册审查报告》，第280—281页。

处理经典与诠释之间的关系，如取经籍本文，与考古发现、历代注疏相印证，借此了解当时的政治和社会形势，这样把经籍与诠释、史实与史论结合在一起考虑的方法，或许才是我们诠释经典时应该秉持的目标，也是我们评价经典译文时可以据以衡量的标准。从这一点来看，我们分析理雅各理解的《易经》卦爻辞中体现的文王、周公之志，虽然未必符合《易经》卦爻辞的意思，却自有其不可取代的时代意义，也代表了欧美《易经》诠释的一个重要方向。

第四章　从儒教典籍到智慧之书

1924年，卫礼贤（Richard Wilhelm，1873—1930）积十年之功翻译而成的德文版《易经》（*I Ging，Das Buch der Wandlungen*）由位于德国耶拿（Jena）的迪德利西斯出版社（Eugen Diederichs Verlag）出版，引起德国知识界的关注，马丁·布伯（Martin Buber，1878—1965）、荣格（Carl Gustav Jung，1875—1961）、黑塞（Hermann Hesse，1877—1962）等人都对它产生了兴趣，尤其是荣格，曾几度公开宣称《易经》对他产生的重大影响，并邀请卫礼贤去苏黎世的心理学协会（Psychologischer Club）演讲，与他一起合作推介道家炼金术著作《太乙金华宗旨》，同时安排自己的学生贝恩斯夫人（Cary F. Baynes，1883—1977）着手将卫礼贤的德文《易经》翻译为英文。由于荣格的大力揄扬，《易经》的影响力一时无远弗届，震动欧洲文化风气。尽管如此，它当时只是在德语世界迅速取代了理雅各的《易经》译本，英语世界占统治地位的仍然是理雅各译本。直到二十多年后，贝恩斯夫人完成《易经》英译，请卫礼贤之子卫德明（Hellmut Wilhelm，1905—1990）协助将译文与汉语原文校对一过，然后由荣格撰写序言，于1950年由博林根基金会（Bollingen Foundation）的出版代理商潘塞恩图书公司（Pantheon Books Inc.）分上下册出版，流行于德语世界的卫礼贤译本才跨越两重语言，进入英语世界。一开始它的销量并不突出，直到《易经》突然间和20世纪60年代兴起的反文化思潮（Counter-culture Movement）合流，变成嬉皮士人手一册的经典，其销量才开始急剧蹿升，尤其在贝恩斯夫人与卫德明合作，于1967年推出包装和版式更为紧凑的第三版单行本后，《易经》英译本便一直畅销不衰，日渐取代理雅各的《易经》译本，成为真正融入美国人生活的文化经典。

第一节　卫-贝译本经典地位的确立

近年来，从事《易经》西传研究和卫礼贤研究的学者论及卫-贝译本在英语世界

图 4-1　卫礼贤 1924 年《易经》德译本内页

的影响时,往往突出劳乃宣(1843—1921)、卫礼贤和荣格的功劳,把英语世界的《易经》热和德语世界的《易经》热混为一谈,实则两者之间虽有联系,但卫礼贤译本真正在英语世界流通,进而变成一部文化经典,销量持续居高不下,时至今日仍在各类《易经》译本中保持领先地位,实有赖于卫礼贤德译本之特殊地位、荣格心理学研究之介入、贝恩斯夫人英译之转化、卫德明编辑和讲座之推动、美国 20 世纪 60 年代反主流文化思潮之兴起,直至博林根系列(Bollingen Series)出版活动之推动等各种因素相辅相成,形成一股合力,才最终促成了《易经》卫-贝译本的经典地位。

一、卫礼贤的《易经》德译本及《易经》系列讲座

　　卫礼贤翻译《易经》的工作开始于 1914 年,[①]其时辛亥革命刚结束不久,不少满清遗老来到青岛避难,其中就有曾任京师大学堂总监督兼署学部副大臣的劳乃宣。据卫礼贤 1926 年出版的回忆录《中国心灵》一书记载,1913 年,他在青岛时做过一个梦:"梦里有个眼神友好、胡子雪白的老人来探访我,他称自己为'崂山',要我去探寻古老山岳的秘密,我向他鞠躬表示感谢,他一消失我立刻就醒了。"[②]其后,曾任山东巡抚的周馥(1837—1921)向他推荐劳乃宣,劳氏曾于 1904 年至 1908 年周馥任两江总督时做过他的幕僚,所以周馥对其学问非常了解。他说:"你们欧

①　Wilhelm/Baynes. Preface, *I Ching*, *or the Book of Changes*, p. xlv. 下文引用卫-贝译本,如无特别说明,均指此译本,引文只列书名和页码。巴伐利亚科学院档案馆藏有卫礼贤 1914—1919 年翻译《易经》的手稿,也可佐证卫礼贤在《易经》译本前言中的说法。
②　卫礼贤《中国心灵》,王宇洁、罗敏、朱晋平译,北京:国际文化出版公司,1998 年,第 144 页。

洲人总是在中国文化的外围使劲，没有一个人理解它的真正的含义和确切的深度，原因在于你们从未得到过真正的中国学者的帮助。你曾拜作老师的人是已经被解了职的乡村私塾先生，他们只了解一些表面的东西，因此在你们欧洲，有关中国的论述大都愚不可及，这也没什么值得奇怪的。如果我给你引荐一位老师，他的思想真正根植于中国精神之中，他会引导你进入中国精神的深刻之处，不知你意下如何？这样你就能翻译一些东西，其余的自己来写，中国也就不会总在世界面前蒙羞了。"①在周馥的引荐之下，几周以后劳乃宣携家人来到卫礼贤的住所。卫礼贤说，劳乃宣和他梦中的老人像极了。正是在劳乃宣的建议下，卫礼贤才动手翻译《易经》。劳乃宣说，这本书并不像通常认为的那样难以领悟。人们觉得难理解，是因为采用蓍草占筮这个《易经》的活传统最近已濒于消亡，不过他过去有位老师依然能接续这一古老的传统。劳氏家族与孔子后裔是姻亲，他有一束采自孔墓的蓍草，他知道怎样用蓍草来占筮，这种占筮的古法在中国几近失传。② 由此我们可以看出，劳乃宣在给卫礼贤讲解《易经》时，不但重视卦爻辞释义，而且也注重《易经》的卜筮用途。

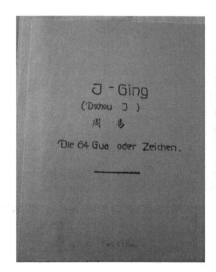

图 4‐2 慕尼黑巴伐利亚科学院档案馆藏卫礼贤 1923 年《易经》抽印稿（Badw：NL Wilhelm II/98）

---

① 李雪涛《〈易经〉德译过程与佛典汉译的译场制度》，《读书》，2010 年第 12 期，第 55 页；卫礼贤《中国心灵》，第 145 页。
② 李雪涛《〈易经〉德译过程与佛典汉译的译场制度》，第 56 页；卫礼贤《中国心灵》，第 145 页。

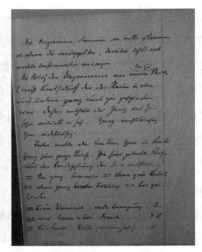

图 4-3　慕尼黑巴伐利亚科学院档案馆藏卫礼贤 1914 年《易经》翻译手稿（Badw：NL Wilhelm II/144a）

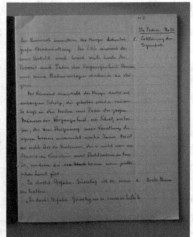

图 4-4　慕尼黑巴伐利亚科学院档案馆藏卫礼贤 1919 年《易经》翻译手稿（Badw：NL Wilhelm II/144b）

　　卫礼贤翻译《易经》的方法，他在《中国心灵》和《易经》译本前言里都有交代，具体说来，就是劳乃宣先用中文向他解释经文，卫礼贤做好笔记，然后再将经文翻译成德语，在此基础上，他不看汉语原文，将译成德语的经文回译成汉语，由劳乃宣对照原文加以比较，看卫礼贤是否注意到了所有的细节。之后卫礼贤再将德文译本的文体加工润色，并讨论一些细节问题。最后，卫礼贤还要对译文进行三到四次的修改，加上最重要的注释。就这样，译本不断得到完善。[①] 卫礼贤在《易经》译本前言中介绍这种合作模式之后，说："(劳乃宣)第一次带领我见证了《易经》中的各种奥秘，正是在他的悉心指导下，我才得以忘情地遨游于这个陌生而又熟悉的世界。"师徒两人几经往复讨论，直到经文的意思完全在译文里体现出来，然后他们才认为这个译本真正称得上是《易经》的翻译。[②] 这一点恰与上文所述周馥向卫礼贤引荐劳乃宣时说的话相呼应。周馥认为中国文化之所以在世界面前蒙羞，其中一个重要原因即是那些翻译中国典籍的人未得名师传授指导，未能真正传递深植于典籍中的中国文化的精神。他给卫礼贤介绍名师，即寄希望于卫礼贤，希望他能在劳乃宣的指导下翻译出中国典籍的精髓，扭转西方人一直瞧不起中国文化的不利局面，从而传播和发扬中国文化的真精神。劳乃宣在写给罗振玉的信中曾提到："(卫礼贤)近闻京师人言议废孔教，以为大戚，约中西学者为'尊孔文社'著书论学，以昌明正学为宗，并登报传布，暨译西文，流传西国。社中须延执笔之人，欲约弟承乏是席。"[③]从中可以看到，劳乃宣协助卫礼贤译经，其中也寓有"昌明正学"、"流传西国"之意。[④] 卫礼

---

① 李雪涛《〈易经〉德译过程与佛典汉译的译场制度》，第 56 页；卫礼贤《中国心灵》，第 145 页。

② Wilhelm/Baynes. Preface, *I Ching, or Book of Changes*, p. xli.

③ 韩行方、房学惠《劳乃宣致罗振玉书札十六通》，《文献》，1999 年第 4 期，第 268 页。

④ 鸦片战争以后，中国历遭欧洲各国坚船利炮的打击、一再被迫签订城下之盟，士大夫阶层基本承认欧洲列强在器物方面的绝对优势，但对中国文化，传统士人总还是保有一种信心。黄遵宪和日本人谈话时说："形而上，孔孟之论至矣；形而下，欧米之学尽矣。"他在著作里又说："吾不可得而变者，凡关于伦常纲纪者是也。吾可以得而变者，凡可以务财、训农、通商、惠工者皆是也。"张之洞更为学术二元化定下了一个流行公式："新旧兼学：旧学为体，新学为用。"大家普遍承认自然和一部分社会科学是"泰西"的好，中国该向它学；同时又深信文学、道德、哲学等还是中国的好，不必向外国进口，而且外国人领略到这些中国东西的高妙后，还很可能会来归化。(见钱钟书《林纾的翻译》，收入《七缀集》，上海：上海古籍出版社，1994 年，第 142 页)这种同文远被的心理，在当时士大夫阶层协助外国人翻译中国典籍的意图中占有一定比重。尤其清廷覆灭，民国肇造之际，像周馥、劳乃宣这样曾受清廷任用的臣子，躲在青岛的德国租界里，满目河山依旧，而触眼人事皆非，对故国文化更增眷念之情。陈寅恪在《王观堂先生挽词并序》中曾谈到这种"文化遗民"的心态："凡一种文化值衰落之时，为此文化所化之人，必感苦痛，其表现此文化之程量愈宏，则其所受之苦痛亦愈甚。"(《王观堂先生挽词并序》，见陈寅恪《陈寅恪集·诗集》，北京：生活·读书·新知三联书店，2001 年，第 12 页)这一点证诸中国史实，尤以明亡和清亡时最为显著。明朝亡于异族，晚清民国之变则为中国文化"三千年未有之大变局"。以此观之，则周馥、劳乃宣等清朝"文化遗民"寓居青岛时，自然对中国文化生出无限恋慕，希望借由卫礼贤之手，将其传递到西方世界，其目的与其说是希望同文远被，倒不如说是寄托了一种伤怀眷念。据琼·莫利诺(Joan Molino)的研究，劳乃宣对中国文化在西方外来文化的冲击下何以自处的问题，采取的也是张之洞提倡的"中学为体、西学为用"的主张，(参见琼·莫利诺的博士论文：Molino, Joan. Introduction, *A Study in Late Ch'ing Conservatism Lao Nai-Hsuan (1843-1921)*. Department of History, Indiana University, 1986, pp. 36-39)他协助卫礼贤译经，其中或也有借以保存中国文化种子之意。

贤 1913 年在青岛创办"尊孔文社",与一群晚清遗老相与酬酢,谈诗论文,同时在劳乃宣的指导和讲解下阅读中国典籍,耳濡目染,日益体会到儒家典籍中蕴含的"活的精神",因此卫礼贤的《易经》译本,才会表现出和理雅各译本不一样的面貌。日德战争爆发以后,劳乃宣于 1914 年 8 月避居曲阜,他们的翻译工作被迫中断,但他在 1917 年 7 月又回到青岛,与卫礼贤合作继续译完《易经》,虽然未及见到《易经》译本在德国出版,劳乃宣即于 1921 年 7 月 21 日在青岛逝世,[1]但他努力经营的这份文化事业终得以顺利完成。这部凝聚中国经典"活的精神"的译作最终在欧洲和美国产生了极大的影响,从一个侧面证明了周馥当年的做法完全正确。

耶路撒冷希伯来大学的埃伯(Irene Eber)在为卫礼贤的讲座集《易经讲座:恒常与变易》(*Lectures on the I Ching：Constancy and Change*)撰写的导言中指出,卫礼贤与劳乃宣的合作意义重大,不仅因为劳乃宣是有名的大儒,还因为他长期浸淫经学,尽管当时很多人对古代经史典籍的态度已发生微妙转变,但劳乃宣与他们不同,他进入古籍的路子完全遵循传统。也就是说,对劳乃宣而言,儒家典籍作为中国价值观的载体,是活生生的传统,活生生的权威(living tradition and living authority)。正是通过劳乃宣的口授心传,卫礼贤才逐渐了解到,《易经》并不是一部供人拿来做科学研究和客观评判的书籍,如后来"古史辨"派所做的那样,可以重新评估它的内容,而是深植于中国人思维肌理中的一个有机成分。"阅读一个文本,因为它印证和解释了万事万物之理,和阅读一个文本,以查看它是否能印证和解释万事万物之理,这两种阅读活动大不相同。"[2]前者是"虚心切己",相信经典中有万世不易之理,不断督促自己去体会和践行经典中的道理;而后者是先有一番自己的道理在那里,然后以之为圭臬去衡量评价经典,看经典是否与此心此理相吻合。[3] 做出这种区分非常重要,因为它体现了传统学术和现代

---

[1] 劳乃宣 1917 年回青岛与卫礼贤继续译完《易经》一节可参见前揭李雪涛《〈易经〉德译过程与佛典汉译的译场制度》,第 58 页。

[2] 埃伯的论述,参见 Wilhelm, Richard. *Lectures on the I Ching：Constancy and Change*, Princeton, New Jersey：Princeton University Press, 1979, p. 145, 151-152. 本书在此基础上有所发挥,然其基本精神是一致的,就是强调卫礼贤翻译《易经》的路径接续了中国经典的活的传统,和顾颉刚后来领导的"古史辨"派对《易经》的科学研究路径大不相同。

[3] 朱熹在谈读书法的时候,反复强调读书要虚心切己、不要先立说。他说:"读书须是虚心切己。虚心,方能得圣贤意;切己,则圣贤之言不为虚说。""虚心切己。虚心则见道理明;（转下页）

学术在态度上的决裂。"古史辨"派的学者虽然仍在读《易经》，但因为他们对待传统学术的态度发生了急剧转变，他们进入古典的方法相较于前人而言也已明显不同，把《易经》和其他儒家典籍作为科学研究和调查的目标。他们阅读经典，并非先在地认为经典中含有万世不易之理，而是带一种批判和考察的眼光，去查究经典中到底有没有确定不移的道理，他们针对《易经》的含义、地位和功用的研究，已经不再先定地认为它是一部备受推崇、不容置疑的经典，所以说他们的研究代表了与传统经学的决裂和分途。在传统经学家眼里，《易经》中包含的是鲜活的、不容置疑的"圣人之言"，而"古史辨"派对《易经》文本构成、创作年代以及卦爻辞具体含义的考据和辨析，使经典变成一堆供研究和批判用的故纸堆，而不再是切己的活学问。卫礼贤的《易经》译本，因为直接来自晚清通儒对经典的理解，所以在一定程度上接续了中国古代经典的活的传统，并进而将这种传统传到西方，所以他的译本，既重视卜筮传统，又重视经典中的微言大义，将经典与个人生活密切结合起来。这从一个侧面解释了为什么卫礼贤、卫德明父子在讲座中频繁将《易经》和一战、二战后的欧美现实相联系，也解释了为什么卫礼贤的德文译本经过贝恩斯夫人的翻译进入英语世界后，很快就和二战后欧美社会人们的现实命运产生强烈共鸣。因为从一开始，劳乃宣和卫礼贤对它的诠释就蕴含着这种"通经致用"的精神。

　　卫礼贤对中国文化的深厚感情，和他对中国现实政治的看法泾渭分明，他喜欢的只是古代的文化和士人身上体现出的精神，对清朝政治制度的消亡并没有什么感受，发起"尊孔文社"，也是因为他担心传统文化在中国消亡，担心这些遗老身上所代表的那种古代精致的生活方式很快会没落下去，不再为人所知，因此想要设法挽留。"如果说他对中国的现代化有所怀疑的话，那也只是针对其文化基础

（接上页）切己，自然体认得出。"朱熹所说的"虚心"就是承认典籍中蕴含的圣贤之意是古人通过自身经历总结得来，必有其道理在，而"切己"则强调在理解了古人所说的道理后需要身体力行，将古人的学问变成自己的立身行事之道，实际上说的就是学思合一、知行合一、通经致用的问题。朱熹还说："凡看书，须虚心看，不要先立说。看一段有下落了，然后又看一段。须如人受词讼，听其说尽，然后方可决断。""今人观书，先自立了意后方观，尽率古人语言人做自家意思中来。如此，只是推广得自家意思，如何见得古人意思！须得退步者，不要自作意思，只虚此心将古人语言放前面，看他意思倒杀向何处去。如此玩心，方可得古人意，有长进处。"朱熹所说的不要先立说，就是告诫读书人要以圣人意为己意，才能真正理解经典中的道理。劳乃宣和卫礼贤所继承的读经之法和传经之旨，还是遵循朱熹这一条脉络下来未曾断，因此和后来的"古史辨"派的读经方法存在较大差异。上引朱熹读书言论见朱熹《读书法》（下），载于黎靖德编，王星贤点校，《朱子语类》（第一册），第179—180页。

而言。"①1922年卫礼贤重回中国时受邀到北大演讲,尽管对北大那种新旧兼容的学风印象深刻,但他还是倾向于参加像"道德学社"、"四存学会"这些保守团体的活动,对胡适和开明保守派发起的"整理国故"运动也表示同情。但他并非提倡复古,即使"五四运动"中的激进派提倡砸烂一切旧传统,因为目的在于争取中国的自主权,他也表示认可,只是悲叹在这场改革运动的裹挟下,西方机器文明最不堪的渣滓也被中国人全盘接受,他们对那些廉价以及毫无价值的东西趋之若鹜,反而把自身文化传统中珍贵的东西丢掉了:

> 西方是以武力和掠夺的方式单方面强行进入中国的,然而西方带给中国的却尽是些顺手和实用的东西,年轻人因此一拥而上,很快对属于中国的一切感到惭愧和丢人。不论思想也好,服装也罢,西式的总是更为可取。他们对中国文化的各种精细复杂的技能不再熟悉,因此大有沦为二等欧洲公民的危险,因为他们接受的不过是西方文明最为肤浅的一些表面因素。②

和中国年轻人对西方文明的绝对崇拜相反,卫礼贤认为儒家思想能拯救西方世界。在中国旅行期间,他发现汉族和其他民族之间存在明显差异,而将各族人维系在一起的恰是儒家文化,这种强调世俗道德的文化也许可以将全世界人团结在一起。他发现"世俗的"(secular)东西反而是"神圣的"(sacred),这其中受儒家思想的影响非常明显。在新文化运动期间中国知识分子抛弃唯恐不及的儒家思想反而受到卫礼贤的青睐,德国汉学家鲍吾刚(Walfgang Bauer,1930—1997)曾有过一段精彩的评价:"那时在中国到处都能听到'打倒孔家店,打倒旧文化'的呼声,然而国外对这些旧文化的兴趣反而日渐高涨起来。这是不是人类灵魂的固有特征,即对自己已经拥有的东西往往不会满足,而总是对自己没有的东西孜孜以求?"③吴素乐(Ursula Riclter)指出卫礼贤身上的一个悲剧特征:为了限制西方思想带给他的危险,他宁可牺牲自己的传教士和欧洲人身份,全身心地投入中国文化的怀抱,而和他同时期的很多中国知识分子,却正在争先恐后地摆脱

---

① Richter, Ursula. "Richard Wilhelm — Founder of a Friendly China Image in Twentieth Century Germany",《中研院近代史研究所集刊》,1991 年第 20 期,p. 170.

② 同上书,pp. 174-175.

③ 同上书,p. 177.

自己的中国和儒家身份。① 这是因为中国知识分子在晚清以降的救亡图存运动中历经磨难,强烈意识到西方在器物和制度方面的优势,将中国积贫积弱的处境全部归因于传统文化的崇孽;而卫礼贤 1920 年回到欧洲后,面对欧洲一战后满目疮痍的惨痛现实以及德国战败的剧烈沉痛,深深体会到资本主义机器文明的发展给人们带来的深重灾难,因此极力提倡东方中国的儒家文化,希望能够通过东方思想来改造和重建西方文明。这两者虽然取径不同,但出发点和目的地则颇多相似之处。

　　1920 年夏,德国在中国的团体基本解散以后,卫礼贤也回到德国。因为他的中国宗教和哲学系列译本在德语世界被广泛阅读,一时间让他成为文化名人。早在 1910 年,黑塞就评论卫礼贤翻译的《论语》译本,认为它让欧洲人见识到了不同的世界,迫使他们不再对自身的文化自以为是,而是采用比较的方法来看待自身的文化,并且在脑海中形成两个世界间的耀眼综合。② 遭受一战带来的巨大灾难后,越来越多受过教育的欧洲人希望获得这样的综合,卫礼贤因此收到广泛分布于德国、瑞士、捷克等不同地方的各种社团、俱乐部和大学的邀请,给他们做有关中国和中国文化的报告。他在新成立的“智慧学派”上所作的报告于 1922 年以《中国人的生活智慧》为名,在达姆施塔特市的奥托·莱希尔出版社出版,其中包括《人生的意义》、《集体生活的教育》和《易经》。《人生的意义》主要介绍老子的生活智慧,《集体生活的教育》介绍以孔子为代表的儒家学说,《易经》被认为是老子和孔子生活智慧的交汇点,其中汇集了数千年来最成熟的思想家的大量经验。③ 卫礼贤的这些报告虽然以介绍中国人的生活智慧为主,但他的着眼点却是西方社会,因此报告中充满了中西思维、文化和社会的对比,并且不断强调老子、孔子和《易经》中的“智慧”,从中可以看到他在《易经》译本中也强调的重要观点。1922 年 2 月,卫礼贤作为德国驻北京公使馆的科学顾问再次回到中国,但只在中国待了两年,到 1924 年夏,卫礼贤又一次离开中国,这次是永远离开,此后再也没有回来,他在中国前后长达二十三年的时光就此结束。回到德国以后,卫礼贤担

---

① Richter, Ursula. "Richard Wilhelm — Founder of a Friendly China Image in Twentieth Century Germany", p. 177.

② 同上书, pp. 170-171.

③ 卫礼贤《中国人的生活智慧》,蒋锐译,孙立新校,济南:山东大学出版社,2010 年,第 3—52 页。

任法兰克福大学第一任汉学教授,他经过十年时间打磨的《易经》译本也终于在这一年面世。此后,卫礼贤的活动全部转到德国和欧洲,希望把中国的智慧传播到欧洲,以激发和更新欧洲的文化。[1] 他先后受邀在不同地方发表有关中国文化的报告:1925 年 11 月在美茵河畔法兰克福"中国学社"的揭幕式上作"东方与西方"的报告,指出欧洲人可以从中国的历史遗产中找到深化和丰富现实存在的可能性,找到宁静和自信。[2] 1925 年在达姆施塔特的"智慧学派"年会上作"个人命运和宇宙发展"的报告,指出个人命运虽然不可避免地受到宇宙事件及其发展的制约,但也不能因此放弃自主塑造命运的自由。[3] 1926 年在达姆施塔特的"智慧学派"年会上作"宇宙的安排"的报告,从宇宙联系的角度看待自由,认为宇宙的自由是有目的、自我实现的自由,谁在内心实现了自由,谁就与深刻的宇宙领域建立了生动的联系。[4] 1927 年在达姆施塔特的"智慧学派"年会上作"作为中庸的人"的报告,指出在人类的道德秩序开始瓦解时,人们的人物任务就是要创造"作为中庸的人"。[5] 1928 年 3 月在维也纳文化协会作"歌德与老子"的报告,比较老子和歌德的思想。[6]

除了这些介绍中国文化的报告,卫礼贤还先后做了多场关于《易经》的讲座。1926 年在美茵河畔法兰克福的歌德故居(Goethehaus)做了三场总题名为"艺术的精神"的讲座,分别利用《易经》中的一些卦来讨论艺术思想和精神。他用《贲》卦讨论诗歌与雕塑,用《豫》卦讨论音乐思想,用《履》卦和《中孚》探讨行为艺术即人生艺术的思想。1927 年 11 月在"中国学社"又做了三场题为"生生之谓易"的讲座,利用《易经》中的《井》、《小畜》和《大畜》三卦及其卦变来讨论变化与永恒的主题。1928 年在美茵河畔法兰克福"中国学社"秋季学期上做了两场题为"死亡与再生"的讲座,利用中国人的两极对立的思想来探讨死亡和再生的问题。1929 年 11 月在美茵河畔法兰克福"中国学社"秋季学期做了两场关于"对立与协同"的讲座,介绍《易经》八卦中体现的事物的循环运动以及卦变和爻变中体现的对立和统一

---

① Richter, Ursula. "Richard Wilhelm — Founder of a Friendly China Image in Twentieth Century Germany", p. 176.
② 卫礼贤《中国人的生活智慧》,第 225—229 页。
③ 同上书,第 146—148 页。
④ 同上书,第 149—161 页。
⑤ 同上书,第 162—176 页。
⑥ 同上书,第 205—246 页。

精神。这些讲座于 1928—1930 年间在《中德年鉴》上发表,稍后于 1931 年收入卫礼贤的妻子卫美懿(Salome Wilhelm,1879—1958)辑录的文集《人与存在》(*Der Mensch und das Sein*),在耶拿的迪德利西斯出版社出版。同年又以《变易与恒常:易经的智慧》(*Wandlung and Dauer,die Weisheit des I Ging*)之名在耶拿出版单行本,1956 年在搬到杜塞尔多夫和科隆的迪德利西斯出版社再版。[①]

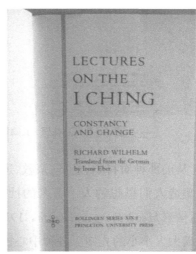

图 4-5　卫礼贤《易经讲座:恒常与变易》英译本

1979 年这些讲座由埃伯翻译成英文,以《易经讲座:恒常与变易》(*Lectures on the I Ching:Constancy and Change*)之名,由博林根基金会交由普林斯顿大学出版社出版。1995 年该书与卫德明的《易经八讲》合并,以《理解易经:卫德明父子易经讲座》(*Understanding the I Ching:The Wilhelm Lectures on the Book of Changes*)之名在普林斯顿大学出版社出版。

从卫礼贤回国的 1924 年到他去世的 1930 年,德国处于魏玛共和时期(1918—1933)。"一战"带给德国的经济破坏和社会动荡尚未平息,《凡尔赛和约》又给德国人的心理造成严重的创伤,作为战败国的德国不可能再实现较高的政治或经济目标,社会上普遍弥漫着对"进步"这个概念的怀疑。人们缺乏对生活较高层面意

---

① 卫礼贤《中国人的生活智慧》,第 238—343 页;另见 Wilhelm, Hellmut, and Wilhelm, Richard. *Understanding the I Ching:the Wilhelm Lectures on the Book of Changes*. Princeton:Princeton University Press,1995,pp. 138-317.

 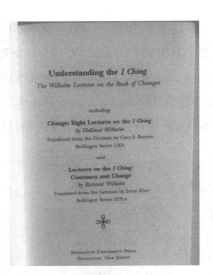

图4-6　卫礼贤、卫德明父子《易经》讲座合集

义的追求，从前那种对科学、经济、宗教、道德的信仰全都动摇了，未来呼唤着那些能够重新塑造人们思想的人。著名的社会学家曼海姆（Karl Mannheim）在他的《海德堡通信》（*Heidelberger Briefe*，1921）里说："到处的人都在等待先知，连空气中都充满大大小小的先知。各种中心机构都在试图改造整个文化，到处弥漫着开放的精神，人们拥抱任何形式的拯救，整个社会都散发着一定程度的空虚，一种精神上的渴求，无论怎样也填不满。"①经过第一次世界大战的摧残，欧洲满目疮痍，很多人开始思考重建的问题，思考怎样才能避免同样的灾难再次发生。这种大规模的灾难同时激发了人们对唯心论（Spiritualism）的兴趣，激发人们思考人生的意义和目标问题。德国一部分知识精英开始转向东方去寻找人生的意义。印度和中国吸引了大量知识分子的注意，其中印度的佛教和中国的道家思想尤其受到推崇。德语国家先后创办了多家高质量的佛教期刊，持续不断地将远东的佛教文本重新翻译成德文。对人生意义的追求以及随之而来的朝东方的转向，促使欧洲人渴求塑造所谓的"新人"（new man）。"新人"这个概念的发明，是为了回应人类和他们创造的现代文明之间越来越大的裂痕。只有两个办法能够弥合这样的裂痕，要么人类致力于科学进步和取得的成就，放松传统的与情感和宗教间的联

---

① Hakl，Hans Thomas. *Eranos：An Alternative Intellectual History of the Twentieth Century*，translated by Christopher McIntosh with the collaboration of Hereward Tilton. London and New York：Routledge，2013，p. 35.

系,以此来解放自己,要么转向真正的情感和精神需求,放弃科学发明创造,通过这种方式让自己获得解放。卫礼贤回国后身处这样的文化氛围,当然会深受影响,并努力为欧洲文明的弊病提供他的中国药方。他指出,欧洲机器文明的扩张对全人类所有其他生存形式都会产生毁灭性的影响。欧洲社会组织的目标是帝国主义即强力政治,它是现代欧洲精神的固有特性,导致厌恶和仇恨的情绪弥漫在欧洲各国之间。在卫礼贤看来,第一次世界大战的爆发标志着西方文化的终结和机器文明的崩溃,科学和宗教组织突然瘫痪,承载欧洲文化的精神基础坍塌了,欧洲文化受到致命的创伤。但卫礼贤并没有全面否定西方文化的价值,也不认为欧洲文化没有恢复和再生的希望。因此他热切希望欧洲人借鉴中国人的生活智慧,创造出一种新的世界文化。"中国人对内心世界、人、生活艺术、组织化的重视,正好可以纠正西方人思想的片面性。"①卫礼贤还表现出对基督教信仰的怀疑和对创造"新人"的渴望。他说:"我们年轻时被教导要笃信不疑的上帝,现在看来并非是毫无疑虑的现实,即便最精细的辩证法也不再能让我们深信有这样一位上帝以及所谓普遍的爱和无所不在的能力。让我们回到世间,找到'人'的所在。我们在'人'这里才能找到'天'的存在。正是在'人'这里才会有创造新世界的神圣力量。"②卫礼贤谈到这样的"新人"时,指出他必须经过对宇宙万事万物间相互联系的最深层次的思考后才能回到自己身上来。为了让西方找回长期丢失的洞察力,形而上学、伦理学和对人的研究构成了不可分割的整体。实际上卫礼贤的思考甚至延伸到了通过克服自我(ego),将自身融入自然秩序中,最终达到战胜死亡的境界,这从他的系列《易经》讲座中可以看出来。埃伯指出,卫礼贤的演讲受到当时时代精神的激发。20 世纪 20 年代后期的德国在政治上和社会上都不太稳定,但在文化上却非常激荡人心、振奋精神。这段时期是学术和艺术、文学和音乐竞相绽放的时期,尤其对其他地方和其他民族非常开放。中国学院在 1925 年成立后,卫礼贤和马丁·布伯、黑塞以及荣格等人经常保持联系,这些人的兴趣都非常广泛,卫礼贤深受弥漫在这些人身上的时代精神的影响。人们对共同关心的问题彼此间交流看法,他们的思想沿着崭新的难以预料的方向发展。卫礼贤的《易

---

① 孙立新《卫礼贤论东西方文化》,载孙立新、蒋锐主编《东西方之间——中外学者论卫礼贤》,济南:山东大学出版社,2004 年,第 184—203 页。
② Richter, Ursula. "Richard Wilhelm — Founder of a Friendly China Image in Twentieth Century Germany", pp. 175-176.

经》讲座不仅反映了他自己的思想,同时也反映了他所处的那个时代。①

总之,卫礼贤的《易经》讲座,一方面反映了他对《易经》及其产生的文化环境的深厚理解,另一方面又体现了当时欧洲的时代精神。这些讲座促进了欧洲对《易经》的理解,加速了《易经》译本的传播。随着埃伯将这些讲座翻译为英语出版,卫礼贤的易学思想进入英语世界,客观上加深了人们对《易经》卫-贝译本的理解,从而助推了它在英语世界的传播。

二、荣格对卫礼贤《易经》译本的运用及评价

荣格曾不止一次提到卫礼贤及其翻译的《易经》对他产生的重大影响。他在《怀念卫礼贤》一文中说:"(卫礼贤)是汉学家,我是医生,如果我们各自固守自己的专业领域,可能一辈子也不会有什么交集。但是我们在一个超越学科界限的人文领域相遇。在那里我们有了交汇点,彼此擦出火花,并燃烧出亮丽的光芒。对我来说,这是我人生中最为重要的大事之一。"②"实际上,我觉得自己因为卫礼贤而变得这样丰富,好像我从他那里得到的东西比任何其他人都要多。"③在《易经》卫-贝译本的前言里,荣格说:"卫礼贤为洞悉《易经》的复杂难题提供了明鉴之光,同时还为《易经》的实际应用打开了方便之门,我对他一直铭感在心。"④荣格的思想,尤其是他提出的"同时性"概念(synchronicity),固然受到卫礼贤的影响。反过来看,《易经》在德语世界的广泛传播,以致后来在英语世界产生巨大影响,很大程

---

① Wilhelm, Hellmut, and Wilhelm, Richard. *Understanding the I Ching: the Wilhelm Lectures on the Book of Changes*, pp. 142-143. 关于卫礼贤的《易经》讲座与当时德国以及欧洲时代精神之间的关系,蔡郁焄在《卫礼贤〈永恒与变化〉之〈易〉学思想与魏玛文化精神》一文中论述甚详,见《中国学术年刊》第 36 期,2014 年,第 93—111 页;此外赖贵三《〈易〉学东西译解同——德儒卫礼贤〈易经〉翻译综论》中也多有涉及,见《台北大学中文学报》第 16 期,2014 年,第 29—66 页。对卫礼贤《易经》讲座的讨论,较早有赵娟《汉学视野中卫氏父子的〈周易〉译介与研究》这篇文章,刊于《周易研究》2010 年第 4 期,第 81—82 页,另外蔡郁焄 2014 年所撰博士论文《卫礼贤、卫德明父子〈易〉学研究》更是对这一专题展开详尽论述。因本文主旨并非讨论卫礼贤《易经》讲座与所处时代之关系,且上揭各文已从多方面或详或略论述过,故此不再赘述。

② Jung, C. G. "In Memoriam of Richard Wilhelm", as an appendix to *The Secret of the Golden Flower*, translated into German and explained by Richard Wilhelm with a forward and commentary by C. G. Jung, which was translated into English by Cary F. Baynes in 1931 and revised in 1962. New York: Harcourt Brace & Company, 1962, p. 138.

③ 同上书, p. 149.

④ Jung, C. G. Foreward, *I Ching, or the Book of Changes*. p. xxii.

度上也要归功于荣格对卫礼贤工作的不断揄扬以及毫不掩饰地宣称《易经》给他的思想带来了重大启发。

值得注意的是,荣格对卫礼贤《易经》译本的赞扬,是和对理雅各《易经》译本或明或暗的贬斥联系在一起的。在《怀念卫礼贤》一文中他说:"对我来说,卫礼贤翻译和注释的《易经》是他取得的最大成就。在我接触卫礼贤的译本之前,我已经用理雅各不太恰切的翻译揣摩了多年,所以我完全能体会到这两个译本间的天壤之别。卫礼贤采用全新而又充满活力的形式,成功让这部古老的作品重新获得了生命,而不仅很多汉学家,甚至很多现代中国人,都将《易经》看成一部荒谬的符咒集,此外更无其他意义。"①这里明褒卫礼贤暗贬理雅各的态度已经非常明显,只是还没完全点破。到他为《易经》英译本写导言时,语气变得更为直接:"理雅各的《易经》译本是目前为止英语世界唯一可见的版本,但是这译本丝毫无助于西方人理解这部作品。相反,卫礼贤的译本则竭尽全力,为人们理解文本的象征意义打开方便之门。他之所以有能力这样做,是因为他得到劳乃宣这位可敬的大师亲授《易经》中包含的哲学以及如何使用这部经书。此外,多年来他自己也一直尝试《易经》中奇特的占筮方法。他对占筮文本鲜活的含义的把握让他的《易经》译本

---

① Jung, C. G. "In Memoriam of Richard Wilhelm", pp. 139 - 140. 荣格这里所指的"现代中国人",大概是指胡适而言。他在另外一篇《谈卫礼贤》的文章里,生动回忆了他和胡适之间关于《易经》的谈话:"(二十世纪)三十年代中期,我曾遇到中国哲学家胡适,我问他怎么看待《易经》。胡适回答说:'呃,那只不过是一部古老的符咒集而已,没什么意义。'他从没用《易经》占卜过,至少他自己这么说。只有一次,他还记得,他在现实生活中遇到过。有一天他和朋友一起散步,这位朋友告诉他谈恋爱遇到的烦心事,这时他们正好经过一座道观,他就和这位朋友开玩笑说:'你何不进去卜一卦!'哪知他一听马上信以为真。他俩走进道观,叫道士取出八卦来,但是他对那上面的废话一概不信。我问胡适,他们卜的卦到底灵不灵。但他回答得吞吞吐吐:'嗯,怎么说呢,这倒是,当然啦……'我又小心地问他,他自己有没有从这次机会中获得什么教益。'是的,'胡适回答道,'抱着玩笑心理,我也提了个问题。''那你卜的卦得到的回答有没有什么意义呢?'我问。他犹豫了一会儿:'嗯,怎么说呢,也可以说是有一点儿吧。'讨论这样的问题显然让胡适觉得不太舒服。"从荣格的描述中,可以看出胡适对《易经》的判断,并且明确说它是"一部古老的符咒集",而胡适在西方人的眼里代表典型的现代中国知识分子,因此荣格才会推而广之,认为很多中国人持有与胡适相似的看法。随着"古史辨"运动的兴起,《易经》在现代中国知识分子的眼里,确实是史料的价值大于卜筮的价值。即使在古代的易学传统里,汉代以后也一直是义理派占上风,将《易经》作为一套哲学体系,而淡化它的卜筮功用。朱熹算是将卜筮和义理较好结合在一起的人,但易学传统里流传的仍然是"善易者不占"的教导。卫礼贤的译本上承朱熹,强调易之用,因此得到荣格的赞赏,也非始无因。荣格上述回忆胡适的文章,见 C. G. Jung. "On Richard Wilhelm", in *Memories*, *Dreams*, *Reflections*, Appendix IV, recorded and edited by Aniela Jaffe, translated from the German by Richard and Clara Winston, revised edition. New York: Random House, Inc. , 1989, pp. 374.

拥有了深刻的角度,这是只拥有中国哲学专门知识的人难以提供的。"①荣格指出卫礼贤译本具备哲学和占筮两个角度,将《易经》的道、器两个层面的特征都包含在内,而理雅各译本除了无助于人们理解《易经》,也只关注《易经》的道德层面,忽视其卜筮特征,因此和卫礼贤的译本无法相比。荣格还引用理雅各的话,指出理雅各对卜筮传统的不屑和不理解:"理雅各在评价爻辞时说:'根据我们的理解,创作象征的人应该在很大程度上具备诗人气质,但是易象的制作者只会让我们想到枯燥乏味的老学究。三百五十多爻的爻辞中,大部分都荒诞不经。'理雅各评价卦辞的时候说:'人们也许要问,为什么要通过这样一组由不同线条组成的图像,用这样杂乱无序的象征意象来把这些意思传递给我们呢?'但是,理雅各有没有费神将《易经》的占卜方法拿来一试,我们却毫不知情。"②理雅各担任牛津大学的汉学教授以后,在缪勒的影响下,完全将《易经》看作儒教的一部经典,把它放在世界宗教的体系下加以考察,不再关注其卜筮层面的意思,这和卫礼贤所处的时代也有明显的区别。但不论怎样,正如理雅各当初在前言和注释中强烈批评麦格基的译本那样,他的译本遭到后起的卫礼贤译本的批判,也是必然的事。从中我们也可看到,一个译本取代另一个经典译本,除了时代因素外,权威人物的评价也会发挥很大的作用。

荣格第一次见到卫礼贤是在 1920 年凯瑟林伯爵(Count Hermann Alexander von Keyserling,1880—1946)家举办的"智慧学派"(The School of Wisdom)成立会议上。③ "智慧学派"于 1920 年 11 月 23 日在达姆施塔特市成立,创立者凯瑟林

---

① Jung,C. G. Foreward, *I Ching*, *or the Book of Changes*, pp. xxi-xxii.

② 同上书, p. xxi. note 1.

③ Jung, C. G. "On Richard Wilhelm", in *Memories*, *Dreams*, *Reflections*, p. 373,另见 Bair, Deirder. *Jung*:*A Biography*. Boston:Little, Brown and Company, 2003, p. 372. 按吴素乐《卫礼贤传略》中认为荣格和卫礼贤结识于 1927 年"智慧学派"第二次会议,而荣格自己的回忆录以及 Deirder Bair 撰写的《荣格传》里都认为他们结识于 1920 年"智慧学派"第一次成立会议。揆诸卫礼贤行止,似以后一种说法较确。吴素乐文章载孙立新、蒋锐编《东西方之间——中外学者论卫礼贤》,济南:山东大学出版社,2004 年,第 49 页。按此处吴素乐文章乃据德文翻译,与前引英文版存在较大差异。赫尔曼·凯瑟林是波罗的海贵族的后裔,在俄国革命中失去了所有家产。他从 1911 年开始环游世界,1914 年着手把自己的旅行经历撰写为哲思日记,1918—1919 年《一个哲学家的旅行日记》(Reisetagebuch eines Philosophen)在德国出版,获得极大成功,使他在 20 世纪 20 年代以哲学家的身份闻名于世。他一直和伯格森、马克斯·韦伯、罗素、克罗齐等人保持通信,同时还结识了黑塞、荣格、托马斯·曼(Thomas Mann, 1975—1955)、瓦雷里(Paul Valery, 1871—1945)、奥特加·伊·加塞特(José Ortega y Gasset, 1883—1955)等知识分子。在他的出版商奥托·莱希尔(Otto Reichl)的建 (转下页)

曾先后出版过《德国的真正使命》(*Deutschlandswahre Mission*)和《什么是我们的当务之急,我要做什么》(*Was uns Not tut*:*Was ich will*)两本小册子,宣传自己的思想。在他看来,德国人应该一心致力于在世界上发挥精神和哲学方面的影响,因为德国人从本质上来说就不适合搞政治,所以不能成功追求国际政治使命。他因此想象一种心智和灵魂的结合(a synthesis of mind and soul),这样可以让人回到平衡的状态。凯瑟林认为哲学必须变成一种综合智慧的方式(a way of synthesizing wisdom),以克服其片段化和过于科学化的方法。① 凯瑟林以尼采的精神猛烈抨击现代"客观性"、"技能文化"和"欧洲精神",批判它们只注重物质世界,将人变成技术的奴隶,摧残人的心灵。在他看来,现代西方人只有达到中世纪的人或东方人曾经达到的境界,才能在更高的意识层面上得到"修复"。总体来说,凯瑟林及其"智慧学派"致力于融合东西方的视野,"他们几乎都狂热地在智慧学说中找寻'他们行为的深层原因、生命支柱和终极意义'以及世界文化的综合。把西方的'技能文化'(Könnenskultur)与中国的'人本文化'(Seinskultur)进行两极化对比,这便是智慧学派最著名的论说"②。卫礼贤 1913 年在青岛见过凯瑟林,当时这位伯爵正在印度和中国寻找"东方之光"(Light from the East),试图通过和东方生活智慧的联系来复兴西方的实践文化。1920 年 11 月卫礼贤受邀参加凯瑟林举办的"智慧学派"开幕式,并发表演讲,他的讲演集《中国人的生活智慧》1922 年在达姆施塔特出版。后来卫礼贤又在"智慧学派"的年会上作过三次报告,讲演稿刊登在该会的期刊《烛台》(Der Leuchter)上。③ 参加"智慧学派"的活动不

（接上页）议下,凯瑟林同意在达姆施塔特市(Darmstadt)成立一个"哲学家的殖民地"(colony of philosophers)。有了当时的黑森大公厄内斯特·路易斯(Ernest Louis, Grand Duke of Hesse, 1868—1937)的捐赠,"智慧学派"于 1920 年 11 月 23 日在达姆施塔特市宣布成立。凯瑟林在开幕式上做了两场演说,一场谈论印度和中国的遗产,另一场谈论古典和现代世界的智慧。到 1930 年,"智慧学派"一共举办了 10 次会议和研讨,参加的人皆为一时显贵。参见 Hakl, Hans Thomas. *Eranos*:*An Alternative Intellectual History of the Twentieth Century*, p. 39. 凯瑟林的旅行经历可参考 Count Keyserling, Hermann. *The Travel Diary of a Philosopher*. Vol. 1, translated by J. Holroyd Reech, Biographical Note. New York:Harcourt, Brace & Company, 1925, pp. 5-7.

① Hakl, Hans Thomas. *Eranos*:*An Alternative Intellectual History of the Twentieth Century*, p. 39.

② 方维规《架设东西方的心灵之桥——荣格、卫礼贤与〈太乙金华宗旨〉》,《世界汉学》2010 年第 7 卷,第 93 页。

③ 方维规《架设东西方的心灵之桥——荣格、卫礼贤与〈太乙金华宗旨〉》,第 88 页;另见方维规《两个人和两本书:荣格、卫礼贤与两部中国典籍》,《清华大学学报哲学社会科学版》2015 年第 2 期,第 118 页。

但使卫礼贤结识了不少东西方知识界的精英,而且也使他更加关注欧洲战后面临的很多社会现实难题,思考东西方思想的融合之道。凯瑟林呼吁人们更多关注灵魂而非理智,热烈支持自然哲学以及普世文化,他代表了悲观的时代精神。卫礼贤和很多人一样,觉得战后西方失去灵魂的物质主义文明就要从宇宙间跌落,再次陷入混乱蛮荒状态,他在"智慧学派"那里找到了慰藉。那时的卫礼贤即将丧失对人格神"上帝"的信仰,转而投向"玄学"(metaphysics)的怀抱,把弘扬"东方智慧"当作他的职业,因为普世文化一直是他关心的价值。这也解释了卫礼贤的《易经》译本以及后来的系列《易经》讲座何以突出强调中国儒家典籍中的"智慧"(wisdom)。

荣格在"智慧学派"的会议上认识卫礼贤以后,二人越来越感觉彼此在世界观和人生观上趣味相投,因此难免惺惺相惜。早在卫礼贤的《易经》译本出版之前,荣格就在"集体无意识"原型和《易经》中提到的中国古代思想之间找到紧密的联系,这种联系通过阅读卫礼贤的《易经》译本以及与他交谈得到进一步印证和加强。1922 年,荣格曾邀请卫礼贤到苏黎世的心理学俱乐部(Psychologischer Club)作一些关于《易经》的演讲。① 1926 年 5 月,卫礼贤去荣格的心理学俱乐部做了两次讲演,题目分别是"中国的瑜伽实践"和"中国的心灵学"。② 卫礼贤在 1928 年将他完成的《太乙金华宗旨》译稿寄给几个朋友传阅,其中也包括荣格。卫礼贤邀请荣格为该书撰写心理学评论,荣格欣然接受。1929 年 1 月 29 日,卫礼贤带病前往苏黎世,在荣格主持的心理学俱乐部做了题为"佛教冥想中的几个问题"的讲演。他受邀住在荣格的寓所,和这位分析心理学大师畅谈占星术、招魂术和道家修炼方法等。1929 年秋,由卫礼贤翻译和注释、荣格撰写长篇评述的《太乙金华宗旨》在德国出版,产生了极大影响。③ 卫礼贤逝世后,荣格指导他的学生贝恩斯夫人将《太乙金华宗旨》一书翻译成英文,1931 年在美国出版。这是卫礼贤、荣格和贝恩斯夫人的第一次合作,并取得了较大成功。他们的这种合作模式(即卫礼贤完成德译,荣格撰写评论,贝恩斯夫人再转译成英语)又被应用到《易经》的翻译中,并在英语世界取得了更大的成功,这和荣格在西方世界的巨大影响力分不开。

---

① Jung, C. G. "On Richard Wilhelm", in *Memories*, *Dreams*, *Reflections*, p. 373. 按荣格在书中将邀请卫礼贤去心理学乐部演讲的时间记为 1923 年,应为误记,其时卫礼贤在中国。
② 方维规《两个人和两本书:荣格、卫礼贤与两部中国典籍》,第 119 页。
③ 方维规《架设东西方的心灵之桥——荣格、卫礼贤与〈太乙金华宗旨〉》,第 89 页。

图4-7 荣格和他位于苏黎世的心理学俱乐部

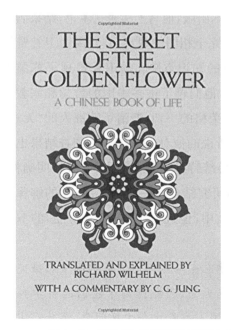

图4-8 卫礼贤、荣格和贝恩斯夫人合作翻译与评论的《太乙金华宗旨》

荣格虽然对《易经》在西方世界的流行有极大的助推之功,但他也在《易经》译本上烙下强烈的个人印记。具体说来,就是他对《易经》卜筮功能的推崇,并将心理学因素引入《易经》的解释中。荣格在《谈卫礼贤》一文中,提到自己早在接触卫礼贤《易经》译本之前,就在用理雅各的译本做占筮练习,不过用的不是蓍草,而是芦苇,"我常常在百年梨树下一坐就是几小时,把《易经》放在身边,将占筮得到的卦爻辞和自己的问题及得到答案一一对照。各种难以否认的神奇结果出现了——都与我自己的思考过程有着某种意义上的关联,但我无法解释这个结果"。荣格说,他不止一次遇到惊人的巧合,显示出非因果联系的平行关系(荣格后来将其称为"同时性",即 synchronicity)。后来他又经常将这种实验应用在自己的病人身上,结果好像有大量的答案真的点中了要害。"比如说我还记得有一个年轻人,他的症状是'强势母亲情结'(Strong Mother Complex)。他想结婚,并且认识了一个似乎很适合结婚的对象,但他又不很确定,担心在他的心理情结的影响下,他又要陷入强势母亲的掌控之中。我就用《易经》给他卜了一卦,结果得到的卦爻辞是'女壮,勿用取女'。(The maiden is powerful. One should not marry such a maiden.)"①几年以后,卫礼贤的《易经》译本出版,他马上买来这本书,结果满意地发现卫礼贤对这"有意义的联系"持有和他完全相同的观点,并且因为卫礼贤知道整个中国的传统,所以能弥补他所不知道的知识空缺。等卫礼贤到了苏黎世之后,他终于有机会和卫礼贤畅谈这个问题,他们聊了很多中国的哲学和宗教。卫礼贤凭自己对中国人心理的透彻了解告诉荣格的一切,澄清了欧洲人的"无意识"给荣格带来的最棘手的难题。此外,荣格所说的他对"无意识"的调查结果也让卫礼贤大为吃惊,因为他从中看到中国哲学传统特有的那些属性。② 荣格明确将《易经》中蕴含的卜筮原理和他对"无意识"的研究结合在一起,为《易经》的解释增添了一层心理学色彩。在《怀念卫礼贤》一文中,他进一步强化了《易经》的卜筮色彩,并将它和"同时性"的原理相提并论:

> "《易经》的占筮功能乍一看好像建立在与我们西方科学因果思维完全相反的基础上,显得极不科学,甚至触犯大忌,因此游离于我们的科学判断之外,完全无法理解。几年前,当时的英国人类学协会主席问我,为什么中国人

---

① Jung, C. G. "On Richard Wilhelm", in *Memories*, *Dreams*, *Reflections*, p. 374.
② 同上书, pp. 374-375.

的文明程度这样高,竟然会没有科学。我回答说,这应该是个错觉,因为中国人确实有科学,它的标准教科书就是《易经》。但是这门科学的原则,就像中国其他诸多事物一样,和我们的科学原则大相径庭。《易经》的科学并非建立在因果联系的原则上,而是建立在我们并不熟悉的另一套原则上,我称之为'同时性原则'(synchronistic principle)。我之前对心理学中'无意识过程'的研究,促使我去寻找另外的解释原则。因为对我来说,因果原则好像不足以解释无意识的某些引人注目的现象。我发现有些精神的平行率(psychic parallelisms),相互之间并不能建立因果上的联系,但却一定存在另一种联系。对我来说,这种联系好像就在于这些事情发生的相对同时性(relative simultaneity),因此我把它称作'同时性'。在这里,时间好像并不是一个抽象概念,而是一个实在的连续体,它所具备的各种特征或者说基本情况,在多个不同的地方同时展现出来,这种呈现方式用因果平行率无法解释,如偶然出现的完全相同的思想、符号或心理状态。还有卫礼贤指出的例子,即中国和欧洲展现出的不同时期风格上的巧合,它们之间并不存在因果联系……这也是使用《易经》的基本法则。人们通过撅扬蓍草,或投掷钱币,来获得决定某个时刻基本特征的卦,并且获取对这一卦的认识,而这一切完全依赖机缘巧合,蓍草倒下或硬币掉落就是问卜的时刻。唯一的问题是:在基督纪元前一千年的文王和周公,他们对蓍草倒下偶然形成的符号的解读是否正确? 这一点只有经历过才会知道。在苏黎世的心理学俱乐部所做的第一场讲座上,应我的要求,卫礼贤展示了利用《易经》占卜的方法,同时也做了一个预测,在不到两年的时间里,字面意思得到验证,而且清楚无误。这个事实还可以用很多相同的经历来证明……基于同时性原则的思维方式在《易经》中达到顶点,它是中国人思维的最纯粹的表达。在西方哲学史上这种思维方式自赫拉克利特之后就不再出现,只在莱布尼茨那里发出过微弱的回声。但它并没有销声匿迹,而是活跃在天文学的猜想里,直到今天仍停留在这一水平。"[1]

在《易经》卫-贝译本的《前言》里,荣格一开始就说:"因为我不是汉学家,所以让我来给《易经》作序,我就只得谈谈自己使用这部伟大而又独特的经典的个

---

[1] Jung, C. G. "In Memoriam of Richard Wilhelm", as an appendix to *The Secret of the Golden Flower*, pp. 141-143.

人经历。"①短短一句话，就宣告不是汉学家也可以谈《易经》，并且大谈特谈自己怎样用《易经》占卜，这就把《易经》从汉学这个学术研究的小圈子里解放出来，变成圈外人也可以看、可以谈、可以用的书籍。接下来他列举了卫礼贤的贡献，突出他为《易经》这本书的复杂难题——提供指引，强调他为怎样使用《易经》带来的洞见。他说："三十年多年来我一直对占卜的技巧兴趣不减，或者说对研究无意识的方法情有独钟，因为它对我有超乎寻常的意义。我在20世纪20年代遇到卫礼贤之前已经对《易经》相当熟悉了，他印证了我已经知道的东西，并且教会我更多的内容。"荣格不断强调《易经》的占卜功能，并且把它和心理学的无意识联系在一起。他区分了西方人的因果思维模式和中国人关心事件偶然因素的思维模式，认为西方人视为偶然巧合的东西，却是中国人重点关注的对象，从而再次引出他的"同时性"原则。荣格认为，发明《易经》的人相信从前特定时刻占得的卦和后来的某一时刻在时间上和质量上都会发生巧合。对他而言这一卦就是对占筮那一时刻的说明，甚至比日历和时钟的划分还要精准，所以卦才会被理解为筮得它的那个时刻盛行的基本情境的指示。② 他认为《易经》六十四卦就是用来解释六十四个各不相同但又非常典型的情境的意义的。接着荣格向西方读者具体描绘占筮的方法，甚至举出自己占筮的实例，说明他怎样利用金钱卦卜出《鼎》卦，怎么去理解《鼎》卦卦爻辞的意思，怎样将它们和自己当时的处境相联系，把《易经》的卜筮功能渲染得让人怦然心动，使《易经》变成指导个人生活的一部实用指南。从这个意义上，我们可以说荣格在《易经》从汉学书斋走向平民生活的过程中发挥了至关重要的作用。

三、贝恩斯夫人和她的英文转译本《易经》

中外学者论述《易经》卫-贝译本在英语世界的流行时，多对卫礼贤揄扬备至，对荣格礼崇有加，唯独对贝恩斯夫人所起的作用只字不提或仅仅一笔带过，③即使

---

① Jung, C. G. Foreward, *I Ching, or the Book of Changes*, p. xxi.

② 同上书，p. xxiv.

③ 如蔡郁焄所撰博士论文《卫礼贤、卫德明父子〈易〉学研究》，虽然依据材料及讨论对象均为卫氏父子《易》学著作在英语世界的流播，但是对贝恩斯夫人的翻译之功却极少提及。前述赖贵三、赵娟等人文章，虽简短交代卫氏译本进入英语世界是由贝恩斯夫人转译，也只是略略一语带过而已。上述三人皆为系统论述卫氏父子《易》学成就的专家，尚不免于此，余者兼论卫氏父子译作时，更无暇细究，这种态度也从另一侧面反映出原作者和推介者的辉煌形象对转译者的遮蔽。

提到贝恩斯夫人，也多强调荣格推介之功和卫德明辅助之劳，对贝恩斯夫人在翻译中所起的作用则鲜少研究。在论者看来，卫礼贤的翻译有劳乃宣在旁朝夕指点、切磋问道，因此对《易经》的占卜和哲理二途均能如实记载传递，贝恩斯夫人所做不过搬字过纸，将卫礼贤的德文意思转译成英文即可，似乎换了其他人，这项工作一样可以完成。然而荣格何以在众多学生中选择贝恩斯夫人来做这项工作？贝恩斯夫人的译本何以在英语世界一枝独秀，使得再没有后来者作重译卫礼贤《易经》之想？或许我们不该对这些问题置若罔闻。

凯莉·芬克(Cary Fink)①于 1883 年 9 月 26 日②出生于美国的墨西哥城，她的父亲鲁道夫·芬克(Rudolph Fink)原是德国建筑商，出生于达姆施塔特市，在为墨西哥政府承揽工程时发家致富，后移民美国，成为铁路建筑商人。母亲来自肯塔基州路易斯维尔一个有教养的富裕家庭，凯莉和她的姐姐亨莉在路易斯维尔长大。1906 年凯莉毕业于瓦瑟学院(Vassar College)，她自小就在德英双语环境下长大，同时还会流利运用其他几种语言交流。大学时她有一门逻辑论证课特别出色，因此受到该门课的教授、英国人克里斯丁·曼(Kristine Mann)的赏识。1911

---

① 凯莉·芬克是贝恩斯夫人出嫁之前的名字，她有过两次婚姻，第一段婚姻期间的名字为凯莉·芬克·德·安格鲁(Cary Fink de Angulo)，第二段婚姻后的名字为凯莉·芬克·贝恩斯(Cary F. Baynes)。由于她后来的出名主要是因为翻译了荣格和卫礼贤的作品，而这些业绩基本都是在她去苏黎世跟随荣格学习后才取得的，那时她已经和第一任丈夫离婚，所以现在的英语世界，均是以她第二次婚姻后的名字来称呼她，即贝恩斯夫人。本文依据的生平资料，以威廉·麦圭尔(Willima McGuire, 1917—2009)所撰最为详细。麦圭尔曾担任潘塞恩图书公司(Pantheon Books)编辑，后又成为博林根系列图书(Bollingen Series)的主编，一生致力于编辑出版荣格作品的英文全集，同时撰写过大量关于荣格及其作品的书籍文章和有关博林根基金会及其出版历史的专著，本书多所引用。《易经》卫-贝译本的编辑出版主要即由麦奎尔负责，因此他对其出版经过知之甚详，也曾撰文回忆过这一历程。麦圭尔回忆贝恩斯夫人生平的材料，分别见于以下出版物：McGuire, William. "The 'I Ching' Story, An ancient text becomes a publishing phenomenon", *Princeton Alumni Weekly*, 1974, pp. 10-13; McGuire, William. *Bollingen: An Adventure in Collecting the Past*. pp. 177-182; McGuire, William (ed.). *Analytical Psychology: Notes of the Seminar Given in 1925 by C. G. Jung*. London: Routledge, 1992, pp. xiii-xvi; Bair, Deirder. *Jung: A Biography*. pp. 332-334, 359, 371, 760-761 等。此外尚有弗雷德·B. 罗杰斯(Fred B. Rogers)所撰短篇"A Tribute to Cary F. Baynes (1883-1977)"，刊于 *Translation Studies of the College of Physicians of Philadelphia*, Vol. 45, No. 3, 1978, p. 138，但内容与麦圭尔发表于 1974 年的文章多有重复，价值不大。本书所据贝恩斯夫人生平材料，主要取材于 *Analytical Psychology: Notes of the Seminar Given in 1925 by C. G. Jung* 一书中的记述，同时对照麦圭尔上述其他几篇文章以及拜尔(Deirder Bair)的《荣格传》予以补充，后者虽材料散乱，但极为丰富，特此说明。
② 贝恩斯夫人的具体生卒日期，据弗雷德·B. 罗杰斯所撰短篇 *A Tribute to Cary F. Baynes (1883-1977)*, p. 138.

年凯莉从约翰·霍普金斯大学获得硕士学位。此前一年,即 1910 年,凯莉嫁给杰米·德·安格鲁(Jaime de Angulo,1887—1950),安格鲁祖籍西班牙,后移民美国加州,毕业于约翰·霍普金斯大学医学院,是语言学家、小说家,以及心理学家和人类学家,擅长研究美国中部和北部的印第安语言,同时还是写作民间故事的高手。1912 年安格鲁在约翰·霍普金斯大学获得硕士学位,比凯莉晚一年。两人家境宽裕,虽然都曾辅修医学,但目的只是洞悉人类境遇,并不作谋生之想。婚后凯莉还在斯坦福大学旁听生物学和心理学课程。两人的婚姻持续到 1922 年。1923年春,凯莉带着三岁的女儿西米娜(Ximena de Angulo)①和她的大学老师克里斯丁·曼一起前往苏黎世,那时她的老师已经是荣格心理学的坚定追随者。在苏黎世定居下来之后,凯莉在曼的劝说下跟随荣格学习。1923 年夏她参加了荣格在英国波尔泽西海滨举办的心理学研修班。到 1925 年,她已经系统掌握了荣格的分析心理学。她的姐姐亨莉是个艺术家,这时也来到苏黎世和妹妹一起学习。姐妹两人都很富有,她们的家成为朋友们聚会的沙龙,大家一起讨论分析心理学,很多来找荣格咨询的人也都住在这里。荣格的助手海尔顿·贝恩斯(Helton Godwin Baynes,1882—1943)是个来自英国的心理医生,他大约于 1920 年来到苏黎世,主要向荣格咨询关于他第二任妻子的抑郁症(他一共结过四次婚),后来留下并成为荣格的第一位助手。贝恩斯先生的德语水平很好,翻译过荣格的主要著作《心理学类型》(*Psychological Types*,1921/1923),并在 1925—1926 年冬季陪荣格一起去过非洲东部。凯莉和贝恩斯先生接触后擦出了爱情火花,虽然荣格认为他们两人根本不适合,即使结婚也绝不会长久,但他们还是在 1925 年结了婚。贝恩斯夫妇曾一起合作将荣格的《分析心理学文选》(*Contributions to Analytical*

---

① 贝恩斯夫人的女儿西米娜(Ximena de Angulo-Roelli)出生于 1918 年,毕业于美国贝林顿学院(Bennington College),后随母亲一道前往苏黎世居住。至少从 1936 年开始,她就参与奥尔加·弗洛比(Olga Fröbe)在瑞士阿斯科纳举行的爱诺斯会议(Eranos meeting),做会务方面的工作。二战开始后,她和母亲一道乘船回到美国,在美国多年来一直担任博林根基金会出版的博林根系列丛书的编辑,后担任 Editions for the Armed Forces 系列编辑,稍后又在文学季刊 Chimera 担任编辑。1950 年她回到阿斯科纳,成为奥尔加·弗洛比在爱诺斯会议上的助手,此外她还是设在纽约的基金会的联络人。她撰写过一篇关于 1950 年举办的爱诺斯会议的回忆录,为我们了解当年参加会议的演讲者和会议的气氛提供了新鲜活泼的记忆。她还为一部主要记录 1951 年的爱诺斯会议的默片撰写了脚本,这部默片由她的丈夫威利·罗利(Willy Roelli)执导,也得到了博林根基金会的赞助。20 世纪 50 年代末以后她一直住在瑞士南部提契诺州的卡维利亚诺(Cavigliano)。参见 McGuire, Willaim. *Bollingen-An Adventure in Collecting the Past*, p. 35.

Psychology)和《分析心理学论文两篇》(*Two Essays on Analytical Psychology*)翻译成英文,并于 1928 年出版。这两本书的销量非常好,增加了荣格在英语世界的读者和名气,很多读者反映他们的译本要比早期译本明白得多。虽然荣格希望贝恩斯夫妇留在苏黎世,但在贝恩斯夫人的坚持下,他们二人于 1927—1928 年去美国加州居住了一年,和西米娜一起住在加州的卡梅尔小镇,她在那里和伯克利从事过分析心理学的实践。不久凯莉和贝恩斯的感情出现裂痕,他们在 20 世纪 30 年代离婚。离婚后,贝恩斯夫人仍以凯莉·贝恩斯(Cary F. Baynes)的名字著称于世,这主要是因为她将卫礼贤的《太乙金华宗旨》和《易经》译本转译为英文,在英语世界产生了广泛影响,同时又以荣格的译者和朋友成为分析心理学界的核心人物。离婚后贝恩斯夫人回到苏黎世居住,继续和荣格一起工作。荣格非常喜欢和器重贝恩斯夫人,曾劝她做职业心理分析师,但贝恩斯夫人并不愿意,她宁可按自己的节奏生活,不喜欢受外界的拘束。她唯一乐于承担的就是荣格交付的工作,除了做速记员以外,偶尔也做些秘书工作,而她最擅长的则是翻译和编辑工作。在 20 世纪 30 年代,除了把卫礼贤的《太乙金华宗旨》和《易经》德文本翻译成英文之外,贝恩斯夫人还和戴尔(W. S. Dell)一起将荣格的《寻找灵魂的现代人》(*Modern Man in Search of a Soul*)翻译成英文,并于 1933 年出版。[1] 荣格曾提出让贝恩斯夫人执笔撰写一部他的传记,他认为贝恩斯夫人是最合适的人选,但囿于各种原因,她没有答应。贝恩斯夫人参加过荣格的很多研讨班,并帮助奥尔加·弗洛比(Olga Fröbe-Kapteyn,1881—1962)[2]管理在瑞士阿斯科纳(Ascona)举办的爱诺斯会议

---

[1] 贝恩斯夫人还和她的女儿西米娜一起翻译过荣格的《母亲原型的心理学因素》,发表于 1943 年的分析心理学俱乐部会刊 *Spring*,参见 Jung, C. G. "The Psychological Aspects of the Mother Archetype", Trans. from G, 1939 by Cary F. Baynes and Ximena de Angulo. *Spring*. New York:Analytical Psychological Club, 1943, pp. 1-31. 此外卫礼贤生前所做的讲座,贝恩斯夫人也翻译过两篇,发表在 *Sping* 上面,分别为 Wilhelm, Richard. "The Circulation of Events, as Depicted in the Chinese Book of Changes", translated by Cary F. Baynes. *Spring*. New York:Analytical Psychological Club, 1961, pp. 244-261;Wilhelm, Richard. "Death and Renewal", translated by Cary F. Baynes. *Spring*. New York:Analytical Psychological Club, 1962, pp. 80-101. 还有一篇贝恩斯夫人翻译的卫礼贤《艮》卦解释,见 Wilhelm, Richard. "Keeping Still", translated by Cary F. Baynes. Parabola:*The Magazine of Myth and Tradition* Vol. 13, No. 4,1988, pp. 86-88. 以上参考 Hacker,E. A., Moore,S., and Patsco, L. *I Ching*:*An Annotated Bibliography*. New York:Routledge, 2002, p. 308. 赵娟《汉学视野中卫氏父子的〈周易〉译介与研究》一文也有提及,见该文第 83 页。

[2] 奥尔加·弗洛比女士是瑞士爱诺斯会议(Eranos conference)的创始人。她 1881 年出生于伦敦,在布鲁姆斯伯里(Bloomsbury)长大,父亲是建筑师和发明家,酷爱摄影,母亲是哲学上的无政府主义者,也是萧伯纳的朋友,1900 年他们举家前往苏黎世。奥尔加于 1909 (转下页)

(Eranos conference)。贝恩斯夫人在苏黎世的住所一度成为来自美国、英国以及欧洲的荣格追随者和学生的会面地点。她曾在荣格的要求下和他一起帮助乔伊斯的女儿露西亚从间歇性精神病中恢复过来。用女儿西米娜的话来说，贝恩斯夫人作为精神分析师从来就"不够格"，她从来不采用分析的方法，也从来没有过病人，意思是说她从来没有像精神分析师那样定期和病人见面并收费。尽管如此，在她后半生里却有无数人蜂拥到她那里寻求咨询和帮助。当被问及为什么她不正式成为一名职业精神分析师时，她提到两个原因，一是因为她从没接触过"集体无意识"，二是因为荣格说过，一个人如果没有非常稳定的婚姻或伴侣关系作后盾，不致陷入病人的困境中无法自拔，失去对现实的可靠把握，那么他/她最好还是不要轻易从事精神分析工作。在每次的心理学研讨中，贝恩斯夫人总是态度严肃的主导者，她对荣格的心理学理论掌握得炉火纯青，并能有意识地将它运用于各种实践。在20世纪30年代末二战爆发以后，贝恩斯夫人回到美国，在康涅狄格州一个叫莫里斯（Morris）的小镇定居下来。1940年，保罗和玛丽夫妇（Mary and Paul Mellon）在美国创立博林根基金会，①他们二战前在苏黎世的时候就和贝

（接上页）年嫁给伊凡·弗洛比（Iwan Fröbe），两人的婚姻持续时间很短，她丈夫1915年死于空难。丈夫死后，奥尔加回到苏黎世居住，有七年时间她一直过着隐居生活，除了自己的家佣之外没有和其他任何人联系过，主要研习印度的灵修课。后来因为心理问题寻求荣格的治疗，荣格建议她不要过这种与世隔绝的生活，要多和那些与她兴趣相近的人交朋友，因此奥尔加1928年修建了一个大型会议室，用于举办东西方宗教和精神交流的论坛，后来范围逐渐扩展到心理学以外，包括艺术史、音乐和自然科学等，同时还包括炼金术和神秘论方面的主题。奥尔加参加过凯瑟林的"智慧学派"的活动，1930年"智慧学派"逐渐沉寂后，奥尔加的会议室取代凯瑟林的"智慧学派"成为东西方思想交流的园地。1933年8月举办第一次会议，大概有两百人参加，以后逐渐固定下来，成为著名的"爱诺斯会议"，至今影响不衰。爱诺斯会议与《易经》一直有着非常重要的关系，不仅因为荣格和卫礼贤的思想影响，而且还因为贝恩斯夫人及其女儿的参与。后来卫德明也曾在爱诺斯会议上做过七次关于《易经》的系列讲座。从凯瑟林的"智慧学派"活动让荣格和卫礼贤得以见面订交，到后来的贝恩斯夫人英译卫礼贤《易经》德文本，再到爱诺斯会议的兴起，卫德明的《易经》讲座，以及关于《易经》英译的博林根系列丛书的出版，这些人和机构之间均有千丝万缕的联系，可谓牵一发而动全身。由此也可看出，思想的交流和传播本来就是一件异常复杂的事情，在欧洲尤其和沙龙、讲座、团体等文化活动的场所以及机构密切相关。关于爱诺斯会议的研究，参见 Hakl, Hans Thomas. *Eranos：An Alternative Intellectual History of the Twentieth Century*, pp. 25-41.

① 博林根基金会（Bollingen Foundation）由保罗·麦伦和玛丽·麦伦（Paul and Mary Mellon）夫妇于1940年创立，主要用来资助将思想史及相关领域的著作（大部分为欧洲作品）翻译成英文后在美国出版。麦伦夫妇先后投入两千万美金支持博林根系列（Bollingen Series）丛书的出版，他们不仅决定出版的兴趣领域，而且亲自挑选很多作家和学者参与博林根系列丛书的写作。基金会还支持很多学者对博林根系列有兴趣出版的领域开展研究，很多作家（转下页）

恩斯夫人认识。基金会刚成立的时候,办公室就设在康涅狄格州华盛顿镇的贝恩斯夫人家里,凯莉是基金会董事成员,她的女儿西米娜则是博林根系列丛书的首任编辑。1942 年,因为战争的原因,基金会曾被迫解散,1945 年又重新恢复。博林根系列的副主编约翰·巴瑞特(John D. Barrett)1946 年第一次参加瑞士爱诺斯会议时,是贝恩斯夫人陪同他一起去的。玛丽在 1946 年 9 月突然去世后,巴瑞特作为基金会主管以及博林根系列丛书的主编,继续依赖贝恩斯夫人作为决策的重要参谋。博林根系列丛书从一开始就把《易经》卫-贝译本纳入到出版计划中,后来终于在 1950 年推出第一版,作为博林根系列丛书第 19 本出版。此外贝恩斯夫人翻译卫德明的《〈易经〉八讲》(*Change：Eight Lectures on the I Ching*，1960)也被收入博林根系列丛书,作为该系列第 62 本出版。1970 年,在她姐姐亨莉去世

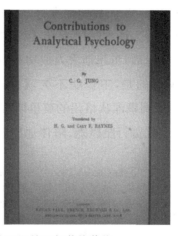

图 4-9　贝恩斯夫人翻译的两部荣格著作

(接上页)和研究者通过这种方式解除了经济上的顾虑,可以全心全意研究专门的主题,而纯粹商业性的出版社可能对他们的著作不会有任何兴趣。博林根基金会成立以后出版了大量有关美学、文化和艺术史、考古学、哲学、诗歌、文学批评、心理学、神话和宗教学等领域的著作。博林根系列初期主要由潘塞恩图书公司出版,1967 年转由普林斯顿大学出版社出版。博林根系列最著名的著作是荣格的作品,实际上玛丽·麦伦成立博林根系列的最主要目的就是出版荣格作品的英文全集,而且博林根这个名字也是受荣格的启发而来,它是荣格在瑞士亲手修建自己最喜爱的房子所在的那座小镇。博林根系列最有影响力的著作就是贝恩斯夫人翻译的卫礼贤《易经》译本,后来卫礼贤和卫德明的讲座集以及俄国舒茨基的《易经》研究著作也都纳入博林根系列出版。总之,博林根系列丛书对美国文化产生了经久不衰的影响。参见 Hakl, Hans Thomas. *Eranos. An Alternative Intellectual History of the Twentieth Century*, p. 9. 另见 Bruckner, D. J. R. "The Bollingen Adventure". *The New York Times*, June 20,1982.

后,贝恩斯夫人又搬到阿斯科纳居住,仍然活跃在知识界,她是 20 世纪 20 年代由荣格的学生和朋友构成的以荣格为中心的小圈子里活得最长寿的人。1977 年 10 月 29 日,贝恩斯夫人在阿斯科纳的家中逝世,享年 94 岁。

如上文所述,贝恩斯夫人在苏黎世跟随荣格学习分析心理学期间,卫礼贤翻译的《易经》德文译本于 1924 年出版。荣格让她将这个译本翻译为英文,同时,这也是卫礼贤的愿望,他希望能借此扩大《易经》的读者圈。① 荣格还有一个想法,就是希望卫礼贤能为她的翻译提供指导,以弥补贝恩斯夫人不懂中文这个缺憾。卫礼贤自然满口答应,不料他却在 1930 年 3 月 1 日去世,因此贝恩斯夫人远未来得及将译稿给他看一遍。此时因为卫礼贤和荣格合作翻译和评论的《太乙金华宗旨》于 1929 年在德国出版,所以她先着手将《太乙金华宗旨》(*The Secret of the Golden Flower*)译为英文,于 1931 年在美国出版。此后贝恩斯夫人即专心于《易经》的英译工作,但是二战的爆发打断了她的翻译进程,直到 1944 年译稿才得以完成,为了等荣格为译本写序言,出版又被耽搁了一段时间。1948 年终于出了试印本,拿到校样以后,贝恩斯夫人成功联系上当时还在北京的卫德明,并且将校样寄给他看。幸运的是,卫德明不久就移民到美国,担任西雅图华盛顿大学的教授。② 他亲自来到康涅狄格州的莫里斯镇(Morris),将译文和中文原文进行对比,"使用的正是卫礼贤行匣以随、陪伴他周游半个世界的那套《易经》原文本"③。卫

---

① Baynes, Cary F. "Translator's Note". *I Ching*, *the Book of Changes*, p. xl.

② 贝恩斯夫人描述的从二战爆发到卫德明来美国这段经历,颇有点《易经》里所说的时来运转的味道:"二战爆发以后,时势超出个人所控,因此《易经》的翻译被迫中断很多次,然而最后这份延误却为译本带来了极大的好处。译稿刚付印不久,卫德明博士即离开北平的家,前来美国继续他的汉学研究。卫德明和乃父一样多年潜心研究《易经》,我早已通过书信从他那里获得很多专业建议,总希望有朝一日能够时来运转,他能对这译本提出系统批评。因为只有他真正了解父亲用心之所在,所以才能提出切中肯綮的批评。现在竟然能和他一起细细校读,他将译文与汉语原文仔细对照,真是何其幸运乃尔!"见 Baynes, Cary F. "Translator's Note". *I Ching*, *the Book of Changes*, p. xli.

③ Baynes, Cary F. "Translator's Note". *I Ching*, *the Book of Changes*, p. xli. 据卫德明的学生康达维教授说,卫礼贤说过,他的一个德国朋友曾送给他一本《易经》,这个《易经》版本以前他在北京大街小巷搜罗很久都一无所获。虽然卫礼贤没有说出这个版本的名字,但无疑是康熙五十四年(1715)版的《御纂周易折中》。后来卫礼贤将这本书传给他的儿子卫德明,卫德明是康达维 20 世纪 60 年代在西雅图华盛顿大学学习时的老师。1977 年康达维结婚时,卫德明送给康达维夫妇一套《御纂周易折中》的复制本,即卫礼贤据以完成《易经》译稿的底本。见 Knechtges, David R. "The Perils and Pleasures of Translation: The Case of the Chinese Clssscs",载郑吉雄、张宝三编《东亚传世汉籍文献译解方法初探》,上海:华东师范大学出版社,2008 年,第 11—12 页。另见李雪涛《卫礼贤〈易经〉德译本的翻译过程及底本初探》,载《误解的对话》,北京:新星出版社,2014 年,第 256 页。

德明的加入让这部书的出版又推迟了一年,最终《易经》译本于 1950 年 4 月以两卷本的形式作为博林根系列丛书的第 19 本推出。第一卷包括六十四卦卦爻辞和相关解释,第二卷包括历代注疏,两卷合在一起包装在由考伍夫(Edward McKnight Kauffer, 1890—1954)设计的灰色封套里,外面再套上封盒。贝恩斯夫人写信给约翰·巴瑞特说:"玛丽要是看到《易经》译本以这么完美的形式出版,她该有多自豪啊!"① 1961 年,出版社将上下两卷合为一册出版,1967 年博林根基金会重新推出版式更为紧凑的第三版,增加了卫德明写的前言,但考伍夫设计的封衣仍然没有变。这一版迅速成为畅销本,先后卖出超过 50 万册。除了卫礼贤的《易经》之外,贝恩斯夫人还将卫德明的《〈易经〉八讲》翻译为英文,作为博林根系列丛书的第 62 册,1960 年由普林斯顿大学出版社出版。

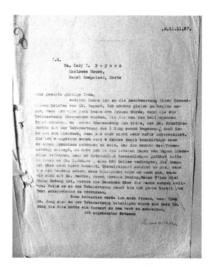

图 4 - 10　慕尼黑巴伐利亚科学院档案馆藏卫礼贤写给贝恩斯夫人的回信(Badw: NL Wilhelm II/244)

　　贝恩斯夫人的翻译,旨在突出三方面的内容:第一是忠实传达卫礼贤的意思,第二是实现中西思想的融合,第三是将《易经》从汉学专业研究的领域解放出来,变成普通大众可以读懂的一部经典。

　　她在《译者的话》里说,针对卫礼贤翻译《易经》卦爻辞的部分,她尽量采取直译的方法,以便在处理引经据典和象征色彩特别浓厚的语言时能有章可循。把卫礼贤的译本和理雅各译本比较一下就可以发现,原文里同样一句话,卫礼贤和理雅各的解释完全不同。贝恩斯夫人所谓的章法,当然就是遵循卫礼贤的解释,但她偶尔也会作一点小小的改变,那是因为卫德明指出,必须采取意译才能传达出汉语的意思。为了帮助读者理解,贝恩斯夫人还添加了卫礼贤所提到的作者和作品的具体年代,她把自己添加的内容都放在方括号里,以与卫礼贤的注释相区分。她还把卦爻辞中出现的和卦名相同的字用大写字母表示,以与卦名相区别。另外,贝恩斯夫人还请施友忠(Dr. Shih Yu-chung)写了六十四卦卦名的汉字,请董

---

① McGuire, William. *Bollingen. An Adventure in Collecting the Past*. p. 180.

作宾(Tung Tso-pin)题写了书名,这些也都为译本增色不少。她在文章的最后说:"准确和流畅可读一直是这个译本想要达到的目标,但它必须接受读者进一步的检验。如果读者看完这本书以后能从习焉不察的思维模式中抽离出来,以一种全新的视角来看待这个世界,如果他的想象力被激发出来,他的心理洞察力得到了深化,那么他就会知道,卫礼贤的《易经》确实得到了忠实的再现。"① 贝恩斯夫人

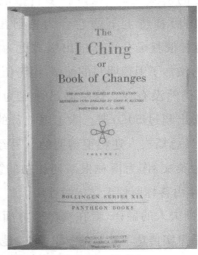

图 4 - 11　《易经》卫-贝译本董作宾题字与第一册书名

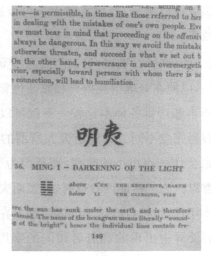

图 4 - 12　《易经》德译本与英译本《明夷》卦题字对比

---

① Baynes, Cary F. "Translator's Note". *I Ching*, *the Book of Changes*, pp. xlii-xliii.

将东方思维模式、想象力和心理洞察力作为卫礼贤《易经》译本的重要特征，一方面固然凸显了卫礼贤译本融合东西方思维的特点，另一方面也为卫礼贤译本增加了心理学的内涵。但无论如何，上述引文说明贝恩斯夫人的翻译有着明确的目标，并且力图在翻译中体现。

贝恩斯夫人虽然没有明说要在译本中融合东西方思想，但考察她在《太乙金华宗旨》一书译者前言里的话，却可以略窥端倪。她说：

> "当中国人的智慧被摆在西方人面前的时候，他很可能眉毛轻扬，以怀疑的口气问道，既然中国人有这样深邃的智慧，为什么他们不能挽狂澜于既倒？当然，他不会停下来想一想，中国人同样可以满怀疑虑地问我们，为什么西方向来鼓吹的科学知识不能挽救我们于一战的烽火狼烟？更不用说同样被吹得天花乱坠的基督教道德了。而事实就是，目前中国的糟糕状况并不能证明中国人的智慧站不住脚，正如第一次大战证明不了科学没什么用处。在两种情况下我们都只看到东西方生活原则的黑暗面，而无论是个人还是国家，目前都还不知道如何去管理德行中滋生的邪恶。过分关注内心世界而轻视外部，无疑会带来灾难，而控制外部世界不屑于内心，会让我们被内心邪恶的势力驱使，不管外在文化形式怎样辉煌，我们都不过是野蛮人。不论是嘲弄东方的精神毫无用处还是认为西方的科学会毁灭人性，都解决不了问题。我们必须要明白，在现实世界中精神必须要依赖科学作指导，而科学也必须要转向精神去寻求人生的意义。"①

这一段话，非常明确地表明了贝恩斯夫人对于如何融合东西方思想的观点，因为《太乙金华宗旨》译本是在一战后欧洲凋敝的现实中产生的，这种将西方科学与东方精神结合的观点，代表了卫礼贤、荣格等欧洲一代知识分子的普遍想法。《易经》的翻译也是在这种大的时代背景下产生的，贝恩斯夫人更是经历了两次世界大战的风云，因此她的这种体会尤其深刻。可以说，这种东西融合的思想，贯穿在她对《易经》的理解之中。

把《易经》从汉学研究的象牙塔中解放出来，变成普通大众能够读懂的一部经典，这是贝恩斯夫人认为卫礼贤译本非常重要的一个特征。她在《译者的话》一开头就提出："经由一个译本转译而非从原作直接翻译，难免会招致怀疑和反对：第一个译本已经将原文扭曲一次，何必在此基础上要把原文再扭曲一次呢？"但她认为，对

---

① Baynes, Cary F. "Translator's Preface". *The Secret of the Golden Flower*, p. viii.

卫礼贤的《易经》翻译,这个问题的答案却是唾手可得。不论《易经》今后出现多少译本,也不论后来的译本质量有多完美,卫礼贤的译本始终是独一无二的,这不仅因为他与《易经》的关系,还因为他的译本产生的时代背景。和其他译本不同的是,卫礼贤的译本并非只针对博学鸿儒,而是致力于让《易经》能被普通读者看懂。他要将这早期的哲学、早期人类将自身置于浩瀚宇宙中的努力,从语文学专家的狭小圈子中解放出来,将它放到普通大众的手里,让他们和《易经》的作者一样,能够关心他们和宇宙之间的关系,和同伴之间的关系。① 贝恩斯夫人在一开始就说明卫礼贤译本的读者对象不再局限于汉学家,而是要让它从书斋和研究院的小范围里走出来,变成普通人的读物,让大家都能利用《易经》的内容来权衡自身和宇宙的关系。这就决定了她必须要采用大家能读懂和理解的语言,同时还要让《易经》变成一本可以被切实利用的书,而不仅仅是作为研究的对象。可是《易经》译本在 20 世纪 60 年代的美国变成一种文化潮流后,贝恩斯夫人却对此书的畅销表达了一定的疑虑,担心它陷入神秘主义的迷雾中。她在《译者的话》里说:"卫礼贤希望《易经》能获得更加广泛的读者群,希望更多人能体会到他自己在《易经》中发现的智慧,但他同时又假设读者都具备一定的精神完整性,赋予这本书必要的尊严,而不会动辄因为微不足道的小事就来占卜,或者假充内行来招摇撞骗。时间自会证明卫礼贤的信念会不会实现。"②既要突出《易经》的占卜作用,同时又不致流入神秘主义的雾障,而是将《易经》的占卜和解读与分析心理学结合起来,以解决个人的重大问题,这也是贝恩斯夫人秉承荣格对《易经》功用的理解,给读者打的一剂预防针。

总之,贝恩斯夫人的努力,是卫礼贤《易经》译本进入英语世界不可或缺的一个重要环节,这不仅体现在她与荣格、与博林根系列丛书的编者以及与卫德明之间的密切关系,同时还体现在她对卫礼贤译本特征的把握以及采用直译的方式忠实传达文本。没有她前期对荣格作品的翻译经验以及翻译《太乙金华宗旨》所获得的成功,没有她后来与博林根系列丛书的成功合作,③《易经》卫-贝译本能否取

---

① Baynes, Cary F. "Translator's Note". *I Ching*, *the Book of Changes*, p. xl.

② 同上书, pp. xl-xli.

③ 据说贝恩斯夫人的译本刚翻译好的时候,她曾经接洽过耶鲁大学出版社,但是后者认为此书的销路不好而将她拒绝。直到玛丽后来决定将这本书作为博林根系列丛书的第 19 本出版,才让它获得后来的空前成功。到 1982 年为止这本书已经印刷了 19 次,卖出大概 55 万本。而贝恩斯夫人从德国出版商那里碰巧只用 250 美金就买来了版权,普林斯顿大学出版社一直向她支付巨额版税,因此可以说,贝恩斯夫人因为翻译这部书而名利双收。见 Bruckner, D. J. R. "The Bollingen Adventure". *The New York Times*, June 20, 1982.

得现在这样的成功,委实难以预测。

四、卫德明《易经》系列讲座的推动

上文讨论贝恩斯夫人的《易经》翻译活动时,已经提到卫德明(Hellmut Wilhelm, 1905—1990)在其中所起的重要作用。卫德明作为美国重要的汉学家,先后举办过很多关于《易经》的讲座,这也是推动《易经》卫-贝译本畅销的重要一环。

卫德明[①] 1905 年 12 月 10 日出生于青岛,是卫礼贤的第三个儿子。童年时期,父亲卫礼贤一心兴办学校,编写教材,研究中国文化,结交中国士绅文人,同时翻译中国经典著作,因此在他青岛的家中,一时冠盖云集,"谈笑有鸿儒,往来无白丁"。1920 年他随父返回德国,先就读于斯图加特的预科学校,然后到法兰克福大学读书,学习法律、政治学和社会科学。1928 年他通过德国国家律师资格考试,在法兰克福的法院充当见习律师,同时充当父亲的研究助手。1930 年父亲过世以后,卫德明决定以汉学作为自己的终生志业,遂进入柏林大学东方语言学系,师从汉学家福兰阁(Otto Franke, 1863—1946),学习中国历史、文学和人类学,并于1932 年在汉学系获得哲学博士学位,论文写的是顾炎武(Gu Ting Lin)。1933 年他离开德国来到中国,任教于国立北京大学,先做德文讲师(1933—1937),经过几

---

① 卫德明的生平和著述材料,参考牟复礼(F. W. Mote)所撰《卫德明小传》(*Hellmut Wilhelm: A Biographical Note*)以及《卫德明作品系年(1930—1968)》(*A List of Publications of Hellmut Wilhelm up to 1968*),见《华裔学志》(*Monumenta Serica*)第 29 期(1970—71),第 3—6 页,第 7—12 页;其后魏汉茂(Hartmut Walravens)做了补编— *Addenda to a List of Publications of Hellmut Wilhelm up to 1968*,发表在《华裔学志》第 30 期(1972—73)第 634 页;续作补编二 *Further Addenda to a List of Publications of Hellmut Wilhelm up to 1968*,发表在《华裔学志》第 32 期(1976)第 400—403 页。美国西雅图华盛顿大学康达维教授(David R. Knechtges)所编《卫德明生平著作回顾》(*Hellmut Wilhelm, Memories and Bibliography*)集中了卫德明生前好友和学生的回忆录,并附录更为详细的生平著述材料(Oriens Extremus 35,1992,第 5—35 页)。目前对卫德明的研究,中文世界主要见于前文所列赵娟(2010)、赖贵三(2014)、蔡郁焄(2014)等人的文章,但均将卫德明的汉学成就与其父卫礼贤并列,蔽于乃父锋芒,自身成就反显黯淡,倒是英文世界里高慕柯(Michael Gasster)为文论述卫德明学术人生,颇多洞见。他发表于《近代中国史研究通讯》1989 年第 8 期上的 Hullmut Wilhelm, Sinologue 这篇文章,介绍和评述了卫德明的汉学成就,突出卫德明关注知识分子完整人格和复杂思想的汉学研究主线,并以此贯穿卫德明大量有关《易经》的研究论文,重点讨论他的两部《易经》研究著作,尤其高度评价《易经》中的天地人,认为它的深度和广度都足以令人惊叹。高慕柯的文章是迄今为止研究卫德明思想最为全面的一篇,本书亦受惠颇多。此节材料多蒙北京外国语大学国际中国文化研究院的任大援教授、西雅图华盛顿大学的康达维教授惠赠资料并给予指导,谨此致谢!

年潜心研究,升为德国语言文学教授(1946—1948)。到北平的第一年,他创立了中德文化协会(Deutschland-Institut)并担任会长,组织安排了许多促进中德文化交流的活动。1934 年 12 月,因为妻子玛利亚(Maria)是犹太人后裔,他不得不辞去会长职位。这时候他在北平德语小圈子做的系列讲座,为后来几部重要著作奠定了基础,其中有:《中国历史述要》(*Chinas Geschichte：Zehn einführende Vorträge，Peking：Vetch，*1942);《〈易经〉八讲》(*Die Wandlung：Acht Verträge zum I-ging，Peking，*1944),此书成为西方最广为传诵的《易经》入门书;《史群元国》(*Gesellschaft und Staat in China：Acht Verträge，Peking，*1944)等。在 20 世纪 30 年代中期,他担任过几年《法兰克福报》(*Frankfurter Allgemeine Zeitung*)驻中国的通讯记者,得以在中国不少地方旅行,他还为《华裔学志》(*Monumenta Sinica*)撰稿,在中国学者的协助下编纂《德汉字典》(*Deutsch-Chinesisches Wörterbuch*)。1948 年,他接受西雅图华盛顿大学远东及俄国学院(Far Eastern and Russian Institute)的邀请,离开北平,来到西雅图华盛顿大学,在该院的远东与斯拉夫语言与文学系任教,担任讲师,1950 年升为副教授,1953 年评为教授,主要讲授中国历史和文学,[①]他在西雅图华盛顿大学工作了 23 年,直到1971 年退休。1951 年到 1967 年间,他在瑞士爱诺斯会议上做了一系列关于《易经》的讲座,后来结集成《〈易经〉中的天地人》(*Heaven，Earth and Man in the Book of Changes：Seven Eranos Lectures，*1977)一书。卫德明讲授和研究汉学多年,著作遍涉中国历史和文学众多领域,但他的学术地位却由《易经》研究而奠

图 4-13　慕尼黑巴伐利亚科学院档案馆藏卫礼贤家庭照,左图右一、右图右二为卫德明(Badw:
　　　　NL Wilhelm II/173)

---

① 卫德明的这段经历,可参考柯马丁所撰文章:Kern，Martin．"The Emigration of German Sinologists 1933-1945：Notes on the History and Historiography of Chinese Studies"，*Journal of the American Oriental Society*，Vol. 118，No. 4,1998，pp. 525-526.

定。这些《易经》研究可谓和卫礼贤一脉相承。卫德明一生身处中、德、美三国,学问追求"通人"之境,行事追慕古圣先贤,并且具有世界眼光,是不折不扣的"君子人"。1990 年 7 月 5 日卫德明在西雅图逝世,享年 84 岁。

卫德明对《易经》卫-贝译本的促进和推广,一是体现在他直接参与编辑和校对《易经》各版,并为第三版撰写前言,而第三版恰恰带来了卫-贝译本的销售转折,因此他的参与具有重大的象征意义,二是体现在他的两本《易经》讲座集里。他在讲座中处处引用卫礼贤《易经》译本,随着这两本讲座集被翻译成英语出版,在英语世界产生了一定影响,它们又从侧面促进了卫-贝译本的传播。

卫德明在第三版序言开篇即说:

> 看到这个《易经》译本以新版的面目呈现,我不禁满怀欣慰,且不无骄傲。它广泛传播且受到广大读者持续不断的认可,这一事实证明了我父亲的一个信念,他将传播这一信念视为自己的使命,那就是《易经》在历史上以及中国思想史中占据无与伦比的地位,即使脱离了中国的特殊环境,拿到普遍的人类境遇中加以检验,即使脱离中国人特有的思想进程,拿到人类普遍的思想历程中加以检验,它也一定会得到证实和支持。①

卫德明的这段话,把《易经》卫-贝译本从中文语境中剥离出来,使它变成一部全人类的经典,而不再只是中国人的"五经"之一,因此它蕴含的卜筮和哲理,也适用于欧美社会中的广大读者,这就为《易经》的进一步传播做了非常好的铺垫。考虑到卫德明在汉学研究领域的地位,他的话无疑起了举足轻重的作用。接下来卫德明列举并评述了和卫-贝译本同时存在的其他几个译本,一是德·哈兹(Charles de Harlez)的法语译本,卫德明指出它是旧货翻新,并且指出它新添加的注释有一部分抄自他父亲的译本,另一个是理雅各译本,现在又以两种版式重新面世,此外还有两个其他译本。② 卫德明虽然没有明说,但他暗指的是,正因为《易经》卫-贝译本的流行,才带动了其他译本的再版或重译活动,英语世界的《易经》热,实是由卫-贝译本引发和带动的。卫德明指出,卫礼贤的译本是与清代大儒劳乃宣合作翻译而成,劳乃宣不仅对《易经》的传统了如指掌,他也是同时代最开明现代的人之一,所以尽管传统对他而言是活生生的关注焦点,他却不只是一个囿于传统的

---

① Wilhelm, Hellmut. "Preface to the Third Edition". *The I Ching*, *or Book of Changes*, p. xiii.
② 同上书, p. xiii.

解释者,变化的概念也是他的重要信条。正因为他对传统在他身处的时代具有的发展潜力持一种开放的态度,劳乃宣和卫礼贤之间的合作才变得这样容易而又富有成效。①卫德明这段话,指出劳乃宣虽然是晚清遗老,但他并非泥古守旧不肯变革的人,而是对《易经》在新情况下应该表现出的变化抱有开放的态度,这自然是为了说明卫礼贤的译本绝没有囿于中国的传统注疏,也是回应西方对卫礼贤译本过于拘泥劳乃宣的解释的批评。卫德明还指出,他父亲的译本出版以后,中外对《易经》的意义和成书年代的研究又出现了很多新的趋势,如:将出土的甲骨文材料和流传下来的古代文献对比带来的研究成果,卫礼贤在中国时尚未兴起;语文学和文本对比的先进方法也多所涌现;同时还有对经文的结构分析和语调、韵律的分析,方法也更先进,这些都更有助于人们理解和欣赏历代不断增加的文本含义以及对特定卦象的解释,甚至还有人要重建《易经》的原始含义,将原始卦象和后出经文相分离,但这些尝试大多以失败告终。因此卦象和经文的结合也许是《易经》原有的一个特征,这些卦象的来源可能是神话、诗歌、宗教或社会机构,或特定历史时刻的原型构建,这些原初文本后来一定添加了占卜筮词,交代包含在卦象中的占筮信息,它们不是吉凶悔吝之类的筮辞,就是对处境的描述或是用象征给出的精巧建议。稍后在原有的文本上又经过后人的增益和改易,反映出对卦象的重新解释,体现出人们思想发展的新阶段,自我认识达到新的水平,其思想和地位也是前人所不知道的,其中最为突出的就是"君子"的概念,代表了人们意识的发展。传统认为《十翼》为孔子所作,现在可知至少《文言》、《说卦》在孔子之前就已存在,而其他大部分内容则成书于孔子之后,儒家学派的思想家是大部分内容的作者,现在所谓的"子曰"部分不可能成书于孔子当时或是紧随其后的时期。卫德明还指出,现在的《易学》研究成果以及人们对《易经》的研究兴趣自然和中国帝制时期产生的大量《易经》注疏存在差异。《易经》不再被视为经典,而是和其他古籍一样接受分析,所以研究成果才会这样丰富。但同时人们也不再如民国时期那样将它看成一部封建迷信的渣滓。②

卫德明解释了自卫礼贤译本产生以来中外《易》学研究的最新成果,一定程度上补足了学界对它的期待,但又区分出不同的历史语境,暗示并不能以现在的研

---

① Wilhelm, Hellmut. "Preface to the Third Edition". *The I Ching, or Book of Changes*, p. xiv.
② 同上书, pp. xiv-xvii.

究成果来否定卫礼贤当时的看法。即使颇受诟病的卫礼贤译本的结构安排,他也坚持保持原样并交代自己这样做的缘由:一方面是因为他相信书籍也是一个活的有机体,只有在情况危急的时候才需要接受手术,而更重要的是他认为目前的编排最有意义,也最容易处理。《易经》的汉语原文也并非整体化一的,尤其是《十翼》,可分可合。卫礼贤将译本分为三部分,即经文(the old Text)、材料(the Material)和注疏(the Commentaries),以系统区分古代经文和后来的《十翼》,这当然有他的考虑,第一部分只讨论古代经文,即卦爻辞和《大象》。卫德明解释了卫礼贤何以要把《大象》放到第一部分当中,那是因为它反映了对各卦象征情境更为高级的理解和解释。有很多令人惊讶的《大象》辞都突出了"君子"对六爻形成的各卦卦象所作出的反应,因此不应被看作对本经的经文部分的注疏,而是构成了卦爻辞之外的第三个独立途径,对各卦蕴含的情境作出解释。此外,卫礼贤还添加了自己的注释,这些注释都是基于仔细阅读历代注疏得来的结果,同时基于他和劳乃宣以及其他晚清官员的讨论,加上他当时能接触到的现代研究成果,形成他自己对卦爻辞所涉情境的理解和解释。第二部分包含《说卦》和《系辞》的翻译以及卫礼贤自己的解释,还有卫礼贤自己撰写的"《易经》的结构"和"如何利用《易经》占卜",但在第三版中,这部分内容被移到了书尾。第三部分也按照六十四卦顺序排列,重复了第一部分的基本翻译,然后将《十翼》的内容分别安置在各卦之下,作为它们的注疏,其中包括《象传》也被重复放在这里,同样添加了卫礼贤的注释,它不再关注一般性的解释,而是关注技术和系统层面,即上文提到的"《易经》的结构"中所涉及的原则和概念。① 卫德明对卫-贝译本的结构安排作出这样清晰的解释,同时力主维持德语译本原来的结构安排不做变更,以便让读者各取所需,关注本经和占筮的人,专心看第一部分和第二部分即可,而想要进一步研究《易经》的人,则可以深入第三部分,进而挖掘自己想要的内容和材料。卫德明的前言回应了一部分人对卫-贝译本结构的批评,指出了它的合理之处,关于这部分内容,下节还要探讨,此处不再赘述。

在贝恩斯夫人翻译的卫德明《〈易经〉八讲》的前言里,卫德明首先阐明中国的皇帝与文官之间的关系以及《易经》在其中所起的作用:中国的皇帝不仅是政治决

---

① Wilhelm, Hellmut. "Preface to the Third Edition". *The I Ching*, *or Book of Changes*, pp. xviii-xx.

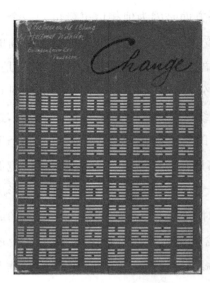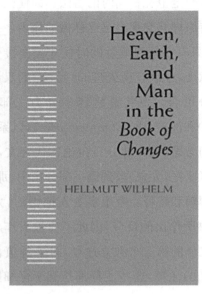

图4-14 卫德明《〈易经〉八讲》和《〈易经〉中的天地人》书影

策的唯一来源,而且贵为天子,体现了上天的旨意,只有皇帝可以祭天,因此皇帝的命令具有不可辩驳的权威性。而在儒家思想的框架内,教育本身并非目的,士大夫接受教育的目的是当文官来辅佐皇帝治国安邦。文官在皇权之前无法自卫,皇帝的旨意不可违抗,这样势必陷很多文官的命运于倒悬。于是《易经》就有了用武之地,文官据此可以掌控一点自身的运命。对他们来说,现存机制和皇权是他们的命理,而《易经》将这些因素纳入,所提供的建议让文官一定程度上可以掌握自己的命运好坏。此外《易经》所提倡的唯变所适的概念也可用来抗衡皇权体制下的僵化机构。在中国历史上,伟大的改革家几乎无一例外从《易经》中获取灵感,因为它是一部经典,所以可以作为他们扫平改革道路上障碍的强劲后盾。①《易经》除了在文官体制内的用途外,因为它的占卜性质,也在百姓中获得广泛应用,这一点与其他几部经典存在很大不同。"直到现在,中国人在生活中一遇到难题还是会求助于这部经典。在庙会上、集市上都可以看到算卦的摊位,人们随时可以去算一卦。在街头巷尾,善于卜卦算命的先生也会长期摆摊,告诉人们怎么找到走失的爱犬,怎么对付霸道的岳母。在城市里,夜晚循着笛声可以找到算命

① Wilhelm, Hellmut. "Preface". *Understanding the I Ching: the Wilhelm Lectures on the Book of Changes*, pp. 4-5.

的先生,把他们叫进屋子,他们只要用纤细的指尖摸摸铜钱上的图案,马上就会从记忆的宝库中找到《易经》中的智慧和建议。"①接下来卫德明追溯了《易经》传入西方的经过,提到《易经》在西方有拉丁语、法语和英语的众多译本,西方的学术期刊上也刊登过很多关于《易经》的文章。卫德明说:

> 在这样的背景下,我父亲在翻译中的主要目标就是重现《易经》的内容和它活的传统。他和中国的文人学者及达官贵人之间存在紧密联系,这些人仍然特别关注《易经》这个活生生的传统,这让这项工作变得更容易上手。本书包含的八个讲座全部都是建立在我父亲的译本之上,其中引用的卦爻辞也都是采用我父亲的译文,只有极少数例外情况,考虑到最新的研究成果我父亲当年无由得见,我才会稍稍偏离他的译本,而我的解释也是建立在中国的大量文献之上。②

卫德明的说明有两点值得注意:一是他在列举《易经》众多西文译本时只是一带而过,并未提及任何其他译本的名称,却添加了一个非常详尽的注释,除了交代卫礼贤的 1924 年旧版、1956 年重印的德文本之外,还注明由贝恩斯夫人转译为英文于 1950 年以两卷本形式出版的《易经》,并且指出第三版合为一卷于1967 年由普林斯顿大学出版社出版,说明此书所据译文全是据此 1967 年版本,并且页码以括号标注,偶有文字变动的地方也会在文中注明。③ 这无疑将理雅各等其他人的英译本排除在外。二是突出卫礼贤和中国士大夫阶层的交游,强调他的译本继承了《易经》的活的传统,即不仅关注《易经》的内容,同时关注它的卜筮传统,因此他的讲座是和卫礼贤的精神一脉相承的。对于想要了解《易经》传统的西方读者来说,卫德明的讲座和卫礼贤的译本构成了一个前后相继的传统,二者几乎无法分离,因为如果读者在阅读的过程中对卦爻辞产生疑问,首先就得去查阅卫-贝译本,所以我们才说它对卫-贝译本成为经典起了重要的推动作用。

同样,在《〈易经〉中的天地人》这部讲座集一开始,卫德明就引述卫-贝译本《系辞·下》第八章"《易》之为书也不可远,为道也屡迁。变动不居,周流六虚,上

---

① Wilhelm, Hellmut. "Preface". *Understanding the I Ching: the Wilhelm Lectures on the Book of Changes*, pp. 5-6.
② 同上书, p. 7.
③ 同上书, p. 6.

下无常,刚柔相易,不可为典要,唯变所适"这段文字,说明这段话"开头一句是劝诫,同时说的也是事实,任何人只要意识到《易经》这本书能够为他提供的一切,不论他是哲学家还是社会改革者,或者是实用主义的政治家,甚至是帝国缔造者,都再也不会轻易放手了。《易经》的这种特别的吸引力在任何时期都非常明显,它已经吸引了越来越多有心的学生,现在他们的规模还在不断扩大。这部被中国人认为是五经之首的经书无疑在不断增加它的权威性。实际上似乎并不是因为它的这种权威,而是它的内容才会让人们觉得欲罢不能。"①这段话的译文也是引自1967年卫-贝《易经》译本,卫德明在注释中同样表明此书所有译文均依据这部译本,与上部演讲集一样,他还是重点强调《易经》的用途,将这部书从中国的特殊语境中剥离出来,视其为一部人人可用的智慧之书。

从上述所引卫德明亲自参与卫-贝译本的编辑出版以及他在自己发表的有关《易经》的讲座集和论文中不断推介卫-贝译本的实践中,可以看出他对卫-贝译本的流行起到了非常重要的推动作用。此外他长期在西雅图华盛顿大学担任汉学教授,讲授中国历史、文学等,培养了大批后来取得卓越成就的汉学家,加上他参加爱诺斯会议,在不同场合讨论《易经》,这些都从不同侧面促进了《易经》卫-贝译本的传播。

五、美国反文化潮流的兴起与《易经》卫-贝译本地位的最终确立

《易经》卫-贝译本的畅销正好契合了20世纪60年代美国文化气候的重大变化。从19世纪开始美国人就对神秘主义和精神主义产生了浓厚的兴趣,但学术界并没有给予它们足够的重视,这些领域的出版物还是以神秘文学(occult literature)的名义进行。但是荣格改变了时代氛围,他对原型(archetypes)、象征和宗教的研究以及他公开挑战弗洛伊德学派的一些基本理念,某种程度上为这一领域的发展提供了契机。更重要的是20世纪60年代后反文化潮流的兴起,带动了一批反抗现有社会秩序的年轻人,他们在东方神秘主义中寻找出路,客观上也促进了对《易经》的需求。

反文化(Counter Culture)这个术语是1969年西奥多·罗扎克(Theodore

---

① Wilhelm, Helllmut. "Preface". *Heaven, Earth, and Man in the Book of Changes*. Seattle and London: University of Washington Press, 1980, pp. v-vi.

Roszak)在《反文化的兴起》(*The Making of a Counter Culture：Reflections on the Technocratic Soceity and its Youthful Opposition*)这本书里提出然后开始流行起来的。苏里(Jeremi Suri)把 1960 年到 1975 年这段时期称为国际反文化运动从兴起到走向衰落的时期。[①] 罗扎克认为西方世界兴起的这股重要的反文化势力主要由 15 岁到 30 岁的年轻人组成,他们主张全面抛弃统治西方世界很久的技术与科学崇拜的世界观,代之以一种神秘主义和人性主义的世界观。理查德·弗莱克斯(Richard Flacks)概括反文化运动所主张的生活形式为"强调以合作取代竞争,以表达取代成功,以集体主义取代个人主义,以存在取代劳作,以创造艺术取代创造金钱,以自治取代服从"。根据英格尔(Yinger)的研究,如果一群人开始抛弃社会主流价值观,用另一套价值观取而代之,其中许多主张都和原来的价值观直接对立,那么这群人就可以被称为一个反文化团体,西方社会的主流价值观是工具优先(instrumental priorities),即努力工作、争取成功、不断进步。塔尔科特·帕森斯(Talcott Parsons)认为西方社会的主流价值观是"工具能动主义"(instrumental activism),即个人和团体都希望不断工作,以实现美好生活,创造美好社会。20 世纪 60 年代后期,西方社会的很多年轻人发现这些价值观非常招人反感。以这些年轻人为主体的反文化团体宣扬的价值观体现为政治上的拒斥和表达上的另类(political rejection and the expressive alternative)。早在 60 年代早期,一股抛弃西方社会主流价值观的暗潮就在涌动。在美国,因为大学适龄人口的大量涌现,他们严厉批评政府实现行动目标的方式,批评政府"不惜一切手段取得成功"的宣传牺牲了机会均等和社会公平的理想。这些诉求开始时和黑人民权运动相联系,到 60 年代中期,激进派的力量迅速壮大,他们批判主流价值观的矛头转向教育机构管理和越南战争,这两个问题都和大学生密切相关。到 60 年代晚期,北美和欧洲很多大学体系都遭到学生的冲击,反越战的游行示威活动席卷了整个美国社会。但是反文化运动的主要价值诉求一直不明显,很多人认为只要现在的主流文化被打倒,更加人性化的社会关系就会自然出现。

　　冷战带来的意识形态之争也是反文化运动兴起的一个重要推动力量。反文化运动的一个重要特征就是表达对冷战时期主流文化的不满,表达对工作、婚姻、

---

① Suri, Jeremi. "The Rise and Fall of an International Counterculture, 1960-1975". *The American Historical Review*, Vol. 114, No. 1, 2009, pp. 45-68.

家庭等社会基本架构的批评。青年人普遍不满于父权制、种族主义、社会不公和帝国主义，他们采用组织聚会、非暴力游行、大众围观和有选择的恐怖行为等手段表达自己的诉求。青年艺术家不断挑战西方文明的传统规则和美学，这期间现代艺术、文学和音乐都得到蓬勃发展，新的个人生活习惯也应运而生。性解放和新型毒品在社交活动中的使用变成新文化团体的标志性特征。他们的行为表现出政治上的异议，但更多则表现为文化上的叛逆和试验。青年团体通过各种手段表达他们的异化感受，摇滚音乐、垮掉派的诗歌、抽象派艺术都表达了对社会趋同的压力摧毁个人主义的批判。通过这些手段，欧美年轻人追求自己的各项主张和亲近自然的权利，以反对他们周围这个不自然的工业世界。他们提倡自由生活、自由恋爱、自由吸毒，以回归追求享乐的人类本性，而不是国家主张的追求财富和权力。这些青年人追求实现道德价值的新的方式，追求实现个人的尊严，他们和机器生产之间出现严重对立。东西方敌对阵营的对垒和核军备竞赛助长了物质主义追求带来的空虚和失望感。因此"反文化"的一代人并不关注物质需求，他们更关注的是没有实现的精神和意识形态方面的需求。共产主义和资本主义阵营间的竞争限制了人们的创造空间，外部力量的干预也改变了内在改革的资源和精力。在美国，反文化运动的重要表现是反越战游行、民权运动、妇女解放、追求政治和个人自由（包括性解放），同时青年人还在反对冷战带来的帝国主义和法西斯主义。

嬉皮士团体是美国反文化运动的一个重要标志。他们在20世纪60年代中期开始出现，并迅速从年轻人中吸纳了大量的参与者。这些年轻人大都"中断"了正常的教育进程，不是在路上，就是在城里，通常住在大学附近。嬉皮士团体早期基本不太为人所知，直到1967年，有文章首次曝光旧金山的嬉皮士，才将这个群体推到美国大众面前。此后可能因为炫耀、年轻和市场炒作等方面的原因，嬉皮士团体迅速发展，成为大众传媒趋之若鹜的文化现象，如《时代》杂志1967年7月7日的报道，《瞭望》杂志1967年8月22日的报道，《新闻周刊》1967年10月30日的报道等。随着嬉皮士日益成为西方社会显著的文化现象，他们多才多艺而又花样翻新的生活方式在年轻人中迅速传播开来，导致年轻人发型、衣着、音乐爱好、毒品使用等生活习惯的剧烈改变以及区别于成年人的行话切口的迅速流行。很快，西方主要城市的嬉皮士团体如雨后春笋般涌现，不断吸引年轻人加入。大学校园里有长驻的嬉皮士团体，举办风格鲜明的嬉皮士活动，如Be-Ins和音乐节等，吸引了成千上万的参加者。嬉皮士团体和社会激进人士一样抛弃主导成人社会的工具理性,但他们有目的地回避政治诉求,强调关注当下、及时行乐和自由表达。嬉皮士不再费尽心机地去考虑怎样衡量手段目的之类的东西以超过他人,他们强调关心他人的幸福,相信无条件地去爱一切其他人,对他们的生活选择表达绝对的容忍,无论这种选择多么怪异。因此嬉皮士发展出和平的伦理观,强调非暴力与和解,希望在涉及思想、感受和行动方面能一直保持绝对诚实。嬉皮士想把他们所有行动的最终理论依据建立在宗教和哲学的架构之上,这种架构主要来源于东方以及美国印第安宗教和神秘传统之间的综合。他们的这种关注体现在很多不同的层面,如瑜伽、各种形式的冥想、以毒品为宗教、占星术、塔罗牌、狂热的《易经》崇拜,等等。①

可以说,20 世纪 60 年代的反文化一代区别于二三十年代的"迷惘的一代",最重要的特点就是他们史无前例地追求神秘主义(occult),追求魔力(magic),追求外来的宗教仪式(exotic ritual),这些已经内化成反文化的不可分割的一部分。即便那些不参加外来宗教仪式的反抗者也以平常的心态看待它们,似乎他们理解这就是年轻人的行事方式和主张,人们只要容忍它们的表达方式就行了。意识形态让位于对宗教奥秘(mystagogy)的传授。反文化的一代人全都痴迷于对东方智慧的追寻,从中汲取精神力量,其中最重要的是禅,《易经》也是一个不可或缺的因素。犹太教的神秘哲学、中国的《易经》、印度的《爱经》、日本的禅,这些都是嬉皮士手中的经典,是抵抗西方价值中的怀疑精神、智力主义以及三百多年来科学和技术发展的主要工具,那些专业知识,如技术、科学、管理、军事、教育、金融、医学,是技术社会的显著标志,目的就是让统治的精英阶层不断神话那种无所不在和无所不能的创造假象,和古埃及的法老利用他们掌握的日历命令无知的人们顺服与依从毫无区别。②

美国音乐理论家和作曲家约翰·克奇(John Cage, 1912—1992)就深受《易经》的影响。1951 年,克奇的学生克里斯丁·沃尔夫(Christian Wolff)送给他一部

① Spates, James L. "Counterculture and Dominant Culture Values: A Cross-National Analysis of the Underground Press and Dominant Culture Magazines". *American Sociological Review*, Vol. 41, No. 5, 1976, pp. 870-871.

② Roszak, Theodore. *The Making of a Counter Culture: Reflections on the Technocratic Society and Its Youthful Opposition*. New York: Doubleday & Company, Inc., 1969, pp. 124-125.

《易经》英译本。[1] 克里斯汀的父亲科特·沃尔夫（Kurt Wolff，1887—1963）[2]是潘塞恩出版公司的老板,潘塞恩出版公司是博林根系列的出版商,《易经》卫-贝译本第一版就由潘塞恩公司出版,因此克里斯丁送给克奇的即是《易经》译本的上下册套装。克奇被《易经》这套符号系统表达的偶然事件中暗含的秩序所打动,虽然人们一般用《易经》来占卜,但是克奇却把它当成作曲的工具。在创作一首音乐前,克奇一般会提出几个问题,然后占卜,再根据占卜形成的卦来查阅《易经》。对克奇来说,这就意味着"按自然运作的方式来模仿自然"。[3]《易经》为他的创作打开了新的天地,他采用这种新方法创作的第一首乐曲是 *Imaginary Landscape No. 4*,而最著名的则是他 1951 年创作的钢琴曲 *Music of Change*,通过使用《易经》,他从自己仿照卫-贝译本附录的六十四卦图表创作的音乐图中选择创作材料。此后《易经》变成克奇作曲的标准工具,他 1951 年后的几乎所有作品都是采取随机程序利用《易经》进行创作。[4] 可以说,《易经》卫-贝译本是他的灵感之源。

图 4-15　约翰·克奇和 *Music of Changes*

著名歌手鲍勃·迪伦（Bob Dylan）可以被称作美国二战后反文化一代的代言

---

① Kostelanetz, Richard. *Conversing with John Cage*. London: Routledge, 2003, p. 68.

② 科特·沃尔夫,德国人,出版商和编辑,同时也是作家和记者,他是作家卡夫卡（Franz Kafka）的发现人和出版商,1941 年和妻子一道离开德国,移居纽约。他们在 1942 年成立了潘塞恩出版公司（Pantheon Books）,又叫万神庙出版公司,是纽约著名的出版机构,也是博林根系列早期的出版商。见 William McGuire. *Bollingen: An Adventure in Collecting the Past*, p. 273.

③ Pritchett, James. *The Music of John Cage*. Cambridge: Cambridge University Press, 1993, p. 97; Revill, David. *The Roaring Silence: John Cage — a Life*. New York: Arcade Publishing, 1993, p. 91.

④ Nicholls, David (ed.). *The Cambridge Companion to John Cage*. Cambridge: Cambridge University Press, 2002, p. 139; *Conversing with John Cage*, p. 92.

人，他创作的歌曲如 *Blowin' in the Wind* 和 *The Times They Are a-Changin* 几乎成为 20 世纪 60 年代民权运动和反战运动的圣歌。迪伦曾公开宣称他深受《易经》的影响，1965 年 11 月 27 日在接受媒体采访的时候，当迪伦被问到对宗教和哲学的看法时，他回答道："我并没有什么宗教或哲学信仰，所以也说不上什么。很多人都能侃侃而谈，如果他们真遵循一定的生活准则也没什么不好。我不打算去改变什么，也不喜欢有人告诉我该做什么或是该信仰什么，该怎么生活。我根本不管这些。我缺少的东西，哲学也给不了我。一切当中最大的事，包括所有其他事情在内的最大的事，被隐瞒和阻止了，那就是古老的中国哲学和宗教，它真的是最大的事。有一本书叫《易经》，我并不是要推销它，我不想谈论它，但它是唯一真实得让人惊讶的东西，而且不止对我一个人是这样。每个人都会知道。每一个行走的人都会知道，它的整个体系就是根据各种其他的事，找出当前事情的出路，你并不需要相信什么然后再去阅读它，因为除了是一部值得信赖的伟大著作之外，它还是非常棒的诗歌。"[1]迪伦的这条采访通过《芝加哥每日新闻报》发表后，对于反文化一代人的冲击异常强大，因为迪伦可以说是反文化一代的标志性人物，他对《易经》的推崇极大助推了《易经》卫-贝译本的流行。迪伦在 20 世纪 70 年代中期的一首歌曲 *Idiot Wind* 中曾这样唱道："我昨天用《易经》卜了一卦，它说可能井中有雷。"(I threw the I Ching yesterday, it said there'd be some thunder at the well.)他把这节歌词改为：

I ran into the fortune-teller, who said beware of lightning that might strike.

I haven't known peace and quiet for so long I can't remember what it's like.

There's a lone soldier on the cross, smoke pourin' out of a boxcar door,

You didn't know it, you didn't think it could be done, in the final end he won the wars.

After losin' every battle.

一开始他可能是翻阅《易经》后得到第四十八卦《井》和第五十一卦《震》，所以

---

[1] Bob Dylan Talking by Joseph Haas，Published in *Chicago Daily News* 27 Nov 1965，Reprinted in *Retrospective* ed. by Craig McGregor，见 http://www. interferenza. com/bcs/interw/65-nov26. htm，retrieved on Jan. 12，2016.

才会有"井中有雷"这一说。可能他先卜到第四十八卦《井》,只有上爻是变爻,大吉。这是写一首歌的极好的占筮结果,自然无需小心。如果变爻太多,人们很少能正确解读《易经》,所以迪伦可能还采用了第五十一卦《震》中的某些告诫语。

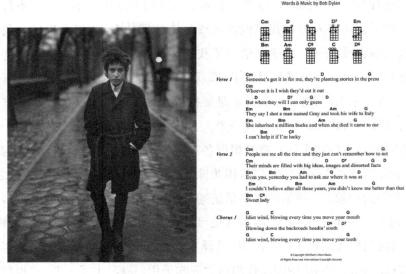

图 4-16　鲍勃·迪伦和 *Idiot Wind*

英国吉他手和词作者乔治·哈里森(George Harrison,1943—2001)作为披头士(Beatles)乐队的主吉他手而闻名世界,他为披头士乐队创作并在 1968 年灌制的歌曲 *While My Guitar Gently Weeps* 也受到《易经》的影响。据哈里森回忆,他在阅读《易经》的时候,"感觉所有事情和所有事情之间好像都是有联系的,这建立在东方概念的基础上,和我们西方人的观点相反,我们认为一切事情之间都是偶然的,具有巧合性"[①]。他把这种联系思维带到他父母在英格兰北部的家中,然后打算创作一首歌,基于他随意打开一本书所看到的第一行字。他后来回忆这个过程:"我写 *While My Guitar Gently Weeps* 这首歌时住在我母亲位于沃林顿的家中,我当时在思考中国的《易经》(the Chinese *I Ching*,*the Book of Changes*),东方的概念就是一切发生的事情都有意义,根本就没有偶然和巧合这回事,每一粒落下的浮尘都有她的目的。这首歌就是基于这一理论的一个小小的研究。我

---

① Harrison,George. *I*,*Me*,*Mine*. San Francisco:Chronicle Books,2002,p. 120.

打算写一首歌,出发点是随意拿起一本书,原来是《易经》,然后打开,第一眼看到什么字,就以此创作,因为它和这个时刻本身是有联系的。此时此地。我随便拿起来一本书,打开它,看到的字是 Gently Weeps,然后我把书放下,开始创作这首歌。"①当然,一开始的这种即兴化创作并非就是最终的版本,这首歌的有些词在最后录制的时候做了改动,但它的来源无疑反映了《易经》思想对哈里森的深刻影响。从他的描述来看,他主要基于荣格导言里所说的同时性思想来理解《易经》,而非根据中国本土的概念。

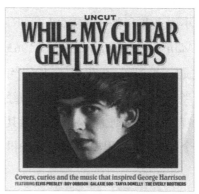

图 4-17 乔治·哈里森和 *While My Guitar Gently Weeps*

上述几位流行音乐歌手,尤其是鲍勃·迪伦和披头士乐队,可以说是反文化那一代人的杰出代表和精神偶像,他们的歌曲和访谈录影响了整整一代年轻人。此外在文学领域还有一个重要代表,那就是艾伦·金斯堡(Irwin Allen Ginsberg,1926—1997)。金斯堡是 20 世纪 50 年代兴起的垮掉派(the Beat Generation)和随之而来的反文化潮流的领军人物。他反对黩武思想、物质主义和性压抑,他的身上融合了反文化潮流的不同侧面,如他对毒品的看法,对官僚主义的痛恨以及全身心拥抱东方宗教等。② 1966 年,金斯堡出版了一本诗集,名字叫作《查〈易经〉,抽大麻,听浊气乐队唱布莱克》(*Consulting I Ching Smoking Pot Listening to the*

---

① Beatles. *The Beatles Anthology*. Michigan:Chronicle Books,1997,p. 306.
② Ginsberg,Allen. *Deliberate Prose*:*Selected Essays 1952-1995*. Foreword by Edward Sanders. New York:Harper Collins,2000,pp. xx-xxi.

Fugs Sing Blake),①其中有一首诗为：

> That which pushes upward/does not come back/He led me in his garden/tinkle of 20 years phonograph/Death is icumen in/and mocks my loss of liberty/One must see the Great Man/Fear not it brings blessing/No Harm/from the invisible world/Perseverance/Realms beyond/Stoned/in the deserted city/which lies below consciousness (June 1966)

我们从中可以看到很多《易经》的影子，甚至直接套用《易经》里的词语如"利见大人"、"无咎"、"恒"等，同时也可看出荣格心理学给金斯堡带来的影响。

科幻小说家菲利普·迪克(Philip K. Dick，1928—1982)在创作小说《高堡奇人》(*The Man in the High Castle*，1963)时也使用《易经》作为参考，并将它作为小说的主题。这部小说获得了 1963 年的雨果小说奖(Hugo Award for Best Novel)。当被问及他的小说创作和《易经》之间的关系时，迪克说："只有一次，我在创作《高堡奇人》时用到了《易经》，因为其中有很多角色都在用这部书。每次当他们提出一个问题，我就用掷硬币的办法得出六爻，然后形成一卦，这样引导情节的

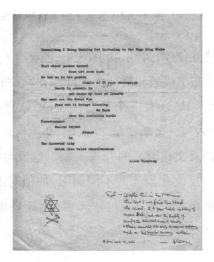

图 4-18　金斯堡和他的 *Consulting I Ching* 诗歌，右下角为金斯堡手迹

---

① Ginsberg, Allen. *Consulting I Ching Smoking Pot Listening to the Fugs Sing Blake*. Pleasant Valley, N. Y.；Kriya Press，1967.

图4-19　艾伦·金斯堡与鲍勃·迪伦在一起

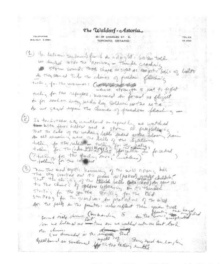

图4-20　鲍勃·迪伦(左)和艾伦·金斯堡(右)手迹

发展方向。就像结尾当朱莉安娜思考要不要告诉霍桑他成为暗杀对象时,卜筮的结果显示她应该告诉他。如果《易经》上说不要告诉他,那我就不会让她去那儿。但是其他的书我不会这样做。"当被问及《易经》在他生活中的重要性时,他说:"《易经》给出的建议超出具体情况之外,它一般都会超越当时的具体情境,答案具有普遍性的特征。比如说，凡有力的，必降为卑，自卑的，必升为高（The mighty are humbled and the humbled are raised.）。如果你使用《易经》的时间足够长，并且一直在使用，情况就会开始改变，将你塑造成另一个人。它会让你变成一个道家弟子，不管你有没有听过这个词，也不管你想不想成为那样。我从1961年开始就一直在使用《易经》，我使用它的目的就是希望它在特定情境下告诉我某一种行为方式。首先它会给你分析当时的情况，比你自己分析的要更加准确，可能会和你想的不一样，然后它会给出建议。通过这些爻，一条曲折而又复杂的道路出现，问卜的人通过这条路逃出牺牲的悲剧和背叛的悲剧。道家的伟大意义，就是中庸之道。当我有了这样的矛盾时我就常常去向《易经》求助。有时候整个道家的一切努力并不能帮助到我，这时候卦爻辞说：吉，无咎（Praise, no blame）。这些就是暗语，指示你应该怎么做，并且解释说，一个人应该做的最迫切的事情就是宁可牺牲他的生命也不去做一些不道德的事情。我就认为这是对的。道家会考虑到这些，三千多爻中就会有这样一爻。"①

图4-21 菲利普·迪克和《高堡奇人》(*The Man in the High Castle*)

---

① Cover, Arthur Byron. "Vertex Interview with Philip K. Dick". *Vertex*, Vol. 1, NO. 6, February 1974，见 http://www. philipkdickfans. com/literary-criticism/frank-views-archive/vertex-interview-with-philip-k-dick/，retrieved on Jan. 11，2016.

鲍勃·迪伦和艾伦·金斯堡都是二战后反文化一代的偶像和代表,他们的一言一行对青年学生和心怀不满的年轻人具有极大的号召力。他们不约而同地推崇《易经》,并且不是一时冲动,而是将它内化到自己的生活中,自然对当时的年轻人产生了极大的冲击力和号召力,这种时代风气带来的影响,是原作者、译者、出版社等任何一方都无法预见和无法实现的。但是,如果没有上述三种力量的结合,没有恰当的机遇,也就无法诞生出这样的经典。因此我们可以说,经典的形成有很多力量和因素的参与,但是如果没有时代风气,没有像前述引领时代的人物的号召和示范,也就达不到后来的流行效果。从实际来看,反文化的时代风气到20世纪70年代中期就已经逐渐消退,而卫-贝译本却仍然畅销不衰,这也充分说明它自身的质量经得起时代的考验,这一点从当时和后来推出的很多译本在销量和影响上一直无法与卫-贝译本比肩,也可以得到进一步证明。

第二节 卫-贝译本的主要特征

《易经》卫-贝译本出版后,不但理雅各译本的地位很快被取代,甚至卫礼贤德译本的光芒也遭到一定程度的遮蔽。具体说来,卫-贝译本具有以下三个特征:第一,结构安排独特,经、传获得同等程度的重视。卫-贝译本在第一部分引入《大象》,用来综述一卦旨意,同时也是对《易经》卜筮功能的一种约束和纠偏,第二部分只翻译《系辞传》和《说卦传》,阐明《易经》的哲学意蕴,第三部分翻译《彖》、《象》、《文言》、《序卦传》、《杂卦传》,同时重复卦爻辞译文,部分地方重复《系辞传》译文,所有三个部分都贯穿了卫礼贤的解释和论述,这是以往任何《易经》注疏、译本或评论都不曾尝试过的体例编排,从这个意义上来说,《易经》卫-贝译本和本土流传的《易经》已存在较大区别,不再属于同一个文本系统。第二,卫-贝译本把《易经》的卦爻辞从具体的时代语境中剥离,使《易经》变成一部超越时间的经典,并且在解释中不断援引中西文学、宗教和心理学方面的例证、术语等相互阐发,力图实现中西传统和现代之间的融合,这样卦爻辞就能对欧美的读者直接发挥影响,而不必局限于中国的历史和注疏传统,把《易经》"活的精神"引入欧美社会,不但汉学家可用来研究中国思想,一般人也可用来指导自己的生活。第三,卫-贝译本强调《易经》的卜筮功能,它的目的并不在考证单个字词的来源和意思,不在语文学上下功夫,而是沿袭朱熹以来的传统,卜筮和哲学并重,尤其重视将卦爻辞的解释与个人的生活实际相联系,注重把卜筮用于个人实践,延续了《易经》的活的传统。从某种程度上来说,卫-贝译本是翻译和解释相结合,中国传统和西方传统相结合,既解释经典的意义,又注重经典的运用,将《易经》强调的体用二元关系充分运用到现实中,所以对英语世界的读者具有极大的实用价值。

一、结构安排独特,经、传同样重视

卫礼贤的《易经》德译本分为前言(Vorrede),导论(Einleitung),第一部分:经文(Der Text),第二部分:材料(Das Material),第三部分:注疏(Die Kommentare)。第一部分包括六十四卦上下经的卦爻辞译文、注解和《大象》的译文、注解;第二部分翻译了《说卦传》和《易大传》(即《系辞》)两部分并加以解释,在这部分结尾还讨论了如何利用《易经》占卜;第三部分包括《序卦》、《杂卦》、《象传》、《象传》、《文言》的译文和卫礼贤的解释,其中第一部分出现过的《大象》译文在这里重复出现,为了更好地解释《小象》,第一部分出现过的卦爻辞译文也在这部分重复出现。卫礼贤译本还包括四个附录:六十四卦结构表、卦变表、八卦取象歌、分宫卦象表。贝恩斯夫人的英译本基本上沿袭了卫礼贤的结构安排,只是在次序上作了一些细微的变动,译本第三版增加了卫德明撰写的序言,英译本有荣格撰写的前言,此外把第二部分的"如何利用《易经》占卜"移到附录一,把卫礼贤附录里的卦变表移到索引部分,把六十四卦结构表变成书后的插页,其余部分结构基本没有改变。①

卫礼贤在导论部分介绍了他的译本安排,但着眼点主要放在翻译和解释上。他说,对于第一部分的卦爻辞文本翻译,他尽量采取最简洁的形式,以保留汉语原文古朴的特征。除了译文外他还综合翻译了历代注疏的精华,以呈现中国学者在解释《易经》方面作出的突出贡献。卫礼贤并没有解释为什么要把《大象》放在第一部分翻译和解释,前述卫德明在序言里已代为解释过,本文也已论及,此处不再赘述。卫礼贤说,他把六十四卦卦爻辞译文和解释放在第一部分,是为了便于《易经》的门外汉理解,读者大可把注意力集中在卦爻辞大意上,无需受易象的干扰,如《乾》卦,就只需根据卦爻辞的编排一步步了解"乾"卦的意思,而暂不必考虑

---

① 本书主要讨论《易经》卫-贝英译本,对卫礼贤德译本和贝恩斯夫人英译本之间的差异,不作细致辨析,只在有助于说明英译本主要特征的地方加以必要分辨。

"龙",这样就可以了解怎样用中国的智慧来指导日常生活。第二和第三部分则解释《易经》何以会这样安排,有何寓意。因此理解卦爻辞结构的必要材料被编到一起,但只是绝对必要的材料,包括《十翼》中保存并流传下来的最古老的部分。这些材料被打散并放到经文的各部分当中,以便读者能更好地理解经文。因为第一部分只提供了经文的必要翻译和解释,所以对一部分要了解《易经》中蕴含的深层智慧的人,第二和第三部分就显得不可或缺。此外,他这样安排译文结构,也是考虑到西方人的理解能力不适合一下子承受太多不熟悉的内容,因此适度的重复显得很有必要,此外重复也是为了帮助读者获得对《易经》的全面理解。① 根据卫礼贤的解释,他这样安排译本结构,主要目的是为了帮助西方人理解《易经》,因为它包含的内容对西方人来说是个完全陌生的世界,如果按照传统的编纂方式一下子把所有内容全部呈现出来,必然会让西方读者觉得不知所云,而第一部分呈现卦爻辞的核心文本,可以让读者知道它最古老的形式,并可据此实现它的占筮功能。第二部分呈现《系辞》和《说卦》,同时把历代注疏家和自己对《易经》的理解告诉读者,可以让想深入了解《易经》的人有章法可循,然后才在第三部分把《十翼》的其他部分逐一呈现。除了把《大象》放在第一部分不见于中国和西方的注疏传统,其他几个部分内容的安排按照由易到难的顺序逐层展开,并不是毫无章法。考虑到卫礼贤旨在向西方读者传递《易经》中蕴含的智慧,他把《大象》放在第一部分,或许正是为了限制读者专门将《易经》用于占卜,在一定程度上规范他们的理解和运用。②

我们以《鼎》卦为例分析卫-贝译本在第一部分的结构安排。卫-贝译本将卦名译为 Ting/The Caldron,下面是卦画 ䷱,上卦为"离"(Li, The Clinging, Fire),指出"离"为火,为"丽",意思是附丽,下卦为"巽"(Sun, the Gentle, Wind, Wood),指出"巽"为风,为木,意思是"柔顺"。卦画下是一段解释,指出《鼎》卦六爻的结构和鼎的形状很相似,最下方为鼎的两足,上面是鼎身,再上面是鼎耳,最上方是鼎的把手。《鼎》的卦形还象征"滋养"(nourishment)。鼎由青铜铸成,原是宗庙或宴饮时盛放珍馐的礼器,一家之长从鼎中取出食物,放到客人的碗里。

---

① Wilhelm/Baynes. Introduction, *The I Ching*, *or Book of Changes*. pp. lxvi-lxvii.
② 《四库全书总目提要》提到:"六十四卦大象皆有'君子以'字,其爻象则多戒占者,圣人之情,见乎词矣。"卫礼贤对《易经》的理解承续晚清经学传统,所以按此旨意解释《易经》,把《大象》的内容放在第一部分,或也有"戒西方占者"之意在内。

《井》卦也有"滋养"的意思，但《井》卦多指滋养人民，《鼎》卦多指代精致的文明，因此暗示的是滋养君子、大人，于国有利。《井》卦和《鼎》卦是《易经》里仅有的指代人工制造物的两卦，它也有抽象的寓意。下卦为木为风，上卦为离为火，合在一起指由木和风生成火，暗示准备食物的意思。

解释完卦画后，紧接后面的是《鼎》卦的卦辞：鼎，元吉，亨。（The Judgement. The CALDRON. Supreme good fortune. Success.）

卫-贝译本在卦辞的解释里指出，《井》和我们生活的社会基础有关，这种社会基础被比喻成滋养草木的井水。而《鼎》卦指社会的文化上层建筑。木常被用作火的原料，火代表了精神。一切可见的东西都会超出自身范畴，发展到不可见的领域，这样它才能真正被圣化和明晰化，在宇宙的秩序中扎下根基。从《鼎》卦中可以看到文明发展到宗教这个高级阶段。鼎用来为上帝献祭，尘世间最高的价值必须被奉献给神灵，但真正的神灵离开人以后则不会展现自身。上帝的最高启示通过先知和圣人得以呈现。崇敬先知和圣人就是崇敬上帝，上帝的意志通过他们来体现，应该虔诚接受，这会带来内心的启示和对世界的真正理解，所以带来大吉、成功。

接下来是《大象》："木上有火，鼎，君子以正位凝命。"（The Image. Fire over wood：Thus the superior man consolidates his fate by making his position correct.）

解释为：火的命运取决于木，只要下面有木，上面的火就不会熄灭。人类的生活也是这样，命运给予生活力量，如果人们能恰当安排生活，正确对待命运，让二者达成和谐一致，其命运就有了坚实的基础。这些话里含有掌控生活的暗示，是通过口头传授的中国瑜伽的神秘教义流传下来的。

《大象》后面是六爻爻辞的译文和解释。

初六："鼎颠趾，利出否，得妾以其子，无咎。"（The Lines. Six at the beginning means：A ting with legs upturned furthers removal of stagnating stuff. One takes a conclubine for the sake of her son. No blame.）

解释：如果鼎在使用前被倾倒，结果是无咎，因为这种做法会将鼎里面的废物清理掉；妾的地位低下，但因为她有儿子，所以也会受到尊重。这两个比喻表达的意思是：在《鼎》卦所示的高度发达的文明里，每个有良好愿望的人都能取得某种程度的成功。不管地位多么低下，只要他想要净化自己，都会被接受。他获得的位置能让他用大量成就来证明自己，这样就会得到认可。

九二："鼎有实，我仇有疾，不我能即，吉。"（Nine in the second place means：There is food in the ting. My comrades are envious, but they cannot harm me. Good fortune. ）

解释：在发达文化的一个阶段，取得一定的成就至关重要，如果人们专注于这样的正当事业，可能会招致一定的嫉妒和憎恨，但这并不会带来凶险。越是专注于真正的事业和成就，嫉妒带给他们的伤害就越小。

九三："鼎耳革，其行塞，雉膏不食，方雨亏悔，终吉。"（Nine in the third place means：The handle of the ting is altered. One is impeded in his way of life. The fat of the pheasant is not eaten. Once rain falls, remorse is spent. Good fortune comes in the end. ）

解释：鼎耳用来抬起鼎，如果鼎耳变了，鼎就无法被抬起和使用，里面的美食如野鸡肉的肉膏就吃不到。这用来描述处在高度发达文明里的个人，发现自己所处的位置没人留意，或没人认识到他的价值，对他的发展可谓是沉重的打击，他的良好品质和才华都会白白浪费。但只要他认识到自己拥有真正精神化的东西，时机终究还是会到来，只是早晚的问题，困难最终会过去，守得云开见月明，这里的雨水象征着压力得到释放。

九四："鼎折足，覆公餗，其形渥，凶。"（Nine in the fourth place means：The legs of the ting are broken. The prince's meal is spilled and his person is soiled. Misfortune. ）

解释：一个人承担了艰难而又责任重大的任务，他难以独自胜任。此外，他没有全心全意去完成使命，而是和小人相勾结，导致任务失败，这样他就给自己招来屈辱。孔子评价此爻说："德薄而位尊，知小而谋大，力小而任重，鲜不及矣。"①

六五："鼎黄耳，金铉，利贞。"（Six in the fifth place means：The ting has yellow handles, golden carrying rings. Perseverance furthers. ）

解释：我们的君主是一个品格谦虚、平易近人的人，因为这样的态度，他成功找到坚强能干的助手，帮助他完成任务。这样的态度，需要经常自我抑制，重要的是坚持原则，不要让自己误入歧途。

---

① 这是《系辞》里的内容。

上九："鼎玉铉,大吉,无不利。"(Nine at the top means: The ting has rings of jade. Great good fortune. Nothing that would not act to further.)

解释:前一爻鼎的铉是黄金,表示力量,这里是玉,玉坚硬有光泽,这个献策者加上勇于纳言的人,就让此爻大吉无不利。这里的献策是用来和献策的圣人一起描述的,献策的圣人谦虚而又纯洁,就像宝玉那样。这样上帝喜欢他的工作,给他好运,然后对人态度和悦,所以诸事无不顺利。①

从上述译文中我们可以看到,卫-贝译本第一部分主要翻译卦名、卦爻辞和《大象》,同时为每一部分都增加了详细的解释,其解释主要以文明的形成、表现及其维系为基础。

第二部分"材料"(The Material),主要包括《说卦传》和《系辞传》。

卫礼贤在第二部分导言里说,第一部分的译文主要是把《易经》精神性的一面呈现出来,也就是要揭示常被人看作怪异的卦爻辞下隐藏的智慧;这部分的解释是为了总结卦爻辞的内容,以及中国历代最杰出的哲学家阅读卦爻辞后产生的想法。第二和第三部分主要提供解释《易经》卦爻辞的这些思想产生的原材料,以便把《易经》卦爻辞的精神和产生这些精神的实体联系起来。卫礼贤指出,《十翼》解经的传统可以追溯到孔子,至少是到儒家学派。卫礼贤认为如果不把卦爻辞和《十翼》联系起来,那么《十翼》就无法理解;而要完整理解《易经》,《十翼》更是必不可少,历代注疏家无不如此。但在开始时最好把《十翼》和卦爻辞分开,这样西方读者就不会因为接触太多不熟悉的材料而觉得毫无头绪。卫礼贤说,《易经》这部书代表了几千年慢慢有机成长的过程,只有通过长期的深思熟虑才能理解,译文的重复可以打开新的视角。第二和第三部分主要处理《十翼》的内容,它们包含了和《易经》有关的最古老的注释。《十翼》的前两翼是《彖传》,卦辞相传为周文王所作,这点一直没人怀疑。而《彖传》就是根据一卦的结构以及其他相关因素来解释文王断一卦之辞,这部分内容非常透彻有价值,能帮助读者了解《易经》的内在结构。中国人认为《彖传》是孔子所作,卫礼贤认为毋庸置疑,因为孔子对《易经》确实表达了很多想法,而《系辞》的观点并没有和孔子思想相左的成分。《系辞》分上下部,以和《易经》上下经相对应,卫礼贤将它的内容分到每卦下面。

---

① Wilhelm/Baynes. *I Ching, or Book of Changes*, pp. 193-197.

卫礼贤指出，理雅各强调要想真正理解《易经》，只有把经传分开才行，因此他刻意将《十翼》和本经分开，然后用宋儒的注疏来替代《十翼》。理雅各没有解释为什么他认为宋儒的解释要比孔子的解释更接近本经的意思，他所做的就是逐字逐句谨守《周易折中》的解释。卫礼贤说，他采用的底本也是《周易折中》。他认为，理雅各的《易经》译文比起他另外的中国经典译文要差得多，理雅各没有翻译卦名，这项工作虽然不容易，却很有必要，此外理雅各在其他地方也犯了很多概念理解上的错误。

《十翼》的三四两翼是《象传》，也和上下经一致。其中《大象》主要讨论构成一卦的内外卦卦象，从而得出整卦的含义，然后引申出适合人类生活的结论。《大象》包含的思想和《大学》类似，所以和孔子的思想也非常接近。《小象》主要讨论周公作的六爻爻辞。但《小象》并没有讨论爻象，可能出于误解或偶然，这些六爻的注解被归入《象传》，其实它们只是押韵的建议。卫礼贤认为，《小象》可能来源于一部更详尽的注疏。《小象》的内容当然非常古老，并且也来源于儒家学派，卫礼贤说他不能确定它和孔子之间的关系到底有多紧密，这部分内容卫礼贤也把它们分别插入卦爻辞中。

第五六翼是《系辞》或《大传》，也分上下两部分。卫礼贤认为对这部分的理解构成很多困难。司马迁称之为《大传》，朱熹评价《系辞》时说："本谓文王、周公所作之辞，系于卦爻之下者，即今经文。此篇乃孔子所述系辞之传也。以其通论一经之大体凡例，故无经可附，而自分上下云。"[1]卫礼贤认为朱熹对《系辞》的定义非常模糊。如果《系辞》果真是指文王、周公所作之辞且系于卦爻之下，那么它也应该讨论文王的卦辞和周公的爻辞才是，而不是通论一经之大体凡例。可是我们却有《象传》来讨论卦辞，也就是讨论文王作的卦辞，却没有具体的传来讨论周公作的爻辞，现在只有一些零碎的断句来评论爻辞，而且是附在明显错误的《小象》这个标题下，还有一些片段的句子用来讨论《乾》、《坤》两卦，也就是《文言》，而《系辞》里也有一些句子零散地讨论爻辞，所以卫礼贤认为，《系辞》很可能包含了两种性质完全不同的材料，一种如朱熹所言是一系列通论《易经》总体的文章，可能构成司马迁所说的《易大传》，另一种是分散在《系辞》里的根据观点立场编排的一些零星评论爻辞的片段。卫礼贤认为，有证据显示这些片段和《文言》都来源于同样

---

① 朱熹《周易本义》，第 221 页。

的材料。他指出，《系辞》明显不是孔子所作，因为其中很多篇章都被作为孔子的言辞加以援引，但《系辞》中含有来源于不同时期的儒家学派的言论。此外《系辞》把《易经》的起源定于中古，按照这种历史分期，春秋属于下古，很明显孔子自己不可能对历史做出这样的分期。

第七翼《文言》属于《易经》注疏的残留，或者是系列《易经》注疏中的一部分，其中包含了儒家学派流传下来的珍贵材料，可惜只讨论了《乾》、《坤》两卦。卫礼贤认为《文言》在评论《乾》卦的时候包含了四种不同性质的材料，他在译文中用 a，b，c，d 来分别标示。其中 a 的性质和分散在《系辞》中的一些零星评论相同，这部分的文本常常伴随一个"何谓也?"的问题，这种形式和《春秋公羊传》很相似。b 和 c 是对六爻的评论，形式和《小象》相近，d 和 a 类似，同样处理整卦和各爻的意思，但是比 a 的风格要自由很多。至于《坤》卦，只有一个注疏流传下来，在性质上和 a 相近，虽然它在编排上把爻辞放在孔子的解释之后，但这种形式倒是和《系辞》相一致。

第八翼《说卦传》，包含的材料非常古老，主要解释八卦，其中可能包含了很多孔子以前的材料，但孔子和他的门人在这部分里讨论了这些材料。

第九翼《序卦传》，对通行本的卦序提供了一份难以让人信服的解释，有时候仅仅因为对卦名的奇怪解释所根据的无疑是古代的传统，所以非常有趣。卫礼贤认为，这部分也和孔子无关，他同样将它们分散到各卦下面。

第十翼《杂卦传》由对各卦的定义组成，用便于记忆的押韵文体写成，大部分是以相反的两卦并列的方式排序。但《杂卦》的卦序和通行本不同，这部分内容也被卫礼贤分散到各卦下面。[1]

在第二部分，卫礼贤翻译了《说卦传》和《系辞传》。

通行本把《说卦传》分为 11 章，在卫礼贤的《说卦传》译文里，它被分为 3 章 11 节，其中 11 节的内容和通行本 11 章相对应。卫礼贤指出，第 1 章通论《易经》暗含的基本原则，它包括 1、2 两节。第 2 章讨论构成六十四卦的八卦，其中讨论了伏羲先天卦和文王后天卦，包括 3、4、5、6 四节。第 3 章分别讨论八卦以及和它们有关的一些象征。卫礼贤给后面的每节都添加了小标题，如第 7 节标题为"特征"（The Attributes）、第 8 节标题为"象征的动物"（The Symbolic

---

[1] Wilhelm/Baynes. *I Ching*, *or Book of Changes*. Part II The Material，pp. 255-261.

Animals)、第 9 节标题为"身体部位"(The Parts of the Body)、第 10 节标题为"八卦的家庭"(The Family of the Primary Trigrams)、第 11 节标题为"其他的象征"(Additional Symbols)。①

通行本《系辞传》分为上下两个部分,各 12 章。卫礼贤的《系辞传》译文也分为两个部分,但是他按照每个部分的内容分别给它们添加了标题。在《系辞传·上》的译文里,卫礼贤又把它分为两个部分,第一部分 A 包括第 1 章和第 2 章,主要讨论"内在的基本原则"(Underlying Principles)。第 1 章的标题是"宇宙间的变化和《易经》中的变化"(The Changes in the Universe and in the Book of Changes),第 2 章标题为"《易经》的撰述和使用"(On the Composition and the Use of the Book of Changes)。第二部分 B 包括剩下的 10 章,为"具体的讨论"(Detailed Discussion),其中第 3 章标题为"卦爻辞"(On the Words Attached to the Hexagrams and the Lines),第 4 章"《易经》的深层含义"(The Deeper Implications of the Book of Changes),第 5 章"道与阴阳"(Tao in Its Relation to the Light Power and to the Dark Power),第 6 章"《易经》与道"(Tao as Applied to the Book of Changes),第 7 章"《易经》对人的影响"(The Effects of the Book of Changes on Man),第 8 章"《系辞》的运用"(On the Use of the Appended Explanations),第 9 章"卜筮"(On the Oracle),第 10 章"《易经》在四方面的应用"(The Fourfold Use of the Book of Changes),第 11 章"蓍草与卦爻"(On the Yellow Stalks and the Hexagrams and Lines),第 12 章"小结"(Summary)。这是卫礼贤为《系辞·上》十二章分别添加的标题,总结每章的内容,起到提纲挈领的作用。《系辞·下》也有 12 章,卫礼贤同样给每章添加了标题,第 1 章"象、爻、生、动"(On the Signs and Lines, On Creating and Acting),第 2 章"文明的历史"(History of Civilization),第 3 章"卦的结构"(On the Structure of the Hexagrams),第 4 章"八卦的性质"(On the Nature of the Trigrams),第 5 章"某些爻辞的解释"(Explanation of Certain Lines),第 6 章"《易经》的整体性质"(On the Nature of the Book of Changes in General),第 7 章"某些卦与品德形成间的关系"(The Relation of Certain Hexagrams to Character Formation),第 8—10 章"从六爻看《易经》的使用"(On the Use of the Book of Changes: The Lines),第 11

---

① Wilhelm/Baynes. *I Ching*, *or Book of Changes*. Part II The Material. pp. 262-279.

章"从《易》之教看惕厉的价值"(The Value of Caution as a Teaching of the Book of Changes),第 12 章"小结"(Summary)。这样也让《系辞·下》的内容变得条理化和明晰化,便于读者把握它的中心思想。[①]

在《系辞》的译文后,卫礼贤还撰写了一篇文章讨论卦爻辞的结构(The Structure of the Hexagrams),主要分为"总体考量"(General Consideration)、"八卦及其应用"(The Eight Trigrams and their Application)、"时"(The Time)、"位"(The Places)、"爻"(The Character of the Lines)、"各爻间的关系"(The Relationships of the Lines to one Another,分为相应[correspondence]和相连[Holding Together]两种)、"卦主"(The Rulers of the Hexagrams)等几个部分来讨论。[②]

第三部分"注疏"(The Commentaries)中,卫礼贤结合六十四卦翻译了《彖》、《象》、《文言》、《序卦》、《杂卦》,同时在译文中重复卦辞、爻辞、《大象》、《系辞》等相关内容。

卫礼贤认为,《彖传》(Commentary on the Decision)无疑是孔子所作,解释卦名和文王所作卦辞之义。《彖传》常采用押韵的文体,也许是为了便于记忆,因为押韵并不具备材料方面的价值,所以他在译文里没有再现,但因为要押韵,所以带来很多文体上的突兀感,常带有人为的强迫性质,这是读者需要注意的地方。[③]《象传》(Commentary on the Images)一开始就解释构成每卦的内外卦,从中推导出该卦代表的整体境遇,然后以内外卦的特征为基础,再给出处在这种境遇中的恰当行为的建议。[④]《文言》(*Commentary on the Words of the Text*)包括对《乾》、《坤》两卦四种性质的注疏,其中有两种注疏主要讨论卦辞和《象传》,而四种注疏都讨论了爻辞。卫礼贤指出,通行本《文言》的文字顺序是 a,1 - 9、b,1 - 7、c,1 - 7 然后是 d,1 - 12,他的译文为了明晰起见并为避免不必要的重复,把讨论相同爻的不同性质的内容都放在一起,然后用字母和数字区分开。《文言》中被卫礼贤归入 a 类和 d 类的,以讨论整卦的意思和性质为主,而归入 b、c 类的则主要讨论爻辞。如"元者善之长"到"贞者事之干"归入 a1,"君子体仁足以长人"到"贞固

---

① Wilhelm/Baynes. *I Ching*, *or Book of Changes*, pp. 280-355.
② 同上书, pp. 356-365.
③ 同上书, p. 370.
④ 同上书, p. 372.

足以干事"归入 a2,"君子行此四德者,故曰乾元亨利贞"归入 a3。通行本紧接后面的是"初九曰潜龙勿用",开始讨论爻辞,而卫礼贤译文紧接 a3 后面的则是"乾元者,始而亨者也",卫礼贤将其标为 d1,"利贞者,性情也",为 d2,"乾始能以美利利天下,不言所利,大矣哉!"归入 d3,"大哉乾乎,刚健、中正、纯粹、精也",为 d4,"六爻发挥,旁通情也",为 d5,"时乘六龙,以御天也,云行雨施,天下平也",为 d6。然后卫礼贤开始翻译六爻,从"初九曰潜龙勿用,何谓也"到"潜龙也"一段,为 a4,紧接后面的是"潜龙勿用,下也",为 b1,然后是"潜龙勿用,阳气潜藏",为 c1,然后是"君子以成德为行"到"是以君子弗用也",为 d7。[①] 卫礼贤将《文言》的内容区分出不同的性质并重新排序,这样做也是为了便于读者理解。如他所言,a、d 属于同一性质,b、c 属于同一性质,不过是从不同角度来讨论卦爻辞,并且风格不同而已。经过这样重新编排之后,译文显得更有秩序。

《易经·文言》通行本句序

a1 文言曰:元者,善之长也,亨者,嘉之会也,利者,义之和也,贞者,事之干也。

a2 君子体仁足以长人;嘉会足以合礼;利物足以和义;贞固足以干事。

a3 君子行此四德者,故曰:乾:元亨利贞。

a4 初九曰:潜龙勿用。何谓也? 子曰:龙德而隐者也。不易乎世,不成乎名;遯世无闷,不见是而无闷;乐则行之,忧则违之;确乎其不可拔,潜龙也。

a5 九二曰:见龙在田,利见大人。何谓也? 子曰:龙德而正中者也。庸言之信,庸行之谨,闲邪存其诚,善世而不伐,德博而化。易曰:见龙在田,利见大人。君德也。

a6 九三曰:君子终日乾乾,夕惕若厉,无咎。何谓也? 子曰:君子进德修业,忠信,所以进德也。修辞立其诚,所以居业也。知至至之,可与几也。知终终之,可与存义也。是故,居上位而不骄,在下位而不忧。故乾乾因其时而惕,虽危而无咎矣。

a7 九四曰:或跃在渊,无咎。何谓也? 子曰:上下无常,非为邪也。进退无恒,非离群也。君子进德修业,欲及时也,故无咎。

---

① Wilhelm/Baynes. *I Ching*, *or Book of Changes*, pp. 375-383.

a8 九五曰：飞龙在天，利见大人。何谓也？子曰：同声相应，同气相求；水流湿，火就燥；云从龙，风从虎。圣人作而万物睹，本乎天者亲上，本乎地者亲下，则各从其类也。

a9 上九曰：亢龙有悔。何谓也？子曰：贵而无位，高而无民，贤人在下位而无辅，是以动而有悔也。

b1 乾龙勿用，下也。

b2 见龙在田，时舍也。

b3 终日乾乾，行事也。

b4 或跃在渊，自试也。

b5 飞龙在天，上治也。

b6 亢龙有悔，穷之灾也。

b7 乾元用九，天下治也。

c1 乾龙勿用，阳气潜藏。

c2 见龙在田，天下文明。

c3 终日乾乾，与时偕行。

c4 或跃在渊，乾道乃革。

c5 飞龙在天，乃位乎天德。

c6 亢龙有悔，与时偕极。

c7 乾元用九，乃见天则。

d1 乾元者，始而亨者也。

d2 利贞者，性情也。

d3 乾始能以美利利天下，不言所利。大矣哉！大哉乾乎！

d4 刚健中正，纯粹精也。

d5 六爻发挥，旁通情也。

d6 时乘六龙，以御天也。云行雨施，天下平也。

d7 君子以成德为行，日可见之行也。潜之为言也，隐而未见，行而未成，是以君子弗用也。君子学以聚之，问以辩之，宽以居之，仁以行之。

d8 易曰：见龙在田，利见大人。君德也。

d9 九三重刚而不中，上不在天，下不在田。故乾乾因其时而惕，虽危无咎矣。

d10 九四重刚而不中，上不在天，下不在田，中不在人，故或之。或之者，疑之也，故无咎。

d11 夫大人者，与天地合其德，与日月合其明，与四时合其序，与鬼神合其吉凶。先天而天弗违，后天而奉天时。天且弗违，而况于人乎？况于鬼神乎？

d12 亢之为言也，知进而不知退，知存而不知亡，知得而不知丧。其唯圣人乎？知进退存亡而不失其正者，其唯圣人乎？

《易经·文言》卫-贝译本句序

a1 文言曰：元者，善之长也，亨者，嘉之会也，利者，义之和也，贞者，事之干也。

a2 君子体仁足以长人；嘉会足以合礼；利物足以和义；贞固足以干事。

a3 君子行此四德者，故曰：乾：元亨利贞。

d1 乾元者，始而亨者也。

d2 利贞者，性情也。

d3 乾始能以美利利天下，不言所利。大矣哉！大哉乾乎！

d4 刚健中正，纯粹精也。

d5 六爻发挥，旁通情也。

d6 时乘六龙，以御天也。云行雨施，天下平也。

a4 初九曰：潜龙勿用。何谓也？子曰：龙德而隐者也。不易乎世，不成乎名；遯世无闷，不见是而无闷；乐则行之，忧则违之；确乎其不可拔，潜龙也。

b1 乾龙勿用，下也。

c1 乾龙勿用，阳气潜藏。

d7 君子以成德为行，日可见之行也。潜之为言也，隐而未见，行而未成，是以君子弗用也。君子学以聚之，问以辩之，宽以居之，仁以行之。

a5 九二曰：见龙在田，利见大人。何谓也？子曰：龙德而正中者也。庸言之信,庸行之谨,闲邪存其诚,善世而不伐,德博而化。易曰:见龙在田,利见大人。君德也。

b2 见龙在田,时舍也。

c2 见龙在田,天下文明。

d8 易曰:见龙在田,利见大人。君德也。

a6 九三曰:君子终日乾乾,夕惕若厉,无咎。何谓也?子曰:君子进德修业,忠信,所以进德也。修辞立其诚,所以居业也。知至至之,可与几也。知终终之,可与存义也。是故,居上位而不骄,在下位而不忧。故乾乾因其时而惕,虽危而无咎矣。

b3 终日乾乾,行事也。

c3 终日乾乾,与时偕行。

d9 九三重刚而不中,上不在天,下不在田。故乾乾因其时而惕,虽危无咎矣。

a7 九四曰:或跃在渊,无咎。何谓也?子曰:上下无常,非为邪也。进退无恒,非离群也。君子进德修业,欲及时也,故无咎。

b4 或跃在渊,自试也。

c4 或跃在渊,乾道乃革。

d10 九四重刚而不中,上不在天,下不在田,中不在人,故或之。或之者,疑之也,故无咎。

a8 九五曰:飞龙在天,利见大人。何谓也?子曰:同声相应,同气相求;水流湿,火就燥;云从龙,风从虎。圣人作而万物睹,本乎天者亲上,本乎地者亲下,则各从其类也。

b5 飞龙在天,上治也。

c5 飞龙在天,乃位乎天德。

d11 夫大人者,与天地合其德,与日月合其明,与四时合其序,与鬼神合其吉凶。先天而天弗违,后天而奉天时。天且弗违,而况于人乎?况于鬼神乎?

a9 上九曰:亢龙有悔。何谓也?子曰:贵而无位,高而无民,贤人在下位而无辅,是以动而有悔也。

b6 亢龙有悔,穷之灾也。

c6 亢龙有悔,与时偕极。

d12 亢之为言也,知进而不知退,知存而不知亡,知得而不知丧。其唯圣人乎? 知进退存亡而不失其正者,其唯圣人乎?

b7 乾元用九,天下治也。

c7 乾元用九,乃见天则。

我们仍以第五十卦《鼎》为例来讨论卫-贝译本第三部分的翻译和解释。

首先卫礼贤重复了《鼎》卦卦名的翻译 Ting/The Caldron,然后在解释中指出《鼎》卦的核心(Nuclear Trigram)是"兑"和"乾",卦主是六五和上九,寓意是有价值的人得到滋养。六五爻授予上九爻代表的人以荣耀,这个卦象来自爻辞里的"鼎黄耳"和"鼎玉铉"相互适应。接下来是《序卦》的"革物者莫若鼎,故受之以《鼎》"(Nothing transforms things so much as the ting. Hence there follows the hexagram of THE CALDRON.),卫礼贤解释说,《鼎》卦的变革一方面指鼎中烹制的食物的变化,另一方面指王者和圣人合作的变革带来的效果。然后翻译《杂卦》的"鼎,取新也"(THE CALDRON means taking up the new.),卫礼贤解释说,从结构上来看,《鼎》卦正好是《革》卦的反对卦,在意思上也凸显了这种变化。《革》卦是从革命的消极方面看待,而《鼎》卦展现了正确进行社会改革的方式。《鼎》卦的主要卦相互强化,核心卦的"乾"和"兑"表示金属,体现了《鼎》作为庆典礼器的思想,就像现在考古发掘中还可以见到的青铜器,在历史上一直都和中国文明的最高表达形式相联系。

接着是重复卦辞"鼎,元吉,亨"的译文,然后是《象传》的译文和解释,然后再重复《大象》辞的译文并再次解释:"木上有火,鼎,君子以正位凝命。"(The Image. Fire over wood:Thus the superior man consolidates his fate by making his position correct.)这里的解释为:木上有火,这个卦象并不是指鼎,而是指鼎的使用。火下有木,火才不会熄灭。生命也需要不断发光,要做到这一点,生命的根源就需要不断更新,同样的道理也适用于集体或国家的命运。关系和位置必须要得到规范化,这样才能长盛不衰,这样王朝的命运才可以持续下去。

接下来重复爻辞译文,然后翻译《小象》,再加以解释。如初六:"鼎颠趾,利出否,得妾以其子,无咎。"(The Lines. Six at the beginning means:A ting with legs upturned furthers removal of stagnating stuff. One takes a concubine for the sake of her son. No blame.)

《小象》:"鼎颠趾,未悖也,利出否,以从贵也。"("A Ting with legs upturned. " This is still not wrong. "Furthers removal of stagnating stuff", in order to be able to follow the man of worth.)

解释:初六爻指鼎足,因为是阴爻并且在初位,意思是在煮食之前,必须要把鼎颠倒过来,把里面残余的食物倒掉,初六爻在位置上和中间的九二爻有联系,所以才会想到妾,也就是阴爻并且属于从属位置。[①] 其余爻的翻译和解释都仿此体例。

卫礼贤这种结构安排,自然有他为西方读者考虑的地方,尤其在第三部分重复卦爻辞和《大象》译文,为西方研究《易经》的人提供了大量参考。但在汉学家看来,这样做也有它的不足之处。如卜德(Derk Bodde)在《易经》卫-贝译本刚出版时(1950)就发表评论文章,认为卫-贝译本虽然译文更简洁、更自由、更富想象力(more concise, more free and more imaginative),也更加成功地抓住了原著的精神和意义,但卫-贝译本最大的不足在于它的编排体例。《易经》原由六十四卦卦爻辞和《十翼》组成,理雅各正确将二者分开,这样有助于正确理解《易经》的含义,而卫-贝译本却将《十翼》打散后插入到经文中,再加上卫礼贤自己的长篇解释。译本第一部分是卦爻辞和《大象》,加上卫礼贤自己融合历代注疏所作的解释,接着是《说卦传》和《系辞传》的翻译和解释,这些内容在第三部分又重复一次,再加上《小象》、《象传》、《文言》、《序卦》和《杂卦》。这样安排不但内容重复,而且打乱了原文的编排体例,容易造成混乱。此外,卜德认为卫礼贤对《十翼》文本的时间交代也欠准确,他完全接受传统的"三圣三古"成说,认为《十翼》大部分内容都是由儒家学派编纂而成的。卜德说,理雅各早就对这种说法提出怀疑,而"古史辨派"以后这些说法已经遭到中国学者的否定,他们普遍认为《十翼》成于汉代,卫礼贤的译本虽不能未卜先知,但因为在西方世界影响极大,所以无形中散布了不正确的学说。卜德认为,如果《易经》的本经部分不过是占卜文本,《十翼》为后来所加,那么不论《十翼》里有多少哲学思考,我们都很难在《易经》本经中找到一套系统深邃的哲学思想,这就和卫礼贤的解读截然相反,因为在卫礼贤看来,经传一体,构成了"中国的古老智慧"。此外如果经传原是分开的,《十翼》是

---

① Wilhelm/Baynes. *The I Ching*, *or Book of Changes*, pp. 641-646.

汉代以后的产物，和孔子没有直接的关系，那么这就说明《十翼》并不是《易经》产生时直接激发出的重要思想，而是后来的重要思想反作用于《易经》产生的成果。这也和卫礼贤的理解相悖，因为在他看来，中国哲学的两大主要流派，儒家和道家思想，都能在《易经》中找到根源。① 可见对经传关系的认识，关系到对《易经》和中国古代思想之间关系的认识。卜德的言下之意是卫-贝译本的体例安排虽然有助于普通读者和对《易经》感兴趣的入门者，但对汉学家来说，显然存在一定局限。

卜德的批评虽然有一定道理，但显然没有考虑到卫-贝译本形成的具体历史背景。实际上，单独把《大象》插入本经部分虽然显得有些突兀，但卫-贝译本的结构兼顾了普通读者和《易经》爱好与研究者的双重需求。英语世界的一般读者，多阅读卫-贝译本的第一部分，利用《易经》来占筮，阅读卦爻辞译文和解释，获得对当前处境有益的提示与建议。上文谈到的"反文化运动"时期的风云人物，几乎全是在这样的背景下使用卫-贝译本的。至于把《大象》插入第一部分各卦当中，如前所述，卫礼贤并非没有自己的考虑，卫德明已在序言中作了说明，本文也引《四库全书总目提要》加以解释。尤为重要的是，《大象》辞的译文规范了一卦的主旨，指出"君子"筮得此卦时应采取的行动或措施，这样就把卜筮行为变成积极改变自身处境的有益活动，而不是消极被动的神秘信仰。此外，读者在阅读卦爻辞和《大象》的基础上，如果对《易经》的结构和成因感兴趣，可以进而阅读第二部分《系辞传》和《说卦传》，因为这两个部分在性质上和《大象》比较接近。如前所述，卫-贝译本对这两个部分的结构作了细致的划分，并且给每一节添加了标题，相较于原文来说，更便于读者理解和把握。在第三部分卫-贝译本把《彖》、《象》、《文言》、《序卦传》和《杂卦传》都拆散后插入到各卦之中，和通行本及其他译本的体例都不一样。这样做比较有利于加深对各卦含义的理解，但不利之处在于割裂了《序卦》、《杂卦》的整体性。总之卫-贝译本的体例安排由易到难、层层深入，充分体现了《易经》文本的复杂性和多层次性。

卫-贝译本认为卦辞作者为文王、爻辞作者为周公、《彖辞》和《大象》的作者为孔子，《说卦》可能是孔子和他的门人所作，而《系辞》、《小象》、《文言》、《序卦》和

① Bodde，Derk. "The I Ching or Book of Changes. The Richard Wilhelm Translation. Rendered into English by Cary F. Baynes. Foreword by C. G. Jung". *Journal of the American Oriental Society*，Vol. 70，No. 4，1950，pp 326-329.

《杂卦》均非出自孔子之手,有些可能是儒家学派的作品。卫-贝译本对《小象》、《系辞》和《文言》都提出了与以往理解不同的看法,如《小象》主要解释六爻爻辞,并未提到爻象,因此可能来源于一部更详细的注疏,由于误解或出于偶然而被归入到《象传》之中;《系辞》由两类性质不同的材料组成,一类通论《易经》总体,可能构成司马迁所谓的《易大传》,另一类具体讨论六爻的爻辞,类似于《文言》中的部分内容和《小象》;《文言》是《易经》古代注疏留下的残篇,其中包括四种性质不同的材料等等。这些观点都有明显的支撑材料,并不是人云亦云的附会。卫礼贤对《易经》的理解来源于劳乃宣,秉持的仍然是通经致用的思想,用后起的“古史辨派”思想来要求他,只能说是一种苛求。事实上,理雅各在形式上将经传分开,并未有助于人们对《易经》的理解,卫礼贤在思想上认为经传不可分,在实际上基本将卦爻辞的翻译和《十翼》的翻译分开,却极大地促进了人们对《易经》的理解,若从结果来衡量,不能不说卫-贝译本的结构安排反而是它获得成功的一个重要因素。

二、剥离历史语境,融合中西智慧

卫礼贤在他的《易经》翻译和讲座中,不断强调《易经》中蕴含的古老智慧。在他看来,这种智慧可以跨越时间和空间,为现代社会的一切人所用。为了体现《易经》的这个特点,在他的德文译本里,卫礼贤不断援引《圣经》、歌德和康德等经典或名人的思想与《易经》中的相关思想互相印证。英译本虽然删除了一些此类联想,尤其是涉及歌德诗歌的部分,但从译文解释和底注中,我们仍然可以看到卫礼贤在这方面的努力。可以说“智慧”(wisdom)这个词贯穿在卫-贝译本中,成为理解《易经》的重要红线。

在卫-贝译本的前言中卫礼贤说:“希望读到这部译作的人,能够享受到纯粹的智慧带来的快乐,就像我在翻译这本书时体会到的那种快乐一样。”①卫礼贤在《译本导言》中也一再提到《易经》中蕴含的智慧,认为《易经》从古至今一直吸引着中国最优秀的学者的注意,中国文化和历史中最伟大和最重要的思想都和《易经》有关。“我们完全可以这样说,《易经》这部书在产生过程中吸纳了千百年来成熟的智慧。”不但儒家和道家思想根源于《易经》,而且“中国的哲学、科学和政治

---

① Wilhelm/Baynes. "Preface". *I Ching, or the Book of Changes*, p. xlvi.

也一直从《易经》的智慧源泉中吸收营养",就是中国人的日常生活也处处体现
着《易经》的影响,如算命先生就"随时准备从这部古老的智慧之书中找出对人
生挫折的中肯建议"①。卫礼贤在导言中还专门辟出一节,介绍《易经》是一本"智
慧之书"(the Book of Wisdom):"比用作卜筮手册更重要的是它的另一个用途,即
把《易经》用作一本智慧之书。老子知道《易经》,他的一些最为深邃的格言警句
就是由此书激发产生的,甚至他的全部思想都浸透了《易经》中的教诲。孔子也
知道《易经》,并曾致力于研究《易经》。他很可能写下一些解释性的评论,并在
日常授课中和学生分享了一些他的见解。孔子所编辑和注释的《易经》就是流
传到今天的版本。"卫礼贤解释了贯穿《易经》的一些哲学基本概念。他认为《易
经》最基本的思想是"易"(change),这和孔子在《论语》中说的"逝者如斯夫,不舍
昼夜"相关。了解变化之义的人就不再将注意力放在转瞬即逝的单个事情上,
而是放在一切变化背后那不可改变的、永恒的法则上。这个法则就是老子所谓
的"道",万物之大道,不变之法则(the course of things,the principle of the one in
the many)。《易经》第二个根本主题是"象"(theory of ideas)。八卦与其说是八
种物体的象征,不如说是八种变化状态的象征。这种观点既和老子表达的概念
有联系,也和孔子表达的概念存在关联,那就是这个世界上发生的每件事都是
"象"(images),即不可见的世界里某个思想带来的结果。圣人与较高层次的世
界相连,因此可以通过直觉感知到这些思想。《易经》第三个根本元素是"辞"
(judgments)。"辞"用文字来解说"象",显示出行动的吉凶悔吝。"辞"还让人决
定不采取对当前有利而对长远有害的行动,这样就能免祸。"辞"和历代注疏不仅
让《易经》为后世读者打开丰富的中国智慧的宝藏,还让人能够全面考察人类的各
种经验,让人能够自己主宰和塑造自己的生活,以便和存于万事万物中的天道相
适应。②

　　卫礼贤的这些看法无疑深受胡适的影响。胡适在《先秦名学史》这部英文著
作里,就讨论过《易经》的三个观念:第一是"易",胡适将其翻译为 change,万物的
变化都是由简易到烦难(change is a continuous process from the simple and small
to the complex and great,and is therefore within our comprehension and

---

① Wilhelm/Baynes. "Introduction". *I Ching, or the Book of Changes*, pp. xlvii-xlviii.

② 同上书,pp. lv-lviii.

control)；胡适认为孔子的整个哲学都贯穿了"易简，则天下之理得矣"这样的思想（this conception of change as capable of being understood and controlled if reduced to its simple and easy forms），这也是《易经》的第一个重要观念。《易经》的第二个观念是"象"，胡适将其翻译为 ideas，认为"象"有"法象"之意，人类历史上种种文物制度的起源都由于象，都仿效种种法象，这些法象，大约可分为两种，一种是天然界的种种"现象"，另一种是物象所引起的"意象"，又名"观念"。（A *hsiang* is，then，an image or idea which one forms of a thing. In the *Book of Change*，the word *hsiang* is used in two slightly different senses. In the first sense，a *hsiang* is simply a phenomenon noted or perceived in nature. In the second sense，a *hsiang* is an idea or notion capable of being represented by some symbol or being realized in some activity or utensil.）胡适进一步解释"象"的来源是古之圣人见天垂象而则之。（Whence have arisen these ideas？They have originated in the minds of the wise men of antiquity to whom "the heavens revealed the meaning of the nature phenomena of which they formed the ideas."）从中可以看出卫礼贤译本思想的来源，也可见到贝恩斯夫人译本必然参考了胡适著作的这部分内容。胡适所说的《易经》的第三个重要观念是"辞"，他译为judgment，"辞"主要用来告诉占筮者吉凶悔吝，以便其趋吉避凶（Thus the value of judgments is essentially practical. They tell whither things are tending，point to what is good and what is evil，and thereby "inspire the activities of the world". So the *Book of Change*，according to its own light，tells him about the tendencies and probable results of his activities in order that he may pursue the right，and avoid the wrong，course.）[1]胡适的这种思想在他后来据此书改写的《中国哲学史大纲》里说得更加清楚充分。他再次讨论《易经》三个基本观念，一是易，二是象，三是辞。第一，万物的变动不穷，都是由简易的变作繁赜的。第二，人类社会的种种器物制度礼俗，都有一个极简单的原起，这个原起，便是象。人类的文明史，只是这些"法象"实现为制度文明的历史。第三，这种种"意象"变动作用时，有种种吉凶悔吝的趋向，都可用"辞"表示出来，使人动作都有仪法标准，使人

---

① Hu，Shih. *The Development of the Logical Method in Ancient China*（先秦名学史）. Shanghai：The Oriental Book Company，1922，pp. 32-45.

明知利害，不敢为非。① 但胡适的这些看法，存在两个问题，一是以传皆经，把《系辞》的思想和《易经》的观念混为一谈，二是认为《系辞》和《文言》为孔子所作，并以此为根据来反推孔子的哲学思想。卫礼贤以劳乃宣的讲解和胡适的看法为基础，得出《易经》中包含了融贯古今的智慧，也就不难理解了。

卫礼贤在《关于易经》中指出，《易经》的生活智慧能为欧洲所用：

> 中国的生活智慧对我们有非常重大的价值，部分可补充我们已有的智慧财富，部分可增强我们已有经验的某些重要方面。它能帮助我们把内省过程纳入正轨，使其无需失去与现实世界的接触，就能达到冥想的抽象高度。这种内省过程正是我们需要的，中国人的生活智慧也有意识地致力于对现实的改造，不过其核心是人的世界而非物的世界，因此我们立刻就能从他们的核心倾向中学到很多有价值的东西。②

但卫礼贤认为西方人并不能全盘照搬中国的智慧，而要在对它进行彻底的和批判的检讨后再认真接受，这样就不会流于转瞬即逝的"中国热"。他认为中国文化是一种成熟的、发育完全的文化，因此具有一定的封闭性。中国文化重视集体的人，而缺乏对人的唯一性、个性和内在神圣性的认识，缺乏个人对整个世界的意义的认识，中国的智慧没有把进步和发展上升为世界万物的绝对法则，而只是停留在两极循环往复的法则中。如果把欧洲通过技术、科学对精密方法的训练而获得的控制自然的能力和中国智慧强调的对内心的关注相结合，创造出一个新的文化综合体，那么欧洲人就能在更高的水平上重新塑造生活。③ 荣格也强调可以用《易经》的智慧来解决欧洲的现实问题，将《易经》和欧洲的本土语境相结合，赋予《易经》解读以时空迁移上的合理性。他指出《易经》中蕴含着可应用于不同时代、不同地域的智慧，只是要根据当时当地的具体情况来接受。④ 但恰如卫礼贤所说，

---

① 胡适《中国哲学史大纲》，上海：上海古籍出版社，1997年，第66页。按卫礼贤的说法，应有多处参考胡适此书，卫德明所加注释中已经说明。胡适此书出版于1919年2月，是他在自己的博士论文《先秦名学史》的基础上修改扩充而成，是胡适的成名作，到1922年时已经出到第八版，可见其影响之大。卫礼贤其时正在北大任教，并与胡适、张东荪等人交游，所以他的思想受此书影响也不奇怪。卫礼贤解释《易经》的三个基本概念，几乎全部以胡适的说法为蓝本，也可看出胡适当年在中国思想界的影响，同时也可看出卫礼贤并不拘于劳乃宣一人观点，而是博受广采，为其所用。详细讨论可参考胡适此书第57—65页。
② 卫礼贤《关于〈易经〉》，见蒋锐编译、孙立新译校《东方之光——卫礼贤论中国文化》，北京：外语教学与研究出版社，2007年，第59页。
③ 同上书，第59—61页。
④ Wilhelm, Richard. *The Secret of the Golden Flower*, pp. 144-145.

要充分利用《易经》，首先要对它进行批判和检讨。卫礼贤指出，正因为《易经》中蕴含着巨大智慧，随着时间的推移，很多和它无关的神谕，甚至来源于中国之外的神谕，都寄生到《易经》上。秦汉时期的阴阳五行学说以及由之衍生而来的《易经》象数之学即为其中之一，它让《易经》变得越来越神秘化，甚至导致中国的科学精神也遭到扼杀，因此多年来一直以停滞的面目出现在西方人眼里。但除了象数之学，义理之学这种深邃的智慧也一直在《易经》的脉络里流淌，并进入人们的日常生活，让中国文明充满成熟的智慧。为了理解《易经》的本质和它的教诲，就必须首先剥离寄生其上的大量诠释，把各种外来的附会思想清除掉。① 卫礼贤所说的外来附会思想，除了阴阳五行思想以外，也包括麦格基提出的比较神话学，他在注释里说"麦格基采用怪异而又业余的翻译手法，尝试把所谓的'比较神话学'运用到《易经》的译文当中"②，明显表示出对麦格基的不屑；同时还包括拉古贝里认为的《易经》是一部字汇的观点，③卫礼贤也认为这根本是无稽之谈。

卫礼贤在他的译本导言里还提到，他在卦爻辞的解释中尽可能简练地精选中国的注疏，力图传达中国千百年来的经学家在解释经文方面取得的最杰出的成果，同时他还把这些注疏同西方的著作进行比较，发现西方著作中的很多观点和他自己的看法都可以与《易经》中的有关内容相互印证，但他在解释时绝对以经文为主，因此读者大可以把经文和注疏看成中国思想原汁原味的再现。卫礼贤还指出，他之所以特意提请读者注意，是因为经文和注释中体现的很多基本真理，和基督教的教义如出一辙，给人带来无比震撼的印象。④

卫礼贤提出他会用西方著作中的原理、基督教的教义和《易经》中的相关内容相印证。贝恩斯夫人在译本中也提到，卫礼贤在注释里引用了很多德语诗歌，主要来源于歌德，但在英文翻译里这部分内容都被省略掉了，因为一旦翻译过来，那种诗歌寓意就会消失不见，难以追寻。⑤ 尽管如此，我们还是可以在英文译本中看到，卫礼贤所作的一些注释将《圣经》和歌德的作品与《易经》的相关内容联系在一起。如卫礼贤在讨论《乾》卦"万物资始，乃统天"时，指出《乾》卦可以指天、健、父、君。但中国人究竟有没有将《乾》卦人格化，像希腊人想象的宙斯那样，目前尚不

---

① Wilhelm/Baynes. "Introduction". *I Ching*, *or Book of Changes*, pp. xlviii-xlix.
② 同上书，p. xlix.
③ 同上书，p. xlix.
④ 同上书，p. lxi-lxii.
⑤ 同上书，p. lxi.

清楚。中国人并不太在意这个问题,神圣创造的原理超越人的理解力,只有通过它无所不在的活动才能让人理解,它肯定有外在因素,那就是天也和万物一样,具有精神意识,如"上帝",God 等,这一切都统一在"乾"当中。① 这就把《乾》卦的创造力与宙斯、God 等结合在一起讨论。在解释《坤》卦上六爻"龙战于野,其血玄黄"时,卫礼贤引入希腊神话和《圣经》典故,认为《乾》卦上九"亢龙有悔"显示的是极度的骄傲,和希腊神话中的伊卡洛斯(Icarus)有异曲同工之处,他在与父亲代达罗斯使用蜡和羽毛做成的翼逃离克里特岛时,因为飞得太高,双翼上的蜡遭太阳光照射融化而跌落水中丧生,结果被埋葬在一个海岛上。《坤》卦的上六爻"龙战于野,其血玄黄"和魔鬼(Lucifer)反抗上帝的神话如出一辙,或者和黑暗势力与瓦尔哈拉(Valhalla)英烈祠众神间的战斗可堪比拟,这场大战的结束就是众神之光(the Twilight of the Gods)的到来。② 在这里,卫礼贤利用希腊神话、《圣经》典故和北欧神话来帮助西方读者了解《坤》卦的爻辞内容。在解释《大有》的卦名后,卫礼贤解释说:"这一卦的意思和耶稣说的话如出一辙:温柔的人有福了,因为他们中承受地土。(Blessed are the meek:for they shall inherit the earth.)"③九四爻"匪其彭,无咎",卫礼贤的解释为:这标志着一个夹在富裕有势力的强邻中间的人的地位,这个位置很危险,不能左顾右盼,必须要抑制诱惑,不要嫉妒他人,和邻居争胜,这样才能保证无虞。卫礼贤认为《圣经》里教导人们如何对待财产(possessions)时也有同样的教诲:凡想要保全生命的,必丧掉生命;凡丧掉生命的,必救活生命(Whosoever shall seek to save his life shall lose it;and whosoever shall lose his life shall preserve it,见于《路加福音》17:33)。④ 在解说《谦》卦《大象》"地中有山,谦,君子以裒多益寡,称物平施"时,卫礼贤认为地中有山,肉眼看不见,是因为地中的深渊为高山所填埋,因此高低相抵,所见为平原。这需要经年累月才会出现,而最终则显得不费力气,一任自然,这就是《谦》卦之象。君子效仿此象,在世间建立秩序,消除极端差异,此为不满之源,以创造公正平等的境况。他引用《圣经》,认为《谦》卦中的很多道理和《圣经》中的《旧约》和《新约》都有相似之处,如《马太福音》23 章 12 节:凡自高的,必降为卑;自卑的,必升为高(And

---

① Wilhelm/Baynes. *I Ching,or Book of Changes*,p. 6.
② Richard/Baynes. *I Ching or Book of Change*,p. 15.
③ 同上书,p. 60,引自《圣经·新约·马太福音》5. 5 节,译文参考中国基督教协会印刷新标准修订版《圣经》. 1995 年,第 6 页,下引《圣经》译文均参考此书。
④ 同上书,p. 62,见新标准修订版《圣经》第 132 页.

whosoever shall exalt himself shall be abased; and he that shall humble himself shall be exalted);《以赛亚书》第 40 章第 4 节：一切山窪都要填满，大小山冈都要削平；高高低低的要改为平坦，崎崎岖岖的必成为平原（Every valley shall be exalted，and every mountainand hill shall be made low：and the crooked shall be made straight，and the rough places plain)；《雅各书》第 4 章第 6 节：上帝阻挡骄傲的人，赐恩给谦卑的人（God resisteth the proud，but giveth grace unto the humble）。印度拜火教(Parsee religion)里的最后审判也表现出类似特点，希腊神话里所谓的众神的嫉妒也可与这里引用的《雅各书》的内容相似。① 从这一段来看，卫礼贤确实没有麦格基等人视基督教高于其他宗教的意识，而是把中国的《易经》、基督教的《圣经》、希腊神话和印度宗教都放在一起讨论，重视其中思想的联系，而不是囿于一家，区分高下，这也许正是荣格不断指出的卫礼贤的可贵精神。《蛊》卦上九爻"不事王侯，高尚其事"（He does not serve kings and princes，sets himself higher goals)，卫礼贤解释说，不是每个人都有义务参加世界大事，有些人的境界发展到一定程度，他们大可以让世界自行运转，不愿带着改变世界的使命去抛头露面。但这又不是说他们有权无所事事，或者退居幕后专以批评为能事，只有奋力在自己身上实现人类的崇高目标，这种退隐才为正当。尽管圣人远离日常纷扰，却在自己身上实现亘古未有的人生价值，以为后世垂范。卫礼贤认为，歌德在拿破仑战争后的观点就是欧洲历史中的一个极好例子，所以他拿歌德的例子来解说《蛊》卦这一爻的含义。② 《蛊》卦讨论身处惑世的态度问题，除了积极干预，改变时局之外，就是远祸全身，修身养性，为世垂范，这两种态度都是儒家的态度，颇能与孔子所谓"天下有道则见，无道则隐。邦有道，贫且贱焉，耻也；邦无道，富且贵焉，耻也"相发覆。《革》卦九三爻"征凶，贞厉，革言三就，有孚"，卫礼贤解释说，当必须改变时，要注意避免犯两种错误，第一是操之过急和冷血无情，这样会带来灾难，第二是过度犹豫和保守，这样也很危险。并不是改变现存秩序的每个要求都值得注意。另外，不断被提出并且有充分根据的抱怨必须要聆听。当变革的呼声听到三次，经过慎重思考，就应该相信并默许它发生，这样就能获得信任并取得成就。这样解释以后，卫礼贤引用歌德的《仙女故

---

① Wilhelm/Baynes. *I Ching*, *or the Book of Changes*, pp. 64-65.
② 同上书，p. 78.

事》(*Das Märchen*),说明每当大的改变发生之前,"时辰已到!"(The hour has come!)这句话总是要重复三遍。① 卫礼贤以此来强调此爻的精神在歌德那里得到印证。

总之,以《圣经》中的典故和教诲以及歌德等人的作品来与《易经》卦爻辞解释相阐发,这是卫礼贤在解释时经常用到的手法。这样做的结果,就是把《易经》从中国的历史语境中解放出来,让它变成一部世界性的经典,可以和欧洲的典籍相印证,给读者带来亲近感,从而促进了译本的传播。

贝恩斯夫人指出,英译本中放在方括号里的注释都是她自己添加的,除了说明卫礼贤提到的作品或作者的具体年代以外,她还添加了很多解释性的说明,展现出她作出不同副文本选择时的用心。卫礼贤的德译本用 Zeichen 这个德文单词来翻译《易经》里的三爻卦和六爻卦,这个词的英文对应词是 sign,汉语原来的八卦符号和六十四卦符号都称为"卦",但是贝恩斯夫人说,为了避免引起混淆,她并没有采用 sign 这个词,而是采用理雅各确立的先例,通篇用 trigram 来表示三爻卦,用 hexagram 表示六爻卦。② 这对于在英语世界统一翻译名称确实起了非常重要的澄清作用,并且用 tri-和 hexa-来表示爻数,非常便于理解和记忆,不失为一种好办法。卫礼贤在谈到《易经》的基本概念时,认为它的首要概念是"变易"(change),并且引用孔子《论语》"逝者如斯夫,不舍昼夜"来证明这个概念,说明认识到"变易"内涵的人,就不会再把目光放在过渡性的一件事情上,而是关注所有"变易"现象背后起作用的那些不可改变的永恒的法则,也就是老子所谓的"道"。卫礼贤德译本中全部用德语词 Sinn 的大写形式 SINN 来表示中文的"道",而 Sinn 在英语里是 meaning 的意思。卫礼贤选用 SINN 来翻译"道",其实和英语单词的 meaning 之间并没有任何其他的关系,这一点他在老子的《道德经》译本前言里作了解释,所以贝恩斯夫人在英译本里就用 tao 来替代所有的 SINN。③《乾》卦卦辞的"元亨利贞",贝恩斯夫人译为:The CREATIVE works sublime success, Furthering through perseverance. 她解释说,卫礼贤用德语词 fördernd,字面上可以翻译为 furthering,这个词在卫礼贤的《易经》译本中不断重复出现,是非常重要的占筮辞,为了避免带来阅读上的违和感,贝恩斯夫人偶尔会用 is favorable 这个

---

① Wilhelm/Baynes. *I Ching, or the Book of Changes*, p. 191.
② 同上书, p. l.
③ 同上书, p. lv.

词组来替代 furthering，以让文气显得更加通顺。① 如《坤》卦卦辞的"利西南得朋"，即翻译为 It is favorable to find friends in the west and south.②但《屯》卦卦辞的"利建侯"则译为 It furthers one to appoint helpers.③《蒙》卦卦辞"利贞"译为 Perseverance furthers，④初六爻辞的"利用刑人"译为 It furthers one to apply discipline，六三爻的"见金夫，不有躬，无攸利"后三字译为 Nothing furthers，上九爻"不利为寇，利御寇"译为 It does not further one. /To commit transgressions. /The only thing that furthers/Is to prevent transgressions.⑤贝恩斯夫人在这里是严格按照卫礼贤的用字，以 further 为主，只是在译《坤》卦"利西南得朋"时有一处变换。按高亨的解释，"元亨利贞"的"利"字，即是"利益"之"利"，其曰"无不利"者，言有所举事，筮遇某卦爻无所不利也，其曰"无攸利"者，言有所举事，筮遇某卦爻无所利也，其曰"利某事某人某方"，言筮遇某卦爻则利某事某人某方也，其曰"利贞"者，犹言利占也。此乃《周易》"利"字之初义也。⑥ 这种解释基本肯定了"利"只有一个意思。李零也持这种观点，认为"利"字表示"有利"，如果后接宾语，就表示"利于"，如"利贞"就是"利于占卜"。⑦ 儒家注疏中将"元亨利贞"与"仁礼义智"四德联系在一起，⑧"仁"对应于 love，"礼"对应于 mores，"义"对应于 justice，"智"对应于 wisdom。贝恩斯夫人添加一条很长的注释，说明为何将"礼"翻译为 mores："卫礼贤德文里用 Sitte 来翻译'礼'，英文里则用 mores 来翻译。但无论是 mores 还是任何其他的英文概念，例如 manners，customs 等，均不能表现出中国古人所谓的'礼'所代表的恰当的思想内涵，因为这些词只能表示从传统中生发出来并受传统制约的行为，此外再无其他含义，而汉语的'礼'所代表的概念，其来源似乎是出自对生命的一种宗教式的态度，以及由这种态度而来的各种道德原则。就'礼'的宗教层面来说，意味着礼制是天道之所在，通过虔心遵守礼制，即能顺应天命，让天道在人间上得以充分展现。而就'礼'的道德层面而言，它的意思是适

① Wilhelm/Baynes. *I Ching, or the Book of Changes*, p. 4.
② 同上书，p. 11.
③ 同上书，p. 16.
④ 同上书，p. 21.
⑤ 同上书，pp. 22-23.
⑥ 高亨《周易古经今注》(重订本)，北京：中华书局，1984 年，第 112 页。
⑦ 李零《死生有命富贵在天——〈周易〉的自然哲学》，第 42 页。
⑧ 朱熹《周易本义》，第 35 页。

度和节制，这是人天生所具备的，通过教化，能让人们在社会和个人生活中获得正确的人际关系。'礼'是孔子努力在乱世中恢复秩序的基石。"贝恩斯夫人的这些解释全部来自理雅各翻译的《礼记》。遵守"礼"的种种法度对于"大人"而言完全是种自我约束，在封建时代"大人"通常就是具有一定官阶和地位的人，而"小人"的行为，也就是下层社会的人的行为，则必须受到种种纲纪伦常的约束。[①] 在将《蒙》卦翻译为 Youthful Folly 后，贝恩斯夫人又添加一条注释，说明 fool 和 folly 在这一卦中应被理解为年轻人的不成熟以及因之而来的缺乏智慧，而不单指愚蠢之意。《亚瑟王》里寻找圣杯的帕西法尔（Parsifal）作为"纯粹的傻子"（pure fool）为人所知，并不是因为他智商低，而是因为他缺乏经验。[②] 通过这个例子贝恩斯夫人把《蒙》卦要说的教育之义解释得比较清楚。卫礼贤在《鼎》卦的卦符下面解释说，《鼎》卦的卦形非常像一尊鼎，最下面是鼎足，然后是鼎腹，再到鼎耳，最上面是可以抬的把手，同时卦形又象征着滋养，鼎主要用于在祖庙或祭祀时盛放食物，一家之主从鼎中分出食物以飨宾客。贝恩斯夫人添加注释说，在美国很多博物馆里都可以看到鼎的展览，可以见到制作得非常精美的鼎，它们都被归入礼器一类。卫礼贤用德语单词 Tiegel 来表示鼎，一方面有"大锅"（caldron）的意思，另一方面有"坩埚"（crucible）的意思，因为中国这种特殊的容器在外形上非常独特，和通常所说的"大锅"或"坩埚"都不一样，所以她在翻译中会视上下文的情况采用 ting 这个音译来代替。具体来说，贝恩斯夫人将卦辞和《大象》里的"鼎"都译为 CALDRON，而六爻爻辞里的"鼎"则都用拼音 ting 来替代，如初六"鼎颠趾，利出否"就译为 A ting with legs upturned, Furthers removal of stagnating stuff. [③]

　　贝恩斯夫人在翻译中，除了在文意上有所变换外，还在结构安排上不时提出自己的主张，以及采用这种主张的理由。从贝恩斯夫人所作的变动和说明来看，她在翻译中不仅注重辨析中西文化和表达上的差异，更重视如何促进读者对《易经》的理解，所以她也会采用一些典故和现实来和卦爻辞中的情况相印证。

　　有些卦爻辞的历史内涵比较丰富，卫礼贤也会联系现实情况来解释。我们即以一些史实指代比较明显的卦爻辞来看。第三十四卦《大壮》六五爻"丧羊于易"和第五十六卦《旅》上九爻"丧牛于易"，按照顾颉刚的考证，均指商的先祖王亥丧

---

① Wilhelm/Baynes. *I Ching*, *or the Book of Changes*, pp. 5-6.
② 同上书，p. 20.
③ 同上书，pp. 193-197.

牛羊于有易的故事，以下为卫礼贤的解释。

《大壮》六五："丧羊于易，无悔。"(Six in the fifth place means：Loses the goat with ease.)卫-贝译本的解释是：羊的典型特征就是外强中干，现在的情况是诸事容易，再也没有抵抗和阻力，因此可以放弃那种挑衅、固执的行事方式，也不会为此后悔。①

《旅》上九："鸟焚其巢，旅人先笑后号啕，丧牛于易，凶。"(Nine at the top means：The bird's nest burns up. The wanderer laughs at first, then must needs lament and weep. Through carelessness he loses his cow. Misfortune.)解释为：鸟焚其巢暗示失去家园，如果鸟儿在筑巢的时候疏忽大意，这种厄运就会发生。旅人也是这样，如果他纵意任情，忘记了自己的旅人身份，后来就会悔恨哭泣。因为如果大意失去了母牛，也就是失去谦虚和适应的能力，这样就会导致凶兆。②

从这两卦的解释来看，卫礼贤把"易"翻译为 ease 和 carelessness，分别指"容易"和"大意"，完全没有把它们放到王亥丧牛羊这样的语境下来理解，而是放在《大壮》和《旅》卦的整体情境中来解释。《大壮》的主题主要指内心力量强大并占据统治地位，但这种力量已经过分，带来的危险是过分相信自己的力量而忘记了是非对错，并且急于求成，忘记了等待合适时机；《旅》卦的主题则是旅行的人应该如何自处。

再如史实指代不明确的第六十三卦《既济》九三爻"高宗伐鬼方"和第六十四卦《未济》九四爻"震用伐鬼方"，按照顾颉刚的考订，这两爻指的都是殷高宗伐西北鬼方族的故事，卫礼贤解释如下。

《既济》九三："高宗伐鬼方，三年克之，小人勿用。"(Nine in the third place means：The Illustrious Ancestor disciplines the Devil's Country. After three years he conquers it. Inferior people must not be employed.)卫礼贤在解释中说：高宗指殷武丁，他采取强力措施恢复国家秩序，然后对经常犯境的北方匈奴发动长期的殖民战争(colonial wars)。他认为此爻描述的情境是，在既济的时候，新的势力崛起，国家秩序稳定，接下来就是不可避免的殖民扩张(colonial expansion)，势必带来长期的斗争，这时正确的殖民政策就显得异常重要。这样艰苦战争得

---

① Wilhelm/Baynes. *I Ching, or the Book of Changes*, p. 135.
② 同上书，p. 219.

来的领土绝不能被当作在国内难以谋生或难以容身者的救济院,既然这些人在国内混不下去,派他们到殖民地去正好得其所哉,这样的政策会毁掉一切成功的机会。这个道理适用于大大小小的事情,因为不仅上升期的国家推行的是殖民政策,扩张的冲动以及随之而来的危险,是任何有志向的事业都难以避免的一部分。①

《未济》九四爻:"贞吉,悔亡,震用伐鬼方,三年有赏于大国。"(Nine in the fourth place means:Perseverance brings good fortune. Remorse disappears. Shock,thus to discipline the Devil's Country. For three years,great realms are awarded.)卫礼贤解释说:这是奋斗的时期,过渡和转折必须得完成。要勇于决断,会带来好运。这样重大的斗争时期可能出现的一切疑虑都要设法消除,这是象征伐鬼方这样艰苦的战争,鬼方就是堕落的势力,但是这样的斗争会有回报。现在的奠定权力和掌控未来的基础的时候。②

就这样,卫-贝译本的解释完全把爻辞从史实的束缚中释放出来。

即使是明确有所指的史实,卫礼贤在解释中也要弱化它的本意,而重在引申出它的象征含义。如第十一卦《泰》六五爻"帝乙归妹"和第五十四卦《归妹》六五爻"帝乙归妹"。

《泰》六五:"帝乙归妹,以祉元吉。"(Six in the fifth place means:The Sovereign I gives his daughter in marriage. This brings blessing and supreme good fortune.)卫礼贤的解释为:帝乙指成汤,根据他的命令,那些公主虽然出身和地位高过她们的丈夫,也必须要像其他妻妾那样服从,从中可以看出高位和低位之间真正谦虚的结合会带来吉祥和幸福。贝恩斯夫人的注释指出现代研究结果显示帝乙和成汤并非一人,这里所指的帝乙归妹,可能是把女儿嫁给文王之父或者文王本人。③

《归妹》六五爻:"帝乙归妹,其君之袂不如其娣之袂良,月几望,吉。"(Six at the fifth place means:The sovereign I gave his daughter in marriage. The embroidered garments of the princess were not as gorgeous as those of the servingmaid. The moon that is nearly full brings good fortune.)卫礼贤的解释

---

① Wilhelm/Baynes. *I Ching*, *or the Book of Changes*, pp. 246-247.

② 同上书,p. 251.

③ 同上书,p. 51.

是：帝乙指成汤，他规定公主服从自己的丈夫，就和其他女子没有两样。帝王并不等其他人来追求他的女儿，而是在适当的时机把女儿嫁出去。这和女方先提亲的风俗一致。我们从中看到出身尊贵的女子嫁给一般人也会懂得怎样优雅地适应新的环境，她对外表的虚荣不屑于计较，在婚姻中忘记自己的身份地位，甘居丈夫之下，就和月亮那样，在没有满月之前，不会正对太阳。①

我们从以上这些例子中可以看到，卫-贝译本重在解释卦爻辞中蕴含的跨越时空的智慧，为此一方面采用基督教《圣经》典故、希腊罗马神话、歌德诗歌等西方文化的典型代表来和《易经》中的相关内容相互阐发，另一方面刻意弱化卦爻辞中所含典故的历史语境，重在挖掘典故的隐含意义，以便增强它的解释能力。

三、重视卜筮功能，强调实用色彩

《易经》卫-贝译本和理雅各译本的最大区别在于它将《易经》的卜筮和哲学双重特征全部凸显出来，而不是强调卦爻辞作者的创作旨意。这一点我们从荣格回忆卫礼贤的两篇文章和他为卫-贝译本撰写的序言中可以看出来。在《谈卫礼贤》这篇文章一开始，荣格就说自己早在读到卫礼贤的德译本之前，就已采用芦苇来占卜，然后参照理雅各译本的卦爻辞来思考自己提出的问题和得到的答案。并且他还将这种方法用在自己的病人身上，尤其对那个患有"强势母亲综合征"心理疾病的人，他想结婚却卜到"女壮，勿用娶女"的卦辞。② 对于一般读者来说，这样的描述给人直观鲜明的印象，简直过目不忘。在《怀念卫礼贤》这篇文章中，荣格更是大谈特谈卫礼贤译本的卜筮功能，并且告诉人们卫礼贤曾亲自演示过卜筮的方法，这自然又增强了人们的记忆。荣格说：

> 这就是使用《易经》的基本法则。大家知道，决定这一时刻的特征、并让我们获得洞见的卦，是通过操作一把著草或扔几个硬币偶然获得的，但著草倒下或硬币掉落的恰恰就是问卜的那个时刻。唯一的问题是：在基督问世之前一千年的文王和周公，他们对著草倒下形成的偶然符号的解读是否正确？这只有经历过才能知道。在苏黎世的心理学俱乐部所做的第一场讲座上，在我的要求之下，卫礼贤展示了利用《易经》占卜的方法，同时他还做了一个预

---

① Wilhelm/Baynes. *I Ching, or the Book of Changes*, pp. 211-212.
② Jung C. G. "On Richard Wilhelm", p. 374.

测,在不到两年的时间里,字面意思得到了非常清楚的验证。①

荣格的这种印象,并不是他为了研究心理学而从卫礼贤德译本中读出自己想要的结果,因为阅读过卫礼贤译本的黑塞也说:

> 我们可以把它当成占卜之书来运用,这样在困难的人生处境中可以获得一些参考。当然也可以只因为蕴含在其中的智慧而热爱它,《易经》这本书在我的书房里已经躺了半年了,我从来没有一次能读完一页以上。如果我们研究卦象,沉浸在《乾》卦当中,或者《巽》卦中,这并不是在阅读或思考,而是像在看流水或者行云。人们能够想到和经历的一切都写在那里了。②

黑塞就指出了《易经》这本书兼具的占卜和智慧两种因素,同时又提到卦象的象征性。他以一个作家的敏锐直觉,瞬间抓住了《易经》的主要特征。

在为卫-贝译本所写的序言中,荣格通过对《易经》的占筮实践,把《易经》的卜筮功能和他命名的“同时性”原则放在一起解说,把心理学因素引入到对卜筮行为的理解上,使《易经》的卜筮功能甚至超过了它的哲学意蕴。荣格在序言里提到,卫礼贤不但跟随劳乃宣学习《易经》中的哲学和占筮方法,多年来他还一直将这种占筮方法付诸实践。③ 结合上文提到的荣格让卫礼贤作预测并得到应验的例子来看,《易经》作为卜筮手册的功用和效果立刻凸显出来。

荣格首先从中西思维方式的对比中把占筮得到的结果合理化。他认为,西方人的思维主要建立在因果联系的基础上,而中国人的思维,尤其是体现在《易经》中的思维,则主要关注事件之间的偶然因素。西方人认为具有偶发性的事件却是中国人的主要关注对象,而西方人强调的因果联系中国人则几乎不曾注意到。中国古人所留意观察的时刻更像是偶然发生的,而不是因果链过程中清晰界定的结果。他们感兴趣的更像是在观察时偶然发生的事件所形成的配置,而不是好像能解释偶发事件的所有假象的原因。西方人的思维总是倾向于仔细筛选、衡量、分类、隔离,而中国人选取的时刻却包含了一切毫末的细节,因为所有的一切共同构成了被观察的时刻。所以当我们扔下三枚硬币或数出四十九根蓍草,这些偶然的细节进入观察的当下时刻,并成为它的一部分,对西方人来说这可能意义不大。

---

① Jung C. G. "In Memoriam of Richard Wilhelm", p. 143.
② McGuire, William. "The 'I Ching' Story, An ancient text becomes a publishing phenomenon". p. 12.
③ Wilhelm/Baynes. "Forward." *I Ching, or the Book of Changes*, p. xxi.

西方人不会认为特定时刻发生的一切都不可避免地带上那个时刻的固有属性,但是对于中国人而言这一点却非比寻常。发明《易经》的人相信特定时刻筮到的卦不仅在时间上而且在品质上与这个时刻相一致,这一卦就是占筮当时的反映,因此显示了占筮时刻盛行的必要情境。荣格由此而发明了"同时性"这个概念。"因果性"不过是统计学上的事实,并非绝对,它只是一个工作假设,解释诸事件彼此之间如何由一件引出另一件,而"同时性"则将时空中各种事件的偶发因素都作为有意义的因素考虑进来,而不是作为偶然性的因素排除在外。也就是说,客观事件之间特殊的相互依赖性和观察者本身的主观精神状态都需要加以考虑。

荣格认为六十四卦可以用来确定六十四个各不相同但又非常典型的处境的含义,这些解释和因果解释差不多。中国的卜筮传统认为,人们可以向《易经》提出问题,然后就能得到明智的解答。荣格说,他完全按照中国人的概念来做了一个实验,把《易经》当成一位智者,和它展开对话,询问它对当前情况的判断,也就是想要将《易经》推广到西方世界的情形。他采用的是铜钱卦的占卜方式,得到的是第五十卦《鼎》。荣格说,如果将《易经》当成一个可以说话的人,那么它此时将自己描绘成鼎,即其中装满食物的礼器。这里应该将食物理解为精神营养。

卫礼贤的解释为:鼎是属于高度文明的容器,暗示培养有能力的人,这样有益于国家。这里可以看到文明在宗教这里达到顶点。鼎用来给上帝(God)献祭。上帝的最高启示出现在先知或圣人那里,敬重他们就是敬重上帝。上帝的旨意通过他们得以呈现,必须要心怀谦虚地接纳。

如果和开始提出的假设相印证,就可以看出《易经》是在自我证明。

荣格卜到的变爻是《鼎》卦的九二和九三爻。

九二爻爻辞为:鼎有实,我仇有疾,不我能即,吉。

Nine in the second place means:

There is food in the *ting*.

My comrades are envious,

But they cannot harm me.

Good fortune.

因此《易经》说:"我包含有精神养分。"因为好的东西总是会引发嫉妒,嫉妒的人一块儿起哄是常见之事。嫉妒者想要将《易经》的好东西拿走，也就是设法夺走它的意义或毁灭它的意义，可是他们的敌意徒劳无功。《易经》的丰富含义得到认可，也就是说，它的积极成就得到明证，无人能夺走。

九三爻爻辞为：鼎耳革，其行塞，雉膏不食，方雨亏悔，终吉。

Nine in the third place means：

The handle of the *ting* is altered.

One is impeded in his way of life.

The fat of the pheasant is not eaten.

Once rain falls，remorse is spent.

Good fortune comes in the end.

鼎耳就是鼎的把手，可以抓住鼎，所以它指代的是人们理解《易经》的概念（concept）。随着时间的发展这个概念必定发生了改变，所以今天我们已经不再能抓住《易经》的概念，这就是"其行塞"之谓。我们已经不能得到神谕的智慧的辅佐和深刻的见解，所以我们无法在命运的迷宫和本性的晦暗中找到出路，即"雉膏不食"。但是如果这种状态被克服，也就是说"方雨"，这种失去智慧的悲伤结束了，即"亏悔"，久盼的机会也就来了。卫礼贤说这里描述的是一个处在高度发展的文明中的人，却发现自己怀才不遇，无人赏识，这对他发挥作用当然是极大的阻碍。所以《易经》是在抱怨，它的完美品质无人能知，因此明珠投暗。它安慰自己，希望能重新得到赏识。

荣格进而解释说，对于他对《易经》提出的问题，这两个重要的变爻提供的答案并不需要特别复杂精微的解释，不需要采用什么巧妙的办法，也不需要有非常的知识，任何有点常识的人都能理解，那是一个自己的价值得不到承认、甚至不为人所知，却对自己颇为自信的人给出的答案。

荣格说，他询问《易经》的问题，就像是问一个将要介绍给满堂宾朋的人，问大家对他的态度会不会友善，而《易经》给出的答案指出它自身的宗教意义，说明目前它还不为人所知，并且遭到误判，但是它希望能恢复它该有的尊贵地位，最后的这答案明显是考虑到我这还没动手写的前言，尤其是这部英文译本。这看起来是特别可以理解的反应，就像一个处在同样境地的人会作出的反应那样"[1]。

---

[1]　Wilhelm/Baynes. "Forward". *I Ching*, *or the Book of Changes*, pp. xxiv-xxvi.

接下来荣格把《鼎》卦其他爻的爻辞都和他的问题联系在一起作了解读。初六："鼎颠趾，利出否，得妾以其子，无咎。"他认为鼎翻过来说明没有使用，《易经》就像个没有使用的鼎。九四爻："鼎折足，覆公餗，其形渥，凶。"荣格认为鼎虽然使用，但使用方法不对，意思是《易经》中的神谕遭到滥用或错误解释。六五爻："鼎黄耳金铉，利贞。"他认为是《易经》似乎获得了新的正确的理解，也就是获得了新的概念，因此能够抓住它的实质。这个概念非常宝贵，荣格认为指的就是贝恩斯夫人的《易经》英译本，让《易经》能够比以前更加便捷地进入西方世界。上九"鼎玉铉，大吉，无不利"，荣格认为指的是《易经》不仅对自己在西方的传播前景感到满意，而且对前途一片乐观。只需静待事情发展，同时满足于现在的愉快结论，那就是《易经》对它的这个新译本已经首肯。①

荣格说，尽管《易经》好像对它的新译本比较满意，而且表现得很乐观，但是它对读者大众能产生怎样的影响却仍然不可知。因此荣格把《鼎》卦九二、九三两个变爻由阳爻变为阴爻，得到第三十五卦《晋》，由这一卦的具体内容，可见《易经》能平静地面对它在美国出版市场上的未来。荣格认为这种预测非常合理，并且充满赏识，再也找不出更合适的答案了。荣格不断强调他所卜得的《鼎》卦及其消息卦《晋》都是在他还没有撰写这篇前言时的行为，因此他想知道自己撰写前言这一行为会给《易经》带来怎样的影响。荣格说，面对将《易经》这本所谓的"符咒集"介绍到充满批判和科学精神的现代西方世界，他的心里不无疑虑。因此他又卜了一卦，得到的是第二十九卦《坎》，变爻是六三爻"来之坎坎，险且枕，入于坎窞，勿用"，本来按照爻辞，应该不对《易经》发表看法才对。但是荣格认为，考虑到《易经》这本书本身就充满了不确定性，那么这一爻很可能意味着他写这篇序言时的感受，卦辞所谓"有孚，维心亨，行有尚"，说明起决定作用的不是外在的危险，而是主观的态度，也就是自己的心到底诚不诚。所以虽然《坎》卦非常凶险，但是他谨遵九二爻"坎有险，求小得"的教训，在前言里只告诉人们《易经》怎样在中国人的心里起作用，而不是贪心地想要给整部书写一篇心理学评论。然后他把六三爻由阴爻变为阳爻，得到第四十八卦《井》，这里《易经》又成为这一卦之主，将自己比作充满甘泉活水的井，《坎》卦描述的是一个人偶然陷入坑穴面临的危险，他必须想办法出来，以便发现这是一口古老而荒废的井，深埋在淤泥中，但是却能恢复并重

---

① Wilhelm/Baynes. "Forward". *I Ching*, or the *Book of Changes*, pp. xxx-xxxi.

新投入使用。荣格通过这篇序言说明自己针对为《易经》撰写序言这个行为及其将产生的影响来问卜,结果分别得到《鼎》卦和《坎》卦,并通过变爻产生《晋》卦和《井》卦,获得了极有意义的解答,从而把《易经》的占卜功能表述得淋漓尽致。① 如果从荣格这段话和他撰写的前言以及《易经》卫-贝译本在英语世界产生的重大影响来看,谁也无法否认《易经》的卜筮的确能带来精准的结果。此外,卫礼贤在编排此书时,在第一部分本经中加上《大象》,把卦爻辞单独列出来作为第一部分,也便于读者将其作为卜筮手册来查阅。

卫礼贤在附录里还详细介绍了蓍草占卜和铜钱占卜的方法,尤其便于人们应用,荣格即是用铜钱卦的方法来占卜的。卫礼贤介绍的蓍草占筮的方法,结合了《系辞》和朱熹在《筮仪》里所记录的方法,就是先取五十策,然后取一策置于楼中,将剩余四十九策随意分为两大刻,先从右手取一策,夹在左手小指和无名指间,然后左手拿起左边一大刻,右手按次取走四策,直到左手一大刻剩下四策或更少时才停止,将剩下来的几策放在左手无名指和中指之间,然后将右手边一大刻再以四策次序取走,剩下四策或更少时放于食指和中指间,现在左手手指间的策数一共是 5 或者 9(其可能性为 1＋4＋4,1＋3＋1,1＋2＋2,1＋1＋3),此时第一次挂起来的那一策不用,因此上述策数即变为 4 或 8,分别是 4 的 1 倍和 2 倍,4 的数值为 3,8 的数值为 2,所以如果得到的策数为 5,就代表数值 3,如果得到的策数为 9,就代表数值 2。然后剩下来的策数重新放到一起再分为左右两份,再从右边取一策放在左右小指和无名指间,如前一样将左手的一大刻依次以四策顺序取走,剩余各策依次夹在无名指和中指、中指和食指间,得到的总策数为 4 或 8(可能为 1＋4＋3,1＋3＋4,1＋1＋2,1＋2＋1),这次得到 4 的倍数相同,8 的数值为 2,而 4 的数值为 3。再重复一次,得到的数字还是 4 或 8,这样就得到一爻。如果是 5＋4＋4,那数值就是 3＋3＋3＝9,是为阳爻,称为老阳,为动爻,在解释六爻时需要加以考虑。如果是 9＋8＋8,那数值就是 2＋2＋2＝6,是为阴爻,称为老阴,也是动爻,解释六爻时需要考虑。如果得到的是 9＋8＋4,或者 5＋8＋8,或 9＋4＋8,数值均为 7,所谓阳爻,少阳,为静爻,解释六爻时不考虑。如果得到的是 9＋4＋4,或 5＋4＋8,或 5＋8＋4,那么数值均为 8,所谓阴爻,少阴,为静爻,解释六爻时不考虑。

① Wilhelm/Baynes. "Forward". *I Ching, or the Book of Changes*, pp. xxxii-xxxviii.

这样的步骤重复六次,得到六爻,形成一卦,如果六卦全部为静爻,那么解释时就只考虑文王卦辞和孔子《象辞》,同时参考卦象。如果有一爻或者多爻为动爻,那么解释时就要考虑周公的爻辞,周公爻辞说明九几或者六几,很明确。

同时爻变还会产生新的卦,解释时也需要考虑,例如得到的是第五十六卦《旅》,变爻为九四爻,那么我们不仅要考虑《旅》卦的卦辞、《象辞》和卦象,还要考虑九四爻的爻辞,此外还要考虑第五十二卦《艮》卦的卦辞、《象辞》、卦象。因此《旅》卦为处境发展的起点和开端,因为九四爻的情况和爻辞的解释,进入最后的境遇,也就是《艮》卦的情况。第二卦《艮》卦中的变爻则无需考虑。

以上即为蓍草占卜的方法和解释。

至于铜钱卦,即用中国使用的铜钱,中间开小孔,一面有刻字。取三个铜钱,一齐扔出去,每扔一次产生一爻,刻字的一面为阴,数值为 2,没有刻字的一面为阳,数字为 3,以此得出各爻。如果三块铜钱都是阳,得到的为数值 9,都是阴,则为 6,二阴一阳为 7,二阳一阴为 8,至于查看《易经》卦爻辞的方法,则和蓍草占筮一样。①

卫德明在第三版序言里也强调了《易经》的成书经过,八卦符号的来源及其与占卜筮辞之间的结合,让卦象与卦爻辞之间产生一定的对应关系。这些元素结合在一起,就将《易经》的占筮功用完全揭示出来,从而让《易经》变成一部可以指导人们实际生活的应用之书,这一点对于《易经》的流传,实在厥功甚伟。

第三节 卫-贝译本的影响

1974 年 5 月 7 日,普林斯顿大学出版社博林根系列丛书副主编威廉·麦圭尔(William McGuire)在《普林斯顿校友周刊》(*Princeton Alumni Weekly*)上撰文,②详细叙述了《易经》卫-贝译本变成畅销书的经过。在这篇题为《〈易经〉的故事:古代文本变成美国出版盛况》("The 'I Ching' Sotry, An ancient text becomes a publishing phenomenon")的文章开头,麦圭尔刻意强调英译本 The I

---

① Wilhelm/Baynes. "Appendix I". *I Ching, or the Book of Changes*, pp. 721-724.

② "The 'I Ching' Story, An ancient text becomes a publishing phenomenon", pp. 10-13. 其后麦圭尔又在专著《博林根:采撷过去的一场探险》中详叙这本书的出版经过,见 McGuire, William. Bollingen: *An Adventure in Collecting the Past*, pp. 177-182.

Ching 的发音应为 yee jing，①意译为 Book of Changes，按字面意思翻译应该是 Classic of Change。他称《易经》卫-贝译本为新世纪（the Aquarian Age）出版史上难得一见的盛况。这本书原是深邃而又神秘的占卜文本，卫礼贤将它从中文翻译成德文，然后贝恩斯夫人又将它转译成英语，由瑞士心理学大师荣格作序。该书初版于 1950 年，本来预计只在小范围内发行，主要针对东方学家、符号学家以及神秘学方面的专家，原指望一年能卖出几百本就很不错了。第一版上市后果然没有见到太大动静，1961 年，出版社将上下两卷合并为一册，五年内潘塞恩出版社大概卖出了两万本。1964 年第一波《易经》热兴起，此后《易经》的销量开始直线上升。大概在这期间，②鲍勃·迪伦（Bob Dylan）在一次采访中公开宣称《易经》是他的人生向导，引发大量人对《易经》的追捧。1967 年，博林根基金会重新推出《易经》英译本第三版，仍然为一卷，但版式更为紧凑，装帧也更轻巧，内容以及荣格的序言都没改变，只是增加了一篇卫德明写的前言，讨论《易经》的历史沿革和文本上的一些问题。它和博林根系列的其他著作一起被移交给普林斯顿大学出版社出版。这一版推出后销路一直不断上升。到 1968 年，正像一位作者在《国家观察》（*National Observer*）杂志上所写的那样："嬉皮士的狂热促使人们对东方的一切如痴如醉，加上当时那些追逐深层意义的潮流，《易经》几乎在一夜间变成了地下销售的大户。"每年的销量以三万本的速度递增，一直持续到 20 世纪 70 年代。直到嬉皮士的热潮慢慢消退后，这本书的热度还依然保持了很多年，毫无衰减。1979 年的销量超过 25 000 本，到 1982 年，卫-贝译本总销量已经超过 50 万本。博林根系列趁机又推出卫德明的《易经八讲》（*Change：Eight Lectures on the I*

---

① 卫礼贤德译本 *The I Ging* 在德文里的发音和中文比较接近，但是贝恩斯夫人译成英文后，并不是沿袭理雅各的译本题名为 The Yi King，而是根据英文的发音规则把 Ging 改为 Ching，I 则保持不变。这也反映出贝恩斯夫人刻意要和理雅各的译本作出区别的动机，因为从 Yih King 到 Yi King 的传统已经流行了五十多年，贝恩斯夫人当时虽然未必料到 The I Ching 在进入普通大众阅读圈以后大家会将它读成 the eye Ching，而不是按汉语本来发音读为 yee king，但这样就把本来只取读音而不意义联想的 I 与英文的"我"联系在一起，加上荣格在序言里不断强调 synchronicity，强调主体经验和《易经》卦爻辞指示之间的同时性，把"我"和"经"密切联系在一起，结果让《易经》变成一部 self-help 的指南，变成寻找自我、进入内心、强调主体经验的参考，促进了它与美国文化主体精神之间的融合。虽然《易经》在中国语境中确实有通过占卜来指导个人生活的作用，但其书名中的"易"并未反映这层含义，倒是卫-贝译本一变而为畅销书之后，理雅各的译本为了搭上这趟顺风车，将书名从原来的 The Yi King 改成了 The I Ching，反映出出版市场导向的一个变化。从 Yi King 到 I Ching，是《易经》由理雅各时代进入卫-贝时代的一个决定性标志。

② 根据前面的研究，鲍勃·迪伦接受媒体采访的具体时间是 1965 年 11 月 27 日。

Ching，1960），也是由贝恩斯夫人翻译，同时还有卫礼贤的《易经讲座》(*Lectures on the I Ching*，1979)，由埃伯(Irene Eber)翻译，以及苏联汉学家舒茨基(I. K. Shchutskii)的《易经研究》(*Researches on the I Ching*，1979)，这些作品是对卫礼贤译作的极好补充。大量年轻人，就是婴儿热期间出生的那批人，人手一册《易经》，书被翻得卷了边插在牛仔裤的裤兜里。满怀忧郁地查询这部经典，成为嬉皮士那一代人特有的文化现象。

麦圭尔指出，卫-贝译本 1950 年 4 月第一次出版时分为上下两册，售价 10 美元，出版社是潘塞恩图书公司(Pantheon Books Inc)，这家出版社当时是博林根基金会的出版代理商，11 年时间里大概卖出了 5 500 本。第二版 1961 年出版，把两卷合为一册，售价 7.50 美元，6 年时间里大概卖了 19 000 本，上升的势头已经很明显。博林根基金会因此准备了一个全新的压缩版一卷本，并在编辑上作出较大改进，1967 年 7 月推出，售价 6 美元。同一月，博林根系列书籍转移到普林斯顿大学出版社出版，到麦圭尔撰写这篇文章的 1974 年，7 年时间里《易经》已经再版 10 次，大概卖出了 288 000 本，价格也涨到 8.50 美元。到 1982 年，卫-贝译本第三版已经印刷了 19 次，卖出大概 55 万本。美国市场上当时大约有 15 个《易经》译本，其中有 5 个都是理雅各 1882 年译本的改头换面。"理雅各译本因为已经过了版权保护期，所以很容易得到。它和卫-贝译本的内容差不多，但是编排方式不一样。"麦圭尔认为，理雅各那种古色古香的英文读起来让人感到有点累赘，其他的版本大部分都是《易经》的缩减本和改编本。卫-贝译本包含了全部的原文，并且用现代英文写成，前面有心理学大师荣格的序言，所以很快就超过理雅各译本，成为读者青睐的对象。

当时的媒体对卫-贝译本一片揄扬。卜德(Derk Bodde，1909—2003)认为："从翻译的角度来看，未来很长一段时间内《易经》的新版英译必定会成为英语世界最容易上手的译本。"(*Journal of the American Oriental Society*，1950)赛珍珠(Pearl S. Buck，1892—1973)认为："这部《易经》译本为理解永恒的真理作出了卓越的贡献，恰如世界上最伟大的一个民族理解和表达出来的真理那样。"(*Saturday Review of Literature*，1951)修·肯纳(William Hugh Kenner，1923—2003)认为："博林根基金会出版的是《易经》卫礼贤德译本的英文转译，这部译本融合了多达 10 家的中国传统注疏，并且有卫礼贤的理性化解释，这些几乎都在近 800 页的译文里巧妙自然地融汇在一起，让外行的西方读者在较为朴素的文本中发现了令人难忘的东西。它们是更聪明的想法之间的交汇撞击,这是东方人的伟大思想进入我们体系的时代。"(*Poetry*,1954)陈世骧(Shih-Hsiang Chen,1912—1971)认为:"在卫-贝译本中,《易经》思想的新意义得到发掘,它们在现代科学和心理分析的观照下获得了新的洞见。"(*The Asian Student*,1956)上述评论者中,卜德和陈世骧是有名的汉学家,赛珍珠是从小在中国长大的文学家,翻译过《水浒传》,对中国经典可谓如数家珍,修·肯纳是著名的文学评论家,这些人的评论在一定程度上代表了专业读者对卫-贝译本质量的认可。除了学术界和文学界对它的褒扬外,其他社会人士也纷纷在流行媒体上发表自己的阅读感受和看法,如:汤姆·凯莉认为"《易经》能给人带来神奇的安宁感"(Tom Kelly,*Washingtonian Magazine*,1968);詹姆斯·诺伍德说"《易经》是个仪式化的法则,它带来的改变可以予人指导,而不是预知未来"(James M. G. Norwood,*Harper's Bazaar*,1968)。还有诸如:"谁能料到向来循规蹈矩一本正经的普林斯顿大学出版社会成为这个季度的秘密销售冠军?格林尼治村的书商都说《易经》是他们书架上卖得最火的一本书。"(*Eye*,Apr. 1968)著名的《纽约时报书评》杂志的评价为:"《易经》变成了一本时尚著作,即使人们没有把它当作一本圣书那样毕恭毕敬,至少它也是消费文化能够产生的最高荣誉。"(Peter Collier,*The New York Times Book Review*,1969)《纽约时报》上的评论为:"这本书介绍了古代中国的占卜方法,让人能更快作出决定,它是前电脑时代的产物,麻省理工学院的一个学生将其视作人生最重大的发现。"(Father Andrew M. Greeley,*New York Times Magazine*,1969)《滚石》杂志的评论是:"《易经》的哲学来源于千百年的积累,并且将人们生活的各个方面都网罗在内。研究《易经》就是研究中国思想错综复杂的结构。"(Dan Kemp,*Rolling Stone*,1970)其他的评论如:"学生和家庭主妇都在查阅《易经》,如果你细心研究这部伟大的中国经典,最终你就能发展出更加美满的生活和更为丰富的自我意识。"(*McCall's*,1970)"《易经》是一面镜子,不仅反射出自己,还反射出自己生活的那个更大的圈子。"(*Big Rock Candy Mountain Catalogue*,1970)"实际上,查阅《易经》就像在咨询一个智者。"(Roger Lyons,*Voice of America*,1971)"这部书极大地影响了我的生活,不论是在关键时刻直接给出建议,还是在过一种哲理生活时给我持续的指导,我的性格好像和这部古老的经典融为一体,这种感觉非常好。"(Paul Williams,*Crawdaddy*,1973)当时的主要报纸如《纽约时报》、《纽约时报书评》、《滚石》等全都刊登了对

《易经》的书评，可见卫-贝译本影响之大。大量年轻人查阅这部古老的中国经典，将它作为神谕（oracle），认为它能回答他们遇到的问题，并且相关程度准确得令人惊讶。数学家开始研究这种神奇的组合，虽然各种英文版《易经》竞相推出，但是这部书的忠实拥趸们最青睐的仍然是普林斯顿大学出版社推出的博林根版卫-贝译本，它的销量大大超过该出版社的其他所有书籍。①

麦圭尔认为，根据卫-贝译本完全可以有效地从头到尾研究《易经》，可以把《易经》作为诗集、智慧之书、古代传说和象征集来研究，但不论在东方还是在美国，它都被作为占卜神谕集来研究。占筮者首先专注于自己想询问的问题，然后采用任意一种办法（蓍草或铜钱）获取一卦，开始阅读并思考这一卦的所有文本和解释，有时候还需要通过卦变来参考另外一卦。这种阅读通过一种诗性、紧凑而又多元化的语言实现，不禁让人联想到《格言集》或苏格拉底派哲学家的一些句子，然后就会得到问题的答案。第一卦的卦爻辞会提供问题的解答，而动爻和需查看的变卦则显示将要变化的情况。为什么《易经》提供的答案似乎总是能非常契合问卜者的问题呢？麦圭尔认为，可能因为这些解释非常模糊，任何一个解释根据一定程度的主观想象都可以被认为是合适的，神谕更偏重原型，这时候其实是潜意识在起作用。

虽然麦圭尔对《易经》的认识存在一定程度的偏差，但他确实为我们提供了《易经》卫-贝译本流行时的具体情况，并且从学术界和流行文化界这两个不同层面介绍了《易经》产生的巨大影响。可以说，卫-贝译本出版后，人们对它的研究和运用就一直沿着学术和民用这两个方向展开，如同《汉书·艺文志》把《易经》的哲理和占筮分别列在《六艺》和《数术》二略，卫礼贤对《易经》的占筮（the book of oracles）和智慧（the book of wisdom）这两个用途的阐述，非常自然地开启了《易经》在英语世界的两个发展方向，后来的汉学研究和各类运用也证明了这一点。

---

① 普林斯顿大学出版社当时在全世界范围内分销书籍，其中有 25％ 的书销往海外，他们在海外最大的订货商所在地依次为：英国、日本、加拿大、德国、荷兰、意大利、澳大利亚和印度。普林斯顿大学出版社最畅销的硬皮书就是《易经》卫-贝译本，到 1978 年卖出超过 400000 本，它最畅销的软皮书是帕尔默（R. R. Palmer）翻译的列菲弗尔（Lefebvre）的 *Coming of the French Revolution*，卖出超过 160000 本。对比之下也可看出《易经》卫-贝译本的畅销程度。参见 Leitch, Alexander. *A Princeton Companion*. Princeton：Princeton University Press, 1978, pp. 390-391.

从汉学研究的层面来看,在卫礼贤《易经》德译本出版后,俄国学者舒茨基就给予了它很高的评价,他认为卫礼贤的译本代表了欧洲对《易经》研究的一个新的阶段。译本分为研究和注释性翻译两个部分,卫礼贤的注释性翻译非常出色,此前的译者根本无法望其项背,只是他的分析部分不无缺憾。舒茨基分析了卫礼贤讨论《易经》占卜和历史的内容,他不满卫礼贤完全接受清儒对《易经》作者的说法,但他肯定卫礼贤译本是欧洲有史以来《易经》研究领域里最好的译本。① 舒茨基这部著作在 1979 年被翻译成英文后,他的观点在西方易学界产生了较大影响,进一步奠定了卫-贝译本的经典地位。卢大荣 1996 年的《周易》译本在回溯《易经》西传史时,也强调了卫-贝译本产生的巨大影响,他认为这种影响力一方面得益于清儒劳乃宣和德国诠释者卫礼贤之间的合作,另一方面也要归功于美国心理学家贝恩斯夫人恰当得体的英文翻译。贝恩斯夫人采用理雅各的 trigram 和 hexagram 来分别指称八卦和六十四卦,让这两个术语在西方变得普及化,也非常值得称赞。卫-贝译本在 20 世纪 60 年代变成嬉皮士的圣经,使得英语世界中的普通大众对《易经》的兴趣急剧增长。② 哈克尔等人在 2002 年编纂的《英语世界〈易经〉研究成果提要》(*I Ching: An Annotated Bibliography*)里提到《易经》卫-贝译本时,认为 19 世纪之前西方人一直未能认识到《易经》的核心意义和真正价值,直到二战后《易经》卫-贝译本出版,这部经典才真正引起学术界的关注。③ 司马富在他的《易学史》(*I Ching: A Biography*, 2012)里也给予了《易经》卫-贝译本很高的评价,认为该译本的出版引发全球轰动。同一年,《易经》荷兰语译本、意大利语译本相继出版,而其他欧洲语言的译本也接二连三出现。他指出,卫礼贤对中国有深厚的感情,坚信《易经》是全人类的共同财产,其中蕴含着超越时代的对全人类有益的永恒智慧(a work of timeless wisdom)。④ 康达维在文章中指出卫-贝译本的地位和作用,认为理雅各的《易经》译本在西方世界,尤其是英语世界一直享有经典地位,直到 1950 年卫-贝译本出版,《易经》才有了两个西方语言的标准译本,即理雅各译本和卫-贝译本。而贝恩斯夫人的英译本一出,在欧洲和北美,卫

---

① Shchutskii, Iulian K. *Researches on the I Ching*, pp. 37-46.
② Richard Rutt, *The Book of Changes (Zhouyi)*, pp. 390-391.
③ Hacker, Edward A., Moore, Steve, & Patsco, Lorraine. *I Ching: An Annotated Bibliography*, p. xiv.
④ Smith, Richard J. *The I Ching: A Biography*, pp. 188-191.

礼贤德译本的光芒基本上被遮蔽了。① 苏德凯甚至认为卫-贝译本可以离开原文而独立,变成一部适合它自身时代的经典。②

从汉学领域以外的情况来看,卫-贝译本的出版,推动了《易经》在西方各个领域的研究和应用。司马富指出,受 20 世纪 60 年代的气氛影响,《易经》在西方的流行属于一种反文化现象,而不是作为文化现象出现,这与当时人把《易经》和神秘主义联系在一起有关。司马富用亲身经历指出,当时流行的一些畅销书,如凯普拉(Fritjof Capra)的《物理之"道"》(*The Tao of Physics:An Exploration of the Parallel between Modern Physics and Eastern Mysticism*, 1975),认为量子力学和东方哲学之间存在紧密联系,并且把《易经》当成"量子场域"理论的证明,就是利用《易经》来讨论现代神秘学,这在当时的西方特别有吸引力,尤其把《易经》这样的古老著作和现代科学联系在一起,能给人以高深莫测的神秘感。特伦斯·麦肯纳(Terence McKenna)和丹尼斯·麦肯纳(Dennis McKenna)合著的《看不见的风景》(*The Invisible Landscape:Mind, Hallucinogens, and the I Ching*, 1975)则把《易经》和毒品文化联系起来,两位作者把亚马逊族人的萨满式迷幻和《易经》占筮功能、力学、炼丹术以及算学放在一起讨论,认为八卦和六十四卦的图案反映了代表生命特征的不同"化学流"(chemical waves)。《易经》和心理学、精神解放相结合,始于荣格在卫-贝译本序言中对《易经》占筮功能的强调,他用生动的实例指出占筮活动中诚实反省和敏锐的自我意识的必要性,他认为《易经》可以用来深挖自己的性格、态度和动机,这种"自我理解"的概念不仅吸引了普通人,同时还吸引了一批心理分析师,形成荣格心理学的一个流派,采用《易经》作为心理治疗的工具。③ 如约翰·苏勒尔(John Suler)就把《易经》用于心理治疗,他把八卦作为可见的象征,用来代表心理治疗的过程,赋予八卦新的心理联想意义,例如巽(风)代表心理治疗时要和风细雨、循序渐进,坎(陷)代表深陷无意识之中不能自拔,艮(山)代表治疗师和病人之间产生迷恋的时刻,震(雷)代表震惊,乾(天)代表根本的生存动力等。应该注意的是,荣格开启的心理学解读方向,虽然重视《易

---

① Knechtges, David R. "The Perils and Pleasures of Translation: The Case of the Chinese Classics. ",第 12 页。
② Smith, Kidder. "Contextualized Translation of the Yijing". *Philosophy East and West*, Vol. 49, No. 3,1999, p. 80.
③ Smith, Richard J, *The I Ching:A Biography*, pp. 194-210.

经》的占筮功能，但更注重把占筮当成内省和自我理解的手段，而不是用来预测未来。卫-贝译本第一个提供了明确的占筮方法，这几乎变成一种传统，使很多新翻译的《易经》都不仅把占筮作为理解《易经》的重要手段，而且在书后附录详细的占筮方法说明。这导致《易经》因占筮而在英语世界流行，其中蓍占因为程序复杂，并不太受欢迎，而金钱卦因为简便易行，受到大多数人的青睐。此外《易经》还在西方艺术、科学、数学、计算机等领域获得了广泛的应用。[①]　因此我们可以说，正是卫-贝译本的流行，带动了《易经》在西方学术和民用两方面的研究与运用，卫-贝译本是易学西传进程中的一个里程碑。

第四节　读者理解之义：诠释者与文本之间的"视域融合"

理雅各确定《易经》卦爻辞为文王、周公所作，因此决定在解释卦爻辞意思时以自己之"意"去逆文王、周公之"志"，即置身文王和周公所处的时代，想象他们在作卦爻辞时会有怎样的想法，然后用英语把他们的这种想法表达出来。但通过上一章的分析我们已经看到，即使文王、周公确实是卦爻辞的作者，然而因为所距时代久远、存世资料稀缺，加上卦爻辞本身辞约义丰，所以要准确还原文王、周公作卦爻辞时的意图非常困难。理雅各所谓的文王、周公之"志"，只能是一种滞后的假设，因此只能算是理雅各表述的文王、周公之志。从本质上来说，要依据文本准确还原作者创作时的意图，尤其像《易经》这样的文本，是一条不太可能实现的途径。

从《易经》卫-贝译本的翻译、解释和应用来看，《易经》在英语世界的流行，很大程度上得益于卫-贝译本让读者可以把《易经》和自己联系在一起，读者通过提问、阅读、思考、解释，把自身的处境和《易经》卦爻辞文本结合在一起，实现了个人期待视域和《易经》文本视域之间的融合，从而让艰深、晦涩的卦爻辞获得了自己能理解或对自己有帮助的意义。

"视域"（Horizont）是德国哲学中一个常见的术语，伽达默尔认为它是一个"处境概念"，"视域"就是指"看视的区域"，这个区域囊括和包容了从某个立足点出发

---

① Redmond, Geoffrey, & Hon, Tze-ki. *Teaching the I Ching（Book of Changes）*, pp. 210-236.

所能看到的一切。① 在理解的过程中,理解主体总是不可避免地携带着自身的视域,因为作为理解主体存在的人总是生活在特定的历史时空中,既受到传统和时代的束缚,又受到自身处境和意识的制约,也就是伽达默尔提到的"诠释学际遇"(Hermeneutische Gelegenheit)。际遇概念表明了我们与传统的关联,是我们与传统的遭际状态。我们是在我们所遭际的境遇中理解,因此我们的理解从一开始就受到际遇的限制,它规定了我们可以看视的区域,即"视域",它标志着理解的界限,际遇概念的一个基本要素就是"视域",理解者的视域就是他从自己特殊的、占主导地位的观点出发所能看到的一切。② 理解主体的视域受到际遇的限制,理解客体或理解对象(文本或历史)也有自身的视域,并且也受到一定的限制。伽达默尔说:"理解其实总是这样一些被误认为是独自存在的视域的融合过程。"③以理解《易经》文本为例,就是说,作为理解主体的读者和理解客体的《易经》文本,都有一个自身的视域,它们都不是独自存在的和封闭的,即"视域其实就是我们活动于其中并且与我们一起活动的东西"④。视域对于活动的人来说总是变化的。曼海姆指出,每个时代都有全新的看法和特殊的观点,因此每个时代都以新的"视角"看待"同一"事物,并且,在大多数情况下,同样的词语或同样的概念,当处境不同的人使用它时,就指代很不相同的东西。⑤ 从这一点中我们可以看到,不同时代的不同读者,其视域会发生相应的变化。伽达默尔还提出"效果历史"的概念。在伽达默尔看来,历史不是可供我们研究的客观对象,不是不依赖于认识主体而自在地存在着的"自在之物",而是一种"效果历史",它是过去和当代相互作用的历史。这就是说,历史不能理解为过去已发生的事件,历史研究的任务不是客观地再现过去的历史事件,从中勾画出历史发展进程的长链。相反,真正的历史对象根本就不是对象,而是自己和他者的统一体,或一种关系,在这种关系中存在着历史的实在和历史理解的实在。⑥ 从"效果历史"的角度来看,理解文本并不是去挖掘和发现文本中蕴含的客观不变、自在存在的历史意义,而是一个读者的视域和文本

---

① 伽达默尔《真理与方法》(上),第391页。
② 潘德荣《诠释学导论》,第122页。
③ 伽达默尔《真理与方法》(上),第396页。
④ 同上书,第393页。
⑤ 方维规《文学解释学是一门复杂的艺术——接受美学原理及其来龙去脉》,《社会科学研究》2012年第2期,第118页。
⑥ 潘德荣《诠释学导论》,第122页。

的视域在阅读过程中发生融合的过程。施莱尔马赫和狄尔泰的学说都是为了证明文本有一个确定不变的历史视域，那就是作者视域，他们试图通过心理移情"忘我"地投入到作者的视域中，要求理解主体摒除一切自己的主观性进入作者的视域，揭示作者在文本中表达的"原意"。伽达默尔虽然承认历史视域存在的合理性，也要求历史主体将自身置于历史中去理解，但他认为，进入历史视域的主体不可避免地携带着自己的前判断。也就是说，进入历史视域并不意味着主体自身视域的消失，而是主体在历史视域中充分发挥自己的前判断，从而形成一种"效果历史"。在伽达默尔看来，实际存在两个视域，一个是理解主体自身的视域，另一个是特定的历史视域。历史事件和一切历史流传物在这两个视域中蕴含的意义是不同的。"效果历史"就是在历史视域和我们的视域中所展现的不同意义相互作用的历史。从我们的视域出发并不取消历史的视域，尊重历史也不意味着将主体的主观性化为虚无。这样，我们理解历史既不能无视历史本身的意见而随意加以诠释，历史也不会一如既往地存在着一种千年不变的诠释。当我们进入历史时，我们的视域或历史的视域并不会因之而被消解，相反，它们一起构成一个更广阔的视域，它是包容了历史和现代的整体视域。伽达默尔将这个过程称为"视域融合"（Horizontverschmelzung）。在历史和现代的整体视域中获得的理解更具有普遍意义。视域融合标志着更大的视域形成，这个新视域的形成是个不断发生的过程。在这个过程中，一切理解的要素、进入理解的诸视域都在持续合成生长，构成"某种具有活生生的价值的东西"。理解最后达到的就是获得以视域融合为标志的新视域。业已达到的视域融合并不是理解的终点，而是人类理解过程的一个阶段。新的视域又会成为我们将要出发的传统，成为我们展开新的理解的前判断，理解就是一个在不断自我扬弃中实现自身的过程。①

　　我们还可以从英伽登和伊瑟尔的读者反映理论中来看待读者和文本之间的关系。英伽登认为，作品是个有机的整体和"程式构造"，任何一部作品的字句表达都是有限的，其呈现事物的方式都只能是程式化的勾勒，表现事物的大致情形和框架，因此作品总应当被看作是充满缺漏和多义的建构品。从现象学理论来看，认识活动无论如何也不可能穷尽认识客体的所有属性和特征，因此，每一部作品或者每一个被表现的客体，都有无数的"不定点"和"空白点"有待于读者的想象

---

① 潘德荣《诠释学导论》，第 125—126 页。

来填补,英伽登把这种行为称为"具体化"。读者要通过对那些重要的、需要填补的不定因素的"具体化"来重构文本。英伽登也反对理解作品过程中的心理主义,反对从心理和生平分析的角度来诠释作品,尽管作品的产生与作者的心理特性和根本经验相关,但绝不能将它们和作品画上等号,同样,读者的个性、经验和心理,也不算作品本身。英伽登认为作品具有双重特征,一方面是多义的、可以被具体化的程式,另一方面它的具体化过程又依赖于读者。因为不同读者有着不同的经历、想象和审美体验,作品的"具体化形态"必然会因人而异。但是,虽然特定作品允许不同的、合情合理的"具体化",但并不意味着读者可以为所欲为。作品的程式构造为阅读提供了想象的天地,同时也设定了允许的范围。"读者的功能在于,顺应作品的暗示和指点,根据作品的意图、而不是随意地兑现对作品的见解。"作品的"具体化"过程注重的是可重构的作品结构与读者想象之间的平衡,如果读者抛开作品的内在结构,他就践踏了作品,破坏了平衡。而在伊瑟尔看来,作品本身并非意义的承载者,意义是文本和读者相互作用的结果,是"经验的产物",而不是"被解释的客体"。文本的意义只有在阅读过程中才会生成,它是读者和文本互动的产物,而不是隐藏于文本之中,只有通过诠释才能发现的品质。伊瑟尔把文本意义的建构视为显而易见的读者行为,文本为读者提供了活动空间,"空白点"就是读者的活动空间,读者需要通过对各种不定因素进行具体化处理来填补空白,这是文本和读者之间最重要的转换环节。但读者填补空白点并非随心所欲的,而是要依托文本的"指令",文本的"召唤结构"使可转换性得到了保证。伊瑟尔和英伽登都看到了文本与文本具体化之间的根本区别,他们的不同点在于,伊瑟尔竭力把通过读者才能实现的具体化看作真正的创造性过程,文本的意义在这个过程中才得以确立。[①] 从这一点来看,伊瑟尔把文本和读者之间的互动看成是意义生成的必要环节,这与上文伽达默尔把理解的过程看作文本的历史视域和读者的当今视域之间相互融合的过程存在一定的承递关系。总之,意义并非先在地一成不变地存在于文本或作品之中,它是在理解的过程中由文本与读者互动而产生的。读者对意义的解释并非随心所欲的,它受到文本内在结构的制约。

我们回到《易经》卫-贝译本的诠释实践,可以看到,卫-贝译本的产生是《易经》卦爻辞的文本视域和劳乃宣的视域、卫礼贤的视域、荣格的视域、贝恩斯夫人

---

① 方维规《文学解释学是一门复杂的艺术——接受美学原理及其来龙去脉》,第 127—131 页。

的视域相互融合的结果。《易经》的文本结构是任何一位诠释者依据的出发点，并且对劳乃宣和卫礼贤来说，历代注疏构成的《易经》诠释的历史传统，也是他们在翻译和解释《易经》时参考的重要对象，这在无形中限制了他们想象和发挥的空间，因此尽管卫礼贤在解释卦爻辞时多援引西方宗教、神话、文学和哲学等内容来印证，但他的出发点和归宿仍然和晚清"通经致用"的大传统相一致。对荣格和贝恩斯夫人而言，卫礼贤的德语《易经》构成他们诠释行为的出发点，只是没有《易经》原文本结构和历代注疏的制约，他们想象和发挥的空间扩大，于是他们增加了解释《易经》卦爻辞的心理学视角，并由此开创了西方易学的一个重要领域。到了"反文化运动"思潮兴起，鲍勃·迪伦、艾伦·金斯堡等文化偶像阅读和运用《易经》时，他们对卦爻辞的理解多已演变成神秘主义、自我实现的工具，不仅距离卫-贝译本的初衷已远，与《易经》在汉语脉络中的理解和解释更是相距万里。伽达默尔曾说过，作品的意义从未被其作者的意图所穷尽，当一部作品从一个文化和历史语境传到另一个文化与历史语境中时，人们可能会从作品中读出新的意义，而这些新的意义也许从未被其作者或同时代的读者预见到。① 从《易经》卫-贝译本产生和流传的情况来看，它在英语世界引发的新的诠释角度，如神秘主义、心理治疗、毒品文化等，确实是汉语世界的读者难以想象到的。

---

① 方维规《文学解释学是一门复杂的艺术——接受美学原理及其来龙去脉》，第 114 页。

第五章　从智慧之书到历史文献

1933 年,阿瑟·韦利在《远东考古博物院汇刊》上发表了一篇讨论《易经》卦爻辞生成及其解释的长文,该文受中国 20 世纪以来《周易》再诠释成果(尤其是顾颉刚和李镜池等人著作)的影响,对《易经》的生成和解释提出一种民俗学和历史学的看法。韦利认为,《易经》本来并不是一部哲学著作,而是一本卜筮之书,其中包含一些押韵的谚语和诗歌的断章,形式颇类于《诗经》。他认为《易经》成书于殷末或至迟在周初,是两部相互独立的著作偶然结合在一起的产物:一部原是兆辞或者说农谚;另一部则是后起的性质更为复杂的占筮辞。占筮词除了少数押韵的短语,大多以散体形式写成,其中含有占筮的固定套语,和新发现的殷周甲骨上的占筮辞非常相似。韦利说的占筮辞,就是《易经》卦爻辞中的"元亨利贞"、"吉凶悔吝"、"利涉大川"、"不利为寇"等占卜用语。韦利说,兆辞或农谚有固定的体例,形式类似英语中的谚语和民谣,内容大致可分为三类:1. 主观感受类,一般是难以表达的感受和不由自主的举动(如各种感觉、抽搐、失足、打嗝之类),如第三十一卦《咸》中的"咸其拇······咸其腓······咸其股······憧憧往来。朋从尔思"(A feeling in the big toe, in the calf, in the thigh. If you fidget and can't keep still, it means that a friend is following your thoughts)。第三十九卦《蹇》的"往蹇来誉,大蹇朋来"(He who goes stumbling shall come praised. A great stumble means a friend shall come)。2. 草木鸟兽虫鱼类,最常见的征兆一般都涉及动物、昆虫、鸟类甚至植物的活动,如第三卦《屯》的"乘马班如,泣血涟如"(If the horse she rides on is brindled, Tears and blood will flow profusely),就是指从新娘到夫家所骑的某种类型的马而得到的一个征兆。韦利认为第三十三卦《遯》应读作"豚"("小猪",young pig 而不是"遯"to hide),因为该卦中有"执之用黄牛之革,莫之胜说"(to take it you must use a thong made of the hide of a yellow bull and no one will be able to loose it),并且还有"系遯、好遯、嘉遯"等爻辞,尤其是"肥遯",如果解释为"肥胖的逃遁"(a fat hiding)有什么意义? 而"捆猪"(to tie up the pig),"好猪"(a good pig),"走运的猪"(a lucky pig），"肥猪"(a fat pig)都是非常自然而又熟悉的表达。3. 自然现象(雷、星、雨等)，如第二十八卦《大过》的"枯杨生稊，老夫得其女妻。枯杨生华，老妇得其士夫"(When the rotten willow bears sprouts, the old husband will get a lady-wife; when the rotten willow nears flowers, the old wife will get a lord and husband)。韦利指出，第二十五卦《无妄》很可能指"替罪羊"这样一个风俗，用作驱逐瘟疫的仪式，如"无妄之灾，或系之牛。行人之得。邑人之灾"(The pest wu-wang,/If you tie it to a bull,/The passers-by will get/The village people's pest)。"无妄之疾，勿药有喜。"(The disease wu-wang/Needs no medicine for its cure)。韦利引用弗雷泽(James Frazer)在《金枝》(*The Gold Bough*)里讨论"替罪羊"风俗的例子，认为《无妄》卦讨论的"无妄之灾，或系之牛"，指的是把某些象征疾病的东西(例如草药之类)系到牛身上，然后把牛牵出村庄，路过的行人可能会染上疾病，然后村里人得以逃脱疾病之忧。这样，韦利就把《易经》本经的内容切分为两个部分，一个是由农谚、征兆等组成的描述主体现象的主句，另一个则是由占卜用的贞兆术语构成的子句。他仿照这样的体例，写出诸如"朝霞不出门，不利见大人；晚霞行千里，出征皆有利。"(A red sky at morning, *Unlucky. Unfavourable for seeing one's superiors*; A red sky at night, *Auspicious. Favourable for going to war.*)这样的句子。在这一认识的指导下，韦利对很多卦爻辞都提出了和以往注疏、翻译完全不同的解释，除了上面所引的《遯》指"小猪"(young pig)、《无妄》是一种疾病(瘟疫)的名称外，他还提出《蒙》是"菟丝子"(the dodder)、《艮》是"咬"(gnaw)、很多"孚"都指"蚂蚁"(ant)，而不是指"诚信"(sincere)等等，[1]这些解释不仅与理雅各、卫礼贤等人的理解不同，也和中国的历代注疏存在较大差异，代表了《易经》诠释和翻译的一个全新方向。韦利此文发表后，当时并未产生太大影响，但后来兴起的历史主义诠释范式的实践者大多以韦利此文为出发点。[2]

1966 年，席文(Nathan Sivin)发表了一篇针对蒲乐道(John Blofeld)《易经》译本的书评，重提韦利此文，并在李镜池解读《易经》的基础上重新翻译了《明夷》卦的卦爻辞，希望借此重建《易经》卦爻辞在西周时期的意义，是对韦利文章的最早

---

[1] Waley, Arthur. "The Book of Changes". *Bulletin of the Museum of Far Eastern Antiquities*, No. 5, 1933, p. 121 - 142.

[2] 如夏含夷的博士论文 The Composition of Zhouyi(1983)中讨论过韦利此文(第 12 页，第 199 页)，孔理蔼的博士论文 The Original Yijing(1985)也提及韦利的文章(第 153 页)。

呼应。席文认为，出版社宣称蒲乐道《译本》比此前的翻译更忠实于原作，更原汁原味，未免有点言过其实，因为《易经》里根本就不会有什么原汁原味的东西。《易经》之所以成为儒家经典，一部分原因在于它的古老，另一部分原因在于它和孔子之间的关系。根据顾颉刚的《古史辨》，在西历纪元开始时文王、周公、孔子的"三圣之说"已经成型，注疏家已将通行本的形式确定下来，变成一部讲述宇宙变化的原创论著，占卜的意义已从属于作为哲学概念总汇的地位，因为变成道德正统而具备了意识形态的力量，解释也倾向于从卦的结构中推断字词含义，而不是根据字词的含义推断卦的意义，这些对《易经》卦爻辞的重新解读逐渐替代了它的原始含义。因为士大夫被迫接受正统注解，这种解释多注重道德阐发而非字词训诂，所以人们不再注意这种道德解读乃是建立在片段的基础上。直到"古史辨派"重估经典时，这种情况才逐步改变。韦利接受李镜池等人的解释撰写了英语论文，高亨进一步研究，建立起对《易经》全部文本的现代解释，屈万里将甲骨文和《易经》卦爻辞进行对比，又指出了《易经》研究的另一个方向。现在的一个共识是《易经》卦爻辞是直接的占卜断词如"利西南不利东北"和押韵且常常删节的谚语或俗语，如"鸿渐于陆，夫征不复，妇孕不育"，后者有时和《诗经》中的民歌非常相似，如"鸣鹤在阴，其子和之，我有好爵，吾与尔靡之"。这些构成部分是否在编纂以前就存在于书面语中，或者这些貌似风马牛不相及的部分是怎么被归结到一起的，目前要下断言还为时过早，但大家基本确定这些文本很古老，很难懂，道德家可以随意解读出自己想要的意义。另一个共识是《十翼》对解读本经的原始含义构成极大的障碍，但它们对把握《本经》在周朝以后的理解又极为必要。蒲乐道并不知道这些发展，对文本形成的问题也一无所知，所以才会一心一意只关注文本能否读通，这让蒲乐道和他之前的译者一样都不能利用易学发展的最新成果。因为古今占卜方法不同，所以蒲乐道的译文也就谈不上什么原汁原味。在这一点上，卫礼贤的译本才真是无可比拟，因为他师从劳乃宣。虽然卫礼贤的译本某些地方无法理解，只有阅读注解后才能知道其意思，但这正是原文的特征所在。即使卫礼贤将"解而拇"翻译成 Deliver yourself from your great toe，也是对原来含义的最好传达，这在他的注解里说得很清楚，而蒲乐道译为 a fumbled release，则只是猜测。他一味追求卦爻辞读起来流畅，一次次大胆地猜测，实际上根本站不住脚。最后席文取《明夷》卦来比较卫礼贤和蒲乐道的译本，认为卫礼贤的译文与注解和传统意思更为吻合，而蒲乐道更依赖于直觉，和原文的意思不相符。席文想重建《明夷》卦在古代的含义,并整理出谚语文本和占卜文本,指出文本的难点之所在。他提供的译文和卫礼贤、蒲乐道的全不相同。关于占卜文本,席文认为当时还没有更便利和符合期待的译文出现。①

表5-1 卫-贝译本、蒲乐道译本和席文翻译《明夷》卦译文比较

原文	卫-贝（Wilhelm/Baynes）译文（1950）	蒲乐道（John Blofeld）译文（1965）	席文（Nathan Sivin）译文（1966）
明夷	DARKENING Of THE LIGHT	DARKENING OF THE LIGHT. INJURY	Text：The Ming-I bird.
卦辞:明夷,利艰贞	THE JUDGEMENT：Darkening of the light. In adversity it furthers one to be persevering.	TEXT：Darkening of the light. Righteous persistence in the face of difficulty brings reward.	PROGNOSTICATION：ADVANTAGEOUS IN DIFFICULTY.
初九:明夷于飞,垂其翼,君子于行,三日不食。有攸往,主人有言。	NINE AT THE BEGINNING：Darkening of the light during flight. He lowers his wings. The superior man does not eat for three days on his wanderings. But he has somewhere to go. The host has occasion to gossip about him.	9 FOR THE BOTTOM PLACE：Failure of the light during his progress through the sky caused him to lower his wings. When busy with affairs, the Superior Man may go without food for three days on end, so intent is he on reaching his goal；but his lord will have something to say about this.	9/1：When a Ming-I in flight dips its wings, My lord on his journey will go three days without food. THERE WILL BE A PLACE TO GO；THE MASTER （or host）WILL HAVE SOMETHING TO SAY.
六二:明夷,夷于左股,用拯马壮,吉。	SIX IN THE SECOND PLACE：Darkening of the light injures him in the left thigh. He gives aid with the strength of a horse. Good fortune.	6 FOR THE SECOND PLACE：Though injured in the left thigh, he made use of a horse in relieving distress—good fortune！	6/2：If a Ming-I is wounded in the left leg, gelding your horse will make it staunch.
九三:明夷于南狩,得其大首,不可疾,贞。	NINE IN THE THIRD PLACE：Darkening of the light during the hunt in the south. Their great leader is captured. One must not expect perseverance too soon.	9 FOR THE THIRD PLACE：Wounded while on a military expedition in the south, he still managed to capture the rebel leader. Persistence amounting to madness should be avoided.	9/3：If ［you see］ a Ming-I while hunting in the south, You will capture a great head ［of game］. PROGNOSTICATION：DO NOT BE PRECIPITATE.

① Sivin，Nathan. "The Book of Change by John Blofeld". *Harvard Journal of Asiatic Studies*，Vol. 26，1966，pp. 290-298.

原文	卫-贝（Wilhelm/Baynes）译文（1950）	蒲乐道(John Blofeld)译文（1965）	席文(Nathan Sivin)译文（1966）
六四：入于左腹，获明夷之心，于出门庭。	SIX IN THE FOURTH PLACE：He penetrates the left side of the belly. One gets at the very heart of the darkening of the light, and leaves gate and courtyard.	6 FOR THE FOURTH PLACE：It is as though he had penetrated someone's left side and perceived a heart from which the light had fled (as clearly as if that heart had been abstracted from its dwelling place).	6/4：If, entering the left-hand chamber (or cavern) you capture a Ming-I, be cautious as you leave your dooryard.
六五：箕子之明夷，利贞。	SIX IN THE FIFTH PLACE：Darkening of the light as with Prince Chi. Perseverance furthers.	6 FOR THE FIFTH PLACE：Prince Ch'I suffered injury, but his persistence along a righteous course was rewarded.	6/5：Chi-tzu's Ming-i. PROGNOSTICATION：ADVANTAGEOUS.
上六：不明晦，初登于天，后入于地。	SIX AT THE TOP：Not light but darkness. First he climbed up to heaven, then he plunged into the depths of the earth.	6 FOR THE TOP PLACE：Nothing to lighten the darkness! Having once climbed to heaven, he later descended to earth.	6/6：Not calling. REGRET. First ascends the sky; afterward [it] enters the earth.

（来源：Sivin, Nathan. "The Book of Change by John Blofeld". *Harvard Journal of Asiatic Studies*, Vol. 26, 1966, pp. 296－298. ）

这两篇文章均从文字训诂的角度，力图把《易经》放在西周的历史语境中来理解和解释。他们所根据的材料基本是古史辨派的考据，有时还引用甲骨文的成果来验证，体现了一种和理雅各、卫礼贤完全不同的诠释方向，即历史主义的诠释范式。

第一节　历史主义诠释范式产生的背景

20 世纪初，中国的历史研究在思想和方法上发生了一次较大的转向。从思想上来说，"古史辨"运动的兴起让发轫于清末的"疑古"运动势力大炽，①研究者迅速将目光转向经学，冲击儒家传统所秉持的五经为圣人所作、其中包含万世不易的

---

① 王汎森指出，古史辨运动可以追溯到清季的崔述和清末民初的廖平、康有为、梁启超等人，经过新文化运动的洗礼后演变成一股思想潮流，并在西学的冲击下找到较为切实可行的实证研究方法。（王汎森《古史辨运动的兴起》，台北：允晨文化实业股份有限公司，1987 年，第 29—60 页）

真理的正统观念,转而将五经视作历史文献,追溯它们的来源和发展轨迹。这种思想给《易经》诠释带来的直接影响,一是将经传彻底分开并辨析它们的作者和创作年代。二是明确了作为本经的《周易》是一部经一人或多人之手编纂而成的卜筮手册,《十翼》是对本经所作的哲理诠释。三是通过本经的卦爻辞来解读《周易》生成年代的历史事实和社会生活。从方法上来说,甲骨文的发现和安阳殷墟的发掘,使考古发现成为历史研究的重要助推器,王国维提倡的将地下遗物和纸上故文相印证的"二重证据法",不仅在考释史事方面结出丰硕成果,也为疑古辨伪运动提供了有力武器。具体到《周易》诠释而言,考古发现印证了《周易》为卜筮之书的性质判断,甲骨文和商周青铜器铭文的释读,为《周易》卦爻辞含义的解释提供了有益的帮助。

早在古史辨运动兴起前,从《易经》中读出商周时代的历史和社会生活的解释方法已零散出现在一些西方学者的论述中,①这主要源于理雅各的《易经》译本出版后引发的他和拉古贝里间的论争。这场论争吸引其他人介入评论,呈现了对《易经》性质的不同理解,其中就包含对《易经》中涉及的史料性质的探讨。只是囿于个人的先见和时代的限制,这些零星的观点散落在故纸堆里无人问津。嗣后由于欧洲社会和思想发生剧变,卫礼贤的德文本《易经》在欧洲产生极大影响,贝恩斯夫人将其转译为英文后,适应了美国的时代潮流,卫-贝译本的光芒几乎遮蔽了所有之前出版的译本,《易经》一时间超越了时代和地域的限制,成为欧美人开启心灵对话、解答自身所遇难题的"智慧"锦囊。即使在欧美汉学界颇有盛名的韦利,受上述"古史辨"派启发写成的《易经》论文也湮没在时代的浪潮里,当时未激起一丝涟漪。《易经》卫-贝译本的流行客观上促使更多译者加入进来,一方面与之相呼应,另一方面与之相竞争,不断提出对《易经》的不同诠释,虽然它们的影响终不能与卫-贝译本相比,却也构成了对卫-贝译本诠释范式的冲击。等到美国的中国学研究在思想和方法上发生大的转向,不再用外部视角提出和审视中国的问题,而是转向从中国内部去发现问题和寻找答案,加上长沙马王堆汉墓重大考古发现的推动,"古史辨"运动以来影响《易经》诠释的外部因素终于和欧美《易经》研究的内部发展结合起来,带来《易经》诠释范式的重大转变。上述韦利、席文所开

---

① 如金斯密、艾约瑟和拉古贝里等人,已经开始从《易经》卦爻辞里寻找商周时期的社会事实,只是他们并没有形成自己的体系,而是把这作为对理雅各译本的一种批评。

启的历史主义诠释范式，开始得到越来越多研究者的响应。

一、外部因素①

1. 考古发现的推动

20 世纪中国的一系列重大考古发现，不仅改变了人们对上古史的认知，而且在不同层面推进了人们对古代典籍的理解，其中尤以《易经》最具代表性。首先，安阳殷墟甲骨卜辞的发现，为《周易》成书年代的研究提供了极佳的参照；其次，长沙马王堆汉墓帛书《周易》的出土，不仅刷新了人们对《易经》流传史的理解，而且促进了人们对《易经》传世本的研究；再次，李学勤、张政烺等对数字卦的解读，为《周易》六十四卦的起源提供了较为可信的解释。这些考古发现的成果相继进入欧美学界，对《易经》的理解和诠释产生了较大影响。

1899 年，金石学家王懿荣偶然间买到一味叫"龙骨"的药材，发现上面有刻画的痕迹，他断定这是古代文字，经研究确定为殷商甲骨文。1928 年，中央研究院历史语言研究所所长傅斯年决定在河南安阳县北的小屯村开展考古发掘，由考古组主任李济主持，一直到 1937 年，一共获得两万四千九百多片有字的甲骨，从而取得一批最丰富、最珍贵的甲骨文资料。在甲骨文字编纂方面以罗振玉的成就最为突出，他先后出版《殷墟书契前编》(1911)、《殷墟书契菁华》(1914)、《殷墟书契后编》(1916)、《殷墟书契续编》(1933)等书。甲骨文发现后，第一步工作是识字，罗振玉撰有《殷商贞卜文字考》一书(1910)，1915 年改为《殷墟书契考释》，由王国维手写付印。1923 年商承祚出版《殷墟文字类编》，一直到 1965 年李孝定的《甲骨文字集释》出版，已知的甲骨文不同的字共识别出约四千五百个。② 识字之后，第二步的研究工作是解释文辞和考证史地，王国维 1917 年出版《戬寿堂所藏殷墟文字考释》，编辑甲骨文字成书，然后又逐字逐句解释，而郭沫若的《卜辞通纂》(1933)和《殷契萃编》(1937)两书贡献犹大。1917 年，王国维连续发表《殷卜辞中所见先公先王考》和《殷卜辞中所见先公先王续考》两篇文章，证明《楚辞·天问》里的"该

---

① 本书主要关注和讨论欧美社会的《易经》诠释范式，所以源于中国史学界的史实、史论等对欧美易学界且称之为外部因素，而源自欧美自身学术传统和演变的因素则称为内部因素。这样做只是为叙述的方便所采取的权宜之计，实则"内"和"外"是一对流动的概念，尤其涉及汉学研究更是如此。有关 insider 和 outsider、Chineseness 和 Otherness 的讨论相当复杂，因与本书论旨无涉，兹不具论。

② 屈万里：《先秦文史资料考辨》，台北：联经出版事业公司，1983 年，第 29 页。

秉季德"之"该"、《史记·殷本纪》里的"子振立"的"振"、《汉书·古今人表》的"垓",都是甲骨文里的王亥,因识见新颖,论证严密,纠正了一系列旧说,引起学术界的震惊和赞叹。同年王国维又撰成《殷周制度论》,用甲骨文资料系统地检讨殷周礼制的异同,此后利用甲骨文资料研讨殷代史事成为一时之风气。诚如屈万里所言:"甲骨文的发现,在经学、文字学、殷代史事方面,它纠正了许多传统说法的错误,在礼法、民俗、方国等方面,它填补了很多文献上的空白,它使二千多年来人们所熟知的殷代史事,几乎整个地为之改观。其关系之重大,是难以估量的。"①殷墟甲骨卜辞的发现,也使人们能对《周易》的成书年代做出更为恰切的研究,如余永梁、李镜池等人就以甲骨卜辞和《周易》卦爻辞相互参照,来推定《周易》的制作年代,并取得显著成果。

　　1973 年长沙马王堆三号汉墓出土了帛书《周易》经传,这是考古工作者首次发现的公元前《周易》版本。这座墓的下葬年代是公元前 168 年,经传抄写的时间应该比下葬时间还要早。帛书《周易》的经传都和传世本不一样,其中经文、卦序和传世本不同,传文部分则包括《二三子问》、《易之义》、《要》、《缪和》、《昭力》及《系辞》上下篇。经文部分的释文 1984 年刊登在《文物》杂志上。② 1993 年,陈鼓应主编的《道家文化研究》第三辑《马王堆帛书专号》中刊有经过重订的传文《系辞》释文,以及《二三子问》、《易之义》、《要》的释文。③ 帛书《周易》的发现,是中国学术史上的一件大事,对盛行的《周易》研究产生了极大影响。自从经文释文发表以后,学者的撰述即不断涌现,大大推进了《周易》研究的进展。

　　北宋徽宗重和元年(公元 1118 年)在孝感出土的"安州六器"中有一件方鼎,其铭文末尾有两个由特殊符号组成的奇字,学者一直没能释读。张政烺在《试释周初青铜器铭文中的易卦》一文里依据《周易》来解释这两个"奇字",认为它们是指遇《剥》之《比》,④从而开启了数字卦研究的先河。李学勤的《中方鼎与〈周易〉》对这段铭文有更详细的讨论,指出用《周易》解释方鼎铭文简直若合符节。⑤ 关于数字卦与《周易》之间的关系,目前学术界有一种几乎得到普遍肯定的看法,即《周

① 屈万里《先秦文史资料考辨》,第 32 页。
② 马王堆汉墓帛书整理小组《马王堆帛书〈六十四卦〉释文》,《文物》,1984 年第 3 期。
③ 陈鼓应《道家文化研究》第三辑,上海:上海古籍出版社,1993 年。
④ 张政烺《试释周初青铜器铭文中的易卦》,见《论易丛稿》,北京:中华书局,2012 年,第 1—25 页。
⑤ 李学勤《周易溯源》,成都:巴蜀书社,2006 年,第 210—218 页。

易》六十四卦卦爻画符号,最初是由数字符号(即数字卦)演化浓缩而来的。① 这也可以说是由甲骨卜辞的发掘所带来的对《周易》卦爻画符号起源的新视角。

其他考古发现还包括 1977 年安徽阜阳双古堆一号墓出土的汉简《周易》,1978 年湖北江陵天星观出土的战国竹简"卜筮记录",1993 年湖北江陵王家台 15 号秦墓出土的秦简《归藏易》,1994 年上海博物馆由香港购回来的战国楚竹书《周易》等,这批和《周易》相关的出土文献的相继发表,进一步推动了《周易》的研究。②

2. 古史观念的转变

20 世纪初,在西方思想的冲击和反传统潮流的推动下,中国史学界出现了"疑古"思潮与"信古"或曰"释古"思想间的对峙。"疑古派"思潮以顾颉刚提出的"古史层累说"最具代表性,"信古派"或"释古派"的思想较为复杂,而产生较大影响的当属在实践层面由王国维提倡的"二重证据法"。在古史研究中,到底该推究其源、复其根本,还是"不立一真,惟穷流变"? 这不仅是一个方法的问题,也是一个基本观点和立场的问题。

1922 年,在胡适的推荐下,顾颉刚到上海商务印书馆编纂《本国史教科书》。在编书期间,他发现了尧、舜、禹的地位问题:"在我的意想中觉得禹是周时就有的,尧舜是到春秋的末年才起来的,越是起得后的,越是排在前面,等到有了伏羲、神农之后,尧舜又成了晚辈,更不必说禹了。我就建立了一个假设:古史是层累地造成的,发生的次序和排列的系统恰是一个反背。"③他认为古代的史事记载多是由各个时期的神话转化而成,古史的结构层次是层累地造成的,史事发生的顺序和它们排列的先后次序恰好相反,并且是从神权向人治转移。1923 年,顾颉刚在《与钱玄同先生论古史书》一文里,更加详细地阐述了他对古史的看法。按照他的解释,"层累地造成的古史"有三层意思:

> 第一,时代愈后,传说的古史期愈长,如周人心目中最古的人是禹,到孔子时有尧舜,到战国时有黄帝、神农,到秦有三皇,到汉以后有盘古等。第二,时代愈后,传说中的中心人物愈放愈大,如舜在孔子时只是一个无为而治的圣君,到

---

① 张朋《数字卦与占筮——考古发现中的筮法及相关问题》,《周易研究》,2007 年第 4 期,第 8 页。
② 李学勤《出土文物与〈周易〉研究》,《齐鲁学刊》,2005 年第 2 期,第 5—9 页。讨论考古发现对欧美易学影响的文章,可参见韩子奇《近年出土文物对欧美〈易〉学的影响》,载郑吉雄主编《周易经传文献新诠》,台北:"国立"台湾大学出版中心,2010 年,第 79—87 页。
③ 顾颉刚《古史辨》第一册自序,上海:上海古籍出版社,1982 年影印本,第 65 页。

《尧典》就成了一个家齐而后国治的圣人,到孟子时就成了一个孝子的模范。第三,我们在这上面即不能知道某一件事的真确的状况,但可以知道某一件事在传说中的最早的状况,我们即不能知道东周时期的东周史,也至少能知道战国时的东周史,我们即不能知道夏商时的夏商史,也至少能知道东周时期的夏商史。①

按照顾颉刚的论断,上古史不过是后人对历史的记忆和追述,其中充满了想象、虚构甚至编造的成分,因此是根本不可信的,我们只能根据后世典籍的记载,来考索上古史在不同时期的流传及其转变情况。顾颉刚的这个论断,把向来少有人怀疑的古史系统从根本上推翻,把人们熟知的三皇五帝说成是子虚乌有,在学术界引发极大震撼。

1913 年 4 月,王国维在《明堂庙寝通考》中提出"二重证明法":

> 近百年之间,燕秦赵魏齐鲁之墟,鼎彝之出,盖以千计,而殷虚甲骨乃至数万。其辞可读焉,其象可观焉。由其辞之义与文之形,参诸情事,以言古人之制,未知视晚周秦汉人之说何如? 其征信之度,固以过之矣。……然则晚周秦汉人之书,遂不可信欤? 曰:不然! 晚周秦汉之际,去古未远。古之制度、风俗存于实事者,较存于方策者为多。故制度之书或多附会,而其中所见之名与物,不能创造也。纪事之文或加缘饰,而其附见之礼与俗,不能尽伪也。故今日所得最古之史料,往往于周秦两汉之书得其证明,而此种书亦得援之以自证焉。吾辈生于今日,始得用此'二重证明法',不可谓非人生之幸也。②

在殷墟甲骨文字发掘未久,王国维就提出用甲骨文和金文与先秦史料互证的方法来研究古代制度,也就是将出土的古器物和传世的古文献相互印证。他指出古人的制度之书和纪事之文或者有失实夸饰的地方,但里面提到的名物和礼俗不可能全部出于臆造,所以我们应慎重对待古史和古代论著里描述的一切,既不盲目崇信,也不厚诬古人,而是具体问题具体分析。1925 年秋,王国维在清华研究院讲授《古史新证》时,在第一章"总论"中提出了"二重证据法":

> 研究中国古史,为最纠纷之问题。上古之事,传说与史实混而不分。史实之中,固不免有所缘饰,与传说无异。而传说之中,亦往往有史实之素地。二者不易区别,此世界各国之所同也……疑古之过,乃并尧舜禹之人物而亦

---

① 顾颉刚《古史辨》第一册自序,第 60 页。
② 李锐《"二重证据法"的界定及规则探析》,《历史研究》,2012 年第 4 期,第 117 页。

疑之。其于怀疑之态度及批评之精神,不无可取,然惜于古史材料未尝为充分之处理也。吾辈生于今日,幸于纸上之材料外,更得地下之新材料。由此种材料,我辈固得据以补正纸上之材料,亦得证明古书之某部分全为实录,即百家不雅训之言,亦不无表示一面之事实。此'二重证据法',惟在今日始得为之。虽古书之未得证明者,不能加以否定;而其已得证明者,不能不加以肯定,可断言也。①

王国维在这里指出了上古史中传说和史实不分的普遍问题,批评了"古史辨"派疑古过勇的态度,并提出将"纸上之材料"和"地下之新材料"相互参证的"二重证据法"。他认为对于介乎传说和史实之间的上古人物及其行事,不能遽下结论认为他们都是虚构的。这是因为顾颉刚提出的"古史层累说"批评传统的三皇五帝的古史体系,形成声势浩大的"疑古运动",将神话和历史截然分开,借用西方从神话、史诗到信史的研究模式来考察中国上古史,相信《诗经》中的史诗而质疑《尚书》记载的可靠性。这些论断因为有着西方科学的背景,对中国古史研究造成了很大的冲击,导致中国文化不可信的观点盛行。在这种情况下,王国维才用甲骨文来证明殷商史事,形成和"古史辨"派的抗衡。他要证明史实和传说相混的上古史,其实是可证和可信的,中国的上古史可以借此而重建。

顾颉刚和王国维对待古史态度上的区别,一主"疑古",一重"释古",体现在具体的实践中,就是前者旨在破坏"伪古史",后者志在建设"真古史",前者的贡献在于思想上的革命,后者的成就在于方法上的创新。② 李幼蒸在评价古史辨派的成

① 李锐《"二重证据法"的界定及规则探析》,第117—118页。

② 但这并不是说顾颉刚只重破坏不事建设。顾颉刚在1931年编辑的《古史辨》第三册序言里说,对于《周易》他要"破坏其伏羲神农的圣经的地位而建设其卜筮的地位",也就是要打破汉人的经说,辨明《十翼》不合于上下经,从而还原《周易》卜筮之书的本来面目。但指出汉人经说的错误或许容易,如顾颉刚说,汉人解释《易经》的错误,在于把自己的主张渲染到不相关的经书上,这一点有确凿的证据,所以容易发现,而要建立对《易经》的新的解释则非常困难,"因为一个小问题往往也会牵涉到无数大问题,在古文字学、古文法学、宗教学、社会学、民俗学等尚不发达的时候,这件事不能做好"(顾颉刚《古史辨》第三册自序,第1—2页)。顾颉刚知道经典诠释中"破坏容易建设难"的问题,打破一个旧的诠释范式,只需找出其中的"时代误置"(anachronism)即可,而要建立新的诠释范式,不但需要新理念和新方法,更需要新材料的支持,否则极易流于空疏,对注重实证的历史学更是如此。傅斯年先生有一句名言:"一分材料出一分货,十分材料出十分货,没有材料便不出货……推论是危险的事,以假设可能为当然是不诚信的事……材料之外我们一点也不越过去说。"(傅斯年《历史语言研究所工作之旨趣》,载欧阳哲生主编《傅斯年全集》第3卷,长沙:湖南教育出版社,2000年,第10页)他甚至把史料学归为史学的全部内容。然而材料的发现、整理、理解和解释极为不易,稍有不慎,即流弊丛生,更遑论以出土材料来重建古史原貌。刘大钧就说:"我们仅凭目前的出土资料,(转下页)

就时说：

> 在西方，history 这个词一直具有二义性，即同时涵括历史 1：历史实在过程（史实），和历史 2：作为表达此过程的文字表现（史书）……古史辨派的古籍批评运动，可以说是自发地倾向于区分了 history 的这两层意思，意识到史书（历史 2）不仅不等于史事（历史 1），而且史书不一定正确'代表'史事。其次他们意识到，古史学家的研究对象，应当是指历史 2，而不是指历史 1……虽然史学家的最终目的是为了了解历史 1，但他只能通过对历史 2 的研究来间接地、相对地达此目的。严格说来，古史学家的真正对象是历史 2 和历史 1 之间的"意指关系"，也就是历史 2 如何"指涉"历史 1。①

历史记载无法完整全面地反映历史的真实，因此我们永远无法回到历史的本真。所以历史研究的目的并不在于探求历史的本真真相，而在于考订历史传说的相关记载及其沿革。正是在这个意义上，顾颉刚才把"不立一真，惟穷流变"当作研究古史的主要旨趣。他在《答李玄伯先生》中写道：

> "因为我用这个办法（指用研究故事的方法来研究古史）去看古史，能把向来万想不通的地方想通，处处发见出它们的故事性，所以我敢大胆打破旧有的古史系统。从此以后，我对于古史的主要观点，不在它的真相而在它的变化。我以为一件故事的真相究竟如何，当世的人也未必能知道真确，何况我们这些晚辈，但是我们要看它的变化的情状，把所有的材料依着时代的次序分了先后，按部就班地看它在第一时期如何，在第二时期如何，……这是做

（接上页）绝不足以完成对汉人进入《易》的解读和研究，我们对汉人《易》学史的研究，还须以传统资料为主。"（刘大钧《读帛书〈缪和〉篇》，转引自曹峰《出土文献可以改写思想史吗？》，《文史哲》，2007 年第 5 期，第 42 页）汉代易学资料已较先秦丰富得多，刘大钧尚有此论，亦可见恢复先秦易学面貌之艰难。或许顾颉刚对历史学的更大贡献，还在于他提出的"移置说"："许多伪材料，置之于所伪的时代固不合，但置之于伪作的时代则仍是绝好的史料：我们得了这些史料，便可了解那个时代的思想和学术。例如《易传》，放在孔子时代自然错误，我们自然称它为伪材料；但放在汉初就可以见出那时人对于《周易》的见解及其对于古史的观念了。"这是从另一个方面发挥他在"层累说"中提到的"我们在这上面即不能知道某一件事的真确的状况，但可以知道某一件事在传说中的最早的状况"。所以顾颉刚说："伪史的出现，即是真史的反映。我们破坏它，并不是要把它销毁，只是把它的时代移后，使它脱离了所托的时代而与出现的时代相应而已。实在，这与其说是破坏，不如称为'移置'的适宜。"（顾颉刚《古史辨》第三册自序，第 6—8 页）换言之，顾颉刚的"破坏"体现在找出古史中的"时代误置"，他的"建设"则体现在将这些有意无意误置的材料还原到其相应的历史时期。所以他的"移置说"较具历史学意义，而"层累说"的意义则更多体现在思想史上。

① 李幼蒸《顾颉刚史学与历史符号学——兼论中国古史学的理论发展问题》，《文史哲》，2007 年第 3 期，第 45 页。

得到的，而且容易近真的。例如我前年考的禹，知道它起初是一个天神，后来变成人王，后来又变为夏后，最后作了舜的臣子而受禅让。……这样的'不立一真，惟穷流变'的做去，即使未能密合，而这件故事的整个的体态，我们总可以粗粗地领略一过。从前人因为没有这种的眼光，所以一定要在许多传说之中'别黑白而定一尊'，或者定最早的一个为真，斥种种后起的为伪，或者定最最通行的一个为真，斥种种偶见的为伪，或者定人性最充足的一个为真，斥含有神话意味的为伪。这样做去，徒然弄得左右支吾。结果，这件故事割裂了，而所执定的一个，却未必是真。"①

由此可以看出，顾颉刚的最终目的并不是要去了解历史1——真实的历史过程，他认为历史的真相即使当时人也未必确切知晓，他的目的是通过历史2——史书的记载来考察一件史事在不同时期的沿革变化。所以池田知久先生认为："顾颉刚与其说是一位历史学家，不如说是一位思想史家。"②因为他关心的并不是作为事实存在的历史真相，而是作为传说存在的故事及其逐步展开的历史过程，这正是思想史研究的关注对象。但作为故事流传的孟姜女这样的人物和作为历史记载的尧、舜、禹这样的人物是否可以等同而论？古书记载的史事到底能否相信？换句话说，究竟有没有一个历史真相存在？历史记载究竟能在多大程度上反映这个历史真相？我们能否还原这个历史真相？怎样还原？这些仍然是难以回答的问题。③ 王国维的"二重证据法"虽不无创见，但也并非无懈可击。诚如李幼蒸指

---

① 顾颉刚《答李玄伯先生》，《古史辨》第一册，第273页。

② 池田知久、西山尚志《出土资料研究同样需要"古史辨"派的科学精神——池田知久教授访谈录》，《文史哲》，2006年第4期，第28页。另参见曹峰《出土文献可以改写思想史吗？》，《文史哲》，2007年第5期，第47页。

③ 柯文（Paul A. Cohen）在《历史三调：作为事件、经历和神话的义和团》一书中讨论了"历史"（历史学家写出来的历史）和"真实"（人们创造和直接经历的历史）之间的关系，他引用了两种对立的观点：一种观点认为"历史"和"真实"之间毫无关联，历史是在叙事，是在讲故事，而"真实"却不同。历史学家在撰写历史时，把一些构想或结构强加到历史上。另一种观点认为，叙事结构存在于我们社会生活的经历当中，和我们作为历史学家对过去的思考无关，所以历史与真实之间具有极大的关联。柯文认为，人们创造的历史（它在某种意义上而言是确定不变的）与后来的人们撰写并利用的历史（它似乎一直在变化）是不同的。历史具有解释的功能，历史学家的首要目的是理解过去发生的事情，然后向读者进行解释，他需要将混乱复杂的事件条理化和明晰化，所以按原样恢复历史是不可能的。正是在这个意义上，他将义和团运动分成三个角度加以介绍：第一个是历史学家后来撰写的关于义和团运动的故事，他们知道事情的结果，对整个事件有全方位的了解，他们的目标不仅是要解释义和团运动本身，还要解释它与前后历史进程之间的联系；第二个是义和团运动直接参与者的想法、感受和行为，他们对正在发生的事情的看法和事后重塑历史的历史学家的看法截然不同；第三种是20世（转下页）

①出的那样,先秦史书的编写者在竹帛上刻制文字时具有的记录和编写意识、技能,与甲骨文时代书写者在龟骨上刻字时的记录意识和技能极不相同,二者在各自文字实践中体现的观察、记录、目的、惯习、技术条件等情况也有很大差异。"二重证据法"将两套文本类型统一处置,简单化地以为二者都"体现"着同一客观历史对象,而实际上我们并不能以史事或史实为对象,只能以史事之代表(文字记录和非文字记录)为对象,这是"二重证据法"的缺陷所在。① 用池田知久先生的话来说,无论是传世文献还是出土资料,它们同样都有作者,有作者的思索,也有作者的立场,它们都是从特定的历史中产生的,作者在写作时一定赋予了这些资料以特定的含义,并不一定是对当时事实的单纯记述,因此需要对它们作出史料批判。② 这样看来,即使用王国维的"二重证据法",也未必能考订出上古的史实,反而用顾颉刚的思想史研究方法,研究上古历史人物与其故事逐步发展的历史过程,以及它们在思想史上的意义,显得更有价值和魅力。

3.《周易》再诠释的成果

刘大钧在总结 20 世纪的易学研究时,指出了其中较为突出的三种路径,在此基础上我们将它们归纳为三个流派,第一个是"古史辨派",以顾颉刚、余永梁、李镜池、屈万里等人为代表,他们不再把《易经》当成神圣的经典,而是把它当成古籍文献,从它的性质、成书年代、作者、起源等问题上展开客观研究,取得了显著的成果,"如顾颉刚利用殷墟甲骨卜辞等出土资料,证明了卦爻辞的著作年代基本上是在西周初叶,其后的诸多研究也多是为这一观点作补充或发展,终不能超过或推翻它"。第二个是"唯物史观派",代表人物有郭沫若、李镜池等人,他们和"古史辨派"一样也将《周易》古经当成历史文献,但重点在于揭示殷周社会的政治社会结构和精神生产状况,为易学研究开辟了新的领域,推动了易学研究并拓展了古史的研究范围。第三个是"文献考释派",以于省吾、江绍原、闻一多、高亨等人为代

(接上页)纪中国产生的关于义和团的种种神话,这些神话的主旨不在于解释义和团的历史,而在于从义和团的历史中汲取能量,获得政治或宣传方面的好处。柯文的观点对理解李幼蒸所说的历史 1 和历史 2 之间的关系颇有帮助。此外,他所提供的作为"事件"、"经历"和"神话"的义和团运动的三种不同视角,对古史的理解也不无裨益,让我们认识到,历史总是会以不同的面孔出现在人们眼前,并非如我们想象的那样稳定不变。见柯文《历史三调:作为事件、经历和神话的义和团》,南京:江苏人民出版社,2000 年,序言第 3—4 页,绪论第 4 页。

① 李幼蒸《顾颉刚史学与历史符号学——兼论中国古史学的理论发展问题》,第 50 页。
② 池田知久、西山尚志《出土资料研究同样需要"古史辨"派的科学精神——池田教授访谈录》,第 28—29 页。

表,他们注重《周易》经文本身的研究,"认为其中既没有精微渊深的玄理,也没有进德修业的道德说教,卦爻辞都是卜筮的记录,因此重点就在于揭示卦爻辞作为卜辞的真实含义"。这三个流派的共同特点就是彻底否定了古代易学的象数派和义理派的研究路径,不再把《周易》当成万世不易的经典,而是将它视为史料和文献,从中寻找当时的历史和社会记录,因此"冲破了传统易学经文研究的藩篱,创立了《周易》古经研究的新范式"①。

以顾颉刚为首的"古史辨派"主要把《周易》看成商周时期的历史文献,从隐藏在卦爻辞中的商周时期的历史故事入手,综合同时期的甲骨文和金文,判定《周易》一书的性质、成书年代、作者、起源等一系列问题。这一点可以从顾颉刚的代表作《周易卦爻辞的故事》和李镜池的代表作《周易卦爻辞考》里看出来。在 1929 年发表于《燕京学报》第六期的《周易卦爻辞中的故事》这篇文章里,顾颉刚指出《周易》卦爻辞中的五个故事:第一,《大壮》六五爻"丧羊于易"和《旅》上九爻"丧牛于易",是指商的先祖王亥丧牛羊于有易的故事;第二,《既济》九三爻"高宗伐鬼方"和《未济》九四爻"震用伐鬼方",指的是殷高宗伐西北鬼方族的故事;第三,《泰》六五爻"帝乙归妹"和《归妹》六五爻"帝乙归妹",可能是帝乙嫁女给周文王的故事;第四,《明夷》六五爻"箕子之明夷",说的是殷末和武王时期的箕子遭遇的晦气;第五,《晋》卦卦辞里的"康侯用锡马蕃庶",是指武王的弟弟卫康叔善于畜牧,在封国之时,王有锡马,因此康侯用来蕃庶。除了这几个故事之外,顾颉刚还认为《升》六四爻"王用享于岐山"、《随》上六爻"拘系之,乃从维之,王用享于西山",说的都是周王祭于岐山、西山的故事,但未必是文王。顾颉刚在叙说这些故事时,广引王国维的文章、《诗经》、甲骨文等来证明,这种把传世文献和考古资料结合的研究方法,对后来者影响甚大。顾颉刚认为,《周易》卦爻辞的著作时代在西周初叶,那时没有儒家,没有道统,所以它的作者只把商代和商周之际的故事叙述在各卦爻中。《易传》的著作年代至早不过战国,迟则在西汉中叶。② 李镜池的《周易筮辞考》,主要讨论了《周易》卦爻辞的性质、内容和形式这三方面的内容:第一,他认为卦爻辞是卜史的卜筮记录,编纂于西周初叶,都是简而又简的话语。这些话在当时都有某件事做背景,现在之所以不容易理解,就是因为我们只见筮辞而没有见

---

① 刘大钧《20 世纪的易学研究及其重要特色——〈百年易学菁华集成〉前言》,《周易研究》,2010 年第 1 期,第 4 页。
② 顾颉刚《周易卦爻辞中的故事》,见《古史辨》第三册,第 1—28 页。

到筮辞的背景。因为有一爻数占，留下数种记录，所以卦爻辞中有些不相连属的词句，需要分别解释，如果硬要附会成一种相连贯的意义，就非大加穿凿不可。第二，他认为卦爻辞的内容反映了当时人占筮的行旅、战争、享祀、饮食、渔猎、牧畜、农业、婚媾、居处及家庭生活、妇女孕育、疾病、赏罚讼狱等各个方面。第三，他认为《周易》卦爻辞中有两种体制不同的文字，即散体的筮辞和韵文的诗歌，同时列举卦爻辞里的比兴和诗歌，将它们和《诗经》里的相关诗句相比较，指出卦爻辞的编者可能把流行于民间的歌谣采入筮辞里。李镜池认为，卦爻辞的编纂，大部分是编录旧有的筮辞，小部分是编者的著作，其中包括故事、诗歌和不少格言。①

　　"唯物史观派"虽然也关注《周易》的性质、成书年代、卦爻辞的来源及其作者等一系列问题，但其关注重点已经放在利用卦爻辞分析当时的社会生活、精神生产等广泛内容，不再局限于对《周易》本身问题的探讨，这可以从郭沫若的代表作《〈周易〉时代的社会生活》中看出来。郭沫若 1927 年发表的此文，广泛讨论了《周易》生成年代社会生活的各方面内容。首先，他指出爻辞里有一些史实的根据，如"帝乙归妹"(《泰》六五、《归妹》六五)里的"帝乙"指纣王的父亲，"高宗伐鬼方"(《既济》九三)里的"高宗"指武乙，这两爻所说的史事都发生在殷周之际，"王用享于岐山"(《升》九四)里的"王"指文王，"箕子之明夷"(《明夷》六五)里的"箕子"是纣王的诸父，这些成为《系辞》里所说的"《易》之兴也，其当殷之末世周之盛德耶？当文王与纣之事耶？"一句的根源。其次，他主张利用卦爻辞文句分析当时社会生活和精神生产的状况。郭沫若说：

　　　　"《易经》是古代卜筮的底本，就跟我们现代的各种神祠佛寺的灵签符咒一样，它的作者不必是一个人，作的时期也不必是一个时代。……(卦爻辞的)文句除过半是极抽象、极简单的观念文字之外，大抵是一些现实社会的生活。所以如果把这些表示现实生活的文句分门别类地划分出它们的主从出来，我们可以得到当时的一个社会生活的状况和一切精神生产的模型。让《易经》自己来讲《易经》，揭去后人所加上的一切神秘的衣裳，我们可以看出那是怎样的一个原始人在作裸体跳舞。"②

　　他认为卦爻辞里描述的当时的社会生活基础有渔猎、牧畜、商旅、耕种、工艺

①　李镜池《周易筮辞考》，《古史辨》第三册，第 187—236 页。
②　郭沫若《〈周易〉时代的社会生活》，见氏著《中国古代社会研究》，载《郭沫若全集·历史编》第一卷，北京：人民出版社，1982 年，第 38 页。

（器用）等，卦爻辞反映的当时的社会结构有家族关系、政治组织、行政事项、阶级等，卦爻辞反映当时的精神生产主要有宗教、艺术、思想等方面，郭沫若认为《易经》里含有辩证法的思想，如矛盾和对立的思想、变化和发展的思想。① 郭沫若1935 年发表的《〈周易〉之制作年代》一文认为，《周易》的经部作者是战国初年楚国的馯臂子弓，而《易传》的作者无法确定，他猜测多是出自楚国的荀子门徒之手。② 李镜池1949 年后写了一系列文章，提出"用马克思列宁主义唯物辩证的方法，对《周易》卦爻辞作系统的解释"，"用历史唯物主义的观点方法，对《周易》各个卦、爻辞作系统的分析"③。他广泛引用《周易》的卦爻辞来分析当时的社会生活和思想，即周人由原始社会到奴隶社会的历史现实及其意识形态，可算唯物史观的另一个代表。④

　　"文献考释派"的研究目的虽然和古史辨派、唯物史派也若有契合，但是他们的研究方法却继承了清代朴学家的传统，多以文字训诂为主，所以与前两派仍然存在较大区别。这里以闻一多的《周易》研究为例。闻一多1945 年辑录自己研究《周易》的成果为《周易义证类纂》，开篇即说自己的研究宗旨为"以勾稽古代社会史料之目的解《周易》，不主象数，不涉义理"⑤。他把《周易》卦爻辞按主题做了一些分类，其中有经济事类、社会事类、心灵事类等，同时广引先秦典籍文献，尤其是《诗经》、《周礼》，以求比类通解。由此可以看出，闻一多研究《周易》的目的和"唯物史观派"比较接近，而采用的方法主要是文献考证。因为他对一些卦爻辞的释读和以往的经学家大不相同，所以经常为人所援引，如他解释"潜龙"、"见龙在

---

① 郭沫若《〈周易〉时代的社会生活》，见氏著《中国古代社会研究》，载《郭沫若全集·历史编》第一卷，北京：人民出版社，1982 年，第 32—67 页。
② 郭沫若《〈周易〉之制作年代》，载《郭沫若全集·历史编》第一卷，北京：人民出版社，1982 年，第 377—404 页。
③ 李镜池《周易的编纂和编者的思想》，《周易探源》，北京：中华书局，1978 年，第 194、201 页。
④ 如《关于周易的性质和它的哲学思想》一文认为卦爻辞反映了西周早期的政治、军事、社会、经济等各方面的社会状况，其中有反映阶级对立和阶级斗争的思想，有发展变化的观念等。（李镜池《周易探源》，北京：中华书局，2007 年，第 151—177 页）再如他在《周易通义》一书前言里指出《周易》"广泛记录了西周的社会生活，反映了周民族从太王迁于岐山，中经武王克商、周公东征，到王室东迁之前这一奴隶社会由极盛而衰落的变化史迹，甚至还保存了文献上罕见的原始社会的遗风"（李镜池《周易通义》前言，北京：中华书局，1981 年，第 3—5 页）。但李镜池也指出"唯物史派"解释《周易》时的一个共同缺点，就是"偏于寻章摘句式的引用和发挥，而没有就卦爻辞作系统的研究"。他认为正确的方法，应该是从《周易》文本本身、从每一卦的整体系统来分析研究，同时结合当时的历史社会背景加以理解，而不能用后世甚至今天的思想来解释它们。（《周易探源》，第 193 页）
⑤ 闻一多《周易义证类纂》，《闻一多全集》第 10 卷，武汉：湖北人民出版社，1993 年，第 189 页。

田"、"或跃在渊"、"飞龙在天"、"亢龙"、"见群龙无首",认为古书言龙,多谓东宫苍龙之星,《乾》卦六言龙,亦皆谓龙星。① 在《璞堂杂识》中他重申"乾应为斡",而"斡"即北斗星名之专字的说法:"实则乾斡一字,古称北斗一曰斡,又谓天随斗转,故以斡为天之象征而称天为斡,《象传》的'天行健,君子以自强不息','终日乾乾,反复道也',正谓北斗转旋,周而复始,终古不息也。"②同时强调龙为东宫苍龙之星:"龙,指东方苍龙之星。《说文》'龙春分而登天,秋分而潜渊',亦谓龙星。九五飞龙在天,春分之龙也,初九潜龙勿用,九四或跃在渊,秋分之龙也。"③高亨和闻一多一样,研究《周易》的目的也是考稽殷周之际的社会史料,采用的方法是用同时期的文献相互参证,以考究卦爻辞的原意。如他在《周易古经今注》里说:"我们今天并不把《易经》看做神秘宝塔,而是把《易经》看做上古史料,要从这部书里探求《易经》时代的社会生活及人们的思想意识、文学成就等,从这个目的出发来注解《易经》,基本上可以不问《易经》作者在某卦某爻写上某种辞句,有什么象数方面的根据,只考究卦爻辞的原意如何,以便进一步利用它来讲那个时代的历史,也就够了。"④明确了他把《周易》经文当成上古史料来对待的目的。他在该书的旧序里说得更加具体:"从史学角度来看,《周易》古经有较高的价值,它所记载的社会现象相当广泛,关于经济情况的如农业、畜牧、渔猎等;关于社会制度的如封侯建国、阶级、婚姻、家族等,关于人们生活的如饮食、衣服、宫室、器皿等,关于人们活动的如祭祀、征伐、守卫、诉讼等,关于人们思想意识的如道德观念、政治观点等,都涉及一些。虽然是东鳞西爪,片玉碎瑶,不完整,无系统,但由于殷周之际的史料极为缺乏,所以此书就成为比较重要的上古社会史料,得到史学家的珍视。"⑤当然,他这样做的最终目的是恢复《周易》古经的原意,因此他说:"研究《周易》古经,首先应该认识到《周易》古经本是上古的筮书,与近代的牙牌神数性质相类,并不含有什么深奥的哲理。其次应该考释经文,参阅旧说,探索它的原来义蕴。"⑥他认为《易经》作于周初,而《易传》作于晚周,其间相距数百年,因而传的论述不会完全符合经的原意,

---

① 闻一多《周易义证类纂》,《闻一多全集》第 10 卷,武汉:湖北人民出版社,1993 年,第 231 页。
② 闻一多《璞堂杂识》,《闻一多全集》第 10 卷,武汉:湖北人民出版社,1993 年,第 585 页。
③ 同上书,第 585—586 页。
④ 高亨《周易古经今注》,北京:中华书局,1984 年,重订自序,第 4 页。
⑤ 同上书,旧序,第 7 页。
⑥ 同上书,第 8 页。

所以他注《易》的方法是离传释经,和历代学者的以传解经大不相同。① 高亨的这种方法影响了英语世界的很多学者,如夏含夷、孔理蔼、卢大荣、高厦克等。

二、内部因素

1. 历史主义批评

历史主义批评(historical criticism)起源于文艺复兴时期,其宗旨在于强调"追根溯源",注重历史证据和文本产生的语境,包括作者生平、作品产生时的历史和社会环境。19 世纪启蒙运动期间历史主义获得了很大发展,德国的历史主义史学因之兴起。② 兰克(Leopold von Ranke,1795—1886)作为历史学家追求一种客观主义的史学,追求将过去以其真实面貌呈现出来,历史主义批评方法也被注入新的活力。

在总结和评价"历史主义"时,保罗·汉密尔顿(Paul Hamilton)认为,"历史主义"这个辩证的思想运动应该从三个方面来理解:第一,它认为应当历史地理解过去,即过去应当以其自身的方式得到把握,应当遵守历史规则,避免时代误置(anachronisms)。第二,它抓住了"后见之明"(hindsight)这个要害问题。我们根本无法假装按过去的样子来理解过去,因为我们对随后发生的事情知悉太多。要恢复对过去的确切了解,就需要我们刻意忘掉其间的差异。过去在很大程度上是以它对未来的体认、以它怎样直面各种行为的后果为特征的,而知道后来发生的事,让我们对过去的评价优于过去的人。第三,对过去的认知应该被用来重新定位或改变当前的理解,而不仅仅是确认它。③ 在历史主义者那里,存在一个客观的

---

① 高亨《周易古经今注》,北京:中华书局,1984 年,重订自序,第 2 页。

② "历史主义"(Historismus)一词最早出现在语言学家施莱格尔 1797 年的笔记中,指的是"一种特别强调历史的哲学"。"历史主义"认为人性和理性的形成都离不开特定的时空和具体的历史环境,它关注事物生成的历史连续性,并将它当成个体,注意阐释其特殊价值。19 世纪,历史主义在欧洲史学家那里得到具体的运用。历史主义史学希望在确定真实的历史事实之后,通过寻找到个体事件中事实之间的因果关系,解释从历史中孕育出现实的原因。其中历史事实的真实性确保了历史学的客观性,而个体叙述在考虑历史事件产生的历史性时,也不否认历史学家自身的历史性,从而构成极具历史认识论色彩的历史主义史学。历史主义强调历史的连续性,必然导致在认可时空区分的前提下强调个体的特殊性,由此便有可能产生保守主义的思想,建立历史和文化不可比较的原则。有关历史主义和德国历史主义的详细讨论,可参考《历史主义史学》,载张广智《西方史学史》,上海:复旦大学出版社,2000 年,第 228—237 页。

③ Hamilton, Paul. "Historicism and historical criticism", Christa Knellwolf, Christopher Norris, *The Cambridge History of Literary Criticism*, Vol. 9. Cambridge: Cambridge University Press, 2001, pp. 17-18.

过去,现在的我们可以借助特定方式来恢复和重建这个过去。但我们到底能否回到过去并以过去人的方式去理解过去?过去遗留下来的历史文献能否按过去的原意来恢复和重建?这些问题的答案在"新历史主义"那里是否定的。如新历史主义的代表人物格林布拉特(Stephen Greenblatt,1943)认为,任何理解诠释都不能超越历史的鸿沟而寻求所谓的"原意",相反,任何文本的诠释都是两个时代、两颗心灵的对话和文本意义的重释。① 新历史主义不再把历史看成与当代没有关系的过去某一段时间发生的事件,而把历史看成在不断的连续和断裂中对当代作出诠释和启发的文本。蒙特洛斯(Louis Adrian Montrose)则提出"文本的历史性"和"历史的文本性"这两个概念:前者指书写模式中历史的、社会的、物质的情景,构成所谓的文本的历史性氛围;后者指批评主体根本不可能接触到一个所谓全面而真实的历史,或在生活中体验到历史的连贯性。如果没有社会历史流传下来的文本作为解读媒介的话,我们根本没有进入历史奥秘的可能性。② 在海登・怀特(Hayden White,1928—2018)看来,历史是一堆"素材",对素材的理解和连缀就使历史文本具有了一种叙述话语结构,这一话语结构的深层内容是语言学的,借助这种语言文字,人们可以把握经过独特解释的历史。人们不可能找到原生态的"历史",因为那是已经逝去、不可重复和复原的,而只能找到关于历史的叙述,或仅仅找到被诠释和编织过的"历史"。这样,历史就不是一种,而是有多少理论的诠释,就有多少种历史。人们只选择自己认同的被诠释过的"历史"。③ 简而言之,对过去性质的认识以及过去和现在关系的处理,是新历史主义和历史主义的一个重要区别。④

2. 全球史观与中国中心观

"全球化"的概念形成于 20 世纪 90 年代初,在一般意义上,它指的是社会、经

① 王岳川《当代西方最新文论教程》,上海:复旦大学出版社,2008 年,第 394 页。
② 同上书,第 405 页。
③ 同上书,第 414—415 页。
④ 罗志田认为,"后现代史学"的研究路径,一是推翻被称为"现代"的各种观念和研究方法,包括科学、进步、讲求史实或实事求是等,强调"主动介入所有学术研究都要卷入的知识的产生与传布的政治之中",在多重诠释立场与我们日常应付的权力结构的关联中确定自己的史学研究的位置。二是力求"切近历史","与昔人心通意会",也就是"将人类个体或群体的言行置于其发生当时的直接语境之中"。总之后现代史学强调要超脱一切现代价值观念的局限和偏见,回到过去,和古人心通意会。(罗志田《后现代主义与中国研究:〈怀柔远人〉的史学启示》,《历史研究》,1999 年第 1 期,第 110—119 页)这一方面反映后现代史学亟于否定和打破由现代性构建出来的一套价值和观念体系,另一方面则反映出其希望不带任何偏见地回到古代,力求与古人处于同一情境中,重建历史的面貌。

济、政治和文化进程,这些进程共同形成了当代独特的生存条件。在特定意义上,它特指一种现象,即原本相距遥远的世界各地以前所未有的方式联系在一起,某一地区的发展可能会迅速影响到地理位置遥远的其他地区。这也使人们可以把世界想象成一个通过一系列技术、经济、社会和文化力量相联系的独特的全球空间,各种力量可以相对自由地跨越想象的文化或国家间的界限。① 二战后世界形势的急剧变化,第三世界的兴起,殖民体系的崩溃,在史学领域内以西方文化为中心的研究取向受到猛烈冲击。20 世纪 50 年代以来发生的技术革命的浪潮,引发社会政治体制、经济结构、观念形态乃至生活方式的变化,也对历史学产生了重大影响。一些学者开始用全球文明的宏观视野来重新考察整个世界历史的发展进程。英国历史学家杰弗里·巴勒夫在《处于变动世界中的历史学》中提出"全球历史观"的概念。他呼吁说:"主要从西欧观点来解释事件已经不够了,我们必须尝试采用更加广阔的世界史观。"新时代的历史学家应当"跳出欧洲,跳出西方,将视线投射到所有的地区与所有的时代"②。"全球历史观"就是要超越民族和地区的界限来理解整个世界的历史观,它追求平等、公正地对待和评价世界各国与各地区的文明,抛弃"欧洲中心论"的成见和偏狭,同时注重各民族或国家间的相互联系和影响,抛弃列国志般的世界史框架结构。

"以中国为中心"(China-centered)是美国历史学家柯文(Paul A. Cohen)在总结和批评美国的中国近代史研究领域一度盛行的"西方中心主义"倾向后提出的一种方法。他认为,美国 20 世纪 50 年代和 20 世纪 60 年代研究中国近代史最有影响力的三个概念框架——冲击—回应(the impact-response)、传统—现代(tradition-modernity)和帝国主义(the imperialism)方式都带有浓厚的西方中心主义假设,这种西方中心主义的预设使历史学家极大歪曲了中国过去的现实。而从 20 世纪 70 年代前后开始,美国的中国学界兴起一种新的研究方法,开始或明或暗地挑战早期这种西方中心主义的偏见。这种"以中国为中心"的研究方法,其主要特点就是研究者努力像亲身经历的中国人那样去重建中国的过去,而不是带着预定的历史问题去重构。"中国中心观"的出发点一方面是在中国的具体历史情境中发现中国的问题,另一方面是设法把中国切分为更小、更具操作性的单位,认

---

① 迈克尔·格洛登、马丁·克雷斯沃斯等主编《霍普金斯文学理论和批评指南》,王逢振等译,《全球化》,北京:外语教学与研究出版社,2011 年,第 1071 页。
② 参考张广智《西方史学史》,上海:复旦大学出版社,2000 年,第 332—335 页。

为中国社会由很多不同层面组成，分成很多层次，以此来处理中国社会的疆域广阔和程度复杂的特点，同时运用历史学以外的其他学科的理论、方法和技术，将其融入历史分析之中。① 柯文在其著作的前言里提到高慕柯（Michael Gasster）对《在中国发现历史》的批评：一是在叙述中国的本土性和地域性时没有把中国放到更大的世界范畴内来考察，过分夸大中国历史的自洽性，忽视了中国和世界之间的联系，过于关注区域和更低层面的历史，失去国家层面的整体视角；二是柯文没有承认"外部视角"的优点，西方历史学家作为后来者和外来者，虽然存在一定的偏见，但也具有中国本土历史学家所不具备的优势，那就是可以从中国固有的传统中跳出来，把中国的过去说得更有意义，更能让人理解。这两点批评都触及"中国中心观"作为理论和研究方法时存在的局限，即没有处理好整体和局部、内部和外部之间的互动关系，而是非此即彼地把它们人为地对立起来。柯文在谈到何伟亚（James L. Hevia）等人的研究时指出，何伟亚关心的是如何发掘中国历史文献的原始含义（original meaning），免得它们在被没有经历过的"他者"代表时遭到歪曲。何伟亚的方法也许可以被称为"以中国为中心"，但正如对任何知识的探究那样，它还是会不可避免地预设立场，因为它必然还是会反映探究者的关切和偏见，最终产生的不免还是经过重构的知识，从而或多或少背离"中国中心"的目标。② 但欧美汉学界的这种"以中国为中心"的研究转向，客观上促进了对《易经》这类古籍的诠释方式的转变。

---

① Cohen, Paul A. *Discovering History in China: American Historical Writing on the Recent Chinese Past*. New York: Columbia University Press, 2010, pp. v-vii.
② 柯文提到的应是何伟亚的《怀柔远人》(*Cherishing Men from Afar: Qing Guest Ritual and the Macartney Embassy of* 1793. Durham: Duke University Press, 1995) 一书。周锡瑞（Joseph Esherick）和张隆溪也对何伟亚的解释方法提出过批评，他们指出，何伟亚首先带有后现代史学里"多元主义"和"消解中心"的一偏之见，然后才会把"夷夏之防"和"华夷之辨"概念框架下未开化的"四夷"译为没有种族色彩的 peoples of the four directions，把主从有别的"蕃国"译为平等关系的 foreign kingdoms，把中国君王对待蛮夷的居高临下的"怀柔远人"手段，译为殷勤好客的 Cherish men from afar。何伟亚宣称要把中文史料从东方主义者的偏见中解救出来，却在解释的过程中有意无意地带上后现代主义的偏见，因而从另一个角度歪曲了中文史料的原意，无法重建当时的历史事实。从这个角度来说，无论是对"西方中心主义"还是对"以中国为中心"的方法都有重新加以检讨的必要，"西方中心主义"的偏见自不待言，而"以中国为中心"的方法，虽然强调研究中国时的内部视角，其问题预设、理论和研究框架的建立，研究背景的描述却仍然是西方的一套学术机制。张隆溪《什么是〈怀柔远人〉?》，见氏著《走出文化的封闭圈》，北京：生活·读书·新知三联书店，2004 年，第 101—121 页。

第二节　商周时期的历史文献：《周易》本经翻译

受"古史辨派"、"唯物史观派"和"文献考释派"的启发，在 20 世纪 80 年代，夏含夷（Edward L. Shaughnessy）和孔理蔼（Richard A. Kunst）的两本博士论文完成，确立了和卫-贝译本完全不同的诠释范式，把《易经》从一部超越地域和时代的世界经典，还原成商末到西周时期的史料汇编。他们试图运用历史主义的方法，重建卦爻辞在生成时的原始意义。我们姑且称这种研究方法为"本经主义的诠释方向"。卢大荣（Richard Rutt）、高夏克（Richard Gotshalk）、温卡伯（Greg Whincup）、皮尔逊（Margaret J. Pearson）、雷文德（Gefforey Redmond）等人的《周易》译本，不断强化这种本经主义的诠释方向，丰富了对卦爻辞含义的理解和解释。

一、夏含夷的《周易》诠释

美国汉学家夏含夷教授是西方汉学界研究《易经》的领军人物。他 1970 年开始在诺特丹大学（University of Notre Dame）就读并获神学学位，1974 年开始在台湾师从爱新觉罗·毓鋆（1906—2011）学习中国经籍，1978 年开始在斯坦福大学分别获得硕士和博士学位。夏含夷的中国古史研究内容宏富，成果丰硕，在甲骨文、金文等古文字学，先秦时期文化史，《周易》研究等领域都取得了令人瞩目的成就。他在《周易》研究方面的代表成果，首先是 1983 完成于斯坦福大学亚洲语言系的博士论文《周易的编纂》（*The Composition of Zhouyi*）。这部论文是他采用"古史辨派"的怀疑精神和王国维（1877—1927）提出的"二重证据法"结出的硕果。他在论文里形成的诸多观点，以后在材料和观点上不断得以充实和发展，不仅奠定了他研究《周易》的坚实基础，也对西方和中国的易学发展产生了较大的影响。这部论文经改写后于 2022 年分别出版中英文版。其次是 1996 年翻译的帛书《周易》和2014 年出版的《出土之易》，前者是西方第一个马王堆出土的帛书《周易》译本，它的出现推动了西方对《周易》早期文本的深入研究，后者则是对上博楚简、王家台竹简和阜阳汉简等最新考古发现的《周易》材料所做的翻译和研究，不但承续了他一贯的考古学旨趣，也为西方易学界新添了不少研究的原始资料。最后是他发表的研究《易经》的系列论文，如《周易乾卦六龙新解》（1986）、《周易筮法原无之卦考》(1988)、《说乾专直、坤翕闭象意》(1988)、《结婚、离婚与革命——周易的言外之意》(Marriage, Divorce and Revolution: Reading between the Lines of the *Book of Changes*, 1992)、《帛书系辞传的编纂》(2000)、《再说〈系辞〉乾专直坤翕闭》(2010)、《周易'元亨利贞'新解——兼论周代习贞习惯与〈周易〉卦爻辞的形成》(2010)以及一些书评等,这些文章少量以英文撰写,大多以汉语发表,影响较为广泛。本节即以夏含夷先生的相关易学著作为基础,探讨他的易学观及其生成的时代背景。

1. 夏含夷的易学观

夏含夷的博士论文《周易的编纂》是他采用考古资料和传世文献互证的方法研究《周易》的开端,也是他重建《周易》卦爻辞原初含义的初步尝试。论文主要围绕两个问题展开:《周易》是怎样产生的? 对当初的编纂者来说,它的意思是什么?以此为基础,论文分为"语境"(context)和"批评"(criticism)两个部分,前一部分主要讨论《周易》的成书年代及其用途,后一部分讨论《周易》各卦的结构及其编纂方式。夏含夷将商代甲骨文字和西周青铜器铭文中的术语与《周易》卦爻辞对比,认为《周易》是在西周晚期经过有意识地编纂而成,可能在周宣王(公元前 827—前782 年)统治之初,即公元前 9 世纪的最后二十年间编成,虽然在此之前它经过了多人之手并经历了长时间的流传。① 占筮是《周易》的基础。《周易》原本是占筮用的标准手册,②但从公元前 6 世纪开始,对《周易》卦爻辞的解释逐渐带上道德色彩,因此将它视为古代智慧源泉的这种解释传统也逐渐形成。到了汉代,这一解释传统被制度化,《周易》的占筮功能随之渐渐消失。③ 西周时期,周室的巫史对文学和占卜活动都有记载,他们采用类似于《诗经》比兴的手法,编纂了《周易》的卦爻辞。④ 夏含夷认为,《周易》的"周"是朝代名称,和《周礼》、《逸周书》、《周颂》等一样,而"易"有"变易"之义,更多用来指一卦六爻爻辞内在的系统变化。⑤《周易》卦符里的六爻很可能来源于古代历法中的干支纪年,尤其是商末的占卜实践。卦画一开始用数字符号表示,是从蓍草中得来的计算结果,后来阴阳爻开始系统取代

---

① Edward L. Shaughnessy, *The Composition of "Zhouyi"*, Ph. D. Thesis, Stanford University, 1983, p. 49.
② 同上文, p. 68.
③ 同上文, p. 74.
④ 同上文, p. 103.
⑤ 同上文, p. 104 - 107.

六个数字。卦画除了结构上的含义，可能还有象征意义，最合理的解释则是阴阳爻与男女性器官之间的联系。① 大部分卦名都和一卦的主题相关，是从六爻的爻辞中选择出现次数最多的字，或从卦象中择取相关文字来命名，卦名的作用是作为辨识卦爻辞的标签。"元亨"和"利贞"这种结构是卦辞的规范特征，体现了《周易》卦辞和爻辞这两种文本的结构区别。② 爻辞一般由四个部分组成：命辞（the Topic），常用来指兆象，多是对自然现象或人类活动的描述，以引出爻辞，如《蒙》上九"击蒙"；告辞（the Injunction），和卦辞中的告辞差不多，如《蒙》上九"不利为寇，利御寇"；占辞（the Prognostication），常用吉、凶、厉、吝中的一个，跟在"贞"字后面；验辞（a Verification），如无攸利、无不利、无咎、悔、悔亡等皆是。这四个部分可能单独出现，或者以组合形式出现。③ 夏含夷认为《周易》是由一位或者多位编纂者系统而有意识地编纂而成，六爻之间彼此联系，反映了编纂者的思想。④ 他刻意选取 64 卦中的 20 卦为例，说明《周易》卦爻辞的编纂原则：首先是卦爻辞存在结构上的范式（structural paradigms），如《鼎》卦不仅卦形酷似鼎的形状，而且爻辞的内容和鼎的构造之间也存在由低到高的对应关系；其次是卦爻辞中有逐步发展的兆象（developed omens），如《无妄》各爻就是在说明瘟疫发展演变的趋势；再次是卦爻辞之间存在发展的叙事（developed narratives），例如《解》卦就暗合叙事结构中的场景、问题、冲突、高潮和解决等，《随》卦叙述的是官府人事变动导致奴隶逃跑，然后追逃、捕获，直到国君亲自把这些捕获的奴隶用于献祭的故事；最后是成对出现的卦（hexagram pairs）之间往往结构相似、概念互补，如《泰》和《否》之间不但卦辞相似，还有完全相同的爻辞和结构，从中可以看出《周易》编纂者成熟的天才智慧。⑤

总而言之，夏含夷认为《周易》是用于占筮的手册，在西周晚期由周室的一位或多位巫史有意识地编纂而成，六爻之间以不同方式相互联系，体现了编纂者的思想，因此从卦爻辞中可以解读出商末周初的一些历史事实。夏含夷的这些观点，后来陆续以单篇论文的形式发表并产生了一定的影响。如"《周易》乾卦六龙新解"以闻一多所指乾卦六龙与东宫苍龙之星间的关系，进一步论述乾卦各爻间

---

① Edward L. Shaughnessy, *The Composition of "Zhouyi"*, p. 112.
② 同上文，pp. 116 - 126.
③ 同上文，p. 137.
④ 同上文，p. 167.
⑤ 同上文，pp. 177 - 249.

的内在逻辑，旁及"六龙"所处的实际节气和天文位置，①即以论文第四章讨论《乾》、《坤》对卦一节内容发展而来，②"《周易》筮法原无'之卦'考"以《左传》占筮实例推测《周易》筮法无变爻、变卦，当时无初九、六二等指称一卦某爻的专用语，故用"某卦之某卦"来指代，同时引用《左传·昭公七年》占例，③此文在博论中也已详细论及。④ 此外如"兴与象——简论占卜和诗歌的关系及其对《诗经》和《周易》的形成之影响"、⑤"《周易》'元亨利贞'新解——兼论周代习贞习惯与《周易》卦爻辞的形成"⑥等文章，也是在其博论相关基础上的发展和延伸，兹不具论。

夏含夷采用"语境批评"(context criticism)的方法重建《周易》卦爻辞在西周末期的原意，就是要"在《易经》原始文本语境里来真正检验其古代语言的特性"(examine the archaic language of the text within its original context)。⑦ 因此他广泛援引同时期的甲骨文卜辞、青铜器铭文、《诗经》以及稍后的《左传》来与《周易》卦爻辞相印证，同时注重对《周易》卦爻辞内在逻辑的分析，并大量参考顾颉刚、李镜池、郭沫若、闻一多、屈万里、高亨等近人的易学研究成果，将他们视作文本批评派的代表。他在导言部分指出，20世纪是个经验主义(empiricism)的世纪，与理性主义主导的19世纪、人们追求普遍真理(universal truths)不同，20世纪的学者主要致力于寻找历史证据(historical data)。⑧这其实已经说明他和此前卫礼贤等人将《易经》视为超越时间和空间的"智慧之书"(Book of Wisdom)的做法迥然不同：他的目的不是解释《周易》中蕴含的普遍真理，而是要确定《周易》成书年代的社会事实和卦爻辞原始含义的历史证据。

2. 夏含夷易学观产生的背景

夏含夷的易学观是在学习和研究先秦历史的过程中逐步产生的，同时也和20世纪60年代以后美国汉学由西方中心主义逐步转向以中国为中心的研究氛围相关。具体说来，夏含夷的中国古史研究经历了从偏重哲学的思想史研究到偏重实

---

① 夏含夷"《周易》乾卦六龙新解"，原载《文史》1986年第24期，见氏著《古史异观》，上海：上海古籍出版社，2005年，第268—278页。
② Edward L. Shaughnessy, *The Composition of "Zhouyi"*, pp. 269‑287.
③ 夏含夷"《周易》筮法原无'之卦'考"，载《周易研究》，1988年第1期，第15—19页。
④ Edward L. Shaughnessy, *The Composition of "Zhouyi"*, pp. 81‑97.
⑤ 见夏含夷《兴与象：中国古代文化史论集》，上海：上海古籍出版社，2012年，第1—19页。
⑥ 同上书，第20—46页。
⑦ Edward L. Shaughnessy, *The Composition of "Zhouyi"*, p. 7.
⑧ 同上文，p. 1.

证的考古文献研究的路径转向；在研究方法上，他一方面采用并拓展了王国维的"二重证据法"，另一方面提出"语境化批评"；在研究旨趣上，夏含夷提倡"中中学术"（China-centered），明确西方汉学和中国本土学问之间的区别，并确定了自己的学术取向。

（1）从思想史研究到考古文献研究的兴趣转向

在 2005 年出版的《古史异观》"自序"里，夏含夷回忆自己三十年间的学术发展脉络，曾谈到他 1974 年大学毕业后去台湾学习中国古代思想史。那时他才 21 岁，对哲学问题特别感兴趣，觉得"三玄"中的《周易》最有意思。[①] 在台湾他师从爱新觉罗·毓鋆，[②]毓鋆曾陪溥仪读过书，继承的是清末的经学传统，尤其强调通经致用、述而不作，注重从精神层面去实践经典，将经典的内涵融入生命。[③] 他说："经典传承了几千年，全都是圣贤智慧的结晶，现在的人只要把它讲得更清楚就够了。"[④]夏含夷从毓鋆那里，不仅仔细阅读了不少经典的原文，把《周易》本文和注疏"读过两三遍"，为后来的学习"稍微打下了些基础"，而且大致了解到中国经典发展的思想史脉络。[⑤] 1978 年夏含夷回到美国，在斯坦福大学师从倪德卫（David S. Nivison，1923～2014），倪氏是甲骨文专家，因此他转而研究甲骨文卜辞，兴趣也逐渐由哲学问题转向历史和语言问题。20 世纪 70 年代末中国大陆的重大考古发现，尤其是马王堆汉墓帛书《周易》的出土，对他的兴趣转向也产生了很大影响。在谈到他的博士论文时，夏含夷说："我在研究所时，博士论文仍然是关于《周易》，但是研究课题从哲学转为历史，研究《周易》的起源和它原来的意思（《周易》的编纂），对商周卜筮的方法做了阐叙，并对《周易》卦爻辞的基本构造做了分析。此文

---

① 夏含夷《古史异观》自序，第 1 页。

② 毓鋆自 1958 年开始在家中为外国留学生授课，一直到 1971 年创设"天德黉社"。他的学生以美国留学生为主，现今美国汉学家中的席文（Nathan Sivin）、吉德炜（David Keightley）、包弼德（Peter K. Bol）等人都是他的受业弟子。见赖贵三，《台湾易学人物志》，台北：里仁书局，2013 年，第 203—204 页。

③ 毓鋆的观点，和陆九渊的"六经注我，我注六经"一脉相承。《陆九渊集·语录上》记载："或问先生何不著书，对曰：六经注我，我注六经。"（《陆九渊集》卷三十五，北京：中华书局，1980 年，第 399 页。）陆氏还说："学苟知本，六经皆我注脚。"（《陆九渊集》卷三十五，第 395 页。）王蘧常解释说，"六经注我，我注六经"，意谓儒家经典的六经都是我的行动依据，我的行为都是六经的注脚。（《中国历代思想家传记汇诠》下册，上海：复旦大学出版社，1993 年，第 362 页。）毓鋆的通经致用，陆九渊的六经注我，强调的都是知行合一，即理会圣贤立言之意，将其作为立身行事的准则，而非沉溺章句，不理会经典流传的脉络。

④ 赖贵三《台湾易学人物志》，第 207 页。

⑤ 夏含夷《古史异观》自序，第 1 页。

一直没有正式发表。原先以为应该等到能够完全读懂和《周易》同时的文字史料以后再修改发表,然而,吾生有涯而学无涯,结果学习的时间一直延续到今天,却仍不敢自诩已能通读那一时期的文字史料。"①这虽然是夏含夷的自谦之辞,却也从一个侧面反映了采用实证主义方法重建《周易》卦爻辞原义面临的困难。夏含夷转益多师,从思想史研究转向语言和历史研究,决定了他在态度上介乎疑古与信古之间,在方法上则秉持实证主义,因此他虽然认同顾颉刚的"疑古"精神,在研究中却一直实践并发展着王国维的"二重证据法"。

(2)"古史辨派"的怀疑精神与王国维的"二重证据法"

在夏含夷和鲁惟一合作为《剑桥中国古代史》撰写的序言"西方汉学的古史研究"一文里,夏含夷曾谈到他们在顾颉刚的"古史辨"和王国维的"二重证据法"之间的选择和徘徊:

> "顾颉刚有意识地采用了考古学的术语来建立所谓'层累'研究方法,以说明中国传统历史文献都经过改动,时间越晚近,传说的性质越浓厚。顾氏以为我们可以通过发掘这些文献所堆积的层累而回归到它最原始的核心。并且,据他说,传说的核心绝对不如后代历史学家想象的那样伟大。不但如此,他更说传统史学的工作一大部分是基于伪造的历史文献……在倾向对事物抱有怀疑态度的西方汉学家当中,这种疑古精神自然受到热烈欢迎。"②

但在夏含夷看来,"疑古"精神虽然可贵,却不能不加辨别地施之于一切古史:"某些学者怀疑所有的传统文献资料,以为它们编纂甚至原来写作的时代比内容要晚,这种史观值得商榷。我们对史料也有所怀疑,但是我们不能够完全接受这种一概疑古的态度。"③如果一概"疑古",势必导致轻视传世文献,重视出土器物和文字资料的态度,这种态度为夏含夷所不取:

> "文献资料与考古资料有同等的价值。最好的研究方法要互相参照、利用两种证据。同时,我们也应意识到两种证据都有其局限性和偶然性,也都带有某种偏向。我们知道,文献资料不能算是全面的,也不无偏见,但是发掘的遗址和出土品也只能代表地下文物的一小部分……考古学家决不应该将

---

① 夏含夷《古史异观》自序,第3页。
② 鲁惟一,夏含夷,"西方汉学的古史研究",载《中华文史论丛》第86辑,上海:上海古籍出版社,2007年,第5—6页。
③ 鲁惟一,夏含夷,"西方汉学的古史研究",第8页。

文献证据弃之不用;同样,历史学家不能全信文献的可靠性。"①

这就是夏含夷对文献资料和考古资料的态度,它们具有同等的价值,不可偏废或偏信,同时它们又各有其缺陷,需要相互参照,审慎对待。夏含夷这种态度是对王国维提倡的"二重证据法"的继承和发扬。他在《古史异观》序言里说:

> "回顾我这半辈子的研究工作,尽管不是没有转变,可是有一点一直都没有改变,那就是相信研究中国古代文化史,应该本着王国维所提倡的'二重证据法',传统文献和出土文字应该有平等的价值。这个方法说起来简单,可是真正做到还是很难。治古文献学者往往以为古文字学过于深奥,没有专门的训练就不能动手;古文字学家则往往又以为古文献是过时的问题,不值得研究。"②

在香港大学的饶宗颐学术讲座上,夏含夷再次提到"二重证据法"并进一步深入论证。他指出,传世文献本身有相当不可靠的性质,并且所有先秦时期的传世文献都经过相当漫长的传授过程后才在汉代写定,因此我们现在看到的文献都经过了汉人的校雠工作,与原貌有一定的距离。换一种说法,先秦文献在某种程度上能够通读是由于汉人的编辑工作,而这种编辑工作在某种程度上不能不反映汉人的知识背景。考古证据本身也存在问题,出土文物的存在和发现都是偶然的,且以墓葬资料为主,因此所发现的文物只能代表古时物质文化极小的一部分,并且大部分也只能代表古代上层社会的生活。而且我们知道的只是关于他们的死亡,对他们生前的生活却不甚了了,对他们的爱情更是一无所知。因此夏含夷认为,所有的证据,无论是传世资料、考古资料、出土文字资料,还是各学科的理论抑或异邦的对比,都存在这样那样的问题,但也都有各自的价值。我们在使用这些

---

① 鲁惟一,夏含夷,"西方汉学的古史研究",第 7 页。

② 夏含夷《古史异观》自序,第 4—5 页。夏含夷提到的传统文献和出土文字资料各有优点和不足的看法,屈万里在讨论原始资料和传述资料时也曾提到过。屈氏认为,所谓原始资料,是指当时人记载的当时文献,而传述资料,则是后人根据记载或传说,所追述的前代文献。古器物的铭文,大都是原始资料,而古书方面则原始资料较少。古器物资料和古书资料各有短长:从数量的多寡上来说,古物资料优于书本资料,而从详略上来说,古书资料又远胜于古物资料。因此屈氏也提倡王国维的"二重证据法",用古物资料和书本资料对证:"研究先秦学术的人,固然不应当只重视古物而轻视古书,也不应当只凭藉古书而鄙弃古物。古物和古书,二者是相得益彰的,是决不可以偏废的。"他提出"对于传述资料的运用,首要要持怀疑的态度,如果证实了那资料于古有征(全部的或局部的),然后再用它当作证据,否则,就只能以疑传疑,不可据以下肯定的结论。这是我们对于传述资料应持的态度。"从根本上来说,屈氏还是相信古物多于古书,这一点和夏含夷存在区别。所引屈万里言论,见其《先秦文史资料考辨》,台北:联经出版事业公司,1983 年,第 10—12 页。

材料的时候,既要考虑到它们的限制,即它们自身的偏向,也要考虑到我们自己的不足,即我们所持的偏见,这样我们对中国古代历史才能做出某种贡献。① 夏含夷对考古文献和传世文献的这种客观认识,在汉学研究愈益国际化的今天尤其具有参照意义。美国加州大学洛杉矶分校中国研究中心的史嘉柏(David Schaberg)曾提出这样的问题:

> "在汉学正在大规模地国际化的关键时刻,最令西方学者疑惑的就是一个很基本的问题:要了解中国的过去,主要的思考模式要到甚么程度采自中国文化原有的模式? 也就是说对中国古代历史的了解应该是全新的、全科学化的、全客观的呢? 还是应该尽量融合历代中国人本身对过去的一些看法? 一定要有所取舍,只是还不知道要采取甚么,要舍弃甚么。"②

史嘉柏把依据考古学资料重建起来的中国古代史研究称之为"全新的、全科学化的、全客观的",而与之对立的古文献资料则是"历代中国人本身对过去的一些看法",因而是"根据信仰的",是不科学和不客观的。夏含夷批判了这种观点。他认为,即使我们综合运用各种证据材料,我们所做出的成绩和贡献恐怕也只能是"适时的",永远也达不到"全新"的地步,更不用说"全科学化"、"全客观"了。③ 对古代史的探索和研究正是一个沿着各种资料汇成的涓涓细流不断回溯的过程,任何希望截断众流、一劳永逸地做法,恐怕都是不切实际的。因为资料的发现是一回事,而对资料的解读又是一回事,要完全摒弃偏见,做到完全科学和客观,恐怕只能是个美好的愿望。较为切实可行的做法,恐怕还是王国维提出的、夏含夷等人发展的利用"二重证据法"、"三重证据法"、"多重证据法"进行互证,"适时地"重建古史的原貌。

(3) 语境批评

除了王国维的"二重证据法",夏含夷在具体研究中还运用了"语境批评"的方法。他指出,所谓"语境批评",是指文学批评中采用的一种历史方法,就是将目标文本放到具体的历史时间和地点的脉络中来加以解释。夏含夷刻意强调,针对任

① 夏含夷,"二重证据法加三重证据法等于五重证据法当且仅当终应归一的证据——再论中国古代学术证据法",香港:香港大学饶宗颐学术馆,2014年,第10—31页。
② 史嘉柏,"近十年西方汉学界关于中国历史的若干争论问题",见朱政惠主编《海外中国学评论》第2辑,上海:上海古籍出版社,2007年,第55页。
③ 夏含夷,"二重证据法加三重证据法等于五重证据法当且仅当终应归一的证据——再论中国古代学术证据法,"第22—30页。

何文本的"语境批评",都不是特指某一个语境而言。比如说,采用"语境批评"的方法来研究《易经》,既可以研究春秋时期这一语境中的《易经》,也可以研究汉代语境中的《易经》,宋代语境中的《易经》,或者任何一个特定文化语境中的《易经》。这里毋庸多言的是,批评的深度取决于掌握历史语境的具体程度。以夏含夷研究《周易》的编纂的博士论文而言,他讨论的就是西周晚期的宫廷这一历史语境。这意味着他会尽可能利用甲骨文和青铜器铭文来对《周易》早期文本做语文学分析,同时细读《周易》文本来决定早期文学形式的发展流变,以及对历史环境和当时知识活动复杂性保持一定的敏感。夏含夷强调,他的《周易》研究的根本灵感在于,他不是把《周易》当成圣人传下的经典,其中包含着亘古不变的永恒意义,而是将《周易》当成人类思想的产物,不管它是怎样被激发出来的,它的意义一定会随着遭遇的每一个新思想而发生新的改变。① 从这一点来看,夏含夷研究《周易》早期的编纂和卦爻辞的原始含义,既融合了顾颉刚的"层累说"和"不立一真,惟穷流变"的思想,又包含着用王国维的"二重证据法"来考订《周易》编纂时代的历史语境的方法,同时还结合了西方历史研究的实证精神,形成了他的易学研究的一个鲜明特征。

（4）"中中学术"

在 2012 年出版的《兴与象——中国古代文化史论集》的自序里,夏含夷提到他自己一个非常重要的学术面向:"我早就界定了自己的学术圈子应该以中国为中心"。也就是说,他的汉学研究是"以中国人为听众的"。这是他与西方其他汉学家的一个重大区别:

> "多数的外国汉学家以为,他们的同行学者是与他们来自同一国家或地域,有着相同或相似学术背景的学者。我觉得有这种看法是相当自然的,也是无可厚非的。但他们所治的汉学只是西方汉学或是日本汉学,和中国汉学未必是同一个学科。这就是虽然他们和中国学者讨论的问题相同,但是研究方法和结论往往大相径庭的原因之所在。"②

夏含夷明确指出西方的汉学和中国的国学之间的差异,双方各有一套学术传统和学术话语,面对不同的目标受众,采用的研究方法也各不相同,因此即使讨论同一个问题,往往也会得出不同的结论。李零也表达过类似的观点,认为海外汉

---

① Edward Louis Shaughnessy, *The Composition of "Zhouyi"*, pp. 14 - 15.
② 夏含夷《兴与象:中国古代文化史论集》自序,第 3 页。

学家的学问是"用另一种语言,另一套规范,从教学到研究都运用自如、自成系统的学问",并且坐拥"国际学术"的头衔,因此具备不少国内研究者所缺少的优势。[1] 而夏含夷身为美国汉学家,他研究中国学问,从采用的语言、使用的方法到定位的读者,全是以中国同行为对象。因此夏含夷说:"我常常觉得与自己有沟通问题的不是中国学者,而更多的是西方汉学家。我深信我们汉学界的母语就是中文。所以只要是用中文写的,不但中国汉学家应该会评价,并且西方汉学家和来自东亚其他国家的汉学家也都能够看得懂。"[2]在另一篇文章里,夏含夷更详细地讨论了他的学术立场和方法,称之为"中中学术",并且指出他与柯文(Paul A. Cohen)之间的差异:

> "据我所知,在西方汉学界里,唯一呼喊'中中学术'的学者是威尔斯学院(Wellesley College)教授柯文,在氏著《在中国发现历史:中国中心观在美国的兴起》里,他反对了1950和1960年代西方汉学的主流以西方进入中国的影响来说明中国近现代史上的发展,宣传一种以中国本土的因素说明中国的发展。柯文教授把这个叫做'中中学术'。"[3]

但他马上指出,柯文针对的是近现代中国史,和中国古代史尤其是他所主攻的先秦史完全没有关系。然后他说:

> "利用这个称谓(指'中中学术'——本文作者注)来称呼我的学术方法不无道理。我一辈子的学问都集中在'中国',并且我的基本动机也像柯文那样宣传的'以中国本土的因素说明中国的发展'。据我想,这个动机和西方汉学界(而特别是中国古代文史方面的学术界)许多老前辈学者,从沙畹(Edouard Chavannes,1865~1918)和顾立雅(Herrlee G. Creel,1905~1994)到我自己的老师们倪德韦(David S. Nivison)和吉德炜(David N. Keightley)等以及更多西方学者,没有两样,他们一辈子的学术著作都一直以中国为中心。我如果和他们有一点稍微不同,和柯文完全不同,那就是我的学术对象不仅仅是西方汉学家,还包括中国学者。"[4]

---

[1] 李零,"学术'科索沃'——一场围绕巫鸿新作的讨论",见《何枝可依——待兔轩读书记》,北京:生活・读书・新知三联书店,2009年,第150—151页。

[2] 夏含夷《兴与象:中国古代文化史论集》自序,第4页。

[3] 夏含夷,"何谓'中中学术'?——兼论中国何时变成'中国'",载氏著《兴与象:中国古代文化史论集》,第329—345页。

[4] 夏含夷《兴与象:中国古代文化史论集》,第337页。

夏含夷指出"中中学术"在西方中国古代史研究领域并非仅有他一个孤例,而是源来有自,只是他的学术对象囊括了研究中国古代史的所有专家学者,并无中西、内外之别。他认为汉学的中心自然是在中国,而中国学者的研究是汉学界的主流:"我不仅以中国为我自己的学术中心,并且以中国为汉学的中心。不但如此,我也非常重视中国学者对中国文化所作的研究,觉得他们是我们汉学界的主流,他们的研究是我们汉学界的中心。"夏含夷这个观点,放在学术研究日益国际化的今天,多少显得有些保守。不仅这样,他还拒绝在不同文明之间作比较:"'中中学术',也就是以中国为中心的学术,完全可以将中国和其他文明进行比较,但是也完全没有必要这样做。我自己知道中国古代不是绝无仅有的文明,也不会'宣布中国古代是绝无仅有的',但是仍然宁愿不做文明比较。"①夏含夷的这种立场,在在显示出他所秉持的"中中学术"的彻底性和排他性。

3. 夏含夷诠释《易经》的特点

夏含夷在他的博士论文《周易的编纂》、帛书《周易》译本、《出土之易》以及一些英语论文中都曾解释和翻译过《周易》的卦爻辞。虽然上述三部著作处理的是不同时期的《易经》文本:《周易的编纂》主要讨论西周晚期《周易》成书时的卦爻辞文本,帛书《周易》翻译的是西汉时期的《易经》文本,而《出土之易》翻译和探讨的是上博楚简《周易》、王家台秦简《归藏易》和阜阳汉简《周易》,但它们有一个共同特点:夏含夷在译本中试图传达的均是《周易》在当时的样貌和意义。因《出土之易》处理的全是断简残编,夏含夷在翻译上博楚简时曾列出通行本卦爻辞相对照,并将其译为英文。将夏含夷对通行本卦爻辞的理解和翻译与西周晚期的《周易》、帛书《周易》对照,可以发现以下特点:首先夏含夷强调《周易》是经过一人或多人之手有意识地编纂而成,因此在诠释西周时期的《周易》时试图按一定编纂原则重建卦爻辞的原文,以便体现编纂者的明确"意识"。其次,在处理帛书《周易》与通行本《易经》的差异时,夏含夷采取的是一种"中庸之道",以便"按原抄写者的意愿来解读文句"。最后,夏含夷在解释具体卦爻辞时,更重视事实的建构,而不是道德寓意的阐明。

(1)按一定编纂原则重建卦爻辞原文,以体现编纂者的明确"意识"

如上文所说,夏含夷认为《周易》是经一人或多人之手有系统地编纂而成,六

---

① 夏含夷《兴与象:中国古代文化史论集》,第341页。

爻之间彼此联系,反映了编纂者的思想。从这个论点出发,他对通行本《周易》不少卦爻辞的内容都提出了异议,并试图重建卦爻辞的原来样貌。就卦辞而言,夏含夷认为有些卦辞原是爻辞,后来在流传过程中被误编入卦辞中,如《同人》卦辞"同人于野,亨,利涉大川,利君子贞"(Gathering people in the fields. Receipt：beneficial to cross the great river；beneficial for the lordling to divine.)其中的"同人于野"和初九"同人于门"(gathering people at the gate)、六二"同人于宗(gathering people at the ancestral altar)"、上九"同人于郊"(gathering people at the suburban altar)形式相同;而《艮》卦的卦辞"艮其背,不获其身,行其庭,不见其人,无咎"(Glare at his back，but do not bag his person：move into his hall，but do not see his man；no harm),其中"艮其背"和初六"艮其趾"(glare at his feet)、六二"艮其腓"(glare at his calf)、九三"艮其限"(glare at his midsection)、六四"艮其身"(glare at his body)、六五"艮其辅"(glare at his cheeks)的主题和结构完全一样,因此卦辞的"艮其背"很可能原是六四爻"艮其身"后的爻辞误入到卦辞中。《履》卦的卦辞"履虎尾,不咥人,亨"(Treading on a tiger's tail：it does not eat the person. Receipt.)和六三爻"履虎尾,咥人,凶"(Treading on a tiger's tail：it eats the person. Inauspicious.)相似,一般卦辞不会重复爻辞,所以"履虎尾,不咥人,亨"要么是从六三爻乱入,要么是另一爻爻辞的误用。《否》卦的卦辞"否之匪人,不利君子贞,小往大来"(Pi him：not a man. Not beneficial for the lordling to divine. The great go, the small come.),朱熹和屈万里都认为"之匪人"三字是从六三爻"比之匪人"(Follow him：not a man)里乱入的,可能因为"否"和"比"读音相近,"之匪人"三字在卦辞里没有明显的结构或句法上的功能,删掉它们合乎情理,这样卦辞变成"否,不利君子贞,小往大来",才是正常的卦辞结构。就爻辞而言,夏含夷认为爻辞的结构可分解为命辞、告辞、占辞和验辞,但并非所有爻辞都按这样的顺序编排,也不是每个部分都必不可少。虽然指出爻辞的这些结构特征,但夏含夷在解释爻辞的编纂原则时,还是对爻辞做了必要的调整和改动,或是更改一些词语的位置,或是删除一些词语,前者如《艮》九三"艮其限,列其夤,厉薰心",夏含夷将"厉"调到句尾,变成"艮其限,列其夤,薰心,厉"(smoke the heart, danger),《渐》初六"鸿渐于干,小子厉,有言无咎"变成"鸿渐于干,小子有言,厉,无咎"(The wild goose advances to the mountain stream, the little child has difficulties, danger, no harm.),《随》九四"随有获,贞凶,有孚在道,以明何咎"变成"有孚在道,以明何咎,随有获,贞凶"(There is a captive in the road, with an alliance what harm is there, in the chase there is a capture, divining: inauspicious.),《未济》上九"有孚于饮酒,无咎,濡其首,有孚失是"变成"于饮酒,濡其首,有孚,有孚失是,无咎"(In drinking wine, he wets his head, offer a captive; offer a captive and lose this, no harm.);后者如《咸》九四"贞吉,悔亡,憧憧往来,朋从尔思"就删除后面"憧憧往来,朋从尔思"八字,变成"贞吉,悔亡"(Divining: auspicious; problems gone.)。此外,夏含夷认为《渐》卦的爻辞在结构上是递进的关系,它和《鼎》、《艮》、《咸》等卦一样遵循由低到高的顺序,初九"鸿渐于干"(The wild goose advances to the mountain stream)的"干"是"涧"(mountain stream)的意思,"鸿渐"(the wild goose)是从水面这个山下的最低点一直上行,依次经过"磐"(the large rock)、陆(the land)、木(the tree),最后抵达陵(the hillock)的最高位置。但是通行本上九和九三爻的爻辞都是"鸿渐于陆",夏含夷认为,一则爻辞中这样的重复不多见,二来"陆"的位置要低于九五爻的"陵",不符合此卦由低到高的逻辑发展顺序,因此通行本上九爻的爻辞一定是在传抄中产生错误,他认为上九爻应该是"鸿渐于阿"(The wild goose advances to the hill)才对,因为《渐》卦各爻用来起兴的示辞和后面的告辞之间都压尾韵,"陆"与"仪"在古汉语中不押韵,而"阿"和"仪"完全押韵;同时引用清代学者俞樾的观点,引《诗经·考磐》和《诗经·青青者莪》中类似诗句,证明"阿"常和"陆"、"陵"同时出现,《尔雅义疏》里也说"大陵曰阿",由此证明上九爻的爻辞应为"鸿渐于阿"。夏含夷的这些改动,对卦爻辞的意思产生了很大影响。如《否》卦的卦辞,如果变成"否,不利君子贞,小往大来"(Not beneficial for the young lord to divine; The great go, the small come.),删去"之匪人"三字,和通行本的意思即发生了很大差异,这一点从理雅各和卫礼贤译本的比较中亦可看出。再如《未济》上九,通行本爻辞为"有孚于饮酒,无咎,濡其首,有孚失是",夏含夷在《出土之易》中翻译上博楚简时,曾列出通行本《易经》部分爻辞并提供译文,他对此爻的翻译为 There is trust in drinking wine. There is no trouble. Wetting his head. There is trust losing this,从中可以看出明显的不同。夏含夷将《随》卦九四爻"随有获,贞凶,有孚在道,以明何咎"改成"有孚在道,以明何咎,随有获,贞凶",除了使其更符合爻辞的结构以外,更重要的原因,也许是为了让它更符合自己对此卦六爻的解读,即《随》卦叙述了一个逐步发展的故事:因为官府人事变动,导致奴隶逃跑,然后开始追逃并捕获奴隶,最后国君将这些逃跑的奴隶用于献祭。如果像通行本那样,将"随有获"(in the chase there is a capture)放在前面,"有孚在道"(there is a captive in the road)放在后面,就不符合他所说的叙事所包含的场景、问题、冲突、高潮和解决这样的发展步骤了。他对《渐》卦六爻结构的解释和他对上九爻的改写也和通行本存在一定差异,如果不坚持六爻的爻辞按由低到高的逻辑顺序编纂,那么对它们的翻译就会呈现出另一种面貌。尽管如此,夏含夷对卦爻辞结构的规范解释,还是为我们理解《易经》提供了非常重要的视角。

(2) 按原抄写者的意愿来解读文句

在对马王堆帛书《周易》的介绍里,夏含夷强调了帛书《周易》和通行本《易经》的差异。第一,在卦爻辞部分,除了大量语音转借字(phonetic loan characters)和其他非常规的汉字(unorthodox characters),语句层面存在的实质性差异并不多,最常见的区别是一些占辞如吉、凶、悔亡、无咎等的增减。第二,卦名有很多不同,帛书《周易》64 卦有 33 卦的卦名与通行本不一样。虽然很多只是词形上的变易,但有些改变却具有思想史上的重要含义。例如,帛书本以《键》和《川》替代通行本的《乾》和《坤》,可能源于生殖崇拜的传统,因此可能比通行本抽象的卦名更古老。第三,最大的区别在于卦序。通行本的卦序没有可以辨识的原则,只有卦符之间会因为彼此错综或反复而成对出现,而帛书本却是按照上下卦的顺序系统编排的,即上卦不变,下卦依次与其搭配以构成八个卦,依次类推得出六十四卦。夏含夷认为,通行本的卦序要远远早于帛书本的卦序。在翻译原则里,夏含夷介绍了他处理帛书本和通行本差异的方法。在处理语音转借字的时候,他既不坚持按原字直译,也不随意更改原文,而是在这两者之间取"中庸之道"(doctrine of the mean),即尽量按原抄写者的意愿来把文本的意思呈现出来(represent the text as it was intended by its copyist)。这就涉及如何处理帛书本和通行本之间的关系问题,夏含夷说,这项工作既容易又艰难。因为有通行本比照,很容易就能看出抄写者的写法在当时是否流行,如果写法吻合,说明这个字在当时就是这样写,如果写法不吻合,则译者必须在帛书本和流传本之间做出选择,或提供第三种解释,他指出,这种选择并非依靠个人臆断,而是利用文本内和文本外的佐证资料得出相对合理的结论。夏含夷举例说明自己所做的四种选择:一是选择流传本的写法,如帛书第二卦《妇》(The Wife)九五爻"其亡其亡,击于枹桑"(it is gone, it is gone, hit on a drum‐stick mulberry),通行本第 12 卦《否》(Negation)写作"其亡其亡,繫于苞桑"(it is gone, it is gone, tied to a bushy mulberry),夏含夷认为"枹"是"苞"的语音转借字,只有"繫"才会和"于"搭配,因此他选择通行本的写法。二是选择帛书本的写法,如帛书本 29 卦《归妹》(Returning Maiden)六三爻""归妹以嬬"(The returning maiden with consorts),通行本 54 卦《归妹》写作"归妹以须",因为意思不明,导致了两种截然相反的解释(The marrying maiden as a slave 和 The Marrying Maiden should take a waiting approach to marriage),夏含夷认为根据初九"归妹以娣"(The returning maiden with younger sisters)的爻辞可知六三爻应取帛书本的"嬬"。三是融合帛书本和通行本两种写法,如帛书本 24 卦《井》九二"井濆射付,唯敝句",通行本写作"井谷射鲋,甕敝漏",夏含夷认为此爻应为"井濆射鲋,唯敝句(笱)"(If the well is murky shoot the smelt; it is only [because of] the worn-out fish-trap.)。四是帛书本和通行本的写法都不用,另外提出自己的解释,如帛书本《颐》卦六四爻"虎视沈沈,其容笛笛"(The tiger looks in such a submerged way, his appearance is so flute-like),通行本作"虎视眈眈,其容逐逐"(The tiger looks with eyes downcast, his desires are so pursuing),夏含夷认为此爻应是"虎视眈眈,其容悠悠"(The tiger look with eyes downcast, his appearance is so sad)。夏含夷对帛书《周易》和通行本《易经》卦爻辞的理解,主要依靠文本内证,辅以先秦时期甲骨文、金文和相关文献资料的外证,可谓字字有来历,但这方面的来历何以就是汉代抄写者的意思,他在导言和正文中并未说明。另一方面,他的帛书《周易》译文里有些卦爻辞的翻译,沿袭了博士论文里的理解,如帛书第 7 卦《无孟》,通行本 25 卦作《无妄》,夏含夷将卦名译为 Pestilence,初九"无孟往"、九五"无孟之疾"和尚九"无孟之行"分别译为 The pestilence goes, The pestilence's illness 和 The pestilence's motion,对比博士论文中对《无妄》初九"无妄往"(The Wuwang goes)、九五"无妄之疾"(The Wuwang sickness)和上九"无妄行"(The Wuwang moves about)的翻译及其讨论,两者的依据都是前文所述韦利讨论《周易》的那篇文章,《明夷》(帛书第 38 卦,通行本第 36 卦,夏含夷译作 calling pheasant)卦也是同样情况。何以西周晚期《周易》编纂者的意思,有些到了汉代出现重大改变,而有些即使到汉代也还保持不变呢? 这一点夏含夷也未说明。当然,他翻译帛书《周易》,着眼点并非在文本校勘和追溯意义流变,而是如他所说:"面对《周易》这样卦爻辞可以作多种解释的文本,帛书本其实提供了另一种解读的可能,比如通行本里的'征吉'(to campaign is auspicious)、'征凶'(to campaign is inauspicious)、'有孚'(there is a captive/sincerity)等在马王堆帛书本里写作'正吉'(to be upright is auspicious)、'正凶'(to be upright is inauspicious)和'有复'(there is a return)。"为《周易》卦爻辞提供"另一种解读的可能",而且是建立在内证和外证基础上的解释,这是夏含夷的研究和翻译最大的贡献。

（3）重视事实的建构,而非道德寓意的阐明

夏含夷在博士论文中对一些卦爻辞的翻译,就已经重视对历史事实的解释和建构,而不涉及卦爻辞的道德含义,例如他对 54 卦《归妹》的理解和翻译。如前文所述,顾颉刚在《周易卦爻辞中的故事》(1929)一文里曾指出"帝乙归妹"可能指帝乙嫁女给文王的故事,他引甲骨卜辞为例证明"归妹"是商代嫁女的称谓。顾颉刚采用的主要证据是《诗经·大明》里的两段:"文王嘉止,大邦有子。大邦有子,倪天之妹。文定厥祥,亲迎于渭。造舟为梁,不显其光。有命自天,命此文王。于周于京,缵女维莘。长子维行,笃生武王。保右命尔,燮伐大商。"他认为这里说的文王娶妻之事,武王之母为莘国之女。但周只称商为"大邦",由此推断文王所娶的"大邦之子"就是帝乙之女,后来因为死亡或大归,文王续娶了莘国之女,生下了武王。顾颉刚认为当初帝乙嫁女给文王是为了和亲。即便如此,顾颉刚还是认为《归妹》六五"帝乙归妹,其君之袂不如其娣之袂良"不得其解,并猜想是"文王对于所娶的適夫人不及其媵为满意",但并不敢确信。夏含夷在顾颉刚文章的基础上,进一步讨论了初九"归妹以娣"(The marrying maiden with her younger sisters)、六三"归妹以须,反归以娣"(The marrying maiden with her older sisters, returns with younger sisters)、九四"归妹愆期,迟归有时"(The marrying maiden misses her time, she slowly returns to wait)、六五"帝乙归妹,其君之袂不如其娣之袂良"(Di Yi marries off his daughter: the primary bride's sleeves are not as fine as the secondary bride's)、上六"女承筐,无实,士刲羊,无血"(The lady holds the basket: no fruit, the man stabs the sheep: no blood)各爻的情况,他认为各爻之间的关系是一段发展的叙事,初九说明帝乙嫁女时有她的妹妹陪伴,古代的婚姻并不是孤立事件,出嫁的女子常常会有更年轻的妹妹作伴。初九和九二爻的"跛能履"(the lame is able to walk)和"眇能视"(The blind is able to see),可能象征文王的第二个妻子,即莘侯的女儿,命运得以改变。文王遇到的问题先在九四爻"归妹愆期"里有所反映,肯定指帝乙之女有过失,六五爻则直接说明两个人之间的对比,"其君之袂不如其娣之袂良","其君"指的是"大邦之子","其娣"则是"莘

侯之女",她的服装之所以更好,这是为了说明她将是武王之母。上九爻描述了这场婚姻的不幸,如果《大明》这首诗显示文王与帝乙之女的婚姻不成功,那么此处正好交代了原因,很可能因为帝乙之女没有子嗣,这由"无实"两字的暗示可以看出来。夏含夷认为《渐》和《归妹》两卦相连,《渐》一卦的主旨是离别和忧伤,九三"鸿渐于陆,夫征不复,妇孕不育"和九五"鸿渐于陵,妇三岁不孕"都有无子嗣的暗示,可能正是为《归妹》卦"起兴",这正好反映出《周易》编者有意识地编纂行为。在《周易中的婚姻、离婚和革命》(Marriage, Divorce and Revolution: Reading between the Lines of the Book of Changes)一文中,他更是一开篇就说明此文的用意在于正本清源,采用历史主义方法(historiographical approach)将经典文本放到其成书时的历史脉络中(return ancient Chinese texts to the immediate historical contexts of their composition),按当时的情境来解释它的语言,以改变那种将《周易》卦爻辞从占卜实践中抽离出来、变成处理普世问题(universal themes)的智慧宝库(repository of wisdom)的做法。他认为程颐对六五爻的道德解释 不足取,而采用历史主义方法,将此爻理解成帝乙嫁女给文王,结合整卦来看,不但符合当时的历史情境,而且意思也完全可以解释得通。然而在帛书《周易》译文中,夏含夷对《归妹》卦爻辞的翻译却颇有不同。帛书本 29 卦的卦名是《归妹》,和通行本 54 卦无异,夏含夷将其翻译为 Returning Maiden,初九"归妹以弟"译为 The returning maiden with younger sisters,六三"归妹以嬬"翻译为 The returning maiden with consorts,九四"归妹衍期,迟归有时"为 The returning maiden exceeds the appointed time, and tardily returns having time,六五"帝乙归妹,其君之袂不如其弟之袂良"为 Di Yi marries off the maiden: the primary wife's sleeves are not as fine as her younger sisters' sleeves,上六"女承筐,无实,士刲羊,无血"为 The woman holds up the basket, there is no fruit, the man stabs the sheep, there is no blood。两相对照,最大的变化是夏含夷将"归妹"改译为 returning maiden,但他在注释里并没有交代这样改变的依据,据卦爻辞的意思来看,这种改变似乎不妥,尤其是"帝乙归妹",根本说不通,所以此爻夏含夷仍然沿用以前的译文。此外九四爻的译文差别也很大,但是因为通行本"归妹愆期"中的"愆"(fault, mistake)和帛书本使用的"衍"(to overflow, to exceed) 不同,所以他在译文上体现这种变化自然可以理解。整体来看,夏含夷仍然将《归妹》放在商末周初的历史情境中解读,而没有采用如程颐那样的道德化的理解。

　　夏含夷研究中国典籍和古代史,经历了从偏重哲学的思想史研究到偏重实证的考古文献研究的路径转向,这一转向对他后来的古史研究和《周易》研究产生了重大的影响。就古史研究而言,他虽然在态度上认同顾颉刚的"疑古"精神,在研究中却一直实践并发展着王国维的"二重证据法"。夏含夷的古史研究偏重"语境批评",即将目标文本放到具体的历史时间和地点的语境中解释,具体到《周易》文本而言,就是将《周易》放在西周晚期的宫廷文化这一历史语境中理解和解释。夏含夷的古史研究以中国人为主要听众,强调"以中国本土因素说明中国发展"的"中中学术",因此与他的西方同行在方法和结论上均存在较大差异。就《周易》研究而言,夏含夷认为《周易》是在西周晚期编纂而成,很可能是在周宣王统治初期,它原本是一部占筮用的标准手册,是经过一位或多位编纂者之手系统而有意识地编纂而成,六爻之间彼此联系,反映了编纂者的思想。夏含夷的《周易》研究旨在重建《周易》在西周末期的含义,因此广泛援引同时期的甲骨文卜辞、青铜器铭文、《诗经》以及稍后的《左传》来与《周易》卦爻辞相印证,体现了他注重实证的方法和精神。当然,由于《周易》卦爻辞本身的复杂和出土文献的稀缺,夏含夷的实证方法在具体文本解读的过程中也遭遇到种种困难,如他在《出土之易》前言中所说:

　　　　"1913 年,当卫礼贤开始翻译现在名闻遐迩的这部《易经》时,他和自己的导师劳乃宣面对《易经》文本时都满怀信心,认为它不仅将整个世界容纳其中,而且理解起来并无困难。现在,一百年之后,我们却还在不断惶惑,我们对《易经》以及产生《易经》的那个世界知道得何其有限。令人感到矛盾的是,每一个新发现都增加了一点我们原有的知识,同时却又削弱了我们对它的理解。"①

　　卫礼贤和劳乃宣面对《易经》这部经典时,他们的心理和态度与毓鋆一脉相承——心理上始终崇古信古,态度上追求通经致用——他们继承的是自汉迄清以来的经学传统,注重的是经典中蕴含的微言大义,而不是经典文本的可靠性和它的本义。主张"疑古"的顾颉刚提出"层累说"和"不立一真,惟穷流变",关注的也不是历史事实,而是思想的起源及其流变,他们选择的都是思想史的研究路径。从这个角度来看,夏含夷当初从思想史转向中国古史研究,似乎是舍易求难,但他

---

① Edward L. Shaughnessy, *Unearthing the Changes*: *Recently Discovered Manuscripts of the Yijing and Related Texts*, Preface, p. xx.

开创了西方易学研究的一条崭新道路,筚路蓝缕,以启山林,并实实在在影响到很多后来者如卢大荣(Richard Rutt)、皮尔逊(Margaret Pearson)等人,为西方易学和中国易学发展做出了重大的贡献。

二、孔理蔼的《易经》诠释

孔理蔼明确将《易经》分为"经"和"传"两个部分。他指出,"经"起源于早期中国的卜筮传统,并不含什么政治或道德寓意,只是一部卜筮用的手册,没有确知的作者,是长时期内层累地形成的。大约在西周末年,即公元前800年前后,有一位编纂者把《易经》的文本写下来,然后该文本在流传的过程中又不断受到润饰。"传"或"十翼"成书于战国到汉代期间,比"经"晚出,是逐步添加到经文之中的,主要是为了解释和分析《易经》的意思。① 孔理蔼把"经"的部分称为"原始《易经》"(the original Yijing),作为他翻译和研究的主要目标。他认为,"原始《易经》"形成于商末和西周时期,是一套简洁、互不相连的记录汇编,目的是帮助占卜者记忆,这些占卜者对各个主题早已了如指掌。占筮者依靠揲扐蓍草获取神谕,然后再根据神谕将上述内容围绕卦爻的结构编纂成一部占卜手册。这部占卜手册在西周时期特别盛行,并被逐渐记录下来,经过编辑和注解,到了汉朝,逐渐演变成一部结构更宏大、内容更复杂的作品,在中国变成启发自然哲学和道德哲学的神圣渊源。② 孔理蔼认为,卦爻辞本质上是从过去具体的占卜行为及结果中总结出来的经验,他引用法国汉学家马伯乐(Henri Maspero,1883—1945)的话,指出这些过去流传下来的占筮记录,往往是用简短而又便于记忆的言辞勾勒,让受过训练的占卜者很快就能回想起整件事的来龙去脉。③ 他还采用李镜池的说法,认为贞兆辞里很多相互冲突的话,其实是多次独立占筮得到的结果,因此《易经》文本里的很多典故,可能都是基于实际占筮留下的记录。

孔理蔼指出,《易经》的卦爻辞在记录过程中或是记录以后曾经过一位或多位编纂者之手分类整理过,整理的原则是通过多种方式对占筮材料进行分类,使自然现象拥有内在的秩序。他总结归纳了《易经》卦爻辞结构编排的六种主要方式:

① Kunst, Richard Alan. *The Original Yijing: A Text, Phonetic Transcription, Translation, and Indexes, with Sample Glosses*, pp. 2-3.

② Kunst, Richard Alan. *The Original Yijing*, Abstract. 孔理蔼的认识和李镜池、阿瑟·韦利等人的看法比较接近。

③ 同上文, pp. 25-27.

一是通过主题来划分贞兆辞,有些关键词的分布并不是任意的,而是和卦名之间存在着紧密的关系(卦名正是通过挑选最醒目的词语作为易识别的标志)。二是通过前后毗邻的原则加以编排,有些前后毗邻的卦之间存在主题上的关联,爻辞中也会使用相同的语言。三是通过把表示"高"和"低"意思的爻辞放在相应的爻位上来编排,通过爻辞和爻位来隐喻现实世界中的高低等次。四是通过让意思相反的字词结对出现的形式来编排,在《易经》中意思相反的字词经常会成对出现。五是通过押韵的方式来编排。六是通过语音象征、拟声词、字形联想、双关语和文字游戏的方式来编排。①

　　孔理蔼在研究中特别强调《易经》和《诗经》之间的联系。他认为,《易经》卦爻辞里那些被称为卦象的零星片段的词语,很可能与《诗经》里保存的那些熟悉的歌谣或韵语同源,它们都属于口头文学传统的一部分。《诗经》里的比兴手法(incremental repetition)和《易经》里的爻辞铺排(line text parallelism),很可能是同一个口头传统中两个相互关联的方面。他举《诗经·麟之趾》为例,认为如果将这首诗改写成《易经》爻辞的话,那么只需简化成麟趾、麟定、麟角,即使不带上诗歌的其他部分,仍然会让占卜者联想出这些内容。反过来,《易经》第三十三卦《遁》六爻中的"遁尾,系遁,好遁,嘉遁,肥遁"之类的说法,也可能来自一首类似的诗歌,它们可能是经过裁剪后的速记指南,是让占卜者迅速想起口头传统里那些民歌的关键词或曰提示词。孔理蔼还把《诗经·墙有茨》和《易经》的《蒙》卦对比,认为前者简化后变成埽茨、襄茨、束茨,和后者爻辞里的发蒙、包(抱)蒙、困(捆)蒙、击蒙,无论在语义还是在句法上都如出一辙,足证两部著作之间的紧密联系。② 但必须指出的是,即使看出这两者间的联系,也无法重建和复原《蒙》卦的民歌全貌,至多不过是印证一下孔理蔼提出的《易经》很多卦爻辞来源于民歌的猜想。因为原来的语境已经丧失,我们根本无法还原当时的意思。退一步说,即使我们考证和还原出卦爻辞的原初含义,也并不意味着我们就可以舍弃其他的解释。从孔理蔼对爻辞的分析中可以看出,在很多地方,卦爻辞的编纂者是有意要让意思显得含混,以便增加解释的弹性,显示占卜的威力。③

---

① Kunst, Richard Alan. *The Original Yijing*, pp. 30-61.
② 同上文, pp. 70-81.
③ 同上文, pp. 60-61.

孔理蔼的《易经》研究深受中国大陆 20 世纪以来易学发展的影响，[①]他在《导论》中指出："我们现在所处的时代可谓得天独厚，我们见到的出土文献，甚至战国晚期和汉代那批最早的注疏家也不曾得见。同时现代语言学的发展，尤其是严谨仔细地重建古汉语语音体系的工作，由高本汉（Bernhard Karlgven, 1889—1978）开创，无数中西学者继承，又为易学研究提供了新的手段。"[②]概而言之，即新材料的发现和新方法的运用。新材料方面，除了甲骨文和青铜器铭文之外，还包括1973 年长沙马王堆汉墓文物的出土；新方法上，除了高本汉的上古语音重建法，还包括 20 世纪 20 年代"古史辨派"兴起以来在中国流行的将不可稽考的古代传说与有案可据的历史记载分离开来的研究路径。孔理蔼坦言《诗经》和西周青铜器铭文研究在新证据的出土和"疑古派"怀疑精神的烛照下获得了很大进展，但《易经》研究则刚起步，因此他希望借助疑古精神和考古发现的合力，以一种全新的眼光来重新审视《易经》的文本。

1. 孔理蔼译文的特征

孔理蔼在论文摘要里提出，他撰写论文的一个主要目的就是要帮助读者理解这部原始的占卜手册，因此他首先要为读者提供一个可靠的《易经》文本，指出可能存在的对古代文字的增删修订以及它们所对应的现代汉字，其次要将《易经》的全部文本转写成标准的罗马拼音，同时给它们标注古音，以便对它们做句法或语音分析，比如探讨押韵和拟声的问题等，再次要对它们逐字直译然后再意译，并探讨《易经》和原始的系统思维（systematic thought）、口头文学（oral-formulaic literature）以及古汉语（early old Chinese language）间的关系，最后要为读者提供各种研究参考。他所提供的《乾》和《鼎》两卦的逐字分析案例，是为进一步分析其

---

① 除在论文分析中大量引用顾颉刚、李镜池、郭沫若、闻一多、屈万里等人的研究成果之外，孔理蔼在前言中说他还在北京访问过高亨，并去李镜池曾任教过的华南师范学院访问过他的学生，还请楼宇烈为他诵读过《易经》六十四卦的卦爻辞。孔理蔼似乎也颇认同"唯物史派"解读《易经》的方法，利用卦爻辞来讨论《易经》所反映的社会和文化生活。如他认为《易经》出现的西周是个阶级社会，由极少数贵族和大多数平民构成，大人和君子属于贵族，而小人属于平民，贵族和平民都是自由人，此外还有很多被限制自由或失去自由的人，如臣、妾、童、仆、须（嬬）等。他列举大量卦爻辞证明《易经》文本里反映的社会经济形态首先是原始的畜牧和狩猎社会，其次是农耕社会。他还认为《易经》出现的西周社会已开始重视智力活动，为战国时期的"百家争鸣"奠定了基础，但那时的人并不关心道德上的对错，也不关心真善美，只是特别关注正确的行为和恰当的祭祀礼节。（Kunst, Richard Alan. *The Original Yijing*, pp. 10-15）这些观点与郭沫若、李镜池的很多看法均有相似之处。

② 同上文，p. 18.

他六十二卦提供参考,而马王堆汉墓帛书《六十四卦》文字,则是重构《易经》原始文本及其意义的根据。

孔理蔼在前言中直言不讳地批评了"古为今用"的《易经》翻译和研究途径。[1] 他对《易经》理雅各和卫-贝译本都颇有微词,因为在他看来,理雅各和卫礼贤从来都没有把翻译"原始《易经》"(the original Yijing)当作他们的目标,而只是抓住他们浸淫其中并能全面把握的中国文化和精神传统的一个阶段,把他们那个时代士大夫阶层掌握的易学传统,包括对《易传》及其注疏的理解传递给西方人,让他们尝鼎一脔。也就是说,理雅各和卫礼贤翻译的不过是宋儒、清儒对《易经》的理解,并不是《易经》的原貌。他们倚重的是晚清的饱学之士(王韬和劳乃宣),因此翻译中充满隐喻式的理解,只能有限传达文本的原始含义。理雅各特别看重朱熹对后代《易经》诠释的影响,所以有时他只去翻译朱熹、程颐或其他宋儒的注解,而对《易经》原文的意思不屑一顾。孔理蔼说,理雅各的译文和遍布其间的注释评论有时不免晦涩得让人泄气,而卫礼贤虽然对文本的驾驭能力更胜一筹,但又似乎显得太过盲目乐观。[2] 孔理蔼明确表明自己和理雅各、卫礼贤翻译取径的不同:理雅各遵循的主要是朱熹、程颐等宋儒对经典的理解,卫礼贤则是从劳乃宣那里学习《易经》,反映的更多是清儒诠释《易经》的方式,因此他们和中国的经学传统一脉相承,并未脱离思想史的脉络。而他则要另辟蹊径,即用语文学的方法和考古学的成果来重建《易经》的本来面目。对照上文提及的孔理蔼在论文摘要里所述的写作步骤,我们可以看出,孔理蔼的《易经》翻译分为三步,这也构成了他诠释《易经》的三个特点:第一是重建《易经》的文本,以便今天的读者能够阅读原来的《易经》;第二是剥离后世的道德化解读,以便恢复《易经》的原始含义;第三是采用直译和意译并行的方法,以便将《易经》的原意准确翻译成英文。

(1) 重建《易经》文本

在孔理蔼看来,《易经》的卦爻辞并非像其他先秦文本那样在流传过程中遭到损毁、篡改或删节,因为流传下来的《易经》文本和出土文本之间的差异最小,这从1973 年马王堆汉墓出土的帛书《周易》文本中便可以看出来,虽然它的卦序和通行

---

[1] Kunst, Richard Alan. *The Original Yijing*, p. iv.
[2] 同上文, p. vi.

本不同,但是每一卦的卦爻辞却极其相似,而且卦爻辞的总长度以及每卦卦爻辞的长度几乎都和通行本相同。其他如《左传》和《说文解字》等先秦古籍中援引的《易经》卦爻辞,大多也与通行本相同,这些都说明《易经》的文本在流传中发生的变动最小。孔理蔼认为,这一方面是因为《易经》作为卜筮手册躲过了秦火的浩劫,并未像儒家典籍那样遭受焚毁的命运,所以它的文本在汉代也就无需重建,另一方面,孔理蔼认为是因为《易经》中保存了大量的"原形字"(protographs),或汉语所谓的"初形"。商周时期的典籍主要依赖口口相传,书写文字只被用作辅助记忆的手段,因此典籍文本中有数以千百计的"原形字"被借用来记录其他同音字(假借字),并不会造成理解上的困难。到了战国和秦汉时期,书写文字逐渐发展成交流的重要手段,用来传递人们前所未知的信息,为了准确传达作者的意图,很多假借字逐渐被添加语义偏旁以便相互区分,从而形成大量新的谐声字,如从前只需一个"兑"字就可表达的很多意思,现在不得不依靠悦、脱、蜕、说等字来加以区分。战国或汉朝的书吏在抄写先秦典籍时,为便于人们理解,会给一些"原形字"添加偏旁,但由于很多篇章的意思已模糊难辨,他们或谨遵原文,或凭己意揣测而添加偏旁,形成新的谐声字。因此孔理蔼认为,一篇先秦典籍的意思越难确定,它就越可能保存了大量的"原形字",而《易经》正是这样包含大量"原形字"的文本,如以"孚"代"俘",以"夬"代"决"、"缺"、"趹"、"快",以"需"代"蠕",以"艮"带"垦",以"巽"代"馔"等。孔理蔼认为,很多卦名都是"原形字",可能因为卦名很早就具备了神圣的特征,不容随意更改。如《易经》的"易",很可能也是一个"原形字",表达的是今天"赐"这个字的意思,在先秦文献中常写作"锡",因此《易》这本书可能被称为《赐》(that which was bestowed),或《周赐》(that which the Zhou bestowed [on posterity])。① 孔理蔼想要重建的《易经》文本,就是用今天习见的汉字来标注《易经》文本中的"原形字"或假借字,他所依赖的主要是高本汉的《先秦假借字字典》(Loan Characters in Pre-Han Texts)。这样,《易经》很多卦爻辞,在孔理蔼重建的文本中就有了不同的面貌,不少卦爻辞里的用字,他只是依据历代注疏标注出通行字,如《坤》六三"含章可贞"标为"含章(璋)可贞",《蒙》六三"勿用取女"标为"勿用取(娶)女",《讼》上九"或锡之鞶带"标为"或锡(赐)之鞶带",《小畜》九三"舆说辐"标为"舆说(脱)辐",《随》九四"以明何咎"标为"以明(盟)何

---

① Kunst, Richard Alan. *The Original Yijing*, pp. 83-86.

咎"等，①但更多卦爻辞的用字，孔理蔼或采用新说，或自出心裁，往往与传统注疏本大相径庭，如《乾》上九"亢龙有悔"标为"亢（坑）龙有悔"，《蒙》九二的"包蒙"和六四的"困蒙"，分别标为"包（抱）蒙"和"困（捆）蒙"，《讼》六三"食旧德"标为"食旧德（得）"，《小畜》上九"尚德载"标为"尚德（得）载（栽）"，《恒》九三"不恒其德，或承之羞"和六五"恒其德"分别标为"不恒其德（得）"和"恒其德（得）"，《谦》六二"鸣谦"、九三"劳谦"、六四"㧑谦"和上六"鸣谦"全部将"谦"标为"嗛"，《剥》初六"剥床以足"、六二"剥床以辨"、六四"剥床以肤"的"床"均标为"牂"，《遯》各爻的"遯"都标为"豚"，《明夷》各爻的"明夷"都标为"鸣雉"，《艮》各爻的"艮"都标为"垦"等等。② 这样固然对理解卦爻辞的意思大有帮助，很多既往诠释令人觉得窒滞不通的地方，如《蒙》九二的"包蒙"和六四的"困蒙"，《剥》六四"剥床以肤"，《恒》六五"恒其德，贞妇人吉，夫子凶"等，瞬间都觉焕然冰释。但孔理蔼所释卦爻辞的古今文字差异，往往只以合理解释卦爻辞的含义为主要标准，这样难免导致不少地方流于主观，缺乏有力证据加以支撑。比如"包"，何以在《蒙》九二"包蒙"里标为"抱"，《泰》九二的"包荒"里标为"匏"，《姤》九二"包有鱼"里标为"庖"，而在《否》六二"包承"和六三"包羞"里又都保留为"包"。何以《谦》卦六二至上六爻出现的"谦"一律标为"嗛"，而初六"谦谦君子"的"谦"则标为"嗛"？ 如果说这些都是谐音字还可勉强解释的话，何以《临》卦初九和九二爻的"咸临"标为"咸（鹹）临"，而《咸》卦诸爻之"咸"皆标为"砍"？ 何以《剥》卦初六、六二、六四的"床"标为"牂"，而《巽》九二、上九"巽在床下"的"床"保留原来的"床"？ 孔理蔼或持之有故，但论文中未及说明。此外，孔理蔼为了证明卦爻辞原文并不含道德判断，把爻辞中的"德"一律注为"得"，然而"得"乃是《易经》卦爻辞中的一个常用字，自《坤》卦辞中的"先迷后得主"、《泰》九二"得尚于中行"、《无妄》六三"行人之得"直到《既济》六二"七日得"，在《周易》本经中前后出现凡二十七次，何以同一个字，又另出"德"字以示异文？ 若说是后人窜改，具体起于何时？ 由此可见，孔理蔼重建《易经》文本，虽有助于读者理解卦爻辞的含义，但尚缺乏一套明晰可辨且能令人信服的标准，其研究尚待进一步深化。

（2）剥离道德化解释，恢复《易经》原始含义

孔理蔼认为，对《易经》卦爻辞所作的道德化解读是在春秋时期的孔子时代才

---

① Kunst, Richard Alan. *The Original Yijing*, p. 242,246,251,256,272.

② 同上文，p. 240,246,250,256,268,284,302,304,310,342.

产生的。孔子之前的《易经》世界里,道德的概念和行为还不存在。《易经》的语言原本直截了当,不含价值判断,《易传》和后来的注疏则把很多伦理道德上的含义强加到卦爻辞之上,这个对比几乎在所有卦爻辞中都可看到。孔理蔼举第六十卦《节》九五爻"甘节,吉,往有尚"(a sweet joint:auspicious;there will be a reward in going)为例,认为爻辞所指可能是基于一枝植物根茎的味道而作的预言,也许就是蓍草。可是自战国以降,关注伦理的人就倾向于把这一爻的爻辞理解成正当生活的规矩了,因此理雅各将它翻译为 The fifth line, undivided, show its subject sweetly and acceptably enacting his regulations. There will be good fortune. The onward progress with them will afford ground for admiration. 在孔理蔼看来,这个"节"就是植物的枝节、根节,爻辞是说这一节吃起来很甜,因此是吉兆,筮得此爻,往则有赏。理雅各依据的是后儒的注解,"节"变成节制、有限而止的意思,九五爻居尊位,当位以节,中正以通,往则可有嘉尚,都是从立身行事等方面来解释,因此和孔理蔼的理解完全不同。同样,"利女贞"(determination favorable for a maiden)原来只是标准的占卜公式,显示如果问卜的人是少女,所占就对她有利。到了战国时期,它的意思又开始改变。在《易传》里,第三十七卦《家人》的卦辞"利女贞"就被理解为建议年轻女性要坚守自己的贞洁品质,①如理雅各的译文就是 what is most advantageous is that the wife be firm and correct. 也就是说,"贞"字在《易经》和《易传》里的意思经历了显著的变化。②

孔理蔼的主要目标,就是要把《易传》附加在《易经》卦爻辞上的道德化解读剥离掉,恢复《易经》在西周时期的原意,因此他一再强调要忠实于《易经》的原始文本,而不是后来的注解:"在文本上我信奉那种丁对丁卯对卯的方法,如果说我在提供的《易经》原文和译文之间有什么方法论上的偏好,那就是毫不含糊地忠实于文本。我尽量在文本内和文本外寻找足够的证据,来确定每个字在古汉语中的意思,即《易经》的占卜者和占卜对象在查核神谕时得到的意思,然后再将每个词的意思直接表达出来,并和我们所知的古汉语常用句法保持一致,这有同时期的《诗经》、《尚书》以及各类青铜器铭文为证。这样得到的理解庶几能更接近

---

① 《象传》为"家人,女正位乎内,男正位乎外,男女正,天地之大义也",朱熹注《家人》卦辞"利女贞"为"欲选正乎内,内正则外无不正",程颐注为"家人之道,利在女正,女正则家道正矣",确乎均从女子品德着眼。

② Kunst, Richard Alan. *The Original Yijing*, pp. 45-46.

于三千年前那些相对简单的西周人，而不是劳乃宣或王韬等人都市化了的世纪末世界观。"①就是说，要确定每个字词的意思，孔理蔼除了在《易经》文本内寻找相同的字词及其用法，还会将它们和《易经》同时期的古代文本相互印证，力求恢复这些字词在西周时期的原意，以便和理雅各、卫礼贤的《易经》译本相区别。但《易经》卦爻辞里重复的字词毕竟有限，文本内证极为不足，而甲骨文、金文和同时期的古文献资料也不可能包括《易经》卦爻辞的全部用字及其类似用法，文本外证也不够充分，仅凭这些根本无法重建《易经》全部文本的原始含义。孔理蔼采用的方法，一是从古今注疏家的解释里选出他认为最好的一种。他指出，有时只要不受成见的影响，重新读一遍汉代以训诂为主的注疏家虞翻和马融的释义，就能得出合理的解释。二是根据我们对商代甲骨文或它们所反映的社会的了解，可以直接得出卦爻辞的原始含义，孔理蔼把这称为"建构主义的方法"（constructionist method）。② 他举"贞"和"孚"为例，前代注家多解"贞"为"正"，释"孚"为"信"，而现在则把"贞"解释为"贞问"（determination），"孚"解释为"俘虏"（capture）。这一方面得益于甲骨文和金文文献的发现与释读，另一方面是现代很多学者研究的结果，如郭沫若最早提出"孚"为"俘虏"之义（1928），此后李镜池、闻一多、高亨等人均采用这种说法。③ 此外，通过现代考古学和人种学的研究所获得的关于古代社会的知识，也可帮助我们了解卦爻辞的内容。例如第二十七卦《颐》六二爻"观我朵颐"（observe our jawbones hanging up）④，一旦我们了解到从山东的大汶口到甘肃的齐家出土的资料都显示，生活在新石器时期的人把猪的颌骨作为财富的象征，和主人一起埋葬，另据清朝人记载，淮西地区的夷人把羊骨用于占卜，而台湾地区的泰雅族人使用猪骨来占卜，这时我们就会接受这句话的字面意思。⑤ 孔理蔼指出，以往的经学家之所以没有抓住《易经》的原始含义，是因为《易经》注疏一直有两个特点，一是诠释累积，二是情感投入导致的认知不足，也就是说，随着注疏的不断累积和解释的不断堆砌，原始文本越来越退居到意识的最后面，被累积的诠释所淹没。如果说王弼关注的是爻象，孔颖达关注的则是王弼注，明清注疏又越不出汉宋藩篱，陈陈相因，《易经》的本义反倒迷失了。偶有如朱熹一样的大

---

① Kunst，Richard Alan. *The Original Yijing*，Preface，p. viii.
② 同上文，pp. viii-ix.
③ 同上书，pp. 152-153.
④ "观我朵颐"应为《颐》卦初九爻的爻辞，孔理蔼误认为它是六二爻爻辞。
⑤ Kunst，Richard Alan. *The Original Yijing*，p. 94.

儒想要复其本义,所依据的也只能是历代注疏,而没有今日考古文献提供的种种便利。另外我们今天也比古人更自由,可以理直气壮地怀疑逝去的传统,而不用担心背负离经叛道的骂名。在"三圣三古"的传统下,人们普遍不相信圣人说的"利涉大川",怎么可能只是贞兆辞?一定是意在言外,这样有了情感投入,于是"大川"变成"艰难困苦",而"孚"也就变成了"信"。如今到了二十世纪,新知识的增长填补了我们认知上的短缺,中外学者无需再受情感的左右,因此孔理蔼对自己的译文颇为自负,认为它"别具一格且颇有深度"(with its own remarkable identity and depth)①。尽管如此,孔理蔼也坦然承认,他采用的"建构主义方法"因为一直遭到历代注疏家的忽视,所以得出的解释并无前贤可以援引,大多是依己意而出之。其实细察孔理蔼的"筛选注疏"和"建构主义"方法,都有过于倚重他自己的判断和取舍之嫌,很多都缺少他所强调的内证和外证材料的支持,在实证方面尚存欠缺。

(3) 采用直译和意译并行的方法

孔理蔼指出,在采用"建构主义"方法解释卦爻辞时,他常把同一爻里出现的几个词当成彼此不相连属的部分来看待,只是根据文本的构成按顺序解释它们。理想的做法是一以贯之地采用这种方法,让文本的内在关系从最自然的解读中浮现出来,不受背叛性的英文诠释的干扰。但是英汉两种语言的结构毕竟不同,英语需要交代动词时态、明确的主语、代词的数和格,汉语文本里不太在意的东西,译者却必须要作出抉择。孔理蔼说,这种情况在翻译汉语古诗词时也常常会碰到。为了不让译文过分扭曲原文,他的解决办法就是在提供更具解释性的自由译文的同时,还提供一份逐字对应的直译,其中不涉及任何具体的语法描述或时间指示。孔理蔼相信,采用这种做法,大多数文本理解的问题都能得到完满解决,或近似解决。但他同时也强调,这种翻译只是一种尝试性的不断完善的方法,随着理解的深入,它也会不断改变。② 因此,孔理蔼翻译《易经》卦爻辞的办法就是先逐字直译,不考虑英语的句法结构和表达习惯,然后再提供一份自由意译,让译文符合英语的语言表达规则。谈到逐字直译时,孔理蔼说,他经常会简化英汉两种语言间的差异,也就是说,不考虑主语、动词时态、人称代词的性、数、格、英语的可读

---

① Kunst, Richard Alan. *The Original Yijing*, pp. 93-95.
② 同上文, p. ix.

性问题等,而是给每个字找到古汉语里对应的含义,同时这个含义又最适合卦爻辞的语境。那些翻译出来显得别扭的词,尤其像"之"和"其"这样的修饰词,他就只给出表示功能的术语。用"功能词"来翻译"其"就省却了在 his,her,its,their,the 以及其他限定词之间作选择的麻烦,任意选择其中一个都可作为译文。尤其是涉及祭祀中使用的牺牲的属性以及数量这样的敏感问题,比如到底是人还是动物,是一个还是多个等,孔理蔼说,他会把答案留给读者自己去选择,而不会在英文里横加干涉,只在意译中提供自己的解释。① 谈到较直译自由一些的意译时,孔理蔼说,他翻译的前提是认为卦爻辞并非成于一时、一地和一人之手,而是经过自然地有机成长,通过很多不同渠道被汇集到一起的。因此《易经》缺乏严格的主题或句法上的统一性,一句爻辞可能由一个词组或四五个词组构成,彼此之间可能会存在语义和语音上的关联,但并未形成严密的逻辑。因此,同一爻里的词可能不但没有共同主题,而且会含有相反的预言。所以孔理蔼翻译每一行都以一个新的词语开始,除非有句法、语音或语义上的理由可以将两个以上的词语放到一起:句法上的理由是指有相同的主语或有"之"指代的前后关系,语音方面主要是同韵,而语义上的理由则是连贯一致的表述或彼此联系的思想。② 孔理蔼所提供的逐字直译,对于理解《易经》卦爻辞的构成及各部分的具体含义确实有很大帮助,但《易经》中的很多字,其意思并没有得到一致的认定,涉及这种歧解较多的情况,孔理蔼往往凭己意裁断,如《大畜》上九"何天之衢"的"何",王弼认为是语气词,相当于"何其",虞翻认为"何"即"荷",是"当"、"担当"的意思,胡瑗认为"何"是衍字。③ 孔理蔼选择虞翻的解释,在直译里选用 bear 和 receive 两个字来对译"何"与"荷",④却并未作任何说明。《睽》六三"见舆曳,其牛掣,其人天且劓",马融解释"剠凿其额曰天",虞翻说"黥额为天",指在罪犯额头刺字,胡瑗认为"天"当为"而"字,汉代法律有罪髡其鬓发曰"而",俞樾认为"天"当作"兀",刖足曰"兀"。⑤ 孔理蔼把"天"译为 tattoo on forehead,⑥明显也是取马融和虞翻的解释。虽然孔理蔼比较相信重训诂的汉儒,但也并非唯其马首是瞻,有些地方,即使面对名重一时的

---

① Preface, Kunst, Richard Alan. *The Original Yijing*, p. 92.
② 同上文,pp. 90 – 91.
③ 黄寿祺,张善文《周易译注 · 上》,第 158 页。
④ Kunst, Richard Alan. *The Original Yijing*, p. 290.
⑤ 黄寿祺,张善文《周易译注 · 上》,第 222 页。
⑥ Kunst, Richard Alan. *The Original Yijing*, p. 314.

大儒,他还是会提出自己的理解。如《坎》九五"坎不盈,祗既平",郑玄认为"祗"应作"祇",是"小丘"的意思,虞翻认为是"禔既平","禔"是"安"的意思,王弼把"祗"理解为语气虚词,程颐解"祗"为"抵",是"抵达"的意思。① 孔理蔼虽然注"祗"为"祇",但并未取郑玄和虞翻的解释,而是选择《说文解字》"祇,地祇,提出万物者",将它译为 Earth Spirit,②与众说皆不相同。从这些例子中可以看出,孔理蔼所说的"筛选注疏"和"建构主义"方法,确是他重建《易经》本义的重要依据。至于孔理蔼提供的意译,恰如他自己所言,只能反映出他自己对卦爻辞的理解,尤其涉及英汉两种语言差异的地方,如主语、时态、人称代词的性、数、格等,只能选择他认为较妥当的一种。比如《蒙》卦,孔理蔼解释"蒙"为 dodder,即菟丝子,卦辞里的"非我求童蒙,童蒙求我",译为 It is not we who seek the dodder. The dodder seeks us. 将"我"理解为复数的"我们",也因此初六"发蒙"(We dislodge the dodder)、六四"困蒙"(We pound the dodder)和上九"击蒙"(We beat the dodder)的主语都变成"我们",但九二"包蒙"(She carries the dodder)的主语却变成单数的"她",而六三"勿用取女,见金夫,不有躬"(Don't use this to take a girl as a bride. They see the man of metal. He has no body.)一爻之中,主语改变了三次,③如果我们将此爻的翻译和理雅各、卫礼贤-贝恩斯夫人等人的译本比较,④就可以看出这种选择只能是孔理蔼本人的决定,并没有什么确凿可信的依据。总体而言,孔理蔼以第三人称 he 和 they 作主语者居多,鉴于卜筮的性质,他的卦爻辞译文多以将来时和现在时为主,而涉及叙事或典故时,则用过去时,如《讼》九二"不克讼,归而逋其邑人三百户,无眚"(He was not successful in a dispute. When he returned, he had

---

① 黄寿祺,张善文《周易译注·上》,第 174—175 页。

② Kunst, Richard Alan. *The Original Yijing*, p. 296.

③ 同上文,pp. 246-247.

④ 如理雅各将此爻翻译为 The third line, divided, (seems to say) that one should not marry a woman whose emblem it might be, for that, when she sees a man of wealth, she will not keep her person from him. (Legge, Jame. *The I Ching*. p. 65.)"勿用取女"的主语是 One,"见金夫,不有躬"的主语都是 she. 卫礼贤-贝恩斯夫人的译文为 Take not a maiden who, when she sees a man of bronze, loses possession of herself. (Wilhelm, Richard. *The I Ching or Book of Changes*, p. 22.)前一句译为祈使句,后两句的主语也都是 she. 如果我们再看理译本和卫-贝译本对"非我求童蒙,童蒙求我"的译文,前者为 I do not (go and) seek the youthful and inexperienced, but he comes and seeks me (pp. 64-65),后者为 It is not I who seek the young fool; The young fool seeks me (pp. 20-21),就可看出,对卦爻辞主语的理解,确乎仁者见仁,智者见智,并无定论可依。但这在汉语原文里并不是一个迫切的问题,只是到了英语译文中,才显得突出。

lost in flight three hundred families among the townsfolk. There will be no calamity.）①，孔理蔼理解此爻所指为已发生之事，所以用过去时，然而再看理雅各和卫礼贤译文，②结合卦爻辞的卜筮性质来看，似乎理解为假设或普遍的情况更合适一些。

不论怎样，孔理蔼重建《易经》文本，注明卦爻辞中的古今文字差异，同时为卦爻辞所有文字提供现代汉语和古汉语注音；他将后世付诸卦爻辞的道德化解读剥离，力图恢复它们的原始意义；他为卦爻辞提供相互对照的逐字直译和较自由的意译两种版本；这些做法为西方读者了解《易经》的原始面貌提供了极有效的指南，他的筚路蓝缕之功值得我们详加分析。惜乎他的博士论文没有出版，因此其影响终不能及于学术圈以外。

2. 孔理蔼译文的影响

孔理蔼研究、翻译《易经》卦爻辞在西周时期含义的博士论文在英语世界产生了深远的影响。其后采用相似的历史主义方法，恢复和重建《易经》卦爻辞在商周时期的含义，先后出版译本的人有温卡伯（Greg Whincup）、卢大荣（Richard Rutt）、高厦克（Richard Gotshalk）、皮尔逊（Margaret J. Pearson）、雷文德（Geoffrey Redmond）等人。

温卡伯的《重新发现易经》（*Rediscovering the I Ching*，1986）一书旨在"重新

---

① Kunst, Richard Alan. *The Original Yijing*, p. 251.

② 理雅各译文为：The Second line, undivided, shows its subject unequal to the contention. If he retire and keep concealed（where）the inhabitants of his city are（only）three hundred families, he will fall into no mistake.（p. 69）即将此爻所述视为假设事件。卫礼贤译文为 Nine in the second place means: One cannot engage in conflict; one returns home, gives way, the people of his town, three hundred households, remain free of guilt.（pp. 29 – 30）即将此爻所述视为普遍事件。且不论三人理解此爻含义存在的差异，即从他们所用时态来看，就涉及他们对卦爻辞性质的不同判断。李镜池在《周易卦爻辞续考》中把《周易》的爻辞和商代甲骨文进行比较，认为爻辞原是命辞，只是在编纂过程中把具体贞问的情形剥离掉，只剩一般性的爻辞，高亨认为每一爻的爻辞都代表具体的贞兆，如《乾》九五"飞龙在天"，即古人看到飞龙在天之象，占卜以断定其吉凶。夏含夷则认为甲骨筮辞和《周易》筮辞里的命辞都不是询问，而是表达占卜者的愿望，希望甲骨或蓍草会帮助他们实现愿望。占卜的主题不是贞兆，而是未来的活动，占问者希望得到自己想要的结果，爻辞并不是在占卜当时留下的。（李镜池、高亨及夏含夷所论参见 Shaughnessy, Edward Louis. *The Composition of "Zhouyi"*, p. 81）从这一点来看，孔理蔼采用过去时，似乎是依李镜池和高亨的解释，理雅各和卫礼贤采用现在时，自然是从卦爻辞的道德寓意层面着眼，若按夏含夷的理解和解释，则此句翻译又当以将来时为宜。时态问题不仅涉及对卦爻辞性质、含义的理解，还涉及中英两种语言在表达上的差异，问题较为复杂。

发现原本《易经》",即舍弃哲理化解读,将其视为占卜和文学兼备的实用手册,因此比较偏重历史和文字训诂。他主要依据近人如高亨、李镜池、屈万里、李汉三等人的注释,同时参考马王堆出土的帛书《易经》,并在有些模棱两可的地方给出自己的理解,①以还原西周时期《易经》本来面貌。

卢大荣翻译的《周易》(*The Book of Changes*,1996)目的也是要系统重建《易经》在西周时期的本义。他认为《周易》原是青铜时代的占卜手册,而卫礼贤的译本受到各种哲学思想的遮蔽,这些思想并不属于《周易》生成的时代。② 卢大荣尤其强调商末周初这段时期的社会环境和生活,坚持在同时期的文本中寻找释义的证据,以避免把后代的道德观掺入卦爻辞中这种"时代误置"的做法。因此在翻译的时候,卢大荣总是倾向于对卦爻辞作社会学意义上的解释,如卦名,《蒙》译为dodder(菟丝子),《谦》为 rat(鼠),《豫》为 elephant(大象),《蛊》为 mildew(霉菌),《颐》为 molars(臼齿),《离》为 oriole(黄鹂),《遘》为 pig(猪),《明夷》为 crying pleasant(鸣雉),《节》为 juncture(树节)等等。③ 他认为《周易》生成年代的中国人虽然在很多方面已经高度文明化,但习俗和道德方面仍然是野蛮的,儒家的"仁"、"礼"之类的理想还未命名,尽管贵族中已出现骑士风范。④ 卢大荣虽然陈义较高,但他使用的概念,从"青铜时代"到"文明化"、"野蛮"、"骑士风范",几乎无一不是西方后发的概念,不仅西周时期不会有,后来的历代注疏中也绝不会出现。因此即便他能够在翻译中剔除后代强加的道德观念,他又怎样避免这些来自西方的后发的价值标准呢?⑤ 卢大荣自己也承认,所谓"最早的意思"也不过是个模糊的目标,因为占筮

① Whincup, Greg. *Rediscovering the I Ching*. New York: Doubleday & Company, Inc., 1986, pp. 18-19.

② Rutt, Richard. *The Book of Changes*(*Zhouyi*): *A Bronze Age Document Translated with Introduction and Notes*. Preface, p. ix.

③ 同上书, p. 223.

④ 同上书, p. 8.

⑤ 苏德凯(Kidder Smith)曾探讨过这个问题,他在"The Difficulty of the Yijing"这篇文章里说,在解读中国古代典籍时使用诸如"符号系统(sign-system)、"互文性"(texuality)这些外来的和现代的概念,会让传统的中国话语杂糅进很多外来元素,从而给经典的理解带来许多额外的问题。但正因为《易经》的难解,反而让来自传统外部的人也可以和神追古人,和传统内部的人一起面对《易经》的多义(ambiguity)、晦涩(obscurity)和不确定(indeterminacy)。也就是说,《易经》的难解,反而让很多外来视角变成一扇扇新的窗户,从中可窥见更多隐而未彰的含义。(Smith, Kidder. "The Difficulty of the Yijing". p. 1)但苏德凯这段话,是将《易经》放到全球化的大环境下来考察,并不是着眼于恢复《易经》的本义,所以他的意思和卢大荣的大相径庭,我们不可不察。

词的生成日期和整理原则都不清楚,根本无法回答卦爻辞在编纂时到底是怎样理解的这一问题,只能提供一种尝试性的解释。① 卢大荣坦言他从哲理化解读的路径转向历史主义诠释,先是受到韦利 1933 年那篇文章的启发,然后又阅读了夏含夷和孔理蔼的论文,发现他们的结论令人信服并可与自己得到的结论相印证,②他同时还广泛参考了高亨、闻一多等人的论著,因此他的译作可以看成是上述两篇博士论文的扩展。

高厦克所撰《占卜、秩序与〈周易〉》(*Divination, Order and the Zhouyi*, 1999)一书也是在高亨、李镜池、夏含夷和孔理蔼的影响下翻译的,该书分为两部分,第一部分详细介绍《周易》成书时的社会背景和观点,第二部分是卦爻辞文本的翻译及其解释。高厦克说,他的目的就是要"提供一个在公元前 9 世纪末作为占卜手册来理解的《周易》的译本"。为了达到这个目的,他的译本不但要充分传达原作的意思,并且要让这种理解说得通。③ 高厦克通过文本回溯的方法来最大限度地重建《周易》的早期文本形式。他认为,要达到令人满意的结果,既要对占卜行为具有同情的了解,还需要理解西周时期的天命观等重要问题,只有这样,才能抓住原始文本的精髓,才能准确识别原始文本展现出的特征。高厦克指出,他的译本主要致力于两个方面:一方面要把占卜文本放到特定历史语境中来理解它的实际功用;另一方面要运用文本批评的方法逐步回溯并重建原始文本的面貌,把后世流传过程中产生的歪曲清理干净,恢复它的原貌。④ 从他翻译的很多卦名,如《蒙》(dodder,菟丝子)、《小畜》(small pasture,小牧场)、《谦》(hamster,仓鼠)、《豫》(elephant,大象)、《无妄》(pestilence,瘟疫)、《大畜》(large animals,大动物)、《咸》(cutting off,砍)、《遯》(piglet,小猪)、《明夷》(calling pheasant,鸣雉)、《艮》(glare,看),就可以看出孔理蔼和夏含夷的影响。

皮尔逊翻译的《原始易经》(*The Original I Ching: an Authentic Translation of the Book of Changes*, 2011),声称要恢复《易经》在西周时期的原貌,并追求译本既忠实于《周易》本经最古老的含义,又能够让普通人读懂。在译本前言里,她强调自己要做的一项重要工作,就是将后出的注疏与《周易》的早期文本区分开

---

① Rutt, Richard. *The Book of Changes(Zhouyi)*, p. 207,214.
② 同上书,Preface, pp. ix-x.
③ Gotshalk, Richard. *Divination, Order, and the Zhouyi*. New York: University Press of America, Inc. , 1999, p. 108.
④ 同上书,pp. 110-111.

来,以凸显西周时期文本的原来含义,同时说明《易经》的意思经历了一个发展的过程。① 此外还有很重要的一点,既然《易》以道阴阳,那么阅读《易经》的所有女性读者,至少值得拥有一部由通晓中国语言和历史的女性学者翻译的《易经》。皮尔逊刻意强调自己女性译者的身份,强调翻译卦爻辞时的女性视角和立场,秉持的已是现代人惯有的"政治正确"的原则,因此她以甲骨文和《诗经·大明》为证,将第四十四卦《姤》的卦辞"女壮,勿用取女"译为 The woman is great. Do not grab the woman.(这个女人很伟大。不要夺取这个女人)并添加辅助性的解释 A royal bride [was met with great ceremony], not taken by force.(王室的新娘以盛大的典礼亲迎,而不是以武力夺取),②不仅迥异于汉宋以来的诸家注解,而且和英语世界的众多译者的解释均不相同,极好地贯彻了她为女性读者译《易经》的立场和方法。尽管如此,她的译本仍和孔理蔼、夏含夷的译本一脉相承,是用历史主义方法还原《周易》在西周时期样貌的另一种尝试,可见这种方法的影响力多么深远悠长。

第三节 不同历史时期的思想史素材:《易经》注疏翻译

夏含夷、孔理蔼等人强调《易经》在西周时期的编纂、内容和功用,注重恢复和重建商末周初时期《周易》的文本形态、原初意义和占筮功能,开启了运用历史主义批评的方法把《周易》卦爻辞文本放到生成时的历史脉络中加以解释的"本经主义诠释方向",以还原《周易》形成时期的社会现实。但这种诠释模式也自有其局限,尽管"古史辨"派的研究在观念上为《易经》的历史主义诠释开启了新的门扉,考古学的新发现及其释读又可在实物方面为其提供佐证,然而毕竟商末到西周时期的史料和实物太少,《易经》的文辞又太过古奥、简洁,并且存在不少异文,究竟能否以此为依据来重建西周时期社会生活的历史图景,怎样重建,仍然是一个难以完满解答的问题,论者往往会在不知不觉间出现先入为主和循环论证的毛病,从而影响研究结果的可信度。鉴于此,苏德凯(Kidder Smith)、林理彰(Richard John Lynn)、艾周思(Joseph A. Adler)等人另辟蹊径,把不同时代的《易经》注疏看成各自独立的文本,认为它们的出现是为了回应所处时代的具体问题。苏德

---

① Pearson, Margaret J. *The Original I Ching, an Authentic Translation of the Book of Changes.* p. 23.
② 同上书, p. 177.

凯、包弼德(Peter K. Bol)和艾周思等人合著的《〈易经〉在宋代的使用》(*Sung Dynasty Uses of the I Ching*,1990),是把《易经》诠释与具体的历史朝代和具体的历史人物相结合的最早尝试。更有意识地系统运用这种诠释方法的人当属林理彰,他翻译的《易经》王弼注,将《易经》诠释与汉魏时期的思想氛围和王弼个人的学术旨趣结合起来,力图把王弼理解的《易经》呈现给欧美读者。如果说孔理蔼、夏含夷等人关注的是西周时期形成的《周易》的本经,开启了把《周易》本经当成历史文献来研究的新道路,那么苏德凯、林理彰等人关注的则是《易经》的注疏,将它们作为一个个独立的文本来研究和翻译,他们开启的是把《易经》注疏当成历史文献加以研究的"思想史"的途径,我们姑且称之为"注疏主义诠释方向"。夏含夷在评价林理彰的《易经》译本时就曾指出西方汉学界这种由"经"到"传"的醒目改变:中国的经典注疏传统,本身已变成一个相对独立的研究领域,而不再被当作研究古籍的参考或附属材料对待,研究者正是通过研究一个个相对封闭的注疏传统,来展现时代发展中更加广阔的智识进程。① 苏德凯、林理彰、艾周思等人的努力,实现了西方的易学研究由商周时期到汉宋时期的重点转移和由"经"到"传"的焦点切换,从夏含夷等人开辟的考古实证领域转到中国传统的思想史研究方向。②

---

① Shaughnessy, Edward L. "Commentary, Philosophy, and Translation: Reading Wangbi's Commentary to the Yijing in a New Way". *Early China* 22,1997,pp. 221-222.

② 王汎森先生曾指出中国思想传统中一个关键的问题:"在中国思想传统中,'通经致用'的思想一直占据相当地位。但在'通经致用'的目标下经常会碰到这样一个问题:如何把已经定型的经典运用到每个时代不同的特殊境况上,既要照顾到讯息的完整性,又要照顾到境况的特殊性? 成功的经典解释者应当一方面守着经典,一方面观照到他的时代。但这两者间的分际很难掌握,如果把握得不够恰当,就会出现'强古人以就我'的情况,解释者为了让经典启示的讯息和现实境况更密切相关,解释者会按照自己的意见来支配经典。"(王汎森《古史辨运动的兴起》序,第10—11页)王汎森所说的"通经致用"思想隐含着三重价值预设:第一,经典有固定不变的文本本义,后人可以认知并且把握这个本义;第二,经典文本的自身会形成一个封闭而又完整的解释网络,对它的理解和解释要放到这个封闭的整体中来进行;第三,经典解释是传统和现代两种视域交融的产物,传统视域关注经典文本的本义,而现代视域关注经典的引申义。可以说,夏含夷、孔理蔼等人的研究主要基于前两重价值预设,而苏德凯、林理彰等人的研究主要基于第三重价值预设。其实"强古人以就我",须在确知古人原意和经典本义的情况下才有可能发生,才可能判定,而中国古人在处理"通经致用"这个问题时,曾发展出"以意逆志"和"断章取义"这两个传统,分别面向经典的本义和引申义,所以研究中国思想史时,厘清"古人"与"我"的面貌以及两者之间的界限,同时说清从"古人"抵达"我"的这段思想进程,就变得至关重要且极为繁难,而转换到英文语境里来论述这个问题,只会让问题显得更复杂艰难,这不仅是诠释《易经》时面临的问题,也是诠释其他古代典籍时面临的问题,值得深入探讨和研究。

一、苏德凯等人的《易经》诠释

苏德凯在加州大学伯克利分校撰写博士论文研究程颐的《周易程氏注》(*Cheng Yi's Commentary on the Yijing*，1979)时，就开始把《易经》与特定时期和特定人物相结合，此后他写的一系列研究《易经》和评价西方《易经》译本的文章，从《〈左传〉中的易占》(*Zhouyi* Divination from Accounts in the *Zuozhuan*，1989)到《易经之难》(The Difficulty of the *Yijing*，1993)、《脉络化的〈易经〉翻译》(Contextualized Translation of the *Yijing*，1999)等，都将《易经》放在特定的时代脉络中加以理解和诠释。《〈易经〉在宋代的使用》(*Sung Dynasty Uses of the I Ching*，1990)是他联合其他几位研究宋代历史文化和《易经》的学者合著的作品，其中艾周思的博士论文研究朱熹的《易经》诠释(Divination and Philosophy：Chu Hsi's Understanding of the *I-Ching*，1984)，怀亚特(Don J. Wyatt)研究的是邵雍的思想(The Recluse of Loyang：Shao Yung and the Moral Evolution of Early Sung Thought，1996)，包弼德更是研究宋代思想的专家，撰写过讨论司马光、王安石、朱熹等人的论文(Rulership and Sagehood，Bureaucracy and Society：An Historical Inquiry into the Political Visions of Ssu-ma Kuang and Wang An-shih，1986；Chu His's Redefinition of Literati Learning，1989)，其思想和方法与他前后期的《易经》论述一脉相承。

苏德凯在《〈左传〉中的易占》这篇文章里讨论《周易》占卜的方法、《左传》纪事的文学性以及它们在春秋时期历史脉络中的地位。《周易》占卜的方法部分主要讨论如何解释《周易》的卦象和卦爻辞，《左传》纪事的文学性探讨《左传》的叙事标准(如连贯性和吸引力)与它的历史要求(如史实的准确性)之间的矛盾，而历史地位部分则讨论《周易》这一晦涩而又古老的文本怎样与变动的文化脉络产生互动。① 文章主要引述《左传》中的占筮记载来讨论春秋时期《周易》的使用情况，可以看作《〈易经〉在宋代的使用》的先声。苏德凯在该书的前言里强调，他们的一个重要目标就是对《易经》文本作历史主义研究，即研究特定时代的特定人群怎样理解《易经》。他们以苏轼、邵雍、程颐和朱熹为例，研究他们怎样把一系列具体的历史问题和《易经》结合到一起。这样做的目的，是为了说明后世思想家怎样把经典

---

① Smith，Kidder. "Zhouyi Interpretation from Accounts in the *Zuozhuan*". *Harvard Journal of Asiatic Studies*，No. 49，1989，pp. 422-423.

化为己用,说明一个文本怎样被用来表达众多不同的含义,同时说明《易经》有什么特征致使宋代文人对它情有独钟。苏德凯明确指出,他们的重点不是研究宋代易学史,而是研究历史中的《易经》,也就是把《易经》放到具体的历史情境中来研究。苏德凯强调,他们的诠释方法与卫礼贤翻译的《易经》不一样,卫礼贤想要一劳永逸地确定《易经》的意思,因为他把《易经》当成一部跨越人类文化的经典,其中包含永恒的智慧。而他们的方法则是考察具体人群对《易经》的具体使用情况以及为什么某些诠释者会对后人产生绝对的影响。因此他们并不会讨论《易经》的"真正意思"(real meaning),也不讨论某一卦的内在含义(intrinsic meaning),因为每一卦的意思会随着使用者的不同而发生改变。[1] 在具体的研究中,四位论者重点指出了宋代的历史环境以及苏轼、邵雍、程颐和朱熹在面对这种历史环境时作出的思考和反应,同时讨论他们的这种思考和反应怎样在《易经》诠释中体现出来。他们的诠释方法与孔理蔼、夏含夷等人也有区别,后者追求的是卦爻辞的原义,而他们主要分析宋代的解释。比如《乾》卦的卦辞"元亨利贞",夏含夷追求的是公元前 1000 年左右成书时它们的意思,认为它们可能是"初步接受:利于贞卜"(Initial receipt: profitable to divine)。但到了公元前 3 世纪时,卦辞中的四字就变成了"四德"(primal, successful, beneficial, upright),此后的解释都在"四德"的基础上取便发挥,逐渐脱离占卜之道而转向伦理和道德之途。这样,原本的占卜手册逐渐变成圣贤经典,被宋代最富创造精神的思想家不断援引。[2] 在讨论《周易》的起源时,苏德凯引用了夏含夷和孔理蔼的看法,并指出两者的异同。他们都认为《周易》在公元前 1000 年左右经过了卜师的编纂,但孔理蔼强调卦爻辞材料来源的多元属性,而夏含夷则强调卦爻辞中体现的编纂者的内在逻辑。苏德凯等人认为,随着这种历史主义的研究方法越来越深入,《易经》的早期历史最终会变得越来越清晰,但越是这样,它距离宋代人理解的《易经》也会越来越遥远。虽然有些宋儒对传统的四圣作易之说将信将疑,但他们在寻求普遍价值的过程中总是把《周易》当成圣人智慧的证据。[3]

　　总之,宋代文人主要从三个方面来理解《易经》:首先它是圣人流传下来的文

---

[1] Smith, K., Bol, P. K., Adler, J. A., and Wyatt, D. J. "Preface". *Sung Dynasty Uses of the I Ching*. Princeton: Princeton University Press, 1990, pp. vii-ix.

[2] 同上书, p. 9.

[3] 同上书, p. 11.

本,其次它体现了天地万物运行的模式;再次它融合了圣人之意和天地之道,是行动的依据。因此《易经》可以将人们与圣人之心、与自然和宇宙进程、与道德的本源联系起来。[①] 在最后提供《复》卦的六种译文中,如六二"休复"、六三"频复"、六五"敦复",孔理蔼分别译作 A happy return, Return along the brink of a river 和 Return from a raid to take captives;王弼注被译为 Beautiful return, Frequent return 和 Nobly returning;苏轼注被译为 To consider beautiful the return, Frowning at the return 和 In favor of the return;程颐注被译为 Beautiful return, Repeated return 和 sincere returning;朱熹注被译为 fortunate return, repeated return 和 nobly returning;而卫-贝译文为 Quiet Return, Repeated return 和 noble-hearted return。[②] 从中也可看出,宋儒注易有其时代传统,而研究者的目标是把这种时代传统和《易经》文本诠释较好地结合在一起,说清楚其中的微言大义。苏德凯等人撰写的《〈易经〉在宋代的使用》一书具有特别重要的意义,恰如韩子奇(Tze-ki Hon)在评价该书时所说的那样,它不仅标志着将《易经》注疏当成一个个独立的历史文献加以研究的思想在方法论上的首次成功尝试,而且通过具体分析宋代《易经》注疏家的诠释实践来展示他们怎样让经典文本与当代读者之间产生意义关联。[③]

苏德凯在评论夏含夷和林理彰的《易经》译本时指出,将《易经》放到特定的历史时期中去理解,追求《易经》在具体的历史时期与各种具体因素结合后形成的具体含义,不再追求超越历史的一成不变的含义,这种方法或者说策略从 19 世纪以来就有学者开始运用,林理彰和夏含夷的译本也是运用这种方法的产物。苏德凯指出,夏含夷和林理彰的译本代表了两个新的诠释方向,它们与另外三个已受到广泛认可的译本一道,为不懂汉语的英文读者展示出易学发展的历史轨迹。第一个是孔理蔼的博士论文"The Original Yijing",包括六十四卦卦爻辞的全译。第二个是理雅各译本,主要基于李光地的《周易折中》,遵循的是宋儒程颐和朱熹的诠释路径,代表《易经》的儒教化。这样英语读者就有了理解易学史的五个门

① Smith, K., Bol, P. K., Adler, J. A., and Wyatt, D. J. *Sung Dynasty Uses of the I Ching*. p. 206.

② 同上书, pp. 238-253.

③ Hon, Tze-Ki. "Introduction". *The Yijing and Chinese Politics: Classical Commentary and Literati Activism in the Northern Song Period, 960 - 1127*. Albany: State University of New York Press, 2005, pp. 7-8.

径——本经、十翼、马王堆帛书、王弼注、程朱注，它们代表五个相对独立的世界，是《易经》化身后的五种形式，每个文本都把读者带到特殊的历史情境中，带领他们去体会每个作者想要传递的特殊关怀。如果把卫-贝的经典译本也算进去，将其看作中美学者合作的《易经》诠释路径，那么《易经》在英语世界又多了一个新的诠释路径。① 苏德凯的总结，把孔理蔼、理雅各、夏含夷、林理彰等人的《易经》诠释都视为与具体历史情境相结合的产物，这自然是难得的洞见，但他没有提及在中英两种语言转换的过程中，译者的态度和手法所起的作用，即上述诸译者在向英语世界传达商末周初、春秋战国、西汉、三国、宋代、清代各时期《易经》的面貌时，能在多大程度上再现中文本《易经》的内容和诠释者的观点。换句话说，当《易经》的中文诠释者和英文诠释者跨越时空展开对话时，他们能在多大程度上达成理解。当经典的诠释者再次被人诠释时，经典的意义会发生怎样的迁移和改变，这是个值得思考的问题，而限于评论文章的体裁和篇幅，苏德凯并未展开讨论。

二、林理彰的《易经》诠释

林理彰在评论苏德凯等人所撰《〈易经〉在宋代的使用》时曾指出，《易经》的研究和翻译正在经历一个重大转变，研究者不再将《易经》看成一部超越时间的智慧之书，高悬在历史长河之外，拥有万世不易的意义。西方研究者和翻译者逐渐认识到，《易经》有多少注疏，就有多少种不同解释：《易经》的文本晦涩多义，它的意思完全取决于注疏家怎么去解读。林理彰指出，这种西方当代诠释学视为理所当然的理论和方法，在前现代的中国却极为罕见，从来没有人明确表达过。对宋代学者来说，只有一部《易经》，每个人都声称自己的解读是正确的。现代人认为多重解读来源于文本的不确定性，但对中国古人而言，这种说法根本没有意义。将《易经》当成智慧之源的传统，最终也被西方人袭取，因为《易经》卫-贝译本的流行，它在西方影响甚大。理雅各译本和卫礼贤译本，是后出其他译本的滥觞。程朱解读《易经》的方法成为正统，并非因为他们的解释是最好的，而是因为统治者利用他们的解释来开科取士，无形中用权力和意识形态的方式巩固了他们的解释。因为理雅各和卫礼贤的译本都是沿袭程朱的解释体系而来，导致西方读者对

---

① Smith, Kidder. "Contextualized Translation of the Yijing". *Philosophy East and West*, Vol. 49, No. 3, 1999, pp. 377-383.

这种方法至为熟悉,所以其他的解释方法也就显得弥足珍贵。苏德凯等人将《易经》放到宋代这个历史时空中去解释,不再将《易经》视为万世不易的经典,正是对卫礼贤等人解释方法的挑战。① 虽然没有明说,但林理彰翻译《易经》王弼注,和苏德凯等人在诠释理论和方法上都如出一辙,只不过他把《易经》放到魏晋时期的时代背景和文化氛围中来解释,以与孔理蔼、夏含夷和苏德凯等人相区别。

1. 林理彰的易学观

概括说来,林理彰的易学观体现在三个方面:

第一,《易经》的卜筮当中兼含哲理。他在《导言》一开始就强调,《易经》原来是部占卜手册,后来逐渐获得智慧之书的地位。在公元前 9 世纪《易经》得以编纂成书时,占筮已经从一种向神灵和祖先祈求庇佑的方法,变成一种洞察某时某刻的宇宙秩序、了解天道运行的方式以及它在此时此刻的方向、明了个人在事物运行中所处和应处的位置的方法。这样一来,个人就可以避免做出错误的决定,避免失败,躲避厄运,从而做出正确的决定,取得成功,并不断积累好运。② 因此卜筮行为并非只是古人被动接受神明的指示和安排,而是他们积极主动地与天地万物互动以趋吉避凶。在占卜的过程中早已寄寓了人类的情感、希望和判断,所以说占卜活动是客观行为和主观解释相结合的产物。

第二,《易经》文本由三层结构组成,第一层文本是卦符和卦爻辞,它们很可能在公元前 9 世纪形成,卦符部分甚至还要早,它们是《易经》文本体系中最古老的部分。第二层文本是《彖》和《象》,其中《象》又分《大象》和《小象》。传统中《彖》和《象》又分为上下篇,构成《十翼》中的四翼。《十翼》相传全是孔子所作,其实各篇成书时间不同,有些成于孔子之前,有些成于公元前 3 世纪,只有《彖》、《象》的大部似乎都成书于公元前 6 世纪或 5 世纪,并且即使不是孔子所作,似乎也是直接出自孔门弟子之手。第三层文本是《文言》、《系辞》、《说卦》、《序卦》和《杂卦》,即《十翼》中的剩余六翼,既包含了后出的材料,可能也包含了对早期形成的材料的加工和改编。林理彰认为,《文言》本来包括对六十四卦的评论,但是其他部分遗失了,只留下《乾》、《坤》两卦,在汉代经过编纂者的整理和修订,得以传世。《文言》似乎

---

① Lynn, Richard John. "Review of Sung Dynasty Uses of the I Ching". *Journal of Song-Yuan Studies*, No. 27, 1997, pp. 152-167.

② Lynn, Richard John. "Introduction". *The Classic of Changes, a New Translation of the I Ching as Interpreted by Wang Bi*. New York: Columbia University Press, 1994, p. 1.

是第二层文本和第三层文本的边线，包含了两层文本的内容，它揭示了卦、爻、象的哲学和伦理含义，全是沿儒家思想一脉相承而来。《系辞》似乎由两类不同文本的片段组成。一类文本是一篇或一组文章，旨在总体揭示《易经》一书的性质和意思，另一类是一些具体言论的合集，旨在解释各卦的卦爻辞，尽管只解释其中的一部分。《说卦》主要讨论八卦的性质和意思，很多都以阴阳五行的思想来表述，所以很可能形成于西汉初期，是《十翼》中较为晚出的部分。《序卦》旨在运用各种词源学和理性化的考量来说明六十四卦卦序的合理性，很多都不着边际，明显也是后出的材料。《杂卦》旨在言简意赅地界定各卦意思，常常两卦对举，它也是后出的材料。林理彰指出，中国易学传统中一直认为伏羲作八卦、文王作卦辞、周公作爻辞，但这种说法在 20 世纪初遭到普遍怀疑，考古学家、古文字学家和古史辨派将《易经》卦爻辞与同期的甲骨文、金文以及汉石碑残字、《诗经》还有《尚书》等含有类似句法和词汇的古文献相互比较，完全否定了三圣三古的说法。现代学者还发现，《易经》卦爻辞的原始含义（主要关注占卜技法和不含道德判断的结果）与早期注疏解释的含义（关注的是儒家道德伦理的价值观和理想）大相径庭，《彖》、《象》的作者要么对这些原始含义一无所知，要么是明知其含义而故意用儒家解释来取代。但是，随着经传合一传统的形成，后来的《易经》诠释鲜有不受儒家解释的影响的，这种解释需要对句法和词义作彻底修订，甚至文本的断句方式也极不相同。因此《易经》卦爻辞的原始含义在它的注疏传统里并未得到表现，所以他在翻译中也不予考虑。① 从林理彰的分析中我们可以发现，他的翻译不仅和理雅各、卫礼贤关注程朱解释的取径不同，而且和夏含夷、孔理蔼等注重重建本经在西周时期原始含义的目标也有区别。

　　第三，有多少《易经》注疏，就有多少《易经》版本。林理彰指出，人们一直对《易经》持有一个根深蒂固的看法，认为《易经》只能被当成一部超越时间界限的智慧之书来理解和欣赏，它的形成和发展不受历史的影响，它也只有一个完美不变的含义，只有我们掌握正确的方法才能加以解读。他指出，这种"智慧之书"的解释方法之所以在当代特别盛行，一方面要特别归功于卫-贝译本的风靡和荣格前言的影响，另一方面是因为《易经》一开始就位于儒家典籍之首，后世注疏家，包括

---

① Lynn, Richard John. *The Classic of Changes*, *a New Translation of the I Ching as Interpreted by Wang Bi*. pp. 2-5.

王弼在内,都竭力想要找到它的完美解读,替读者一劳永逸地诠释它的含义。而在林理彰看来,并不存在这样一本万世不易的《易经》,而是有多少注疏,就有多少不同的《易经》版本。《易经》文本有很多地方意涵丰富,指代不明,它的意思完全取决于具体的注疏怎样去解释。他认为,程朱的解释之所以成为正统和权威,并非因为他们对文本的解释有多完美,而是因为程朱理学变成传统中国的正统思想,所以他们对经典的解释必须是正确的。而林理彰解释《易经》的方法全然不同。他把王弼的《易经》注当成特定时空下的历史产物,如同程颐、朱熹以及其他任何人的注疏一样。这个历史产物可以告诉我们在魏晋这段特别富有创造力的时期内中国思想发展的轨迹,它和宋代——另一段不同但一样富有创造力的时期——新儒家的注疏本有着显著区别。林理彰的目的,是要揭示传统中国思想是多么富于变化、富有活力。① 从林理彰的易学观中可以看出,他理解和解释《易经》均是从思想史的角度出发,关注的是具体时代的具体人物对《易经》的具体诠释,以阐发其在思想史上的地位和作用。

　　2. 林理彰理解的王弼注

　　具体说来,林理彰从以下三方面来理解王弼《周易》注:

　　首先,林理彰把《周易略例》作为理解王弼《周易》注的向导和指南。林理彰认为,王弼阅读《周易》的方法全都体现在他的《周易略例》里,任何想要阅读王弼《周易》注的人都需要先读这篇文章。如果不理解王弼自己是怎样解释《周易》的,那么就无法读懂他在《周易》注里说的很多话。因此林理彰首先概括了《周易略例》的内容。他指出,在《明象》里,王弼提出每卦都是一个整体,它的全部意思先在卦名中表达,然后在卦辞中展开。此外一卦之本常体现在卦主中,即一爻为众爻之主。每卦的卦主不同,但通过卦辞可以推知。在《明爻通变》一节,王弼指出一个基本原则,事物的内在趋势与它们反对违背本性的趋势之间的相互作用导致变化的发生。一卦各爻代表不同人所处的不同处境。王弼描述各爻之间的相互作用如同描述处在不同处境当中的人。有些爻之间同声相应,表示关系融洽,有些爻之间相斥相离,从而导致运动变化。《明卦适变通爻》一节解释有些卦象征着艰险或容易之时,因此它们会指示人们是不要轻举妄动还是要应时而动。王弼在这里

---

① Lynn, Richard John. *The Classic of Changes, a New Translation of the I Ching as Interpreted by Wang Bi*. pp. 7-8.

提出阴爻、阳爻、爻位、顺应的说法,认为六十四卦阴阳爻的搭配基本上代表人生的主要境遇,人们必须要了解卜筮的方法和卦爻辞的含义。如果能确定时势和自己所处的位置,明白自己和其他各种因素间的关系,则"观爻思变,变斯尽矣"。《明象》一节讨论各卦的象,它由占筮形成,在卦爻辞中表达,在《象辞》中得到发挥。王弼指出卦象应取其象征之义而非实有之义,也非象数之义,这样就把自己和汉代象数派区分开来。王弼黜象数以后,把《易经》和汉代流行的日占等术数之学分离,这样《易经》和他的注解一起变成文学文本,饱含形而上的、政治的和个体的意义。正是王弼让《易经》变成哲学经典,他开启的这种注疏传统不仅在宋代受到推重,而且至今还在吸引着东西方的读者。《辩位》一节继续《明卦适变通爻》里的爻位之说并加以发挥,指出初爻、上爻无常位,其他四爻则或居尊位或居卑位,其中阳爻居阳位(一三五为阳位),阴爻居阴位(二四六为阴位),则为得位。《略例下》和《卦略》则是对前述各节的引申发挥。林理彰指出,王弼《周易》注里经常引用而在《略例》里没有讨论的一个重要原则是中位的特殊角色,即二、五爻位。"中位"指"中心"(centrality)和"中庸"(the Mean),即恰当和均衡的行为。下卦中位为阴,上卦中位为阳,所以第五爻常为一卦之主,因为第五爻是君位,也是尊位。王弼的注解中还有个不言而喻的假设,就是占筮是确定当"时"特征的最准确、最确定的方法。虽然他没有具体论及,但在《略例》和注解里到处都有隐喻,即发生在特定时刻的一切事情相互之间都有联系,这些事情在某种程度上都具备同样的基本特征,具体到《易经》来说,揲蓍的方法如果得当的话,就是当时情状的关键指示。① 林理彰把王弼的《周易略例》作为理解王弼注解的关键指导,应该说是抓住了理解王弼注疏的根本。

其次,林理彰非常注重王弼注《易》的思想倾向。他认为,除了《十翼》以外,王弼可以说撰写了第一部用哲学观点诠释《易经》的著作,他的方法综合了儒家、法家和道家的观点,而以儒家思想为主导。王弼的《周易注》影响非常大,成为隋唐时期的正统诠释,并通过孔颖达的《周易正义》而由注变经,本身成为一部经典。他的很多话最终都被新儒家吸收消化,变成新儒家诠释《易经》的官方正统观点。程颐和朱熹都认真读过王弼的《周易》注并深受他的影响,只不过他们反对王弼用

---

① Lynn, Richard John. *The Classic of Changes*, *a New Translation of the I Ching as Interpreted by Wang Bi*. pp. 15-18.

法家和道家的思想来注解《周易》而已。① 林理彰讨论了中国思想中对"道"(Dao)的认识以及王弼有关"道"的观点。他指出,中国古代思想中的"道"究竟指什么,在不同时代和不同人那里究竟是什么意思,这是个非常复杂的问题。但纵观古代社会,中国人相信"天"道本善(Heaven was good),人类生活在一个"道德本善"(morally good)的宇宙间,此外便观点各异,呈现出两极分化的趋势。文化精英阶层倾向于认为,道,尤其被看作天意的时候,只是一种宇宙间机械运行的秩序,无所谓意识和偏好,而普通大众则认为,上天有自己的意识,关注民间疾苦和个人祸福,能够回应来自集体和个人的呼唤。② 至于王弼当时的人究竟认为天道无亲而难测,还是有意而亲民,至少从王弼的注解和《周易略例》来看,他并没有鲜明表达出自己的态度。林理彰认为,"道"在王弼看来可能很大程度上是"无亲"(impersonal)的,因为"道"实在太大,所以只能是这样。至于"神"(gods or other spiritual agencies)在揲扐蓍草的过程中是否起作用,这个问题实难回答。林理彰认为,王弼可能并不认为"神"会起什么作用,他也许只会说,揲扐蓍草的过程体现了"道"的运行。③ 尽管林理彰在这个问题上十分小心谨慎,但从他的分析来看,王弼所持主要是道家出世的思想,而并不是儒家入世的思想,这个问题留待下文进一步讨论。

最后,林理彰突出强调了王弼注《易》时的社会和文化氛围。他指出自己在翻译中力图再现文本话语中浸润的原来的语气,因此不会刻意把要说的东西现代化,不会刻意避开当代人的敏感区,不惜违背民主(democracy)、平等(egalitarianism)、个性(individualism)、女性主义(feminism)等价值观,不会规避讨论其他影响我们思维、感受和表达方式的活动。他指出,王弼和其他注疏者引述的某些讨论《易经》的方式,可能与当代人的价值观和感受相抵触,因为他们所说的乃是特定历史文化的产物,所以有些他们认为理所当然的事情,现在不得不遭到质疑,林理彰列出以下五条:(1)人类社会本来就是个等级社会;(2)国家是个大家庭,家庭是个小国家;(3)国和家本来就实行家长制;(4)宇宙本质上是二元的,万物非阴即阳并体现出阴阳属性;(5)人类社会本是宇宙的一部分,也体现出阴阳二元属性的特征。因

---

① Lynn, Richard John. *The Classic of Changes, a New Translation of the I Ching as Interpreted by Wang Bi.* p. 7.
② 同上书, pp. 1-2.
③ 同上书, p. 18.

此上级是阳,下级是阴,他们应该各安其位。阳为刚,为正,为尊长,为师,为男;阴为柔,为顺,为服从权威,为追随者,为女。政治角色也都带有类比性,统治者如同父亲,被统治者就像子女,君臣间的关系如同夫妻,上级对下级就像兄长对待弟弟,下级必须服从和忠于上级,即表现出"阴性"的行为。这些假设在王弼注里随处可见,如果想要准确地重建(reconstruct)原来的语调和意思,就不可能忽略或压制它们,比如选择英文对应词时,采用性别中立的术语来传达这种等级制模式的话语,就会显得格格不入。

林理彰建议英语世界的读者在阅读这部充满价值观冲突而内涵又十分丰富的经典时,要从以下两个层面来看待:首先要接受文本中存在这些假设的历史现实,并通过它们来历史地了解传统的中国社会,然后将这些假设放到一边,让这部著作自身来处理它所关注的重要问题,诸如个人品质与命运间的关系,所处位置怎样决定行动的范围和尺度,位置和环境怎样决定恰当的行为方式,个体怎样在因果联系的网络中和他人联结在一起,一系列境遇怎样不可避免地转变为另一些境遇,变化又如何得以生生不息,灵活应变是获得快乐和成功的不二法门等。林理彰认为,在涉及人际关系的结构和个体行为方面,《易经》中常常不乏真知灼见,可以和当时以及任何一个时代对话,只要我们耐心倾听即可。① 林理彰提出了一个重要的问题:把《易经》放在王弼当时的社会语境中去理解和解释,当代的读者能否接受? 如果说用西方现代的观念去解释和讨论中国古人的著作是"强古人以就我"的话,那么恢复中国古人著作在当时语境中的确切含义,即使它们与当代人的价值观相冲突和相违背也在所不惜,这种做法是否就是"同情的了解"? 历史研究的目的,是否只是客观建构过去的历史事实,不带任何价值评判,不和今天产生任何关联? 在林理彰看来,我们首先要进入历史情境,洞悉当时事物发展的因果联系,然后再从中找出今天可以借鉴和吸收地方,他采取的是一种客观而又实用的态度。

3. 林理彰诠释《易经》的特点

林理彰的译本《〈周易〉王弼注》主要以王弼《周易注》为翻译对象,包括王弼对六十四卦卦爻辞以及《彖传》、《象传》和《文言》的解释,同时还包括王弼讨论《周

---

① Lynn, Richard John. *The Classic of Changes, a New Translation of the I Ching as Interpreted by Wang Bi*. pp. 8-9.

易》的《周易略例》。《十翼》中王弼没有注解的部分,林理彰采用韩康伯的注疏,即《系辞》、《说卦》、《序卦》和《杂卦》。他认为,虽然韩康伯不是一个原创的思想家,但是他的疏解似乎承继了王弼的方法,尽管不像王弼注那样点到即止、妙趣横生,但可能和王弼的意思最为接近。林理彰以楼宇烈校注的《王弼集校释》为底本翻译,他指出,王弼的注解往往辞约义丰,晦涩难懂,并且不少地方没有作注,所以王弼对某些特定词句的理解也就无从知晓。林理彰的解决办法是参考孔颖达的《周易正义》来翻译。他指出,尽管孔颖达的注释常显得冗长啰唆,但孔颖达好像总是以王弼读《易》的方法来理解《易经》,所以孔颖达的评论往往是理解较为晦涩的王弼注的唯一向导,据此可以推测王弼没有注解的地方究竟该怎样理解。[①] 就译本的具体结构而言,他的译本首先是导言,然后是《周易略例》的译文,紧接其后是《系辞》上下卷的翻译,然后是《序卦》、《杂卦》和《说卦》的翻译,最后是六十四卦的卦爻辞,其中包括《彖》、《象》、《文言》的翻译。在六十四卦译文里,卦辞之后依次是《彖》、《大象》、《序卦》、《杂卦》、爻辞、《小象》、《文言》,王弼注解则依注文顺序翻译,若《系辞》里提到该卦内容,则系辞的相关内容也会出现在相应的卦爻辞解释之中。林理彰这种体例编排,虽然有助于读者从整体上把握和理解《易经》,但他把《十翼》中的五翼放在六十四卦正文之前,另外五翼放在卦爻辞当中,并且把《序卦》、《杂卦》和《系辞》的相关内容也放到卦爻辞里,这样不仅和通行本的体例不同,而且和王弼的理解也存在较大差异,所以夏含夷在评价林理彰的译本时,就指出他在体例编排上的不妥。[②]

林理彰译本的主要特点表现在以下几个方面:

第一,依据王弼《周易略例》的思想来翻译。这里可以举卦名的翻译为例。王弼在《周易略例·明象》里曾提及卦名的作用:"故自统而寻之,物虽众,则知可以执一御也;由本以观之,义虽博,则知可以一名举也。……故举卦之名,义有主矣;观其象辞,则思过半矣。"(This is why if one examines things from the point of view of totality, even though things are multitudinous, one knows that it is possible to deal with them by holding fast to the One, and if one views them

① Lynn, Richard John. *The Classic of Changes, a New Translation of the I Ching as Interpreted by Wang Bi*. pp. 5-6.
② Shaughnessy L. Edward. Commentary, Philosophy, and Translation: Reading Wangbi's Commentary to the *Yijing*, in a New way, *Early China*, Vol 22(1997), pp. 244-245.

from the point of view of the fundamental, even though the concepts involved are immense in number and scope, one knows that it is possible to cover them all with a single name... Therefore when we cite the name of a hexagram, in its meaning is found the controlling principle, and when we read the words of the Judgment, then we have got more than half the ideas involved. ①)在王弼看来，卦名是一卦"义之主"，知道卦名的含义，无论这一卦的意思多么广博，我们都能迅速抓住要领。《易经》绝大部分卦辞的结构是先列出卦名，然后再列出断辞或验辞，如《师》卦"师。贞丈人吉，无咎"，《小畜》卦"小畜。亨。密云不雨，自我西郊"。有时卦名会在卦辞中充当句子成分，这时一般不再单列卦名，如《履》卦"履虎尾，不咥人，亨"，《否》卦"否之匪人，不利君子贞，大往小来"，一般译者均将卦名和卦辞分开翻译，如：理雅各翻译《师》卦卦辞为 Sze indicates how, in the case which it supposes, with firmness and correctness, and (a leader) of age and experience, there will be good fortune and no error；②翻译《履》卦卦辞为 Li suggests the idea of one treading on the tail of a tiger, which does not bite him. There will be progress and success. ③卦名单列，以拼音表示，然后将卦辞的内容与卦名联系在一起。卫-贝译本也是将卦名和卦辞分开翻译，并且比理雅各的表达更醒目，如《师》卦译为 The Army. The army needs perseverance and a strong man. Good fortune without blame. ④《履》卦为 Treading. Treading upon the tail of the tiger. It does not bite the man. Success. ⑤卫-贝译本采取意译的方式，均将卦名单列出来翻译，即使《师》卦的卦名与卦辞之间似乎没有语法关联，卫-贝译本也会补足主语以建立卦名和卦辞间的联系。林理彰译本的特征，在于将卦名和卦辞连在一起解释，所以《师》卦的卦辞译文为 If an army's constancy is subject to a forceful man, there will be good fortune and with this no blame. ⑥《履》卦为 Even if one

---

① Lynn, Richard John. *The Classic of Changes, a New Translation of the I Ching as Interpreted by Wang Bi*. pp. 25-26.

② Legge, James. *The I Ching* (second edition). pp. 71-72.

③ 同上书，p. 78.

④ Wilhelm/Baynes. *I Ching, or Book of Changes*. p. 32.

⑤ 同上书，p. 44.

⑥ Lynn, Richard John. *The Classic of Changes, a New Translation of the I Ching as Interpreted by Wang Bi*. p. 177.

treads on the tiger's tail here, as it will not bite, so he will prevail. ①王弼注本在解释六十四卦时并没有针对卦名的特别描述,通常将表示卦名的字放在卦辞里一并解释,如对于《师》卦,王弼在注解中提到"为师之正,丈人乃吉也",而《履》卦的卦辞王弼并未注解,只在象辞后面解释为"履虎尾者,言其危也"。② 林理彰的译文遵循王弼的风格,也将卦名融入到卦辞、甚至象辞里解释,并不单列出来,因此虽然《师》、《履》两卦卦名和卦辞之间的关系不同,但在林理彰的译文里看不出这种区别。总体看来,林理彰翻译卦名时总是从整卦着眼,以体现王弼"举卦之名,义有主矣"的思想,如:《噬嗑》卦"噬嗑。亨"译为 Bite Together means prevalence;《复》卦"复。亨"译为 Fu brings about prevalence;《咸》卦"咸。亨"译为 Reciprocity is such that prevalence is had 等皆是。③ 有些卦林理彰会略去卦名不译,直接将其放到卦辞里,如:《豫》卦"豫。利建侯,行师"林理彰译为 It is fitting to establish a chief and to send the army into action;《剥》卦"剥。不利有攸往"译为 It would not be fitting should one set out to do something;《睽》卦"睽。小事吉"译为 In small matters there is good fortune 等皆是。④ 后三卦的卦辞王弼均没有注解,林理彰的翻译也以卦辞之义为主,而并不在卦名上用力。

第二,王弼注《易经》虽然不避儒、法、道家思想,但在不少地方却突出道家"清静无为"的哲学理念,林理彰译文强调了王弼这种思想倾向。如《颐》初九:"舍尔灵龟,观我朵颐,凶。"王弼注为:"朵颐者,嚼也。以阳处下,而为动始,不能令物由己养,动而求养者也。夫安身莫若不竞,修己莫若自保。守道则福至,求禄则辱来。居养贤之世,不能贞其所履,以全其德,而舍其灵龟之明兆,羡我朵颐而躁求,离其致养之至道,窥我宠禄而竞进,凶莫甚矣。"⑤王弼解释此爻完全从道家思想出发,强调"物由己养"而非"动而求养",因此"安身莫若不竞,修己莫若自保。守道则福至,求禄则辱来"。(To ensure one's own safety, nothing is more important than refraining from contention, and for cultivating oneself, nothing is more

---

① Lynn, Richard John. *The Classic of Changes*, *a New Translation of the I Ching as Interpreted by Wang Bi*. p. 200.
② 王弼《周易注校释》,楼宇烈校释,北京:中华书局,2012 年,第 33、45 页。
③ Lynn, Richard John. *The Classic of Changes*, *a New Translation of the I Ching as Interpreted by Wang Bi*. p. 265,285,329.
④ 同上书, p. 233,280,368.
⑤ 王弼《周易注校释》,第 103 页。

important than self-preservation. If one keeps to the Dao, blessings will arrive, but if he seeks emolument for its own sake, disgrace will come instead.）一个人如果不能在"养贤之世"里"贞其所履，以全其德"，而去"躁求竞进"，最后难免会"离其致养之至道"，如此则"凶莫甚矣"。(If one dwells in a world where one can nourish the worthy but cannot practice constancy in the place where he treads and thereby perfect his virtue, instead he grows envious and acts to satisfy his own desires, thus separates himself from the highest Dao and the route it offers to the best possible Nourishment, he will suffer the worst possible misfortune.）林理彰译此爻为 You set aside your numinous tortoise shell and watch me move my jaw：this means misfortune,① 同时解释王弼和程颐对此爻理解的差异。程颐注此爻为"舍尔之灵龟，乃观我而朵颐"。(You set aside your numinous tortoise and then, upon observing me, you drop your jaw.②) 程颐以初九和六四相应，认为灵龟比喻初九本来明智足以养正，可以不求养于外，但却上应于四，不能自守，心既动，必然导致自失，迷欲而失己，以阳而从阴，则何所不至？朵颐为朵动其颐颔，人见食而欲之，则动颐垂涎。③ 程颐的解释强调人们在处世时应该守正不失己，重视德行操守，他的关注点和王弼有很大不同。再如《丰》上六："丰其屋，蔀其家，窥其户，阒其无人，三岁不见，凶。"王弼注为："屋，藏阴之物。以阴处极，而最在外，不履于位，深自幽隐，绝迹深藏者也。既丰其屋，又蔀其家，屋厚家覆，暗之甚也。虽窥其户，阒其无人，弃其所处而自深藏也。处于明动尚大之时，而深自幽隐以高其行，大道既济而犹不见，隐不为贤，更为反道，凶其宜也。三年，丰道之成，治道未济，隐犹可也；既济而隐，是以治为乱者也。"④ 王弼解释此爻时重点在于说明"深自幽隐，绝迹深藏"的时机，他指出"大道既济而犹不见"（The Great Dao already offers deliverance, but he still does not show himself），是"深自幽隐以高其行"（hides himself in profound seclusion with the [mistaken] thought to keep his own conduct lofty），这样做只会"反道"（runs counter to the Dao）。"隐"和"见"的分际把握在于"治道"的实现与否："治道未济，隐犹可也；既济而隐，是以治

① Lynn, Richard John. *The Classic of Changes, a New Translation of the I Ching as Interpreted by Wang Bi*. p. 306.
② 同上书，p. 310.
③ 程颐《周易程氏传》，第 152 页。
④ 王弼《周易注校释》，第 203 页。

279

为乱者也。"（As long as the good government cannot yet offer deliverance, seclusion is still permissible. But only someone who confuses good government with chaos will remain a recluse after it has begun to offer that deliverance. ①）乱世而隐，治世而仕，从中可以看出王弼注易，本质上仍是以道家思想为主。最能代表王弼以老解易思想的是《复》卦《象传》里的"复其见天地之心乎!"（In Fu [Return]we can see the very heart and mind of Heaven and Earth!）这句话。王弼注解为："复者，反本之谓也。天地以本为心者也。凡动息则静，静非对动者也；语息则默，默非对语者也。然则天地虽大，富有万物，雷动风行，运化万变，寂然至无，是其本矣。故动息地中，乃天地之心见也。若其以有为心，则异类未获具存矣。"②（Return as such means "to revert to what is the original substance [Ben]", and for Heaven and Earth we regard the original substance to be the mind/heart. Whenever activity ceases, tranquility results, but tranquility is not opposed to activity. Whenever speech ceases, silence results, but silence is not opposed to speech. As this is so, then even though Heaven and Earth are so vast that they possess the myriad things in great abundance, which, activated by thunder and moved by the winds, keep undergoing countless numbers of transformations, yet the original substance of Heaven and Earth consists of perfectly quiescent nonbeing. Thus it is only when earthly activity ceases that the heart/mind of Heaven and Earth can be seen. If Heaven and Earth were to have had being instead for this heart/mind, then it never would have been possible for all the different categories of things to become endowed with existence. ③）林理彰在注释中说，王弼在这里区分了本体论（ontology）和现象学（phenomenology），认为天地之心是"寂然至无"（perfectly quiescent nonbeing），而不是现象世界中的"有"（phenomenal existence）。"无"是天地间处于支配地位的机制，天地正是通过"无"来生成万物并赋予它们活力。正如静非对动，默非对语，作为天地之心的"无"和现象世界的"有"及伴随而来的活动也并不相对。假如天

① Lynn, Richard John. *The Classic of Changes, a New Translation of the I Ching as Interpreted by Wang Bi*. pp. 491-492.
② 王弼《周易注校释》，第 92 页。
③ Lynn, Richard John. *The Classic of Changes, a New Translation of the I Ching as Interpreted by Wang Bi*. p. 286.

地之心由"有"及其活动构成,那么一切"有"及其活动就从属于天地,结果将导致现象世界中的"有"无法、无处存在。林理彰还指出,程颐和朱熹明确反对王弼这种以天地之心为"静"和"无"的解释,而认为天地之心为"动"（perfectly active）。① 程颐注此句为:"一阳复于下,乃天地生物之心也。先儒皆以静为见天地之心,盖不知动之端乃天地之心也。非知道者,孰能识之?"②朱熹也指出:"积阴之下,一阳复生,天地生物之心几于灭息。而至此乃复可见,在人则为静极而动,恶极而善,本心几息而复见之端也。程子论之详矣。"③可见程颐和朱熹对"天地之心"的理解与王弼完全相反。对王弼以老解易的思想,楼宇烈作了进一步的分析。他指出,王弼这里所说的"本",指的是世界万物之根本。此处注文之意,是王弼以虚无、寂静为世界万物之根本。《老子》十六章王弼注说:"以虚静观其反复。凡有起于虚,动起于静,故万物虽并动作,卒复归于虚静,是物之极笃也。"《老子》三十八章王弼注有:"天地虽广,以无为心;圣王虽大,以虚为主……故灭其私而无其身,则四海莫不瞻,远近莫不至,殊其己而有其心,则一体不能自全,肌骨不能相容。"④由此可见,王弼以"无"为天地之心的思想乃是一以贯之的。⑤

　　第三,林理彰的译文,不少地方确实在刻意突出和强调王弼注与程朱注之间的差异。上文不少例句已证明了这点,但主要是从思想上入手分析王弼以"老"解易与程朱以"理"解易的区别。这里我们再从词句的理解和解释入手,分析林理彰译本与其他以程朱注解为基础的译本之间的差异。如前所述,林理彰不止一次强调,他的翻译乃是基于王弼和韩康伯注、孔颖达疏的《易经》底本,主旨在于译出王

---

① Lynn, Richard John. *The Classic of Changes, a New Translation of the I Ching as Interpreted by Wang Bi.* pp. 290-291.
② 程颐《周易程氏传》,第 135 页。
③ 朱熹《周易本义》,第 110 页。
④ 王弼《周易注校释》,第 94—95 页。
⑤ 王弼这段注解,苏德凯等人译为:Fu means "reverting to the root". Heaven-and-earth take the root to be their heart/mind. Whatever moves [at some point] ceases and is tranquil. [Yet] tranquility is not the opposite of movement. Speech ceases and it is quiet. [Yet] quiet is not the opposite of speech. In this way, although heaven-and-earth are great — they richly contain the ten-thousand things, thunder occurs, the winds circulate, bringing ten-thousand transformations — silence and utter nothing, these are their root. Thus when movement ceases amidst the earth, only then is the heart/mind of heaven-and-earth apparent. If they took being (having, existence) as their root, then the different categories [of things] could not preserve their existence. (Smith, K., Bol, P. K., Adler, J. A., and Wyatt, D. J. *Sung Dynasty Uses of the I Ching.* pp. 240 – 241)颇可以与之参照。

弼理解的《易经》，所以很多地方均以王弼的意思为解释的依据，这一点和其他译本不同。因为其他译本都或直接或间接地受到程朱《易经》注疏的影响，其中尤以理雅各和卫-贝译本最为突出。如《比》卦的卦辞："比。吉。原筮元永贞。无咎。不宁方来，后夫凶。"林理彰译文为：For Closeness to result in good fortune, plumb and divine for fundamentality, perseverance, and constancy, for only with them will there be no blame. Those in places not at peace then come, but the latecomer suffers misfortune. ①这段译文，翻译过来的意思是：《比》卦若想得吉，就需要尽力探索并占筮得到根本、坚毅和恒久的品质，只有这样才能免于愧悔。从不安宁的地方有人来，后来的人会遭受厄运。王弼注"原筮元永贞"为"处比之时，将原筮以求无咎，其唯元永贞乎！夫群党相比，而不以元永贞，则凶邪之道也"。并没有把意思说清楚，因此孔颖达进一步疏解道："欲相亲比，必能原穷其情，筮决其意，惟有元大永长贞正，乃得无咎。""原"的意思是"原穷其情"，"筮"是"筮决其意"，"元永贞"三字指"元大、永长、贞正"。孔颖达进一步解释王弼所说的"将原筮以求无咎"为"原谓原穷比者根本，筮谓筮决求比之情，以求久长无咎"，②把它们的意思说得更明确。因此楼宇烈也援引孔颖达疏"原穷其情，筮决其意"，指出"原"的意思是"穷尽"，"筮"是"占卜"之意。③ 可见林理彰将"原"译为plump，"筮"译为 divine，将"元永贞"译为 fundamentality, perseverance, and constancy，正是按王弼注和孔颖达疏来解释和翻译的。"不宁方来"四字，王弼注为"上下无阳以分其民，五独处尊，莫不归之。上下应之，即亲且安。安则不安者托焉，故不宁方所以来，上下应故也。夫无者求有，有者不求所与；危者求安，安者不求所保。火有其炎，寒者附之，故已苟安焉，则不宁方来矣"，重点突出"不宁方所以来"的意思，即从"不宁"的地方来，林理彰译为 Those in places not at peace then come，即为此意。王弼注"后夫凶"三字为"将合和亲，而独在后，亲成则诛，是以凶也"，指出合亲之时迟迟在后，等合亲完成之后再来，就会遭殃。林理彰译"后夫凶"为 the latecomer suffers misfortune，正是本王弼此意而来。他把王弼这段注解翻译为 This one [Top Yin] would join the cordial company, but he alone

---

① Lynn, Richard John. *The Classic of Changes, a New Translation of the I Ching as Interpreted by Wang Bi.* p. 184.
② 王弼、韩康伯注，孔颖达疏，陆德明音义《周易注疏》，北京：中央编译出版社，2013 年，第79—80 页。
③ 王弼《周易注校释》，第38 页。

had lagged behind. As the process of cordiality has now already completed its cycle, he is condemned. This is how he "suffers misfortune". ①孔颖达指出王弼说的"独在后"乃是指上六爻而言，"亲成则诛"对应王弼对上六爻"比之无首，凶"（One who joins in Closeness here lacked the means to be a leader, so he will have misfortune. ②）的注解："无首，后也。处卦之终，是后夫也。亲道已成，无所为终，为时所弃，宜其凶也。"（This one who finds himself at the end of the process of Bi is "the latecomer". Here the Dao of cordiality has already run its course. As "there is nothing he can do to share in this its final stage", he finds himself shunted aside by the moment, and this, after all, is his misfortune. ③）王弼的注解和林理彰的译文确实与程朱注疏以及本之而来的译文不同。朱熹解释卦辞为："比，亲辅也。九五以阳刚居上之中而得其正，上下五阴，比而从之，以一人而抚万邦，以四海而仰一人之象。故筮者得之，则当为人所亲辅。然必再筮以自审，有元善长永正固之德，然后可以当众之归而无咎。其未比而有所不安者，亦将皆来归之，若又迟而后至，则此交已固，彼来已晚，而得凶矣。"④从中可以看出，朱熹认为"原筮"的意思是"再筮以自审"，"元永贞"的意思是"有元善长永正固之德"，"不宁方来"的意思是"未比而有所不安者亦将皆来归之"，"后夫凶"指"迟而后至，则此交已固，彼来已晚，而得凶矣"。除"后夫凶"三字的解释与王弼的理解较为接近，其他地方则存在较大差异。朱熹解释上六爻意思为"阴柔居上，无以比下，凶之道也，故为无首之象，而其占则凶也"。他解释"无首"二字为"以上下之象言之，则为无首，以终始之象言之，则为无终。无首则无终矣"。⑤"无首"的意思是"无终"，这和王弼解释"无首"为"后"也不一样。程颐解释"原筮元永贞"为"人相亲比，必有其道，苟非其道，则有悔咎，故必推原占决，其可比者而比之。筮谓占决卜度，非谓

---

① Lynn, Richard John. *The Classic of Changes, a New Translation of the I Ching as Interpreted by Wang Bi.* p. 185.

② 同上书，p. 188. 这里林理彰将上六爻的"比之无首"译为 One who joins in Closeness here lacked the means to be a leader，不符合王弼注和孔颖达疏。按上文孔颖达疏明确指出"无首"是指"独在后"而言，"凶"指的是"亲成则诛"，且后文王弼注上六爻也说明"无首"的意思是"后"，所以"比之无首"似应为 One who joins in Closeness here finds himself at the end of the process，和后面林理彰翻译的王弼注相一致才恰切。

③ Lynn, Richard John. *The Classic of Changes, a New Translation of the I Ching as Interpreted by Wang Bi.* p. 188.

④ 朱熹《周易本义》，第 65 页。

⑤ 同上书，第 67 页。

以蓍龟也,所比得元永贞则无咎。元谓有君长之道,永谓可以常久,贞谓得正道"。
"原"为"推原","筮"为"占决"。程颐解释"不宁方来,后,夫凶"为"人之不能自保
其安宁,方且来求亲比,得所比则能保其安。当其不宁之时,固宜汲汲以求比。若
独立自恃,求比之志不速而后,则虽夫亦凶矣。夫犹凶,况柔弱者乎? 夫,刚立之
称"。① 他将"不宁方来"理解为"人之不能自保其安宁时固宜汲汲以求比",将"后,
夫凶"理解为"若求比之志不速而后,则虽夫亦凶矣"。这不仅和王弼的解释大相
径庭,与朱熹的理解也有很大区别。程颐解释上六爻为"六居之,比之终也。首谓
始也。凡比之道,其始善则其终善矣。有其始而无其终者,或有矣,未有无其始而
有终者也。故比之无首,至终则凶也"。② 把"首"解释为"始"。理雅各翻译《比》卦
的卦辞为:Pi indicates that(under the conditions which it supposes) there is good
fortune. But let (the principal party intended in it) re-examine himself, (as if)
by divination, whether his virtue be great, unintermitting, and firm. If it be so,
there will be no error. Those who have not rest will then come to him; and with
those who are (too) late in coming it will be ill. ③他翻译"原"为 re-examine,即
"推原","筮"为 by divination,即"占决卜度",这是程颐的解释,"元永贞"三字为
great, unintermitting, and firm,则又采用朱熹"元善、长永、正固之德"的解释。
理雅各翻译"不宁方来"为 Those who have not rest will then come to him,即"有
所不安者亦将皆来归之","后夫凶"为 those who are (too) late in coming it will
be ill,即"迟而后至,而得凶矣",都是采用朱熹的解释。理雅各翻译上六爻爻辞为
In the topmost line, divided, we see one seeking union and attachment without
having taken the first step (to such an end). There will be evil. ④将"无首"译为
without having taken the first step,即程颐所说"首谓始也。凡比之道,其始善则
其终善矣"。卫礼贤-贝恩斯夫人译本将卦辞译为:Holding Together brings good
fortune. Inquire of the oracle once againwhether you possess sublimity,
constancy, and perseverance; then there is no blame. Those who are uncertain
gradually join. Whoever comes too late meets with misfortune. ⑤"原筮"译为

---

① 程颐《周易程氏传》,第 46 页。
② 同上书,第 52 页。
③ Legge, James. *The I Ching* (second edition). pp. 73-74.
④ 同上书, p. 75.
⑤ Wilhelm/Baynes. *I Ching, or Book of Changes*, p. 36.

Inquire of the oracle once again，即朱熹所谓"再筮以自审"，"元永贞"为 sublimity, constancy, and perseverance，"不宁方来"为 Those who are uncertain gradually join，"后夫凶"为 Whoever comes too late meets with misfortune，皆是朱熹之义。卫-贝将上六爻爻辞译为：Six at the top means：He finds no head for holding together. Misfortune. 接下来解释道：The head is the beginning. If the beginning is not right，there is no hope of a right ending. ①可见是以"首"为"始"，采取的是程颐的解释。林理彰在译文注解中详细说明了王弼注和程朱注之间的差异。他指出王弼注"原筮元永贞"，意思即是孔颖达所说的"原穷其情，筮决其意"（Plumb one's inclinations to their depths and determine one's intention by divination），而程颐解释"原筮"为"推原"（trace to the origins/plumb the fundamentals），和孔颖达的意思差不多，但他解释"筮"为占决卜度，非谓蓍龟（determining by self-examination or introspection，not with yarrow stalks or tortoise shells），因此在程颐看来，"原筮"的意思是"推原占决"（carefully undergo self-examination for）。朱熹的意思和程颐差不多，但是他对"原筮"的解释有所不同，他的解释是"再筮以自审"（necessarily involves a second divination so that one can undergo self-examination to determine if he possesses the virtues of fundamental goodness，enduring perseverance，and persistence of rectitude. The "first divination" here would be the original divination that provided the seeker with the prognostication of Bi itself）。从林理彰的注解可以看出，朱熹对占卜程序的理解分为"初筮"和"再筮"，初占筮得一卦及其兆象，再筮可得断辞、验辞，这和夏含夷理解的占卜程序颇为相合。林理彰还指出，程颐解释"不宁方来"，并非王弼理解的"不宁方所以来"（those in places not at peace then come），而是"人之不能自保其安宁时，方且来求亲比"（people come at such times when they are not at peace），朱熹则解释为"有所不安者亦将皆来归之"（people would come when they are not at peace）。王弼将"方"解释为"地方"（places），程颐解释为"方且"（at such times when），朱熹解释为"将"（would）。② 上六爻"比之无首"，林理彰完全按孔颖达的解释"无首谓无能为头首"（Lacked the means to be a leader）来翻译。

---

① Wilhelm/Baynes. *I Ching*, *or Book of Changes*, p. 39.
② Lynn, Richard John. *The Classic of Changes*, *a New Translation of the I Ching as Interpreted by Wang Bi*. p. 189.

程颐解释"无首"为"无始"（had no proper beginning），所以程颐对上六爻的解释是"比之无首，至终则凶也"（If Bi［Closeness］had no proper beginning，it would result in misfortune here at the end）。上六爻《小象》"比之无首，无所终也"，王弼解释为"亲道已成，无所与终"（There is nothing he can do to share in this its final stage），程颐的解释为"始不以道，终或何保？"（there is no means to end it［Bi］properly），朱熹的解释为"以上下之象言之，则为无首，以终始之象言之，则为无终。无首则无终矣"（If one speaks of this in terms of the top and the bottom of the image involved，then this line lacks a proper head［i. e. there is a noncentral，weak，yin line in the top position］，but if one speaks of this in terms of the ending and the beginning of the image involved，then this line lacks a proper ending），"无首"的意思就是"无终"（no end）。① 从林理彰的译文和注解来看，他有意识地详细区分了王弼注本和程朱注本体系的差异，因此我们可以说，在理雅各和卫礼贤译本之外，林理彰提供了较为可靠的《易经》第三个译本，这也正是他的译本一直为人所称道的原因所在。

第四节　恢复和重建文本原意：从文本生成的历史语境出发

从夏含夷、孔理蔼等人诠释《易经》的实践中我们可以发现一个重要的方向，那就是利用考古发现和传世文献，结合《周易》卦爻辞，试图重建卦爻辞在商末周初时期的原始意思，也就是说，他们要利用文本和文本生成的时代背景来探寻文本本身的确切意义。

在诠释学上，主张从文本自身来分析其意义的是贝蒂。贝蒂区分了"解释"和"富含意义的形式"，"解释"是理解主体的行为，"富含意义的形式"是意义客观化了的存在。"一切解释都只是对含有意义的形式的解释，通过解释来把握这种形式中所包含的意义。由于含有意义的形式将精神客观化了，从而克服了特定主体与精神之关系的那种直接性，将过去所发生的意义呈现在我们面前，正因如此，含有意义的形式实质上乃是一中介，这种中介作用使主体间的普遍交流成为可

---

① Lynn，Richard John. *The Classic of Changes*，*a New Translation of the I Ching as Interpreted by Wang Bi*. p. 190.

能。"①贝蒂认为,理解存在两个环节,一是意义的客观化,二是理解主体对其所蕴含的主要意义的"复制",也就是让客观化的东西重新回到主观化,在这里,客观化和回归主观化并不是前后相继的两个阶段,而是相互转换的两个作用环节。对贝蒂来说,诠释学的根本宗旨就是正确解读文本的原意,这种"原意"是在读者对文本的悉心分析中得出的,他不能容忍海德格尔、伽达默尔等人的看法,认为文本的意义在理解中生成,而非文本本身所固有。② 为了实现对文本原意的正确解读,贝蒂制定了解释的四个原则,其中第一条就是诠释学对象的自主性原则。贝蒂提出被理解的"文本"是独立存在的,这种"自主性"一方面意味着文本的意思不依赖于理解者(读者),文本在读者面前只是一个纯粹的客体,它的意义只存在于文本的语词、语法规则和总体结构的相互关系中,无论理解主体发生什么变化,文本结构总体所蕴含的意义是不变的。"诠释学对象的自主性"另一方面意味着文本的意思也不取决于它的作者,虽然作品中凝结了作者的主观性,它的形成过程受作者的主观意向制约,但文本一旦形成,就成为不再受制于作者的客观存在,获得了独立的意义。这样,诠释学提到的部分与整体的循环,其唯一的合法形式就是"语词—文本"的循环。在贝蒂看来,理解追求的是文本的客观意义,但施莱尔马赫在诠释的循环中加入了作者的主观性,伽达默尔又把理解主体的主观性融合进来,他们都未能把文本当成真正的客观对象来理解,这样就不可能杜绝理解的相对主义。文本在理解者面前只是一个客观对象,它的意义存在于它的内在结构中,所以评价一个解释是否"客观",其标准内在于文本之中,这样不同的理解就有了一个可以共同遵循的客观标准,避免诠释学陷入理解的相对主义。③

在这里我们可以看出,脱胎于宗教和法律的诠释学,本身一直有追求解释的绝对性、权威性、合法性和正确性的内在动力,反对理解的多元性,为此努力消除理解过程的复杂性。贝蒂认为文本一旦形成,就成为不再受制于作者的客观存在,说明他没有区分"文本"和"文本的具体化"。"文本"固然是一个客观存在,但是"文本的具体化",也就是文本意义的实现,却依赖于读者和文本之间的互动。文本中隐含着它自身形成时的历史语境,因为语词的意思不但受文本的整体结构制约,也受它所处的时代影响。另一方面,贝蒂把读者界定为理解过程的执行者

① 潘德荣《诠释学导论》,第 136—137 页。
② 潘德荣《西方诠释学史》,第 372 页。
③ 潘德荣《诠释学导论》,第 140 页。

和工具,读者的作用就是通过模仿和补充、转化、深化的双重创造性重构文本的意义。读者个体性的展开带来文本意义的实现,但读者的个体性只能以客观化的意义作为依据。这样贝蒂就排除了读者的能动和创造作用,排除了文本意义的增加和延伸,追求文本意义的绝对实现。贝蒂的要求并不符合诠释的实践,具体到《易经》的卦爻辞文本,它既缺乏贝蒂所说的客体自主性,也不能构成一个意义的整体,卦爻辞文本的片断性和缺乏连贯性,使读者的参与变成意义构建的理解和解释过程的一个不可或缺的因素。离开卦爻辞文本产生时的历史语境和读者的能动参与,对《易经》的理解和解释就无从谈起。

孔理蔼等人恢复《周易》卦爻辞原始含义的尝试,取得了一定的成就,一方面让理雅各和卫礼贤译本里很多窒滞不通的翻译读起来都显得合乎情理,另一方面他们的译文为欧美对《易经》的诠释建构了一个可以回溯的起点,尽管这个起点还不是太扎实和牢靠。这样人们就可以从《周易》开始形成的商周时期出发,一路追寻它的文本发展史和意义流变史,拥有了可资比较的依据和标准。但这种以考古资料和传世文献为参照来恢复《周易》原貌的做法,也有其自身的局限。一则考古资料和传世文献的数量有限,无法据以全面重建《易经》卦爻辞在西周时期的含义,二来解释者的知识结构和所处的时代氛围一起构成他/她的"前见",虽然在解释时可以发展为"洞见",但也会在不同程度上带来一定的臆断,从而演变成"偏见",尤其在依据的材料不够充分时。韩非子在《显学》篇里曾说:"孔子、墨子俱道尧、舜,而取舍不同,皆自谓真尧、舜,尧、舜不复生,将谁使定儒、墨之诚乎?殷、周七百余岁,虞、夏二千余岁,而不能定儒、墨之真,今乃欲审尧、舜之道于三千岁之前,意者其不可必乎!无参验而必之者,愚也;弗可必而据之者,诬也。故明据先王,必定尧、舜者,非愚即诬也。"[①]韩非子的话虽然比较苛刻,却指出了重建《周易》本来含义所面临的障碍和陷阱。因为《周易》的作者不能确定,它的文本具有多层属性,卦爻辞辞约义丰,本身缺乏一套明确完整的叙事结构,所以从作者和文本的角度来考证它的原始含义,比"定儒墨之真"还要困难。似乎只有从读者的角度出发,从文本包涵和反映的"问题"入手,才能有条件、有限度地理解卦爻辞的意思。这正是林理彰等人采取的诠释途径:以注疏本作为研究对象,结合注疏者的生平经历、学术观点、所处时代的思想氛围以及具体的注疏文字,据以分析注疏者对

---

① 陈奇猷《韩非子新校注》,上海:上海古籍出版社,2000 年,第 1124—1125 页。

《易经》卦爻辞的理解及其成因。

梁涛在评述顾颉刚和王国维治学理念的差异时,曾提出一种"原型—意义流变说"。他认为,史学中既有历史活动中的人物事件、时间地点或流传下来的文本观念等内容,也有后人对它们的认识、理解、评价等因素。前者往往相对客观、稳定,在历史上有一定的根据,后人对它们的记忆、追述往往也有相对稳定的结构,即"原型",而后者往往是主观、变化的,随着立场、观点或时代的推移,后人对历史事件、人物活动的评价或对某一学说观念的认知会不断发生改变。因此他提出,对于古史和出土文献研究而言,应采用"原型—意义流变说"。"原型"指关于人物、事件、概念学说等相对稳定的叙事结构,"意义"指对人物、事件的认识和评价,或对概念学说的诠释发挥。历史就是不同时代、不同身份的记录者围绕一个基本原型,同时根据不同的意义理解,作出的不同叙述、表达和解读。历史的记载虽然错综复杂,甚至分歧抵牾,但往往包含一个相对稳定的叙事结构,有一定的事实根据,而非纯粹虚构编造。① 梁涛的这个观点,我们在前述李幼蒸评价"古史辨"派的成就时也曾讨论过,李幼蒸采用的是"历史"概念的二义性:"历史 1"用来指历史的实在过程,"历史 2"用来指历史过程流传下来的实物以及对历史的记载和描述,历史研究就是通过对"历史 2"的辨析、考订来重建、还原"历史 1"的过程。因为"历史 1"已经消逝,研究者无论怎样都不能再回到过去,获得"历史 1"的现场感和亲历感,即使是亲历"历史 1"的人,也无法获取它的原貌,因此历史研究只能最大限度地接近"历史 1",而无法还原"历史 1"。按照这种理解,对上古史研究而言,因为年代的久远和资料的匮乏,即使梁涛所说的"原型",同样也属于"历史 2"的范畴,并非那样客观和稳定,因为其中已经蕴含了"叙事结构",即使是"甲骨刻文"、"书之竹帛",其中也反映了刻录者的技能和意识,同时受到历史条件的限制,并不能视为完全客观的史实记录。因此从这一点来看,顾颉刚提出的"不立一真,惟穷流转"的思想史研究途径,更能揭示上古史在后世发展沿革的轨迹。从这个角度来看孔理蔼和林理彰等人的《易经》诠释,我们也许可以说,只有《易经》流传下来的文本是相对客观的,无论是孔理蔼的重建卦爻辞在西周时期的含义,还是林理彰的解释王弼理解的卦爻辞的含义,都属于"文本的实现",他们都带有一定的主观

---

① 梁涛《二重证据法:疑古与释古之间:以近年出土文献研究为例》,《中国社会科学》,2013 年第 2 期,第 159—160 页。

色彩。相较而言,孔理蔼还原卦爻辞在先秦语境下的本义的努力,因为材料的缺乏,很多都缺乏确证,林理彰重建汉以后人对卦爻辞的理解,因为有了更多材料的支撑,就变得更为切实可行。但这并不是否定孔理蔼等人的诠释努力,他们丰富和明晰了人们对很多卦爻辞的理解,也许随着考古发现的先秦材料越来越多,重建卦爻辞原意获得更多扎实材料的支撑后,这种途径便能为我们解释《易经》卦爻辞提供一个坚定的可以依赖的原点。

第六章　结论

　　《易经》一书的形式非常特殊,和其他经典如《诗经》、《尚书》、《礼记》、《春秋》等相比,《易经》的卦爻辞为零章断片,彼此之间不相连属,又缺少一个具体、连贯的解释语境。从《易经》的生成来看,卦爻辞是经过长时间的积累形成的,卦辞、爻辞的编纂目的是便于占卜和预测。当初为具体事情占卜时,因为有具体的语境,卦爻辞与当时情境相结合,对占卜者和解释者而言并不构成理解上的困难。随着占卜次数的增多和情境的变化,来源于某个具体情境的筮辞很难适应其他情境,这就要求编纂者把卦爻辞的内容和具体的语境分离,以增强它的解释力,这样在占卜时,解释者就可以不断把卦爻辞和新的情境结合,这样无形中让在具体占卜中形成的卦爻辞渐渐具备了普遍的解释力,虽然它们还保留着具体占卜时的一些印记。李镜池说:"卜筮之辞,记的都是简之又简的话语,这些话在当时都有某件事做背景,有时稍微说得清楚点,如卜辞中书明祭祀、渔猎、行旅或求雨等,《周易》中明说婚媾、征伐、祭享、饮食等,但事无始终,语焉不详的,比比皆是。这在写每条卦爻辞的当时,自然没有理解方面的问题,但在后人看来,就显得莫名其妙。"①其中的原因,自然就是占卜当时具体情境的丧失。朱伯崑等人也说:"《易经》的内容都是固定的、具体的,如某一卦、某一爻后面都系有固定的卦爻辞,不能变更。卦、爻辞大部分来源于以前占筮的记录,因此,从卦爻辞来看,它只是先于某一事情吉凶的判断。但是,在运用《易经》占筮活动时,所要占筮的内容却是多方面的,因此,在绝大多数情况下,所要占筮的事情和卦爻辞所记的事情是不会相同的,但为了说明吉凶,筮者就必须在二者之间建立起一种类比的联系,由此事之吉凶推测彼事之吉凶。"②由此可见,卦爻辞生成时有具体的语境,但随着占筮活动的发展和解释范围的扩大,人们在理解和解释卦爻辞的过程中经历了一个"去语

---

① 李镜池《周易筮辞考》,见《周易探源》,第25页。
② 朱伯崑《易学基础教程》,北京:九州出版社,2011年,第51页。

境化"和"再语境化"的过程,即把卦爻辞从占卜当时的具体情境中剥离出来,与新的占卜情境相结合,这样难免就涉及类比、联想和推断。从实际情况来看,卦爻辞的形式和指称越简易抽象,它们的类比和联想能力也就越强,反之,如果它们指称具体、形式完整,类比和联想的能力反而变弱。①

第一节 "去语境化"与"再语境化"

"去语境化"(de-contextualization)和"再语境化"(re-contextualization)是保罗·利科提出的和"文本"相关的两个词语。利科认为:"一部文学作品或艺术作品的主要特征,就是它能超越自身创作时的心理和社会环境,向无限的阅读行为开放,这些阅读行为都处在不同的社会文化环境中。简言之,从社会学和心理学的观点来看,文本必须能通过这种方式让自己'去语境化',然后才能在新的环境下'再语境化',准确地说,这是通过阅读行为来实现的。"②利科是从文本自主性的角度来讨论"去语境化"和"再语境化"的,文本产生后即脱离了它创作时的心理和社会环境,然后在阅读中不断和新的社会文化环境结合。

---

① 卦爻辞中含有几类性质不同的内容,李镜池把它们分为三类:象占之辞、叙事之辞和贞兆之辞。第一类象占之辞或是记录日常生活中偶然发生的不寻常现象以推占吉凶,如《剥》初六"剥床以足,蔑贞,凶",《鼎》初六"鼎颠趾,利出否,得妾以其子,无咎";或是根据自然界鸟兽虫鱼以至天象变化来推究人事的吉凶,如《乾》九二"见龙在田,利见大人",《丰》九四"丰其蔀,日中见斗,遇其夷主,吉"。第二类叙事之辞主要记载事实,如《坤》六二"履霜,坚冰至",《随》六二"系小子,失丈夫"等。第三类贞兆之辞主要为卜吉凶,如《乾》卦的卦辞"元亨利贞",《恒》六二"悔亡",《大壮》九二"贞吉"等。(李镜池《周易筮辞续考》,《周易探源》,第72—130页)高亨把《周易》的卦爻辞分为四类:记事之辞、取象之辞、说事之辞、断占之辞。第一类"记事之辞"或采用古代故事来指示卦爻吉凶,如《大壮》六五"丧羊于易,无悔"和《旅》卦上九"丧牛于易,凶";或记录当时筮事,如《周易》中提到"亨"、"享"、"元亨"、"小亨"等,均是记录当时享祀之事。第二类"取象之辞"采用一种事物为象征来指示卦爻吉凶,其内容较简单者与诗歌中的比兴类似,如《大过》九二"枯杨生稊,老夫得其女妻"和九五"枯杨生华,老妇得其士夫",《中孚》九二"鸣鹤在阴,其子和之,我有好爵,吾与尔靡之";内容较复杂者近似散文中的寓言,如《履》六三"眇能视,跛能履,履虎尾,咥人"。第三类"说事之辞"直说人的行事来指示卦爻吉凶,如《乾》九三"君子终日乾乾,夕惕若,厉无咎",《师》九二"师或舆尸,凶"等。说事之辞本身有吉凶休咎,与断占之辞有内在联系。第四类"断占之辞"是论断卦爻吉凶的语句。"记事"、"取象"、"说事"三类辞是前提,"断占之辞"是断案。(高亨《周易古经今注》,北京:中华书局,1984年,第3页、46—57页)此处所说的卦爻辞的形式和指称,主要针对取象、叙事之辞而言,不包括断占之辞。

② Ricoeur, Paul. *Hermeneutics & the Human Sciences*. edited & translated by John B. Thompson. Cambridge: Cambridge University Press, 1981, p. 139.

　　黄俊杰借用这两个词发展出了"去脉络化"（de-contextualization）和"再脉络化"（re-contextualization）的概念。"所谓'去脉络化'现象指当原生于甲地的某一文本、概念或人物之事迹，在传播到乙地之后，常常经由接受方之知识分子的筛检，而除去该文本、概念或人物原生之脉络及其含义，使这些传入之文本、概念或人物成为完全不具情境性（situatedness）之事物而被异地知识分子所接受、理解与消化。"黄俊杰解释了"去脉络化"现象的两个角度，从文本本身来看，有些文本，尤其是文学作品或艺术作品，具有超越其所从出的社会或心理情境的能力，并且能对新的解读者开放。利科使用"去脉络化"和"再脉络化"二词，就是特别针对文本自身的自主性和开放性特质而言。他所说的"去脉络化"现象，主要是指文本作为被解读的资料而言，常常被异域或异代的新解读者加以"去脉络化"。所谓"再脉络化"现象，指在东亚文化交流活动中，某地域的人将原生于异国之文本、概念或人物加以"去脉络化"以后，转而置入本国的思想背景或文化脉络之中，使外来思想或文化融入本国文化或思想情境，并对本国发生作用。①

　　黄俊杰所说的"去脉络化"和"再脉络化"，一个是从文本自身的角度出发，另一个是从解读者的角度出发。从《易经》卦爻辞文本的生成来看，实际上在编纂和使用的过程中，它已经完成了利科所说的"去语境化"和"再语境化"。而在《易经》卦爻辞文本被翻译成英语以后，和新的社会文化环境结合，它又完成了黄俊杰所说的"去脉络化"和"再脉络化"，即从卦爻辞文本的传统注疏中解放出来，和欧美国家的文化或思想情境相结合，产生新的解释和意义。这也是经典诠释在本土文化和异域文化中经常遭遇的不同运命。"很多汉学的文本、人物、事件在中国传统的脉络下都有独自规范的解释，而西方汉学家常常通过去脉络化、再脉络化后，产生创造性的新解释，使原有的文本得到新的生命和意义。"②这也符合伽达默尔的观点。伽达默尔认为，任何文本都具有开放性，这种开放性必然会带来不同的理解："如果我们一般有所理解，那么我们总是以不同的方式在理解。"③文本的意义是无法穷尽的，所以对文本的解释是一个永无止境的过程："对于一部文本或一件

① 黄俊杰《东亚文化交流史中的"去脉络化"与"再脉络化"现象及其研究方法论问题》，金观涛主编《东亚观念史集刊》第 2 期，台北：政大出版社，2012 年，第 59—77 页。
② 李雪涛《"误解的对话"——试论汉学研究的阐释学意义》，载《误解的对话——德国汉学家的中国记忆》，北京：新星出版社，2014 年，第 24 页。
③ 伽达默尔《诠释学 I：真理与方法》，洪汉鼎译，北京：商务印书馆，2010 年，第 420 页。

艺术作品之真正意义的汲取是永无止境的,这事实上是一个无限的过程。"①由于卦爻辞的特殊性质,《易经》在欧美文化中的理解和解释更是如此。

既然这样,那么是不是麦格基、理雅各、卫礼贤、孔理蔼、林理彰等人对卦爻辞意思的解释无一例外都可以接受呢? 是不是采用比较神话学、比较宗教学、哲学、心理学、历史学、科学、神秘主义、女性主义等角度来理解和解释《易经》都是恰当的方式呢? 为什么麦格基从《易经》中读出异教徒的生殖器崇拜、理雅各从《易经》中读出文王和周公当时的意图、卫礼贤从《易经》中读出柏拉图的观念学说、②孔理蔼等人重建卦爻辞西周时期含义的努力,会受到不同程度的质疑和批评呢? 一句话,《易经》传入欧美社会后,对卦爻辞意思的所有解释都具备同样的效力吗?

第二节　"照原样理解"、"较好地理解"与"不一样的理解"

诠释学历史上对意义解释旨归的不同观点,可以概括为"'照原意'或'照原样'理解"、"较好地理解"和"不一样的理解"这三种主张。

第一,主张"'照原意'或'照原样'理解"的有阿斯特(G. A. J. Ast, 1776—1841)、贝蒂(Emilio Betti, 1890—1968)、赫施(E. D. Hirsch)等人,他们认为要尽可能按文本的历史情境与创作者的心理去理解文本,强调诠释活动的结果必须服从客观性的原则,必须尊重有效性的要求,在诠释的过程中讲究规范的遵循和标准的确立。这些人提出复原过去的历史情境和重构文本的客观指涉,都是为了防止打开任意解释的大门,演变成后人各说各话、莫衷一是的局面。

第二,主张"较好地理解"的有施莱尔马赫和狄尔泰(William Dilthey, 1833—1911)。他们认为诠释者能比作者自己更好地去理解作者。相较于原作者,诠释者总可能会以一种后来居上的姿态,达到比原作者更宽广也更深远的视域,从而取得对事理本身更好的掌握,这就是诠释学向来强调的诠释的循环。诠释之所以必要,就是为了增进我们对想要理解的文本的实质内容的领悟,并持续发挥其应

---

① 张鼎国《"较好地"还是"不同地"理解?》,载《诠释与实践》,北京:商务印书馆,2016 年,第167 页。

② 佛尔克认为卫礼贤对《易经》的翻译和解释有过度诠释的嫌疑,卫礼贤说:"万物始于观念形式的彼岸处,这些观念必然是为了成为现实。"佛尔克不无嘲讽地说,在第一批哲学家出现以前,中国人就已经知道了柏拉图的观念学说。见李雪涛《误解的对话——德国汉学家的中国记忆》,第 264 页。

用效果。施莱尔马赫提出了"比作者理解得更好"的目标,狄尔泰赞成他的观点,也认为诠释的最终目的就是达到理解一位原作者能比他对自己作品理解得更好的地步。"较好地理解"这一主张的出现,说明要完全照原初情状去理解是一项不可能也没有必要的事情,回溯作者原意或重建历史实境并不是诠释的最终目标,诠释只是一个达成理解的过程,一旦获得理解,即融合成一种新的、和以往不同的领悟。

第三,主张"'不同的'或'不一样的'理解"的主要是伽达默尔。他认为每一次理解都是一次新的理解,而不是重复旧的"照原样"的理解。但这并非抹杀前人、鼓励和原作精神背道而驰、任凭自由发挥的解释,而是不断尝试把过去和现在结合起来,走出一条较为宽阔开放的未来之路。诠释者不是为了复古而复古,而是要在理解上古为今用。对传统的每一次解释,都属于某种意义的更新,或者说再度找到其实用价值。每一次理解,都是一次新的视域融合。"不同的理解"强调一切文本蕴含的意义视域都具有根本上的不可封闭或者说不可终结的特征。① 归根结底,理解和解释的目的是为了更好地运用。强调文本理解的利科也指出,理解文本并不是理解的目的,而是进入自我理解的媒介,理解的最终目的是自我理解。在文本面前理解自我,并不是把读者的有限理解能力强加于文本,也不是把自己映射到文本中去,而是在文本面前暴露自己。因此读者在开拓文本的意义时也在开拓自我,提升自己的认识能力。②

从这个意义上来说,理雅各的以自己之"意"去逆文王、周公之"志"的诠释方式,孔理蔼等人的重建卦爻辞在西周时期历史含义的诠释方式,都类似于"'照原意'或'照原样'理解",一方面因为"原意"的不可追溯、不可证明而显得困难重重,另一方面因为难以和现实产生直接的关联,所以前景堪忧。麦格基、拉古贝里等人采用比较神话学和"科学"的方法,从《易经》中读出生殖器崇拜、宇宙生成论、宇宙循环论,或者把《易经》视为从巴比伦传来的一部字汇,虽然自称是比中国历代注疏家和西方翻译者"更好地理解"了卦爻辞的意思,实际上因为一方面脱离文本整体语境,另一方面脱离了历代注疏构成的诠释传统,所以虽然看法新奇,但在当时并未形成什么影响。倒是卫-贝译本开启的融占卜、哲学、心理学于一炉的诠释

① 张鼎国《诠释与实践》,第148—178页。
② 潘德荣《诠释学导论》,第154—155页。

方式,因为摆脱了具体历史语境的限制,反而催生了更多"不一样的理解"。这些不一样的理解哪些更有效力,哪些更恰当? 我们需要指出,伽达默尔提出的"不同的理解",并不是放任自流,认为不管什么样的理解、解释和论述都可以,也都是对的。一方面始终有不可取代的文本自身在讲话,另一方面还有不断继起的诠释者的发言权,不会被否定或遭到压制。在理解和解释之际,每个人都不可避免会携带着自己的前判断,但是不当的前判断终将受到继起的恰当判断的修正或排除,因此诠释的工作就是这样不断兴起的重新理解的努力,是在既不抛弃理解的文本,又不断回顾历史传统和文化遗产的情况下不断继续向前探索的尝试。经典诠释的成败主要取决于诠释者能否发挥经典要义,促进旧的经典在新时代、新处境下发挥影响和作用。此外,我们还可以将这些"不同的理解"交给时间和读者来裁判。正像麦格基、拉古贝里等人的《易经》翻译今天几乎无处寻觅,而理雅各译本、卫-贝译本至今畅销不衰,那些从心理学、物理学、算学、女性主义、神秘主义等角度诠释《易经》的方式,也要接受读者和时间的检验。至于后世读者从经典文本中读出当时根本不可能存在的内容,则要判断是用后发的观念去证明经典的权威性,还是将经典的理解、解释和当代的现实结合起来,丰富经典的内涵,延续经典的生命,前者需要批判,后者则值得提倡。此外我们还要强调的是,理解不等于同意。我们研究麦格基、理雅各、卫礼贤、孔理蔼、林理彰等人的《易经》译本,阐述各译本生成的历史语境、译本具备的特征和产生的影响,充分理解他们在当时的历史条件下做出的各种诠释努力,但这并不等于我们同意他们对卦爻辞的翻译和解释。我们秉持的是"了解之同情"的态度,但并不会因"同情"而"同意"。这也是我们在研究《易经》所有译本时应持的态度,必须时刻保持反思的精神,促进经典在现代和异域的传播。

第三节 《易经》诠释的未来

《易经》既然已经走向世界,实际上它已从一部地域性的典籍变成了一部全球性的经典。无论是麦格基、理雅各,还是卫礼贤、贝恩斯夫人,他们的诠释虽然继承了中国经学时代的传统,却都不可避免地受到自身文化的影响,从而留下鲜明的时代、地域和个人印记。也就是说,经过他们翻译和诠释的《易经》,早已不同于朱熹、李光地等人理解的《易经》,而成为一部融合中国古代文化和西方近代思潮的新的《易经》。

近年来，司马富（Richard J. Smith）以《易经》在世界范围内的传播为研究对象，把《易经》置于全球文化交流的理念中来理解、考察和描述，使其走出中国变成一部全球化的经典，取得了丰富的研究成果。司马富指出，《易经》如一面镜子，照见的是其信奉者的心态。也就是说，有多少读者，有多少注疏家，就有多少不同版本的《易经》。① 因此有人会认为《易经》是占卜手册、封建糟粕、哲学著作、历史作品、古代字典、百科全书、早期的科学作品、宇宙的数理模型或者像《圣经》、《古兰经》和佛经那样神圣的经文，也有人用历法、天文、星相、化学、炼金术、数学等诠释方法来解读《易经》。不同的视角必然会带来不同的理解，所以宗教或哲学的属性、学术风气的变迁、政治形势、社会地位、性别、个人品味，或其他时间、地点和环境的变量（包括天灾人祸、改朝换代、起义叛乱和外敌入侵等历史事件）等，都会对《易经》的理解和诠释产生影响。整个社会的学术风气，地方文化的氛围，甚至学派、师承和家法等，都会影响《易经》的诠释，对《易经》的诠释反过来又会影响上述诸因素。因此两千年来中国的《易经》注疏层出不穷，每部注疏都反映出鲜明的技术、语文学、宗教、哲学、文学、社会或政治观。儒家在《易经》中读出儒家的含义，道家在《易经》中读出道家的含义，佛家在《易经》中读出佛家的含义，并且历史上不同时期的人，在他们人生的不同阶段，也会根据时势的需求，为了不同目的、以不同方式来使用《易经》。由于《易经》在中国享有的巨大声望，它的历史和文化影响早已超出中国不断改变的地理疆界，在过去的几千年里逐渐演变成一部全球文化资产（global property）。时至今日，世界上鲜有地方找不出一两个《易经》的不同版本。《易经》的全球化，部分是由于它在中国的盛名，同时还应归功于它种种诱人的特质——它那晦涩难辨的本文，激发出各种诠释上的创见；它精巧复杂的数理和其他形式的象征；作为占卜工具的实用性；哲学意蕴复杂的注疏；心理学上的潜质；以及它作为百科全书的声名。《易经》的广泛传播还依赖于一些诠释者有意识采用的策略方法，他们希望把《易经》用于各种不同的环境，以达到他们在政治、社会、智识甚至基督教方面的目的。②

---

① Smith，Richard J. "Introduction". *Fathoming the Cosmos and Ordering the World：the Yijing（I Ching，or Classic of Changes）and its Evolution in China*. Charlottesville and London：University of Virginia Press，2008，p. 1.

② 同上书，pp. 1-5.

作为一部全球化时代的经典,《易经》一定还会继续成为东西方思想家的灵感源泉。中国学者会继续从中汲取养分,寻找传统在现代的创造性转化。在海外,无论出于学术目的还是商业理想,迫切想理解和传播《易经》中的远古智慧的外国人,还会持续不断地翻译《易经》。也许更重要的是,《易经》会继续为我们研究文化典籍的前世今生提供一个比较的视角:看它们怎样诞生,如何发展,怎样穿越时空。通过这样的比较,我们不仅能了解其他文化,同时也会加深对自身的理解。这也是我们研究《易经》在本土和域外翻译与传播的最终目的,即运用比较的方法,采取包容的精神,实现全球文化的互鉴、互通和共存、共荣。

附录：欧美《易经》重要译本及大事编年①

- ● **1834—1839 年**

Jean-Baptiste de Rēgis, ed. *Y-King*：*Antiquissimus Sinarum Liber*. (*Yijing*：*the Oldest Chinese Book*). Tuebingen.

这是第一个用拉丁文翻译的《易经》全译本,1736 年由法国耶稣会士雷孝思根据《周易折中》,在前人成果上编纂完成,后由德国东方学家约瑟夫·摩尔(Joseph Mohl)整理,并分别 1834 年和 1839 年出版第一、二卷。

- ● **1876 年**

Thomas McClatchie, trans. *A Translation of the Confucian 易经 or the Classic of Change with Notes and Appendix*. Shanghai：American Presbyterian Mission Press.

这是《易经》第一部英文全译本,由英国圣公会传教士麦格基(麦丽芝)翻译,它以《周易折中》为底本,经传不分。

- ● **1882 年**

James Legge, trans. *The Yi King*. Oxford：Clarendon Press.

理雅各的《易经》译本,作为缪勒(F. Max Müller)主编《东方圣书》系列第 16

---

① 来源说明：Hellmut Wilhelm, *The Book of Changes in the Western Tradition*：*A Selective Bibliography*, Seattle：the Institute for Comparative and Foreign Area Studies at University of Washington, 1975：pp. 5 - 29；Hacker, Edward, Steve Moore and Lorraine Patsco, *I Ching*：*An Annotated Bibliography*. New York：Routledge, 2002；Richard J. Smith, "Select Bibliography of Works on the Yijing Since 1985", in *Philosophy of the Yi*：*Unity and Dialectics*, edited by Chung-ying Cheng and On-cho Ng, West Sussex：Journal of Chinese Philosophy, 2009, pp. 152 - 163；Richard J. Simth, *The I Ching*：*A Biography*, Princeton：Princeton University Press, 2012；Richard Rutt, *The Book of Changes*：*A Bronze Age Document*, Surrey：Curzon Press Ltd., 1999；Geoffrey Redmond, Tze-ki Hon, *Teaching the I Ching*（*Book of Changes*）, Oxford：Oxford University Press, 2014. 新出的译本则根据近年来收集的资料整理。应该说明的是,这并不是欧美《易经》译本的详尽年表,而只是本书论述赖以建立的主要资料系年。

本出版，主要以《周易折中》为底本，参考《日讲易经解义》，经传分开。这部译本
1899 年重印。

- **1882—1883 年**

Terrien de Lacouperie，intro. & trans. *The Oldest Book of the Chinese* (*The Yih King*)，*and its Authors*. London：Turbner and Co.

拉古贝里出版的《易经》节译本，他撰写了很长的导论来说明《易经》是一部字典，但他只翻译了《睽》、《比》、《师》、《谦》、《观》、《同人》等卦的卦爻辞。

- **1885—1893 年**

Paul-Louis-Felix Philastre，trans. *Tsheou Yi：Le Yi King ou Livre des changements de la dynasties des Tsheou*. Paris：Leroux.

这是由霍道生翻译出版的第一个法语《周易》全译本，以《周易折中》为底本。

- **1889 年**

Charles Joseph de Harlez，trans. *Le Yi-king traduit d'après les interprētes chinois avec la version mandchoue*. Brussels：F. Hayez.

比利时学者德·哈雷兹出版的《易经》法译本。受拉古贝里的影响，哈雷兹也认为《易经》是一部字典。这部译本在 1897 年修订重印。

- **1896 年**

J. P. Val d'Eremao D. D.，trans. *The Yih-king：A New Translation from the Original Chinese by Mgr. C. de Harlez D. L. L* Wo King：Publications of the Oriental University Institute.

这是哈雷兹法文译本的英文转译本。

- **1924 年**

Richard Wilhelm，trans. *I Ging：Das Buch der Wandlungen*. Jena：Eugen Diederichs Verlag.

这是卫礼贤在劳乃宣的协助下翻译的德语《易经》全译本，它以康熙御纂《周易折中》为底本，但卫礼贤将《十翼》内容打散后重新编排，与通行的经传别行和援传入经均有差异。

- **1933 年**

Arthur Waley，"The Book of Changes". *Bulletin of the Museym of Far Eastern Antiquities*. 1933(5)：121‒142.

这是汉学家韦利发表的一篇讨论《周易》本经卦爻辞含义的论文,此文受古史辨派研究的启发,运用神话学、民俗学和考古研究成果,将卦爻辞放到西周语境下,提出很多迥异于前人的解读,后续夏含夷(Edward Shaughnessy)、孔理霭(Richard Kunst)、卢大荣(Richard Rutt)等人的研究,一定程度上均受到韦利的启发。译文见"《周易》的文本性质",亚瑟·韦利 著,吴礼敬 译,《亚洲与世界》2023(6):17–42,北京:社会科学文献出版社。

- **1934—1935 年**

Z. D. Sung. ed. *The Text of Yi King (and its Appendixes)*, *Chinese Original with English Translation*. Shanghai:China Modern Education Co.

这是沈仲涛以理雅各译本为底本撰写和编纂的《易经》英汉对照本,分为两卷,第一卷名为 *The Symbols of Yi King* or *The Symbols of the Chinese Logic of Changes*. 沈仲涛尝试解开《易经》中的数学和科学奥秘。

- **1950 年**

Cary F. Baynes, trans. *The I Ching or Book of Changes*. New York:Pantheon Books.

早在 1930 年之前,荣格(Carl Jung)就计划让卫礼贤指导贝恩斯夫人将《易经》德译本转译为英文,贝恩斯夫人一直致力于翻译和出版该译本,直到卫礼贤的儿子卫德明(Hellmut Wilhelm)从中国来到美国,将英译文与汉语原文比对后,由荣格撰写导言,该译本才最终以上下两册合为一卷的形式出版。

- **1961 年**

Cary F. Baynes, trans. *The I Ching or Book of Changes*. Princeton:Princeton University Press.

卫礼贤-贝恩斯夫人《易经》译本第二版,将第一版的上下册合并为一册,改到普林斯顿大学出版社出版。

- **1963 年**

James Legge. trans. *The I Ching translated by James Legge*. New York:Dover Publications.

理雅各译本第二版,此版将原来的名称 *The Yi King* 改为 *The I Ching*,内容无变化。

● **1964 年**

Chu Chai and Winberg Chai, ed. *I Ching：Book of Changes, translated by James Legge.* New York：Bantam Books.

翟楚和翟文伯重新编辑理雅各译本出版，为其增加长篇导言，内容无变化，至 1986 年此版已重印 16 次。

● **1965 年**

John Blofeld, trans. *The Book of Change：A New Translation of the Ancient Chinese I Ching (Yi King), with Detailed Instructions for its Practical Use in Divination.* New York：E. P. Dutton & Co., Inc.

蒲乐道这部《易经》译本主要着眼于《易经》的卜筮功用，希望以简明扼要的语言阐明卦爻辞的含义，指导现代欧美人的生活。

● **1967 年**

Cary F. Baynes, trans. *The I Ching or Book of Changes.* Princeton：Princeton University Press.

卫礼贤-贝恩斯夫人译本第三版，增加卫礼贤之子卫德明撰写的前言，这个译本出版以后迅速成为欧美《易经》的畅销书，至今卖出近一百万本。

● **1969 年**

Clae Waltha, ed. *I Ching：The Chinese Book of Changes, arranged from the work of James Legge.* New York：Ace Publishing.

这个编纂本将理雅各译本中的罗马拼音改成韦氏（Wade-Giles）拼音，内容无变化。

● **1970 年**

1. Gia-fu Feng and Jerome Kirk, trans. *Tai Chi, a Way of Centering and I Ching.* London：Collier；New York：The Macmillan Co.

根据卫德明的记载，译者冯家福 1919 年出生于上海，1947 年赴美。这个新译本翻译《周易》卦爻辞和《十翼》的一部分，具有原创精神，不避俗字甚至嬉皮士用语。

2. Wei Tat, trans. *An Exposition of the I-Cing or Book of Changes.* Taipei：Institute of Cultural Studies.

译者韦达是中国文化大学教授，这个译本主要翻译了《乾》、《坤》两卦，可谓集各家注疏之大成,包罗万象,其中也有关于中西易学史的梳理。

3. Joseph Murphy, trans. *Secrets of the I Ching*. New York：Parker Publishing Company，Inc.

这部译本以《易经》占筮为主,此书直接受《易经》卫-贝译本影响而产生,作者明确指出要指导读者处理人生中遇到的各种大事。

● **1971 年**

1. Frank J. MacHovec, trans. *I Ching, the Book of Changes*. New York：Peter Pauper Press.

卫德明认为,这个译本带有浓重的个人色彩。

2. Raymond Van Over, ed. *I Ching, based on the translation by James Legge*. New York：Mentor Books，New American Library.

此译本将理雅各的经传分开改为分经附传,增加卦名,采用韦氏(Wade-Giles)拼音,增加了一篇导言。

3. Alfred Douglas, *The Oracle of Changes：How to Consult the I Ching*. London：Victor Gollancz.

这本书以介绍占卜方法为主,卫德明认为,该书也是依据理雅各译本改编而成。

4. Lee Chin and Kay Wong, trans. *I Ching：Book of Changes*. Tujunga, Ca：The K. King Co.

这个译本将卦爻辞翻译为韵文并解释了用蓍草占筮的方法。

5. Lee Jung Young, trans. *The Principle of Changes：Understanding the I Ching*. New Hyde Park，New York：University Books.

译者详细讨论了"元亨利贞、贞吉悔亡、无攸利"等占筮用语的含义。

● **1974 年**

Sam Reifler, trans. *I Ching：A New Interpretation for Modern Times*. New York：Bantam Books.

这个译本的卦爻辞采用了诗体形式翻译,译者指出他刻意改变诠释语言,使译文便于阅读和理解。

● **1975 年**

Da Liu, trans. *I Ching Coin Prediction*. New York and Evanston：Harper

& Row.

这个译本主要以易占和易数为主,介绍了金钱卦的占筮方法。

● **1982 年**

R. L. Wing, trans. *The Illustrated I Ching*. New York: Dolphin/Doubleday & Company, Inc.

这个译本翻译了六十四卦卦爻辞并介绍了金钱卦的占筮方法。

● **1983 年**

Edward Louis Shaughnessy. *The Composition of the Zhouyi*. UMI Ph. D. diss. in Chinese Studies: Stanford University.

夏含夷在斯坦福大学完成的博士论文,主要讨论《周易》的编纂和卦爻辞在西周时期的含义。这篇论文经过大幅修订后于 2023 年分别在美国和中国出版。

● **1985 年**

1. Richard Alan Kunst. *The Original Yijing: A Text, Phonetic Transcription, Translation and Indexes with Sample Glosses*. UMI Ph. D. diss. in University of California, Berkeley.

孔理霭在加州大学伯克利分校完成的博士论文,讨论卦爻辞在西周时期的含义,包括依据古史辨派等考据成果翻译的《周易》古经部分。

2. Huang Kerson and Rosemary Huang, trans. *I Ching*. New York: Workman Publishing Company Inc.

该译本主要根据高亨的《周易古经今注》和《周易通说》翻译《周易》卦爻辞含义,只翻译了《周易》的古经部分。

● **1986 年**

1. Martin Palmer, Kwok Man Ho and Joanne O'Brien, trans. *The Fortune Teller's I Ching*. New York: Ballantine Books.

这个译本偏重占卜,介绍利用十二根蓍草、三枚钱币和八枚钱币占卜的方法,主要依据正中书局 1981 年版孙再生所撰《周易原义新证释》。

2. Greg Whincup, trans. *Rediscovering the I Ching*. New York: Doubleday&Company, Inc.

这个译本与理雅各和卫礼贤-贝恩斯夫人的译本迥然不同,主要依据高亨关于《周易》古经和大传的注解翻译。

3. Thomas Cleary, trans. *The Taoist I Ching*. Boston & London：Shambhala.

这是克礼履翻译的清代道士刘一明的《周易阐真》。

● **1987 年**

1. Thomas Cleary, trans. *The Buddhist I Ching*. Boston & London：Shambhala.

这是克礼履翻译的明代智旭和尚的《周易禅解》。

2. Wei Henry, trans. *The Authentic I Ching*. California：The Borgo Press.

这个译本翻译了《周易》本经和《彖》、《象》、《文言》等部分。

● **1988 年**

Carol K. Anthon, trans. *A Guide to the I Ching*. Massachusetts：Anthony Publishing Company.

译者深受卫礼贤-贝恩斯夫人译本的影响,出版多本易学书籍,探讨易占和冥想等主题,此书主要翻译了六十四卦的卦爻辞。

● **1990 年**

Kidder Smith, Peter K. Bol, Joseph A Adler & Don J. Wyatt, ed. *Sung Dynasty Uses of the I Ching*. Princeton：Princeton University Press.

此书主要关注《易经》在宋代的使用,开启了欧美易学翻译研究由经到传的转向。

● **1991 年**

Wu Jing-nuan, trans. *Yijing*. Washington D. C. ：The Taoist Center, distributed by University of Hawaii Press.

这本书主要用道家思想来诠释《易经》。

● **1992 年**

1. Thomas Cleary, trans. *I Ching：The Book of Changes*. Boston & London：Shambhala.

克礼履翻译出版了这本便携式的小书,主要翻译了六十四卦的卦爻辞以用于占卜。

2. Qin Ying, ed. *Book of Changes*. Changsha：Hunan Publishing House.

秦颖编辑的这本英汉双语《易经》，采用《周易正义》作底本，采用理雅各的译文。

3. Roderic Sorrell and Amy Max Sorrell，trans. *An Idiot's Guide to the I Ching*. Arizona：Bio-Ching Publishers.

该书翻译了《易经》卦爻辞，解释了用六枚硬币占卜的方法，每卦都提供了生活中的实例。

● **1993 年**

1. Roy Collins，trans. *The Fu Hi's I Ching：The Early Heaven Sequence*. Maryland：University Press of America.

该书主要根据伏羲后天卦的卦序翻译卦爻辞，其中包含很多与中国历史有直接联系的寓言和隐喻。

2. Wang Rongpei，Ren Xiuhua，trans. *Book of Change*. Shanghai：Shanghai Foreign Language Education Press.

汪榕培和任秀桦翻译的《英译易经》，只翻译了六十四卦的卦爻辞。

● **1994 年**

1. Kristyna Arcarti. *I Ching for Beginners*. London：Hodder & Stoughton Educational.

哈克尔等人认为该书是综合理雅各译本和卫礼贤-贝恩斯夫人译本的产物。

2. Rudolf Ritsema，Stephen Karcher，trans. *I Ching：the First Complete Translation with Concordance；The Classical Chinese Oracle of Change*. Shaftesbury，Dorset，England：Element Books Ltd.

两位译者分别是瑞士爱诺思（Eranos）项目主席和经理，研究荣格心理学，将《易经》视为心理学工具，该译本以《周易折中》为底本。

3. Richard John Lynn，trans. *The Classic of Changes：A New Translation of the I Ching as Interpreted by Wang Bi*. New York：Columbia University Press.

林理彰翻译的《周易》王弼注，根据楼宇烈校释的版本，该译本被视为《易经》王弼注的权威译本。

● **1995 年**

1. Sarah Dening，trans. *The Everyday I Ching*. Great Britain：Simon &

Schuster Ltd.

译者是心理治疗师,译文以卜筮为主,故只翻译六十四卦卦爻辞。

2. Fu Youde, trans. *The I Ching*: *Text and Annotated Translation*. Jinan: Shandong Friendship Publishing House.

该译本根据刘大钧和林忠军的白话《易经》本翻译,由 Frank Lauran 校核。

3. Luo Zhiye, trans. *A New Translation of Yijing*. Qingdao: Qingdao Publishing House.

罗志野翻译的《易经》双语对照本,由吴钧陶撰写前言。

4. Stephen Karcher, trans. *The Elements of the I Ching*. Britain: Element Books Limited.

该译本以占筮为主,翻译了六十四卦的卦爻辞,总结了每卦的主旨和关键词。

5. Thomas Cleary, trans. *The Tao of Organizaton*: *The I Ching for Group Dynamics*. Boston: Shambhala Publications, Inc.

这是克礼履根据程颐《易传》从社会学和心理学角度翻译出版的第三个《易经》译本。

● **1996 年**

1. James Legge, trans. *I Ching*: *Book of Changes*. New Jersey: Gramercy Books, a division of Random House Value Publishing, Inc.

理雅各译本重新出版,由 Karla Dougherty 撰写前言介绍金钱卦筮法,其余内容没有改变。

2. Richard Rutt, trans. *Zhouyi*: *The Book of Changes*. England: Curzon Press Ltd.

卢大荣翻译的《周易》,导论部分详细介绍了西方《易经》主要译本,该译本只翻译了《周易》本经部分,旨在恢复西周时期的卦爻辞原意。

● **1997 年**

1. Chan Chiu Ming, trans. *Book of Changes*: *An Interpretation for the Modern Age*. Singapore: Asiapac Books Pte Ltd.

该译本只翻译了六十四卦的卦爻辞,注重《易经》的占筮功能,旨在揭示《易经》的联系思维,以区别于西方的逻辑思维。

2. Diane Stein, trans. *A Woman's I Ching*. California: The Crossing

Press.

这个译本只翻译了六十四卦的卦爻辞，旨在通过《易经》卦爻辞来恢复女性的地位。

3. Edward Louis Shaughnessy, trans. *I Ching：the Classic of Changes*. New York：Ballantine Books.

夏含夷翻译的马王堆出土的帛书《周易》，为英汉对照本。

4. Wu Wei, trans. *The I Ching Workbook*. Los Angles, CA：Power Press.

该译本提供六十四卦卦爻辞的译文以及《易经》的占筮实践。

5. Li Yan, *The Illusrated Book of Changes*. Beijing：Foreign Language Press.

外研社出版的这部《易经图解》用图画的方式展现出每一卦每一爻的变化，形式非常新颖。

● **1998 年**

Alfred Huang, trans. *The Complete I Ching：The Definitive Translation from the Taoist Master Alfred Huang*. Rochester Vermont：Inner Traditions.

这个《易经》译本由道教大师黄叡思翻译，仍以占筮为主，其中包含很多道家对卦爻辞的解释，是卫礼贤-贝恩斯夫人译本之外的另一个《易经》畅销本。

● **1999 年**

Richard Gottshalk, trans. *Divination, Order and the Zhouyi*. MD：University Press of America.

高厦克翻译的《易经》，主要依据高亨、李镜池、夏含夷和孔理霭的易学研究成果，翻译了六十四卦的卦爻辞并提供了注释。

● **2000 年**

Fu Huisheng, trans. *The Zhou Book of Change*. Jinan：Shandong Friendship Press.

傅惠生翻译的《周易》英汉对照本，除翻译六十四卦的卦爻辞，还翻译了《彖》和《象》，并提供现代白话文翻译。

● **2002 年**

1. Stephen Karcher, trans. *I Ching*. London：Sterling Publications.
这是以荣格心理学为指导的《易经》译本。

2. Jack M. Balkin，trans. *The Laws of Change*：*I Ching and the Philosophy of Life*. New York：Schocken Books.

该译本对《易经》的占筮和哲学给予同样重视，翻译了六十四卦的卦爻辞和《彖》、《大象》，同时提供了大量解释和注释。

● **2003 年**

Bent Nielsen，ed. *A Companion to Yi Jing Numerology and Cosmology*：*Chinese Studies of Images and Numbers from Han to Song*. Taylor & Francis Group：Routledge Curzon.

这部著作提供了《易经》的详细索引，也介绍了《易经》在欧美的主要译本。

● **2011 年**

1. Margaret J. Pearson，trans. *The Original I Ching*：*An Authentic Translation of the Book of Changes based on Recent Discoveries*. Tokyo：Tuttle.

这部《易经》译本由第 44 卦《姤》出发，以女性主义视角翻译《周易》卦爻辞在西周时期的含义，对很多涉及女性的内容提出了新颖的解释。

2. Hilary Barrett，trans. *I Ching*：*Walking your path*，*Creating your Future*. London：Arcturus Publishing Limited.

这是一部以占筮为主的《易经》译本，翻译六十四卦的卦爻辞和《大象》、《序卦》，每卦开头有一些引导性的问题，译者为卦爻辞提供了丰富的解释。

● **2012 年**

Richard Bertschinger，trans. *Yijing*，*Shamanic Oracle of China*. London and Philadelphia：Singing Dragon.

根据译者介绍，这个《易经》译本是受冯家福影响而产生的，它注重《易经》的道家色彩，同时也重视起占筮功用。

● **2014 年**

1. Edward L. Shaughnessy，trans. *Unearthing the Changes*：*Recently Discovered Manuscripts of the Yijing*（*I Ching*）*and Related Texts*. New York：Columbia University Press.

这是夏含夷出版的上博楚简《周易》、王家台《归藏易》竹简、阜阳双古堆汉简《周易》的译注本。

2. John Minford，trans. *I Ching：the Essential Translation of the Ancient Chinese Oracle and Book of Wisdom*. New York：Viking.

这是闵福德翻译的《易经》，分为两部分，第一部分翻译经传合一的传世本《易经》，第二部分翻译《周易》本经，讨论卦爻辞的早期含义。

● **2015 年**

Stephen L. Field，trans. *The Duke of Zhou Change：A Study an Annotated Translation of the Zhouyi 周易*. Wiesbaden：Harrassowitz Verlag.

这是田笠翻译出版的讨论《周易》早期卦爻辞占筮含义的易学专著。

● **2017 年**

1. David Hinton，trans. *I Ching：The Book of Change，A New Translation*. New York：Farrar，Straus and Giroux.

这部《易经》译本注重体现《易经》卦爻辞的文学价值。

2. Geoffrey Redmond，trans. *The I Ching（Book of Changes）：A Critical Transltion of the Ancient Text*. London：Bloomsbuy Academic.

雷文德翻译的这部《易经》以再现卦爻辞在西周时期的含义为主要目的。

● **2018 年**

1. Paul Fendos，trans. *The Book of Changes：A Modern Adaptation and Interpretation*. Wilmington：Vernon Press.

作者 1988 年在威斯康辛大学完成博士论文，讨论费直在《易》学史上的地位，这部《易经》译本主要翻译和讨论《周易》爻辞，对爻辞提出很多新颖的解释。

2. Reduolf Ritsema & Shantena Augusto Sabbadini，trans. *The Original I Ching or The Book of Changes：The Eranos I Ching Project*. London：Watkins Publishing.

这部《易经》译著是译者对早期心理学译解的增改和扩充。

● **2019 年**

L. Michael Harrington，trans. & eds. *The Yi River Commentary on the Book of Changes*. New Haven and London：Yale University Press.

这是哈林顿翻译出版的程颐《伊川易注》，提供了大量注解。

● **2020 年**

Joseph A. Adler，trans. & eds. *The Original Meaning of the Yijing：*

Commentary on the Scripture of Change. New York：Columbia University Press.

这是艾周思翻译出版的朱熹《周易本义》的译注本。

● **2022 年**

1. Joseph A. Adler，*The Yijing：A Guide*. New York：Oxford University Press.

艾周思出版《易经》导读，其中介绍了《易经》在欧美的主要译本。

2. Edward L. Shaughnessy. *The Origin and Early Development of the Zhou Changes*. Leiden/Boston：Brill.

夏含夷将其 1983 年在斯坦福大学完成的博士论文增订和修改后出版，导言中介绍了欧美具有代表性的一些译本，该书中译本由蒋文翻译后同年在上海古籍出版社出版。

索 引

A

艾约瑟（Joseph Edkins）97, 98, 99, 104, 215

艾周思（Joseph Adler）34, 264, 265, 266

B

贝恩斯夫人（Cary F. Baynes）18, 19, 28, 29, 54, 113, 114, 119, 130, 131, 134, 135, 136, 137, 138, 139, 140, 141, 142, 143, 144, 145, 149, 151, 164, 182, 184, 187, 188, 189, 191, 196, 199, 200, 203, 208, 209, 215, 260, 284, 296

比 3, 96, 217, 243, 282, 283, 284, 285, 286

贲 94, 122,

剥 69, 70, 217, 255, 278, 292

C

程颐 4, 34, 65, 70, 80, 88, 248, 253, 256, 260, 266, 267, 268, 272, 273, 279, 281, 283, 284, 285, 286

萃 26

D

大有 3, 185

大畜 3, 122, 259, 263

大过 95, 211, 292

大壮 94, 189, 190, 224, 292

鼎 3, 21, 24, 134, 165, 166, 167, 168, 177, 178, 189, 194, 195, 196, 197, 217, 234, 244, 252, 292

兑 2, 82, 95, 177, 254

遯 210, 211, 251, 255, 262, 263

F

丰 23, 30, 69, 279, 292

复 68, 69, 70, 268, 278, 280

伏羲 5, 6, 11, 26, 62, 80, 82, 84, 86, 87, 97, 98, 99, 106, 108, 170, 218, 220, 271

G

高亨 34, 43, 188, 210, 212, 223, 227, 228, 235, 252, 257, 261, 262, 263, 292

革 30, 177, 186

歌德（Wolfgang Goethe）122, 180,

参考文献

《易经》英/德译本：

Adler，Joseph A. 2002. *Introduction to the Study of the Changes（Yixue qimeng）*. Provo：Global Scholarly Publications.

—. 2020. *The Original Meaning of the Yijing：Commentary on the Scripture of Change［by］Zhu Xi*. New York：Columbia University Press.

Balkin，Jack M. 2002. *The Laws of Change：I Ching and the Philosophy of Life*，New York：Schocken Books.

Barrett，Hilary. 2011. *I Ching*. London：Arcturus Publishing Limited.

Blofeld John. 1965. *I Ching：the Book of Change*，*A New Translation of the Ancient Chinese Text with Detailed Instructions for its Practical Use in Divination*，New York：George Allen & Unwin Ltd.

Cleary，Thomas. 1986. *The Taoist I Ching*. Boston：Shambhala. Translation of commentary by Liu I-ming，1796.

—. 1987. *The Buddhist I Ching*. Boston：Shambhala. Translation of commentary by Chih-hsuOu-i，1599 – 1655.

—. 1988. *I Ching：The Tao of Organization*. Boston：Shambhala，Translation of commentary by Cheng I，1033 – 1108.

Gotshalk Richard. 1999. *Divination*，*Order*，*and the Zhouyi*，New York：University Press of America，Inc.

Harrington，Michael. 2019. *The Yi River Commentary on the Book of Changes*. New Halen：Yale University Press.

Henry Wei. 1987. *The Authentic I-Ching*. California：The Borgo Press.

Huang，Alfred. 1998. *The Complete I Ching*. Rochester，VT：Inner Traditions.

Kunst，Richard Alan. 1985. *The Original "Yijing"：A Text*，*Phonetic Transcription*，*Translation*，*and Indexes*，*with Sample Glosses*，Ph. D. Thesis，University of California，Berkeley.

Legge James. 1882. *The Yi-king*，Oxford：Clarendon Press.

—. 1963. *The I Ching*，New York：Dover Publications，Inc.

Lynn，Richard John. 1994. *The Classic of Changes：A New Translation of the I Ching as Interpreted by Wang Bi*. New York：Columbia University Press.

McClatchie Thomas，M. A. 1876. *A Translation of the Confucian 易经 or the Classic of Change with Notesand Appendix*，Shanghai：American Presbyterian Mission Press，reprinted by Ch'eng Wen Publishing Company，1973，Taibei.

Minford, John. 2014. *I Ching：the Essential Translation of the Ancient Chinese Oracle and Book of Wisdom*. New York：Viking.

Pearson, Margaret J. 2011. *The Original I Ching，an Authentic Translation of the Book of Changes*. North Cllarendon, Tuttle Publishing.

Redmond Geoffrey. 2017. *The I Ching：A Critical Translation of the Ancient Text*. London：Bloomsbury Publishing Plc.

Ritsema，Rudolf, and Stephen Karcher. 1994. *I Ching：The Classic Chinese Oracle of Change*. Shaftesbury, Dorset：Element.

Rutt，Richard. 1996. *The Book of Changes（Zhouyi）：A Bronze Age Document*. Surrey：Curzon Press Ltd.

Shaughnessy，Edward L. 1996. *I Ching：The Classic of Changes*，New York：Ballantine Books.

—. 2014. *Unearthing the Changes：Recently Discovered Manuscripts of the Yijing（I Ching）and Related Texts*，New York：Columbia University Press.

—. 2022. The Origin and Early Development of the Zhou Changes. Leiden/Boston：Brill.

Tat Wei. 1977. *An Exposition of the I-Ching or Book of Changes*，Hong Kong：Dai Nippon Printing Co.，Ltd.

—. 1986. *Rediscovering the I Ching*，New York：Doubleday & Company，Inc.

Wilhelm Richard. 1956. *I Ging，Das Buch der Wandlungen*，München：Heinrich Hugendubel Verlag.

—. 1950. *The I Ching or Book of Changes*，rendered into English by Cary F. Baynes，New York：Pantheon Books.

—. 1967. *The I Ching or Book of Changes*，rendered into English by Cary F. Baynes，Princeton：Princeton University Press.

汪榕培、任秀桦，《英译易经》(Book of Change)，上海：上海外语教育出版社，1993.

傅惠生，《周易》(The Zhou Book of Change)，济南：山东友谊出版社，2000.

《易经》中文注疏本：

陈鼓应、赵建伟注译，《周易今注今译》，北京：商务印书馆，2005.

程颐撰，《周易程氏传》，王孝鱼点校，北京：中华书局，2011.

高亨，《周易古经今注》(重订本)，北京：中华书局，1984.

高亨，《周易大传今注》，济南：齐鲁书社，1979.

黄寿祺、张善文撰，《周易译注》(上下册)，上海：上海古籍出版社，2007.

黄宗羲撰，《易学象数论》，郑万耕点校，北京：中华书局，2010.

惠栋撰，《周易述》，郑万耕点校，北京：中华书局，2007.

李道平撰，《周易集解纂疏》，潘雨廷点校，北京：中华书局，1994.

李光地撰，《周易折中》，刘大钧整理，成都：巴蜀书社，2008.

李零，《死生有命富贵在天——周易的自然哲学》，北京：生活·读书·新知三联书店，2013.

李镜池，《周易通义》，北京：中华书局，1981.

李学勤主编，《十三经注疏·周易正义》，北京：北京大学出版社，1999.

刘大钧、林忠军，《周易经传白话解》，上海：上海古籍出版社，2006.

牛钮等撰,《日讲易经解义》,李升召标点注释,海口:海南出版社,2012.

金景芳、吕绍纲,《周易全解》,上海:上海古籍出版社,2005.

尚秉和,《周易尚氏学》,北京:中华书局,1980.

王弼撰,《周易注》,楼宇烈校释,北京:中华书局,2012.

王弼、韩康伯注,孔颖达疏,陆德明音义,《周易注疏》,北京:中央编译出版社,2013.

杨树达,《周易古义》,北京:中华书局,2013.

杨万里,《诚斋易传》,北京:九州出版社,2008.

朱骏声,《六十四卦经解》,北京:中华书局,1953.

朱熹撰,《周易本义》,廖名春点校,北京:中华书局,2009.

英文著作、译作、论文:

A. C. Graham, 1989. *Disputers of the Tao: Philosophical Argument in Ancient China*, Open Court, La Salle, IL.

Adler, Joseph A. 2014. *Reconstructing the Confucian Dao: Zhu Xi's Appropriation of Zhou Dunyi*. Albany: State University of New York Press.

Anthony, Carol K. 1981. *The Philosophy of the I Ching*. Stow, MA: Anthony Publishing Co.

Arthur F. Wright. 1953. *Studies in Chinese Thought*, Chicago: The University of Chicago Press.

Bair Deirder. 2003. *Jung: A Biography*, Boston: Little, Brown and Company.

Birdwhistell, Anne D. 1989. *Transition to Neo-Confucianism: Shao Yung on Knowledge and Symbols of Reality*. Stanford, CA: Stanford University Press.

Biroco, Joel. "A Critical Survey of I Ching Books", *The Oracle: The Journal of the I Ching Society*. 1:2 (Winter 1995/6).

Bodde Derk. 1950. "The I Ching or Book of Changes. The Richard Wilhelm Translation. Rendered into English by Cary F. Baynes. Foreword by C. G. Jung." *Journal of the American Oriental Society'* 70:4.

Bruckner D. J. R. 1982. "The Bollingen Adventure", The New York Times, June 20.

Chalmers John. 1875. "Confucian Cosmogony", in *The China Review: or Notes and Queries on the Far East*, Vol. III, No. 6, Hong Kong: China Mail Office.

Cheng Dennis Kat-hung. 2021. "Reexaming the English Translation of the Yijing"// Benjamin Wai-Ming Ng. *The Making of the Global Yijing in the Modern World*. Singapore: Springer.

Chung-ying Cheng and On-cho Ng, 2009. *Philosophy of the Yi: Unity and Dialctics*, MA: John Wiley & Sons Ltd.

CMS. 1902. *Centenary volume of the Church Missionary Society for Africa and the East* 1799 - 1899, London: Church Missionary Society.

Cohen Paul A. 2010. *Discovering History in China: American Historical Writing on the Recent Chinese Past*, New York: Columbia University Press.

Couling Samuel. 1917. *The EncycolpaediaSinica*, London: Amen Corner, E. C. Oxford University Press.

Dames George Burtchaell & Thomas Ulick Sadleir, 1935. *Alumni Dublinenses: A Register of* the Students, Graduates, Professors and Provosts of Trinity College in the University of Dublin, Dublin: Alex Thom. &Co. Ltd.

de Lacouperie A. Terrian. 1882 – 1883. "The Oldest Book of the Chinese (the Yh King) and its Authors", *The Journal of the Royal Asiatic Society of Great Britain and Ireland*, New Series, Vol. 14, 15. Londen: Turbner and Co.

Edkins Joseph. 1883 – 1884. "The Yi King, with Notes on the 64 Kua", *The China Review or Notes and Queries on the Far East*, Vol. 12, Hong Kong: "China Mail" Office.

Fendos, George Jr. 1988. "Fei Chih's Place in the Development of I-Ching Studies." Ph. D. dissertation in Chinese Studies: University of Wisconsin, Madison, WI.

Frank J. Swetz, 2003. "Leibniz, the Yijing, and the Religious Conversion of the Chinese." Mathematics Magazine, Vol. 76, No. 4.

Ginsberg Allen. 1967. *Consulting I Ching Smoking Pot Listening to the Fugs Sing Blake*, Pleasant Valley. N. Y. : Kriya Press.

—. 2000. *Deliberate Prose: Selected Essays* 1952 – 1995. Foreword by Edward Sanders. New York: Harper Collins.

Girardot Norman J. 2002. *The Victorian Translation of China: James Legge's Oriental Pilgrimage*, California: University of California Press.

Goodman, Howard. 1985. *Exegetes and Exegeses of the Book of Changes in the 3rd Century AD: Historical and Scholastic Contexts for Wang Pi*. Ph. D. Dissertation in East Asian Studies: Princeton University.

Hacker, Edward, Steve Moore and Lorraine Patsco. 2002. *I Ching: An Annotated Bibliography*. New York: Routledge.

Hacker Edward . 1993. *The I Ching Handbook: A Practical Guide to Personal and Logical Perspectives from the Ancient Chinese Book of Changes*, Brookline: Paradigm Publications.

Hakl Hans Thomas. 2014. *Eranos: An Alternative Intellectual History of the Twentieth Century*, translated by Christopher McIntosh with the collaboration of Hereward Tilton, London and New York: Routledge.

Hamilton Paul. 2001. " Historicism and historical criticism", Christa Knellwolf, Christopher Norris, *The Cambridge History of Literary Criticism*, Vol. 9, Cambridge: Cambridge University Press.

Harrison George. 2002. *I, Me, Mine*. San Francisco: Chronicle Books.

Henderson John B. 1991. *Scripture, Canon, and Commentary: A Comparison of Confucian and Western Exegesis*, Princeton, Princeton University Press.

Hirsch E. D. Jr. 1976. *The Aims of Interpretation*, Chicago and London: The University of Chicago Press.

Hughes E. R. 1951. "The I Ching or Book of Changes by Richard Wilhelm; Cary F. Baynes", *Philosophy East and West*, Vol. 1, No. 2.

Jackson J. R. de J. 1989. *Historical Criticism and the Meaning of Texts*, London: Routledge.

Joseph A. Fitzmyer, S. J. 1989. "Historical Criticism: Its Role in Biblical Interpretation and Church Life", *Theological Studies*, 50.

Jung. C. G. 1989. *Memories, Dreams, Reflections*, recorded and edited by Aniela Jaffe, translated from the German by Richard and Clara Winston, revised edition, New York: Random House, Inc.

J. Y. Lee, 1970. "Some Reflections on the Authorship of the I Ching." *Numen*, Vol. 17, Fasc. 3.

Keyserling Count Hermann. 1925. *The Travel Diary of a Philosopher*, Vol. 1, translated by J. Holroyd Reech, Biographical Note, New York: Harcourt, Brace & Company.

Kingsmill Thomas W. 1882. "The Sacred Books of China", *The China Review or Notes and Queries on the Far East*, Vol. 11, Hong Kong: China Mail Office.

—. 1885. "In Memoriam (of Rev. Canon McClatchie)", *Journal of the China Branch of the Royal Asiatic Society*, Vol. 20.

—. 1894. "The Construction of the YihKing", *The China Review or Notes and Queries on the Far East*, Vol. 21, Hong Kong: China Mail Office.

Knechtges, David R. 2008. "The Perils and Pleasures of Translation: The Case of the Chinese Classics", 载郑吉雄、张宝三编,《东亚传世汉籍文献译解方法初探》,上海:华东师范大学出版社.

Kostelanetz Richard. 2003. *Conversing with John Cage*, London: Routledge.

Kuhn Thomas S. 2012. *The Structure of Scientific Revolutions (Fourth Edition)*, Chicago and London: The University of Chicago Press.

Legge Helen Edith . 1905. *James Legge: Missionary and Scholar*, London: The Religious Tract Society.

Legge James. 1852. *The Notions of the Chinese concerning God and Spirits*, Hongkong: The Hongkong Register Office.

—. 1861. *The Chinese Classics: with a Translation, Critical and Exegetical Notes, Prolegomena, and Copious Indexes*. Vol. 1, Hong Kong: at the Author's, London: Trübner& Co. , 60. Paternoster Row.

—. 1865. *The Chinese Classics, with a Translation, Critical and Exegetical Notes, Prolegomena, and Copious Indexes*, Vol. 3, Part 1, *the first parts of the Shoo-King*, Hong Kong: at the Author's, London: Truber and Co.

—. 1871. *The Chinese Classics, with a Translation, Critical and Exegetical Notes, Prolegomena, and Copious Indexes*, Vol. 4, Part 1, *the first part of the She-King, or the Lessons from the States, and the Prolegomena*, Hong Kong: Lane, Crawford & Co. , London: Truber and Co.

—. 1872. *The Chinese Classics, with a Translation, Critical and Exegetical Notes, Prolegomena, and Copious Indexes*, Vol. 5, Part 1, *Dukes Yin, Hwan, Chwang, Min, He, Wan, Seuen and Ch'ing; and the Prolegomena*, Hong Kong: Lane, Crawford & Co. , London: Truber and Co.

—. 1877. *Confucianism in relation to Christianity*, a paper read before the missionary conference in Shanghai, on May 11th, 1877, Shanghai: Kelly & Walsh, London: Trubner&Co.

—. 1880. *The Religion of China, Confucianism and Taoism described and compared with Christianity*, London: Hodder and Stoughton.

—. 1885. *The Sacred Books of China, the Texts of Confucianism, Part III: The Li Ki, I-*

X, Oxford: at the Clarendon Press.

—. 1895. *The Chinese Classics, with a Translation, Critical and Exegetical Notes, Prolegomena, and Copious Indexes, Vol. 2, the Works of Mencius*, Oxford: at the Clarendon Press.

Leitch Alexander. 1978. *A Princeton Companion*, Princeton: Princeton University Press.

Lynn, Richard John. 1997. "Review of Sung Dynasty Uses of the I Ching", in *Journal of Song-Yuan Studies*, No. 27.

Marshall, S. J. 2001. *The Mandate of Heaven: Hidden History in the I Ching*. NY: Columbia University Press.

McClatchie Thomas. 1875. "Paganism I, II", *The Chinese Recorder and Missionary Journal*, Vol. VI, Shanghai: American Presbyterian Press.

—. 1876. "Paganism III, IV", *The Chinese Recorder and Missionary Journal*, Vol. VII, Shanghai: American Presbyterian Press.

—. 1877. "Paganism V", *The Chinese Recorder and Missionary Journal*, Vol. VIII, Shanghai: American Presbyterian Press.

—. 1872. "The Symbols of TheYih-King", in *The China Review*, Vol. I. No. 3, Hong Kong: China Mail Office.

—. 1875. "Confucian Cosmogony", in *The China Review: or Notes and Queries on the Far East*, Vol. IV, No. 2, Hong Kong: China Mail Office.

—. 1874. *Confucian Cosmogony: A Translation of Section Forty-nine of the Complete Works of the Philosopher Choo-Foo-Tze, with Explanatory Notes*, Shanghai: American Presbyterian Mission Press.

—. 1876. "Phallic Worship", in *The China Review: or Notes and Queries on the Far East*, Vol. IV, No. 4, Hong Kong: China Mail Office.

McGuire William. 1974. "The 'I Ching' Story, An ancient text becomes a publishing phenomenon", *Princeton Alumni weekly*, May, 7.

—. 1989. *Bollingen: An Adventure in Collecting the Past*, N. J.: Princeton University Press.

—. 1992. *Analytical Psychology: Notes of the Seminar Given in 1925 by C. G. Jung*, London: Routledge.

Medhurst W. H. 1847. *A Dissertation on the theology of the Chinese with a view to the elucidation of the most appropriate term for expressing the deity in the Chinese language*, Shanghai: The Mission Press.

Molino Joan. 1986. *A Study in Late Ch'ing Conservatism Lao Nai-Hsuan* (1843 – 1921), Department of History Indiana University, Dec.

Morrison Robert. 1815. *A Dictionary of the Chinese Language*, Vol. 1. Part 1, Macao: Printed at the Honorable East India Company's Press.

Mungello David E. 1985. *Curious Land: Jesuit Accommodation and the Origins of Sinology*, Honolulu: University of Hawaii Press.

Needham, Joseph. 1956. Science and Civilization in China. Volume Two, History of Scientific Thought. Cambridge University Press.

Nicholls David (ed.) 2002. *The Cambridge Companion to John Cage*. Cambridge: Cambridge University Press.

Ni Hua Ching. 1990. *The Book of Changes and the Unchanging Truth*. Santa Monica, CA: Shrine of the Eternal Breath of Tao.

Pritchett James. 1993. *The Music of John Cage*, Cambridge: Cambridge University Press.

Redmond Geoffrey, Tze-ki Hon. 2014. *Teaching the I Ching (Book of Changes)*, Oxford: Oxford University Press.

Revill David. 1993. *The Roaring Silence: John Cage — a Life*, New York: Arcade Publishing.

Richter Ursula. 1991(6). "Richard Wilhelm—Founder of a Friendly China Image in Twentieth Century Germany",《中央研究院近代史研究所集刊》第 20 期.

Ricoeur Paul. 1981. *Hermeneutics & the Human Sciences*, edited & translated by John B. Thompson, Cambridge: Cambridge University Press.

Roszak Theodore. 1969. *The Making of a Counter Culture: Reflections on the Technocratic Society and Its Youthful Opposition*, New York: Doubleday & Company, Inc.

Samuel Wells Williams, 1848. *The Middle Kingdom* (Vol. 1), New York & London: Wiley and Putnam.

—. 1878. "The Controversy among the Protestant Missionaries on the Proper Translation of the Word God and Spirit into Chinese" in *Bibliotheca Sacra*, *XXXV*.

Shchutskii Iulian K. 1979. *Researches on the I Ching*, trans. by William L. MacDonald and Tsuyoshi Hasegawa with Hellmut Wilhelm, New Jersey: Princeton University Press.

Shaughnessy, Edward L. 1992. "Marriage, Divorce, and Revolution: Reading between the Lines of the Book of Changes." *The Journal of Asian Studies* 51. 3.

—. 1997. "Commentary, Philosophy, and Translation: Reading Wang Bi's Commentary to the Yi jing in a New Yay." *Early China* 22.

Shih Hu. 1922. *The Development of the Logical Method in Ancient China* (先秦名学史), Shanghai: The Oriental Book Company.

Smith Rev. George. 1847. *A Narrative of an Exploratory Visit to each of the Consular Cities of China, and to the Islands of Hong Kong and Chusan, in behalf of the Church Missionary Society, in the years* 1844, 1845, 1846, New York: Harper & Brothers, Publishers.

Smith Kidder. 1989. "Zhouyi Interpretation from Accounts in the Zuozhuan." *Harvard Journal of Asiatic studies* 49(2).

—. et al. 1990. *Sung Dynasty Uses of the I Ching*, Princeton: Princeton University Press.

—. 1993. "The Difficulty of the Yijing." *Chinese Literature: Essays, Articles, Reviews*, Vol. 15 (Dec.).

—. 1999. "Contextualized Translation of the Yijing", *Philosophy East and West*, Vol. 49, No. 3. ,(Jul. , 1999).

Smith Richard J. 2009. "Select Bibliography of Works on the Yijing Since 1985", in *Philosophy of the Yi: Unity and Dialectics*, edited by Chung-ying Cheng and On-cho Ng, West Sussex: Journal of Chinese Philosophy.

—. 1991. *Fortune-tellers and Philosophers: Divination in Traditional Chinese Society*. SF: Westview Press.

—. 1998. "The Languages of the Yijing and the Representation of Reality." *The Oracle: The Journal of Yijing Studies* (Summer).

—. 1998. "The Place of the Yijing in World Culture: Some Historical and Contemporary Perspectives." *Journal of Chinese Philosophy* (Winter).

—. 2002. "The Jesuits and Evidential Research in Late Imperial China: Some Reflections." Ex/ Change.

—. 2003. "The Yijing in Comparative Perspective: The Value of Cross-Cultural Investigations." *International Journal of the Humanities* 1.

—. 2003. "The Yijing in Global Perspective: Some Pedagogical Reflections." *Education About Asia* 8. 2.

—. 2012. "How the Book of Changes Arrived in the West", *New England Review*, Volume 33, No. 1: 25 – 41.

—. 2012. *The I Ching: A Biography*. Princeton and Oxford: Princeton University Press.

Sivin Nathan . 1966. "The Book of Change by John Blofeld", *Harvard Journal of Asiatic Studies*, Vol. 26.

Soulen Richard N. , Kendall R. Soulen. 2001. *Handbook of Biblical Criticism* (3rd ed.), Louisville, Ky: Westminster John Knox Press.

Spates James L. 1976. "Counterculture and Dominant Culture Values: A Cross-National Analysis of the Underground Press and Dominant Culture Magazines", *American Sociological Review*, Vol. 41, No. 5.

Sung, Z. D. 1969. *The Symbols of the Yi King or The Symbols of the Chinese Logic of Changes*. NY: Paragon Book Reprint Corp.

Suri Jeremi. 2009. "The Rise and Fall of an International Counterculture, 1960 – 1975", *The American Historical Review*, Vol. 114, No. 1.

Swanson, Gerald. 1974. "The Great Treatise: Commentary Tradition to the Book of Changes." Ph. D. Dissertation, University of Washington.

Tkin-Shen, 1843. trans. *The Rambles of the Emperor Ching Tih in Keang Nan*, with a Preface by James Legge, London: Longmans.

Tze-ki Hon. 1992. *Northern Song Yijing Exegesis and the Formation of Neo-Confucianism*, Ph. D. thesis at the University of Chicago, Ann Arbor: University Microfilms International.

—. 2005. "Constancy in Change: A Comparison of James Legge's and Richard Wilhelm's Interpretations of the Yijing", *Monumenta Serica* 53.

—. 2000. "Eremetism, Sagehood, and Public Service: The *Zhouyikouyi* of Hu Yuan." *Monumenta Serica* 48.

—. 2002. "Being and Non-Being: A Comparison of the Yijing Commentaries of Wang Bi, Kong Yingda, Hu Yuan and Zhangzai." Excursions in Sinology.

—. 2003. "Human Agency and Change: A Reading of Wang Bi's Yijing Commentary." *Journal of Chinese Philosophy* 30. 2.

—. 2004. "Redefining of the Civil Governance: The *YichuanYizhuan* of Chengyi." *Monumenta Serica* 52.

—. 2005. *The Yijing and Chinese Politics: Classical Commentary and Literati Activism in the*

Northern Song Period，960 - 1127．Albany：State University of New York Press．

—．2020．"The Original Meaning of the Yijing：Commentary on the Scripture of Change"．*Monumenta Serica*，68(2)：575 - 578．

Tung, Gea. 1975. "Metaphor and Analogy in the I Ching." Ph. D. dissertation：Claremont Graduate School.

Waley, Arthur. 1933. "The Book of Changes"，*Bulletin of the Museum of Far Eastern Antiquities*，5.

Wilhelm, Hellmut. 1960. Change：*Eight Lectures on the I Ching*．NY：Harper Torchbooks．

—．1959．"I-Ching Oracles in the Tso-Chuan and the Kuo-Yu."*Journal of the American Oriental Society*，Vol. 79.

—．1975．*The Book of Changes in the Western Tradition：A Selective Bibliography*．Seattle：Institute for Comparative and Foreign Area Studies，University of Washington．

—．1977．*Heaven，Earth and Man in the Book of Changes*．Seattle：University of Washington Press．

Wilhelm Hellmut & Wilhelm Richard. 1979.*Understanding the I Ching：the Wilhelm Lectures on the Book of Changes*，Princeton，New Jersey：Princeton University Press．

Wilhelm, Richard. 1979. *Lectures on the I Ching*．Princeton，NJ：Princeton University Press．

Wing-tsit Chan, 1968. "The I Ching or Book of Changes, by Richard Wilhelm；Cary F. Baynes"，*Pacific Affairs*，Vol. 41, No. 3.

中文著作、译著、论文

艾布拉姆斯，《镜与灯：浪漫主义文论及批评传统》，郦稚牛、张照进、童庆生译，王宁校，北京：北京大学出版社，1989.

爱德华·萨义德，《东方学》，王宇根译，北京：生活·读书·新知三联书店，2007.

埃里克·J．夏普，《比较宗教学史》，吕大吉、何光沪、徐大建译，上海：上海人民出版社，1988.

班固，《汉书》，北京：中华书局，1962.

蔡郁焄，《卫礼贤、卫德明父子〈易〉学研究》，台湾师范大学国文学系博士学位论文，2014.

蔡郁焄，"卫礼贤《永恒与变化》之《易》学思想与威玛文化精神"，《中国学术年刊》2014 年第 36 期.

陈才智，西方的中国先秦散文研究举偶之一——《易经》研究，《国际汉学》，2012 年第 2 期.

陈鼓应，《道教文化研究》第三辑，上海：上海古籍出版社，1993.

陈奇猷校注，《韩非子新校注》，上海：上海古籍出版社，2000.

陈寅恪，"冯友兰中国哲学史上册审查报告"，载《陈寅恪全集》第三卷《金明馆丛稿二编》，北京：生活·读书·新知三联书店，2001.

陈寅恪，"王观堂先生挽词并序"，见《陈寅恪集·诗集》，北京：生活·读书·新知三联书店，2001.

长孙无忌等，《隋书·经籍志》，上海：商务印书馆，1955.

池田知久、西山尚志，"出土资料研究同样需要'古史辨'派的科学精神——池田知久教授访谈录"，《文史哲》2006 年第 4 期.

成中英主编，《本体诠释学》（第二辑），北京：北京大学出版社，2002.

邓新华，"'以意逆志'论——中国传统文学释义方式的现代审视"，《北京大学学报》（哲社版）

2002 年第 4 期.

杜维明,"存有的连续性:中国人的自然观",刘诺亚译,《世界哲学》2004 年第 1 期.

范劲,《卫礼贤之名——对一个边际文化符码的考察》,上海:华东师范大学出版社,2011.

凡木,"《周易》西行——关于《周易》的德译与英译",《读书》1992 年第 1 期.

方豪,《方豪六十自定稿·上册》,台湾:学生书局,1969.

方维规,"架设东西方的心灵之桥——荣格、卫礼贤与《太乙金华宗旨》",《世界汉学》第 7 卷,2010.

方维规,"两个人和两本书:荣格、卫礼贤与两部中国典籍",《清华大学学报》(哲社版)2015 年第 2 期.

方维规,"文学解释学是一门复杂的艺术——接受美学原理及其来龙去脉",《社会科学研究》2012 年第 2 期.

费赖之,《在华耶稣会士列传及书目·上册》,冯承钧译,北京:中华书局,1995.

费乐仁,"攀登汉学中喜马拉雅山的巨擘——从比较理雅各(1815—1897)和尉礼贤(1873—1930)翻译及诠释儒教古典经文中所得之启迪",陈京英译,《中国文哲研究通讯》2005 年第 15 卷第 2 期.

冯友兰,《中国哲学史》(上下册),上海:华东师范大学出版社,2000.

葛兆光,《中国思想史》,上海:复旦大学出版社,2013.

顾颉刚,《古史辨》,上海:上海古籍出版社,1982 年影印本.

管恩森,"传教士视阈下的汉籍传译——以理雅各英译《周易》为例",《周易研究》2012 年第 3 期.

郭汉城,《卫礼贤易学思想研究》,福建师范大学硕士学位论文,2009.

郭沫若,《中国古代社会研究》,载《郭沫若全集·历史编第一卷》,北京:人民出版社,1982.

海德格尔,《存在与时间》,陈嘉映、王庆节译,北京:生活·读书·新知三联书店,2015.

韩行方、房学惠,"劳乃宣致罗振玉书札十六通",《文献》,1999 年第 4 期.

韩子奇,"近年出土文物对欧美《易》学的影响",载郑吉雄主编《周易经传文献新诠》,台北:国立台湾大学出版中心,2010.

胡适,《中国哲学史大纲》,北京:东方出版社,2004.

胡潇、罗良宏,"从解释学的'前见'看意识形态——一种文化认识论的解读",《现代哲学》2013 年第 4 期.

黄俊杰,"东亚文化交流史中的'去脉络化'与'再脉络化'现象及其研究方法论问题",金观涛主编,《东亚观念史集刊》2012 年第 2 期.

洪汉鼎,《诠释学——它的历史和当代发展》,北京:人民出版社,2001.

洪汉鼎,"伽达默尔的前理解学说"(上),《河北学刊》2008 年第 1 期.

伽达默尔,《真理与方法》(上下卷),洪汉鼎译,上海:上海译文出版社,2004.

伽达默尔,《哲学解释学》,夏镇平、宋建平译,上海:上海译文出版社,2004.

蒋锐编译,孙立新译校:《东方之光——卫礼贤论中国文化》,北京:外语教学与研究出版社,2007.

蒋锐,"试析卫礼贤对《易经》的解读",《国际汉学》2010 年第 2 期.

姜哲,《中西方诠释学比较研究——汉代经学诠释学的基本概念及其生存论意义》,复旦大学博士学位论文,2011.

景海峰,《中国哲学的现代诠释》,北京:人民出版社,2004.

柯大诩,"英译《易经》",《读书》1985 年第 6 期.

柯文,《在传统与现代性之间:王韬与晚清革命》,雷颐、罗检秋译,南京:江苏人民出版社,1998.

柯文,《历史三调:作为事件、经历和神话的义和团》,杜继东译,南京:江苏人民出版社,2000.

赖德烈,《基督教在华传教史》,雷立柏等译,香港:道风书社,2009.

赖贵三,《台湾易学人物志》,台北:里仁书局,2013.

赖贵三,"欧美《易》学发展史论",载氏著,《东西博雅道殊同——国际汉学与易学专题研究》,台北:里仁书局,2015.

赖贵三,"中西易学乔梓雄——德儒卫礼贤、卫德明父子易学综论",《周易研究》2014 年第 2 期.

赖贵三,"《易》学东西译解同——德儒卫礼贤《易经》翻译综论",《台北大学中文学报》2014 年第 16 期.

赖贵三,"《易》学幽微通译解,生生变化会天人——卫礼贤、卫德明父子《易》学综论",载氏著,《东西博雅道殊同——国际汉学与易学专题研究》,台北:里仁书局,2015 年.

蓝仁哲,"《易经》在欧洲的传播——兼评利雅格和卫礼贤的《易经》译本",《四川外语学院学报》,1991 年第 2 期.

理查德·E. 帕尔默,《诠释学》,潘德荣译,北京:商务印书馆,2012.

李丹,《〈周易〉英译之研究》,四川大学硕士学位论文,2005 年.

李零,《何枝可依——待兔轩读书记》,北京:生活·读书·新知三联书店,2009.

李镜池,《周易探源》,北京:中华书局,1978.

李锐,"'二重证据法'的界定及规则探析",《历史研究》2012 年第 4 期.

李学勤主编,《十三经注疏·周礼注疏》,北京:北京大学出版社,1999 年.

李学勤,《周易溯源》,成都:巴蜀书社,2006.

李学勤,"出土文物与《周易》研究",《齐鲁学刊》2005 年第 2 期.

李雪涛,《误解的对话》,北京:新星出版社,2014.

李雪涛,《日耳曼学术谱系中的汉学——德国汉学之研究》,北京:外语教学与研究出版社,2008.

李雪涛,《〈易经〉德译过程与佛典汉译的译场制度》,《读书》2010 年第 12 期.

李雪涛,《卫礼贤〈易经〉德译本的翻译过程及底本初探》,载耿幼壮、杨慧林编《世界汉学第九卷》,北京:中国人民大学出版社,2012.

李贻荫,"易学在西方",《读书》1991 年第 10 期.

李贻荫、王平,"《易经》两种英译的比较",《外语与外语教学》1993 年第 4 期.

李贻荫、王平,"《易经》四种英译的比较研究——欢呼新中国成立后国人自译的'汪任译本'出版"(上、下),《外语与外语教学》1995 年第 2 期、第 4 期.

李贻荫,"《易经·谦卦》的英译",《淮阴师专学报》1995 年第 4 期.

李幼蒸,"顾颉刚史学与历史符号学——兼论中国古史学的理论发展问题",《文史哲》2007 年第 3 期.

李伟荣,"麦丽芝牧师与英语世界第一部《易经》译本:一个历史视角",《中外文化与文论》2013 年第 24 辑.

李伟荣,"20 世纪中期以来《易经》在英语世界的译介与传播",《燕山大学学报》(哲社版)2016 年第 3 期.

李伟荣,"汉学家闵福德与《易经》研究",《中国文化研究》2016 年第 2 期.

李伟荣,"理雅各英译《易经》及其易学思想述评",《湖南大学学报》(哲社版)2016 年第 2 期.

李伟荣,"英语世界的《易经》研究",四川大学博士学位论文,2012.

李伟荣,《英语世界的〈易经〉研究》,北京:中国社会科学出版社,2018.

黎靖德编,《朱子语类》,王星贤点校,北京:中华书局,2004.

廖名春、康学伟、梁韦弦,《周易研究史》,长沙:湖南出版社,1991.

林勇,《〈左传〉、〈国语〉中的〈周易〉筮例研究》,福建师范大学高等学校教师在职攻读硕士学位论文,2007.

林金水,"《易经》传入西方考略",载《文史》第 29 辑,北京:中华书局,1988.

林忠军,《易学源流与现代阐释》,上海:上海古籍出版社,2012.

刘大钧,"读帛书《缪和》篇",转引自曹峰,"出土文献可以改写思想史吗?",《文史哲》2007 年第 5 期.

刘大钧,"20 世纪的易学研究及其重要特色——《百年易学菁华集成》前言",《周易研究》2010 年第 1 期.

鲁惟一、夏含夷,"西方汉学的古史研究——《剑桥中国古代史》序言",《中华文史论丛》2001 年第 86 辑.

陆九渊,《陆九渊集》卷三十五,北京:中华书局,1980.

罗志田,"后现代主义与中国研究:《怀柔远人》的史学启示",《历史研究》1999 年第 1 期.

麦克斯·缪勒,《比较神话学》中译本序,金泽译,上海:上海文艺出版社,1989.

马祖毅、任荣珍,《汉籍外译史》,武汉:湖北教育出版社,2003.

迈克尔·格洛登、马丁·克雷斯沃思等主编,《霍普金斯文学理论和批评指南》,王逢振等译,北京:外语教学与研究出版社,2011.

麦克斯·缪勒,《比较神话学》,金泽译,上海:上海文艺出版社,1989.

麦克斯·缪勒,《宗教学导论》译序,陈观胜、李培茱译,上海:上海人民出版社,1989.

牟复礼,《中国思想之渊源》,王立刚译,北京:北京大学出版社,2009.

欧阳哲生主编,《傅斯年全集》第 3 卷,长沙:湖南教育出版社,2000.

马王堆汉墓帛书整理小组,《马王堆帛书〈六十四卦〉释文》,《文物》1984 年第 3 期.

潘德荣,《西方诠释学史》,北京:北京大学出版社,2013.

潘德荣,《诠释学导论》,桂林:广西师范大学出版社,2015.

钱钟书,"林纾的翻译",收入《七缀集》,上海:上海古籍出版社,1994.

屈万里,《先秦文史资料考辨》,台北:联经出版事业公司,1983.

屈文生,"早期中文法律词语的英译研究——以马礼逊《五车韵府》为考察对象",《历史研究》2010 年第 5 期.

任运忠,"《易经》英译现状及重译《易经》的构想",《内江师范学院学报》2006 年第 5 期.

任运忠,"《易经》的文学性及其在译文中的重构",《四川教育学院学报》2007 年第 1 期.

任运忠,"《周易》卦爻辞中的'文化词汇'及其英译",《成都大学学报》(社会科学版)2007 年第 1 期.

任运忠,"《周易》卦爻辞的符号学翻译研究",《名作欣赏》2012 年第 20 期.

任运忠、曾绪,"《易经》卦爻辞辨及其英译",《周易研究》2009 年第 3 期.

任运忠,"《易经》经文英译的美学重构",《周易研究》2014 年第 2 期.

任运忠,"明清西方传教士对《易经》的适应性解读与英译——以麦格基译本为例",《周易研究》2016 年第 4 期.

任运忠,"《周易》理雅各译本'厚翻译'分析",《浙江外国语学院学报》2016 年第 6 期.

尚智丛,《传教士与西学东渐》,太原:山西教育出版社,2008.

司马迁,《史记》,北京:中华书局,1982.

孙立新、蒋锐主编:《东西方之间——中外学者论卫礼贤》,济南:山东大学出版社,2004.

托马斯·库恩,《科学革命的结构》(第四版),金吾伦、胡新和译,北京:北京大学出版社,2012.

夏含夷,"《周易》筮法原无'之卦'考",《周易研究》1988年第1期.

夏含夷,"《周易》'元亨利贞'新解——兼论周代习贞习惯与《周易》卦爻辞的形成",《周易研究》2010年第5期.

夏含夷,"《周易》乾卦六龙新解",《文史》第24辑,北京:中华书局,1985.

夏含夷,《古史异观》,上海:上海古籍出版社,2005.

夏含夷,《兴与象:中国古代文化史论集》,上海:上海古籍出版社,2012.

夏含夷,"二重证据法加三重证据法等于五重证据法当且仅当终应归一的证据——再论中国古代学术证据法",香港:香港大学饶宗颐学术馆,2014.

夏含夷,《〈周易〉的起源及早期演变》,蒋文译,上海:上海古籍出版社,2022.

特里·伊格尔顿,"我们必须永远历史化吗",许娇娜译,《外国文学研究》2008年第6期.

向鹏,"《周易》三个英译本中吉凶判词的翻译研究",《中国翻译》2014年第5期。

邢文,《帛书周易研究》,北京:人民出版社,1997.

熊谊华、王丽耘,"生生之谓易——《易经》英译事业的描写性研究",《周易研究》2015年第2期.

许敏,"卫礼贤/贝恩斯《周易》英译本的深度翻译研究",《外语教学理论与实践》2016年第3期.

徐若楠,《中西经典的会通——卫礼贤翻译思想研究》,北京外国语大学德语系博士学位论文,2016.

许慎,《说文解字》,北京:中华书局,2013.

许蔚,"《左传》、《国语》易例于《周易》之文本意义",《周易研究》2006年第1期.

王国维,《〈玉溪生诗年谱会笺〉序》,见《王国维文集》第一卷,姚淦铭、王燕编,北京:中国文史出版社,1997.

王汎森,《古史辨运动的兴起,一个思想史的分析》,台北:允晨文化实业股份有限公司,1987.

王汎森,《权力的毛细管作用》,北京:北京大学出版社,2015.

王锦民,《古学经子——十一朝学术史述林》,北京:华夏出版社,2008.

王锦民,《周易新注》,北京:北京大学出版社,2022.

王蘧常,《中国历代思想家传记汇诠》下册,上海:复旦大学出版社,1993.

王韬,《漫游随录》,钟叔河主编,《走向世界丛书》,长沙:岳麓书社,1985.

王韬,《弢园文录外编》,楚流、书进等选注,沈阳:辽宁人民出版社,1991.

王晓农,"对理雅各和卫礼贤之后《易经》英译本的描述性评析——以蒲乐道英译本为例",《周易研究》2016年第3期.

王晓农,"闵福德《易经》英译与《易经》外译的两个系统——兼论中华古籍外译的当代化取向",《燕山大学学报》(哲社版)2017年第2期.

王晓农,《〈易经〉英译的符号学研究》,北京:中国社会科学出版社,2016.

汪耀楠,《注释学》,北京:外语教育与研究出版社,2010.

王岳川,《当代西方最新文论教程》,上海:复旦大学出版社,2008.

王云五主编,《万有文库·四库全书总目提要》,上海:商务印书馆,1931.

卫礼贤,《中国心灵》,王宇洁、罗敏、朱晋平译,北京:国际文化出版公司,1998.

卫礼贤,《中国人的生活智慧》,蒋锐译,孙立新校,济南:山东大学出版社,2010.

闻一多,《闻一多全集》第10卷,武汉:湖北人民出版社,1993.

吴钧,"论《易经》的英译与世界传播",《周易研究》2011年第1期.

吴钧,"论理雅各的《易经》英译",《湖南大学学报》(社会科学版)2013年第1期.

吴钧,"从理雅各的英译《易经》试谈《易经》的翻译",《周易研究》2013年第1期.

乌尔利希·韦斯坦因,《比较文学与文学理论》,刘象愚译,沈阳:辽宁人民出版社,1987.

吴义雄,"译名之争与早期的《圣经》中译",《近代史研究》2000年第2期.

杨伯峻编著,《春秋左传注》,北京:中华书局,2009.

杨宏声,《本土与域外——超越的周易文化》,上海:上海社会科学院出版社,1995.

杨宏声,"二十世纪西方《周易》研究的进展",《学术月刊》1994年第11期.

杨宏声,"明清之际在华耶稣会士之《易》说",《周易研究》2003年第6期.

杨平,"《易经》在西方的翻译与传播",《外语教学与研究》2015年第6期.

杨平,"一位汉化的德国翻译家——卫礼贤的《易经》翻译和研究述评",《浙江外国语学院学报》2013年第1期.

元青,"晚清汉英、英汉双语字典编纂出版的兴起与发展",《近代史研究》2013年第1期.

岳峰,《架设东西方的桥梁——英国汉学家理雅各研究》,福州:福建人民出版社,2004.

张次兵、李贻荫,"比较《易经》三卦的四种英译",《长沙水电师院社会科学学报》1995年第4期.

张岱年,《中国古典哲学概念范畴要论》,北京:中国社会科学出版社,1989.

张的妮、廖志勤,"国内《易经》英译研究综述(1985—2014)",《周易研究》2015年第2期.

张隆溪,《走出文化的封闭圈》,北京:生活·读书·新知三联书店,2004.

张鼎国,《诠释与实践》,北京:商务印书馆,2016.

张广智,《西方史学史》,上海:复旦大学出版社,2000.

张朋,"数字卦与占筮——考古发现中的筮法及相关问题",《周易研究》2007年第4期.

张锡坤、姜勇、窦可阳,《周易经传美学通论》,北京:生活·读书·新知三联书店,2011.

张西平、李雪涛主编,《西方汉学十六讲》,北京:外语教学与研究出版社,2011.

张婉秋,《从归化异化角度比较〈周易〉英德译本文化负载词的翻译》,北京外国语大学硕士学位论文,2014.

章伟文,《易学历史哲学研究》,北京:中国社会科学出版社,2012.

张政烺,《论易丛稿》,北京:中华书局,2012.

赵娟,《论〈周易〉的时间观念——一个文化史的视角》,复旦大学博士学位论文,2012.

赵娟,"汉学视野中卫氏父子的《周易》译介与研究",《周易研究》2010年第4期.

赵娟,"问题与视角:西方易学的三种研究路径",《周易研究》2011年第4期.

赵晓阳,"译介再生中的本土文化和异域宗教:以天主、上帝的汉语译名为视角",《近代史研究》2010年第5期.

周光庆,"孟子'以意逆志'说考论",《孔子研究》2004年第3期.

周光庆,《中国古典解释学导论》,北京:中华书局,2002.

周裕锴,"'以意逆志'新释",《文艺理论研究》2002年第6期.

朱伯崑,《易学哲学史》,北京:华夏出版社,1995.

朱伯崑主编,《易学基础教程》,北京:九州出版社,2011.

朱政惠主编,《海外中国学评论》第2辑,上海:上海古籍出版社,2007.

后 记

一

可能是因为做过一点翻译的缘故，我对文本理解的问题一直比较感兴趣，平时读书或做翻译时，也格外留意一些关于理解的问题。如果是自己语言功底不足造成的理解困难或错误，通过仔细研读上下文、查阅资料或者与人交流讨论，一般都能克服或消除。如果发现针对文本含义的不同理解，通过上下文语境、创作背景或逻辑分析等手段一时又难以断定孰是孰非，情况就变得较为复杂，取舍往往要依靠个人的学养和品位。这种情况我在阅读古代典籍的译解时经常遇到。如《论语》开篇的"学而时习之"，"时"字就有三种解释，一指年岁，古人六岁学识字，七八岁学礼节，十岁学书写计算，十三岁学诗歌舞蹈，学则按时渐进，依序而为；二指季节，古人春夏学诗乐弦歌，秋冬学书礼射猎，按季节循环往复，不错时令；三指晨夕，古人每天温习、进修、游散、休息，均需依时为之；"习"字也有"诵习、重习、练习"等多种理解。《周易》的情况更为复杂，仅是书名的两个字，"周"就有"周代"和"周普"两种解释，前者认为《周易》与《周书》《周礼》一样"题周以别余代"，后者认为《周易》意为"《易》道周普，无所不备"；"易"字则有"蜥蜴、简易、变易、不易、对易、交易、移易、日月为易、占卜之名"等近十种理解。仅仅阅读古代典籍文本，就会遇到很多理解和解释的疑难问题，假如要翻译，还要在这些难题中做出判断和选择。

二

孟子曾提出"以意逆志"的解诗方法。咸丘蒙问孟子："舜之不臣尧，则吾既得闻命矣。《诗》云：普天之下，莫非王土。率土之滨，莫非王臣。而舜既为天子矣，敢问瞽瞍之非臣如何?"孟子回答道:"是诗也,非是之谓也。劳于王事,而不得养父母也。曰:'此莫非王事,我独贤劳也。'故说《诗》者,不以文害辞,不以辞害志,以意逆志,是为得之。"咸丘蒙引《诗经·小雅·北山》的"普天之下,莫非王土。率土之滨,莫非王臣"来问孟子,舜既已贵为天子,为什么他的父亲瞽瞍可以不向他称臣。孟子指出《北山》这首诗的主旨是"劳于王事,不得养父母",这句话放在整首诗的语境中,意思是"此莫非王事,我独贤劳也"。咸丘蒙将诗歌的章句割裂出来按己意引申发挥,孟子批判这种"断章取义"的解释,并提出"以意逆志"的解诗方法来加以纠正。对孟子"以意逆志"中的"意"和"志",也存在着不同的理解,主要是对"意"和"志"的归属问题有不同看法:"意"究竟是指作者之"意"、读者之"意"还是文本之"意"? 所"逆"的"志"是作者之"志"还是文本之"志"? 基于这些不同理解,又衍生出很多说法。赵岐《孟子章句》认为"以意逆志"就是要"以己之意逆诗人之志",朱熹《孟子集注》也认为说诗者要"以己意迎取作者之志",而吴淇《六朝选诗定论缘起·以意逆志》则认为要"以古人之意,求古人之志"。① 尽管这样,多数论者认同赵岐和朱熹的看法。如王国维在评价孟子"以意逆志"的解《诗》方法时就说:"善哉,孟子之言诗也,曰:'说《诗》者不以文害辞,不以辞害志,以意逆志,是为得之。'故意逆在我,志在古人,果何修而能使我之所意,不失古人之志乎? 此其术,孟子亦言之曰:'诵其诗,读其书,不知其人,可乎? 是以论其世也。'是故由其世以知其人,由其人以逆其志,则古诗虽有不能解者,寡矣。"②

　　这样说来,"以意逆志"的解诗方法,就是根据作者的生平和时代,结合诗歌的整体语境来推测诗歌的主旨和作者的意图。这种读诗和解诗的方法,多数情况下非常实用,古人引诗和说诗,往往也遵循这样的原则。如《论语·学而》:"子贡曰:'贫而无谄,富而无骄,何如?'子曰:'可也,未若贫而乐,富而好礼者也。'子贡曰:'诗云:如切如磋,如琢如磨,其斯之谓与?'子曰:'赐也,始可与言诗已矣,告诸往而知来者。'"子贡和孔子讨论的是君子的修养问题,而子贡所引诗句出自《诗经·卫风·淇奥》,这首诗的主旨正是讨论君子修养,因此孔子称赞子贡深知《诗》意,

---

① 有关"以意逆志"的意义辨析及其解释学内涵,参见邓新华,《"以意逆志"论——中国传统文学释义方式的现代审视》,载《北京大学学报》(哲学社会科学版)2002 年第 4 期,第 106—112 页;周裕锴,《"以意逆志"新释》,载《文艺理论研究》2002 年第 6 期,第 71—78 页;周光庆,《孟子"以意逆志"说考论》,载《孔子研究》2004 年第 3 期,第 24—34 页。

② 王国维,《〈玉溪生诗年谱会笺〉序》,见《王国维文集》第一卷,姚淦铭,王燕编,北京:中国文史出版社,1997 年,第 76 页。

可以与之言诗。但"以意逆志"的解释方法，在实际运用中也会遇到一些问题。比如《易经·中孚》卦九二爻的爻辞"鸣鹤在阴，其子和之，我有好爵，吾与尔靡之"。《系辞传》在解释这几句爻辞时说："子曰：'君子居其室，出其言善，则千里之外应之，况其迩者乎？居其室，出其言不善，则千里之外违之，况其迩者乎？言出乎身，加乎民。行发乎迩，见乎远。言行，君子之枢机。枢机之发，荣辱之主也。言行，君子之所以动天地也，可不慎乎？"《中孚》卦的主旨一般解释为内心诚信，孔子由此而引申出一段君子应谨言慎行的解释，虽也可以说是"有感而发"，但却更近于"断章取义"和"借题发挥"。

如果说《诗经》《尚书》《春秋》等典籍因为有相对连贯或完整的文本语境，还可以根据当时的历史情境来还原文本的原意，从而获得对文本含义和主旨的正确理解，那么像《周易》和《周礼》这样与古代各种卜筮和庆典活动密切相关的经籍，往往因为我们对古人生活的无知和隔膜，难以获得真切而有效的理解。对于关心古籍的传承、传统的转化以及知识和文化的迁移的读者而言，没什么比这个问题更令人感到忧心和煎熬的了。

三

2011 年 9 月，我终于有机会来到北京外国语大学访学，那时我已在合肥师范学院教了十年书。从教师生涯再次回到学生身份，是一次让我觉得无比兴奋、无比珍惜的机会，我特别想借此完成从教书匠到研究者的蜕变，因此我在北外广听课，乱翻书，苦思冥想，不断梳理自己的过去，筹划未来的研究方向。北外的学术氛围很民主，我就在当时的海外汉学研究中心旁听各种课程和讲座，根据老师们的推荐和指引在北外、北大的图书馆和国家图书馆按图索骥，逐步积累各种研究资料。我的兴趣主要在翻译研究，尤其是典籍翻译这块，但我一直是零敲碎打，没有重心。听了不少汉学家的故事，尤其是读了一些汉学家的作品以后，我渐渐对海外汉学产生了浓厚的兴趣，隐隐觉得这个研究领域能解答我多年以来心中的疑问。

在北京学习，一个最大的好处就是经常可以见到书本上的名人。有一天我慕名前去听德国汉学家顾彬（Wolfgang Kubin）老师的课，课前李雪涛老师上台做了个简短的介绍，大意是说汉学家理解的中国，交往的意义和诠释的多元，让我对汉学家、汉学史和学术史有了初步的了解。顾彬老爷子一头白发，说一口流利的汉语,上课带上一堆书和字典,引经据典,随时评论,有时会抬起头,用忧郁的眼光盯住一位同学,问道:"只有中国人能理解中国吗?"北外这一年,我有幸听了顾彬教授和顾钧教授的课,并很幸运地结识了李雪涛老师。我还记得自己曾心怀忐忑地前往西苑学生宿舍一号楼六楼汉学中心李雪涛老师的办公室,请教他报考汉学中心博士生的条件和要求,他非常友善地回答我。我因此暗下决心一定要报考海外汉学研究中心的博士,跟随李雪涛老师继续读书。2013年9月,我终于得偿所愿,成为李老师的弟子。通过多次参加师门的学术沙龙,聆听并学习师兄、师姐的研究成果,同时不断和李老师商谈,倾听他的意见和建议,我最终决定选择英语世界的《易经》诠释作为自己今后的研究方向。李老师多年研究德国汉学史,主持并翻译顾彬教授主编的十卷本《中国文学史》,对汉学家诠释中国的角度和方法独有会心。我非常认同李老师采用伽达默尔的诠释学思想来解释海外汉学家理解和诠释的中国典籍:中国经典固然有自己的历史视域,但汉学家携带自身的学术传统、人文关怀和问题意识进入这些典籍文本,从而实现其作为读者的当今视域与典籍文本的历史视域之间的"视域融合"。海外汉学家对中国经典的解释也许和中国传统的注疏存在一定的差异,但这并不影响他们的解释存在的价值,关键是要理解他们将中国视为"他者"、将中国文化作为参照系来反思自身文化的特点。只有通过对海外汉学的反向研究,我们才能更加深切的认识和体会中国文化的特征,这也正是研究海外汉学的意义和价值所在。李老师一开始就告诫我,关键不是要去判定汉学家译文的对错或比较各家译本的优劣,而是要着眼于译者生活的时代,研究他们的翻译动机,他们的问题意识,以及各种理解产生的背景。我选择《易经》作为研究对象,一是因为《易经》卦爻辞的理解问题非常复杂,可以充分说明文本理解和解释的多元化特征;二是因为《易经》在海外的翻译和传播与其在国内历朝历代的注疏既有联系又有区别,借此还可以说明国学与海外汉学之间的互动关系。当然,《易经》是"五经"之首,又是"三玄"之一,历代注疏浩如烟海,研究其国内诠释系谱已难如登山攀岩,面对情况尚不明朗的海外传播情况,其难度可想而知。

四

我们师门有个传统,所有学生在读期间尽可能都要出国一次,近距离接触自己的研究对象,感受他们曾经的生活轨迹,寻访他们留下的档案材料,形成对研究对象的亲切感知。因为我的研究偏向海外易学史,因此李老师希望我能联系一位在海外易学研究方面卓有成效的专家,跟随他好好研读海外易学史方面的原典书籍。经过很多曲折,2015 年 3 月我最终联系上其时尚在美国纽约州立大学(SUNY at Geneseo)历史系任教的韩子奇(Tze-ki Hon)教授。他通过电邮告诉我,5 月份他要来北师大讲学,我们正好可以面谈。

我们约好在北海公园见面,韩老师清瘦、目光炯炯。因为此前提交的研究计划书"野心太大",我心里一直在打鼓,直到和韩老师交谈,一颗悬着的心才终于放下来。我们一边散步一边聊论文计划:怎样把我和李老师商定的经典诠释理念落实到《易经》在海外的诠释实践上来。直到暮色苍茫,我们谈兴仍浓。最后我们商定好去纽约州立大学的日期,约定去那边再细化研究方案。到了 8 月,我如期抵达 Geneseo 分校,韩老师恰在外地开会,周末驱车赶回来,带我熟悉校园环境。此后我们每周五见面一次,讨论论文结构和进展,也天南海北地聊一些历史和文化现象。在美国半年我收获很多,不仅确定了论文思路和框架,也积累了很多资料,撰写了论文关键的两章。韩老师眼看我的论文写作或流畅或淤塞,总是不停给我建议,给我信心。当然,我还要感谢婉瓊师母,经常邀请我去家里吃饭,吃完还强行给我打包美食,让我的生活质量获得极大提升。回国后,我又和李老师不断讨论一些核心概念、诠释学理论和知识迁移的思想。2016 年 3 月,我回到合肥师范学院继续教学工作,一边抽空撰写论文。我的博士论文就是在这样的氛围里,沿着预先确定的诠释学方向和思路逐步写成,2017 年 12 月,我顺利通过北外的论文答辩。此后我又不断对论文进行删减和修订,最终形成目前这部书稿。

五

囿于个人水平和能力,我的研究还存在很多欠缺,不过是为今后的学术道路铺垫了一些基石,但在读书求学、参加学术会议和发表论文的过程中,很多师长、同学、朋友和家人为我提供了倾力支持和无私帮助,我一直铭记于心,如今趁拙作出版之机,借此聊致谢意。

首先我要感谢我的导师李雪涛先生。先生不仅帮助学生拓展了学术的视野,掌握了做研究的实证方法,关键是培养了学生健全的人格和深厚的人文关怀精神。他总是言传身教,以春风化雨的形式让学生领悟做学问和做人的崇高境界,这一点读者可以从他为本书撰写的序言中品味出来。2011 年初次听到先生阐述文化交往和文明互鉴的理念,我就有豁然开朗的感觉。后来交往日多,我更是时时获益。至今犹记 2013 年入学不久我参加李雪涛先生的藏书展,先生介绍自己收藏的一些汉学著作,兴奋之情溢于言表,那种对学术发自内心的真诚热爱,令我久久难忘,真是"虽不能至,心向往之!"年底在新星出版社参加先生的新书发布会,听先生和北大、清华诸位友人一起细数德国汉学掌故,我不禁悠然神往。同年沈迦老师的新著《寻找·苏慧廉》出版,先生牵头召开座谈会,阐发沈迦老师执着的治学精神,希望我们都能向他学习。有次先生从德国开会归来,神采飞扬地给我看他在旧书店搜罗到的各种书籍、地图,仿佛这些都是无价之宝。先生每出一种著作,总是签名赠送给我,这两年先生更是把自己本年度发表的论文结集赠送给我们,每次收到沉甸甸的一大本,我都能真切感受到先生"终日乾乾,夕惕若厉"的人生准则。平时和先生聊一些为学的事,为人的事,总是小叩大鸣,这些年耳濡目染,余虽不敏,也从先生那里学到很多关于学问、人生的道理,虽然我还做不到先生常期待学生的"以学术为志业",但这些年从先生那里耳濡目染的种种道理,我会在余生不断吸收并内化到自己的生活中去。

感谢韩子奇老师给予我的各种帮助。韩老师虽年长我一些,但却视我为《易经》研究的学术伙伴,每次新发表论文、出版专著,总是毫无保留地与我分享,总是将他了解的欧美最新《易》学发展趋势和潮流及时告诉我,也把他的一些最新研究目标和构想与我讨论和分享,使我能"预流"海外易学的研究发展状况,真是我的良师益友。

感谢北京外国语大学给我机会和资助,让我能前往美国访学,为我的论文写作奠定了坚实的基础;感谢德国波恩大学的暑期东亚研究项目,让我有机会去慕尼黑巴伐利亚档案馆查阅卫礼贤的生平和档案资料;感谢我工作的合肥师范学院,不但在我求学期间待遇不减,还将为我提供很多出访参会交流的机会。

我还要感谢博士论文开题时的答辩老师顾彬教授、叶隽教授、杨恒达教授和王立志副教授,感谢他们耐心细致的指导和评价。想起王立志老师叮嘱我要把库恩《科学革命的结构》放在枕边,勤加翻阅;杨恒达老师对我的论文选题和预答辩提供了很多帮助,如今书稿写成,两位老师却已和我阴阳两隔,人世多厄,思之怎不令人泪下!

感谢参加论文预答辩和答辩的顾钧教授、孙立新教授、王丽亚教授、王锦民教授、周阅教授和蒋童教授，他们对论文的肯定，让我获得了更多的勇气和动力；他们提出的修改建议，提示我思索更多理论运用和论文写作中存在的问题。顾钧教授是位谦谦君子，在上课、论文开题和答辩时都给我很多帮助。王锦民老师对我的《易经》学习提供了很多切实有效的指导，我去北京大学旁听过王老师的文献学课程，受益匪浅，王老师题赠我一套他新出版的《周易新注》，其中对《周易》卦爻辞的释读提出了很多令人耳目一新的见解，颇令我有相见恨晚的感受。感谢梁燕教授，她和顾钧教授一起主持北京市联合培养项目的验收，让我能够顺利结项。

感谢夏含夷（Edward L. Shaughnessy）教授，赴美期间我曾到芝加哥大学拜访他，受到他的热情接待和亲切指点。感谢司马富（Richard John Smith）教授、康达维（David R. Knechtges）教授和苏德凯（Kidder Smith）教授，他们为我提供了非常有价值的资料，对我提出的问题总是耐心回答。

感谢熊英、褚丽娟、潘瑞芳、郭平、温馨、董悦、张子伊等诸位同门，感谢赵晓晖、张明娟、李祈越、刘晓峰、蒋道华等好友，感谢李可胜、章媛、钱立青、滕骁等诸位同事，他们在我的论文写作、修改和书稿出版的过程中都曾给予我不同形式的指点和帮助。

感谢叶隽老师、孙三军老师、周阅老师、阎纯德老师和杨丽华老师为我书稿中的一些章节提供了宝贵的发表园地。尤其是叶隽老师，他提出的侨易学概念和以之为基础构建的跨文化交流理论，让我获益良多。

感谢外研社的王琳编辑多次邀请我参加中华思想文化术语会议，让我获得很多与同行交流的机会；感谢华东师大出版社的曾睿编辑，她的耐心、细心以及热心常令我感受到人性的善良和美好！感谢国家社科基金后期资助项目的诸位匿名评审专家，正是你们对拙著的肯定，让我获得继续前行的信心和动力！以上来自诸多机构和师友的帮助是拙著得以面世的重要机缘，故不吝笔墨详加追叙。当然，我的书稿里肯定有理解不确或诠释不周的地方，这皆是因我学力未逮，还祈高明读者不吝指正！

最后，我要感谢我的岳父、岳母、妻子和女儿。正是岳父、岳母多年默默地付出和奉献，才让我能够腾出大量时间专心写作和修改书稿。2018年我博士毕业不久，岳父即罹患胰腺癌，药石罔效，他在顽强抗击三个月后仍然撒手人寰，留给我永远难以弥补的遗憾和愧疚。妻子的无声支持一直是我砥砺前行的动力，女儿更是我生活中欢乐的源泉和无尽的希望,她们是我漂泊人生中最为笃定的锚。感谢我的姐姐,2016 年寒假,雨雪霏霏,我在姐姐家写完论文初稿。如今回想,那是一段多么煎熬、多么痛苦、多么充实又多么快乐的时光。

我想,如果我父母还健在的话,他们也一定很开心看到我完成了这样一项艰巨的任务。每每在书房写累了的时候,我都会盯着他们的相片看上一会,好像又回到了桐城的老家:爸爸在灶台下添火,妈妈在灶台前不停穿梭,锅盖上方氤氲着热气,我们的脸上都洋溢着满足的笑容。人生如逆旅,亲人和朋友总是一路走一路散,我要好好珍惜和把握剩下的时光。

六

2017 年高考浙江语文卷的阅读理解选了一篇题为《一种美味》的短文,让考生们赏析文章的结尾"它(鱼)早已死了,只是眼里还闪着一丝诡异的光"。考试结束后大家纷纷吐槽,一些考生更是在这篇文章的作者巩高峰的微博下留言,让他快点回答"诡异的光"到底表达了什么意思,结果巩高峰半带调侃地说:"大家别再催我了,标准答案没出来,我怎么知道我想表达什么? 我哪里知道结尾有什么意义?"据董桥说,1929 年,诗人艾略特(T. S. Eliot,1888—1965)应邀出席牛津诗会的聚会,一位年轻大学生请教这位大诗人:"先生,您的诗里有一句'女人,三只白豹坐在一株杜松树下',请问是什么意思?"(Please,sir,what do you mean by the line:Lady,three white leopards sat under a juniper-tree?)艾略特看了看那位大学生说:"我的意思是:'女人,三只白豹坐在一株杜松树下'。"(I mean,"Lady,three white leopards sat under a juniper-tree.")。可见在文学的解读中,作者并不能左右一切或者说一锤定音,好的文学作品总是开放的,好的作者也绝不会垄断作品的解释权。鲁迅在谈到《红楼梦》时也说过,"单是命意,就因读者的眼光而有种种:经学家看见《易》,道学家看见淫,才子看见缠绵,革命家看见排满,流言家看见宫闱秘事……"。《易经》是卜筮之书而兼含哲理,对它的解释更会因为时间、地点、人物和世事的变化而不断呈现出新的面貌。从中国的《易经》诠释实践来看,古今解释《易经》的主要途径,一是追求《易经》的正确或正统解释,如孔颖达的《周易正义》;二是强调《易经》的本来含义或原初含义,如朱熹的《周易本义》;三是汇编先秦以降诸家解释,如李鼎祚的《周易集解》;四是会通义理、象数诸家解释,如李光地的《周易折中》；五是立一家之言，这类著作最常见，如张载的《横渠易说》、程颐的《周易程氏传》、苏轼的《东坡易传》、虞翻的《周易虞氏义》、尚秉和的《周易尚氏学》等；六是以今人眼光重新解释和翻译《易经》，如高亨的《周易古经今注》和《周易大传今注》、刘大钧和林忠军的《周易古经白话解》、黄寿祺和张善文的《周易译注》、王锦民的《周易新注》等。成中英先生结合中外《易经》诠释实践，提出国际《易经》研究的十大课题：文史易、哲学易、科学易、逻辑易、语言易、管理易、医学易、宗教易、艺术易和民俗易，它们涵盖了《易经》诠释的几乎所有方向。如果说本书结合欧美的《易经》诠释实践初步研究了海外的文史易、哲学易、语言易、宗教易和民俗易，那么尚待深入研究的领域还有很多，真可谓"路漫漫其修远兮！"

2017 年 12 月　初稿
2024 年 1 月　定稿